BEASTS of BURDEN

Animal and D

Li

ranslated by

Yuri Imazu

Rakuhoku-Shuppan

SUNAURA TAYLOR

Sunaura Taylor

Beasts of Burden: Animal and Disability Liberation

Published by arrangement with The New Press, New York.
This book is published in Japan by arrangement with The New Press, New York
through Japan UNI Agency, Inc., Tokyo.

Jacket art and Jacket design by Rakuhoku-Shuppan, Kyoto.

わたしが大好きな三匹の動物、デイヴィッドとレオノラ、そしてベイリーへ。
そして、あらゆる被造物の友であったジェレミー・エアーズに捧《ささ》げる。
愛《いと》おしい想い出とともに。

ぼくらの思考の一部を運ばされているかれらはみな、ある意味、荷《に》を引く獣たちだ。

——ヘンリー・デイヴィッド・ソロー

左の絵の説明

ここには、苔《こけ》むした青緑色〔小鴨（こがも）の眼の周辺の羽色を指す〕を背景に二つの白いシルエットが描かれている。中央右からあらわれるシルエットは車椅子に座った人間であり、頭、胸、脚、そして車椅子の前輪と後輪が見える。人間の頭上には何かよくわからないものがある。人間はページの左、やや下方を見ているが、そこにはうなだれ、頭を前方へと向けて立っている牛がいる。アーチ状に曲がった背、胸、前足、頭が確認でき、後ろ足の近くには大きな車輪の一部も見える。イメージが途切れているので、これを見る人は、この車輪が牛が引いている荷車のものなのか、あるいは牛が乗る車椅子のものなのか、判断することはできない。けれどもイメージにより長く目を凝《こ》らしていると、人間の頭上にあるものが牛のしっぽとおしりであり、牛の後ろ足のほうの車輪が人間の車椅子のものかもしれないということがわかる――これは、イメージを回転させることで生まれる効果だ。二つのシルエットを別々のものとして見ることも、また、車椅子に乗った人間が牛のおしりの前にたたずむ、ひとつのまとまったイメージとしても見ることができるというわけだ。

荷を引く獣たち、2015、スナウラ・テイラー作

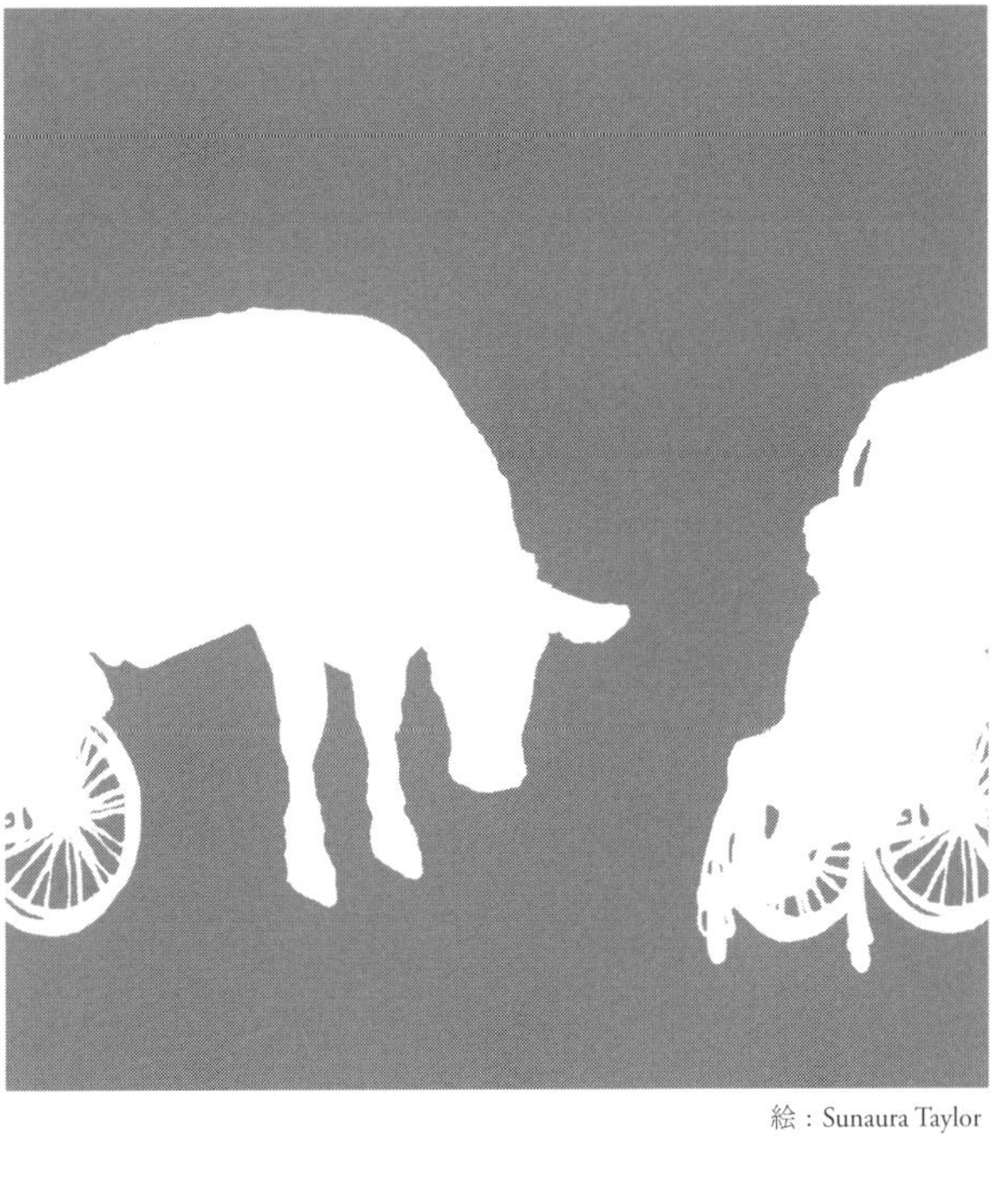

絵：Sunaura Taylor

4

すべて自然だ

5

相互依存

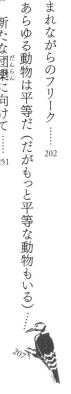

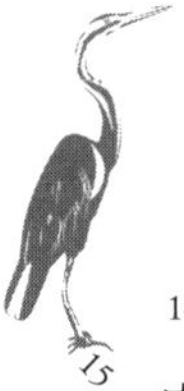

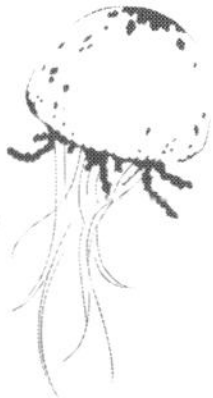

凡例

●本文のなかの〔 〕内は、訳者による訳註である。また、紹介に長文を要した訳註は、該当する用語に記号◇を付け、主に本文の奇数ページ左端に記した。

●本文のなかの（ ）内は、著者テイラーによる記述である。また、▼99といった数字は、著者による註の位置を示す。註は「註」のページにまとめて掲載した。

●本文のなかの〈 〉記号は、訳者が、語のまとまりを示すために使用した。例えば、読みにくい組織名や概念を表記するさいに適宜に用いている。

●［⬇99頁］という表記は、「本書の99ページ以下を参照」を意味している。そのページ以下に、関連する記述や用語があることを示している。煩雑だとお感じの場合は無視して読み進めていただきたい。本書の巻末の「索引」からも知ることができる。

●テイラーによって引用されている文献のうち、邦訳がある場合はその訳文を参照したが、テイラーの主張にそって適宜、表現を変更したり、訳し直したりしている。また、書名も基本的に原題を訳し、原題とかなり異なる邦題は〔 〕内に訳註として示した。そして邦訳書は、知りえたかぎりの書誌情報を「註」ページに記した。参照させて頂いた訳者の方々のお仕事に感謝を申しあげる。

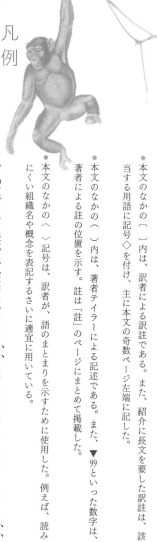

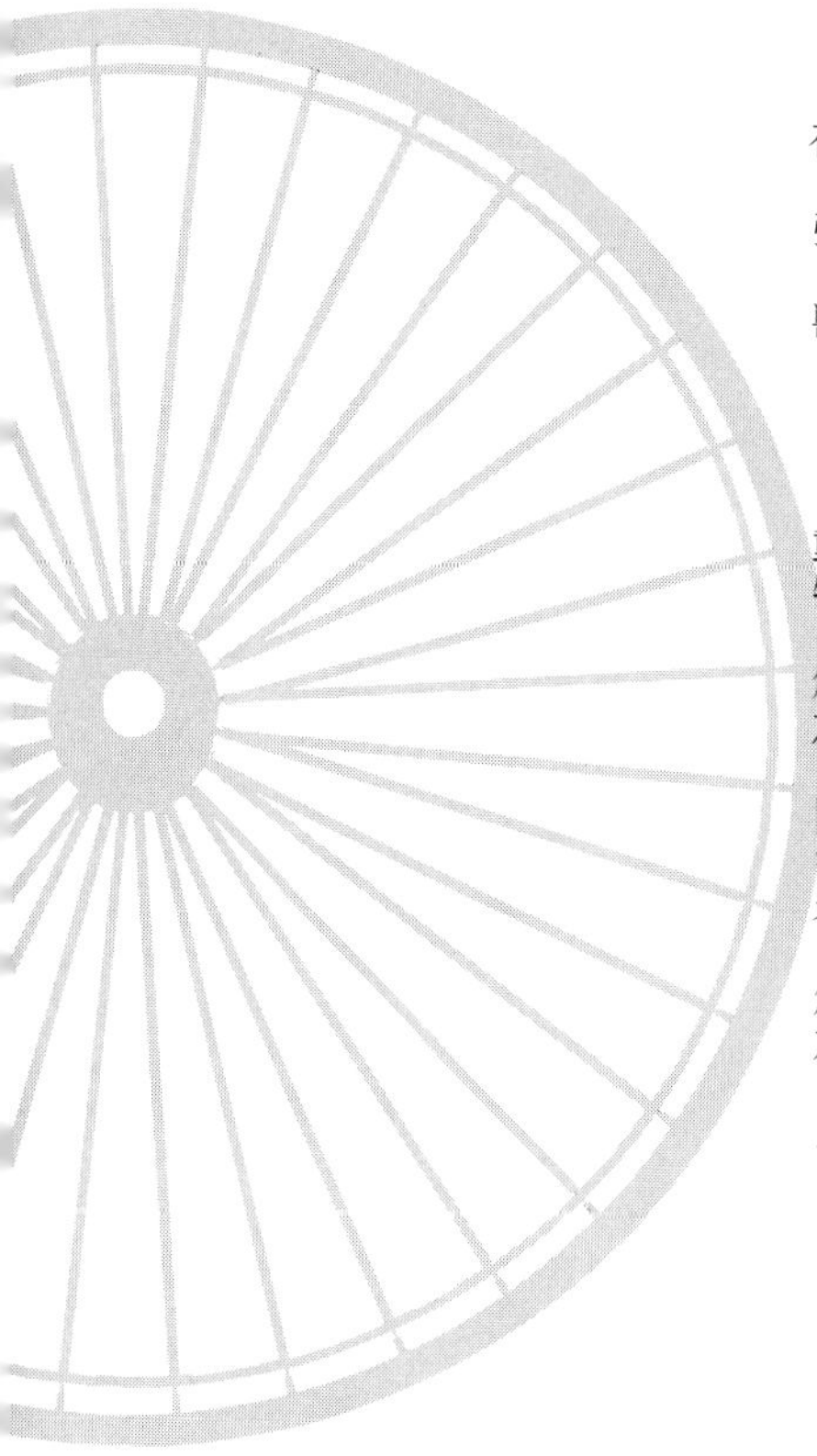

荷を引く獣たち——動物の解放と障害者の解放

スナウラ・テイラー 著
今津有梨 訳

洛北出版

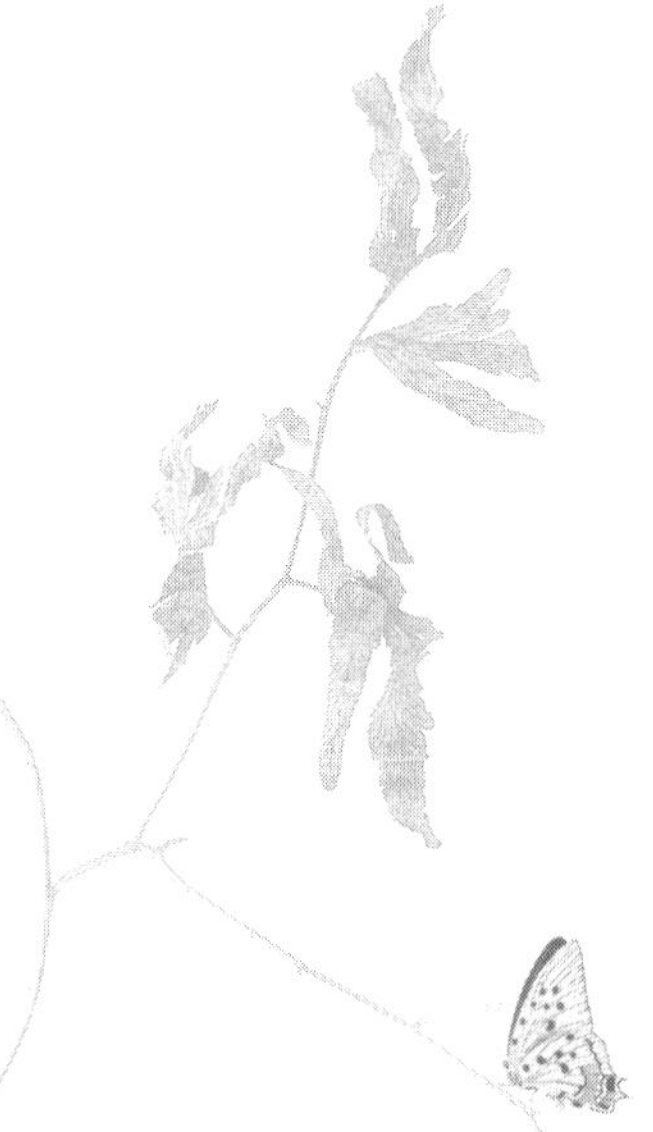

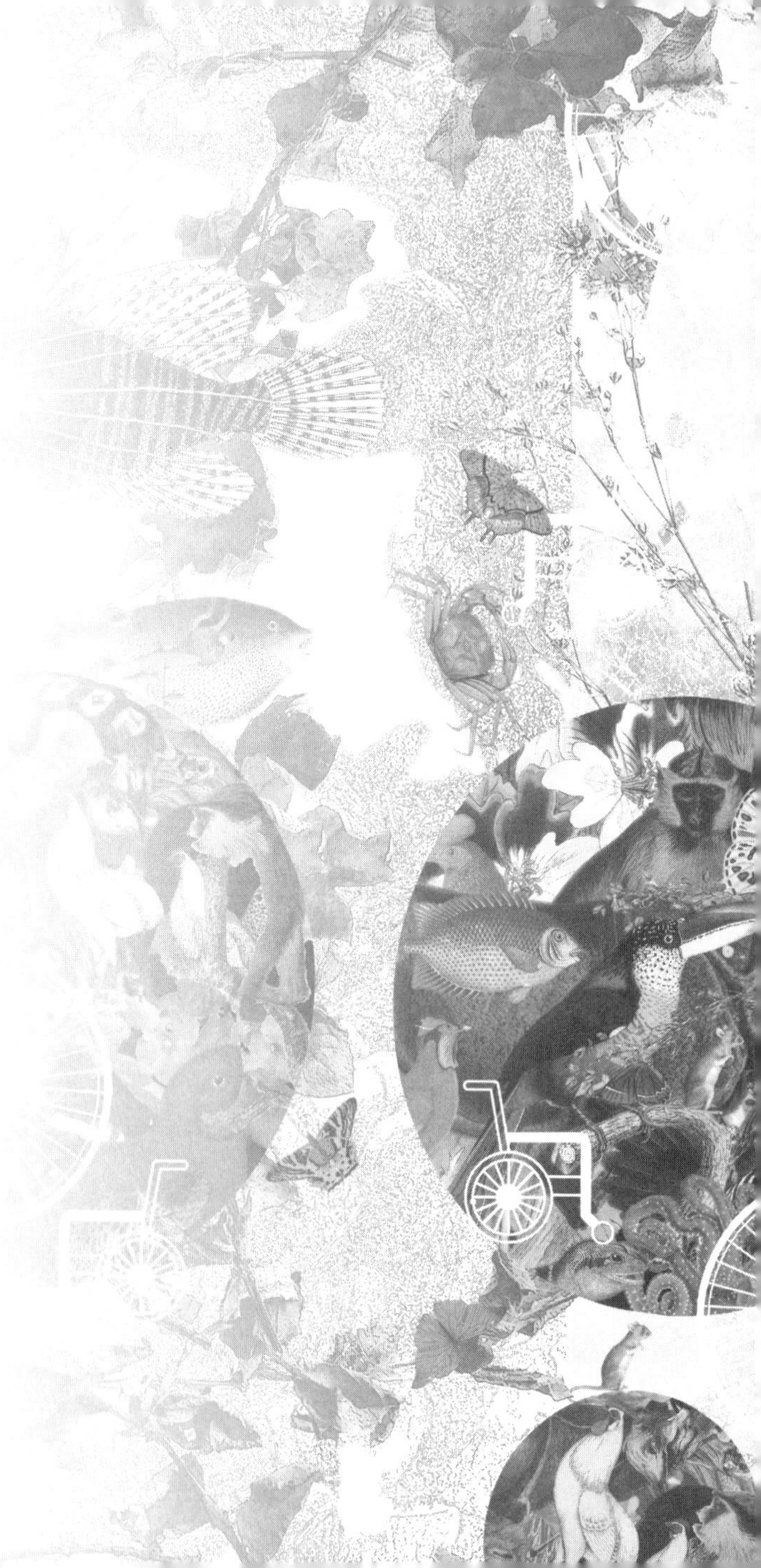

プロローグ

鶏《にわとり》が積まれたトラック

障害と動物について、いまのように考えるようになったきっかけを一つだけ挙《あ》げるとすれば、それは九〇年代のはじめ、生まれ育ったジョージア〔アメリカ南東部の州〕での、ある記憶だ。ジョージアの夏は、からだにへばりつくような湿気とうだるような暑さで、過ごしにくいことこのうえない。家族で高速道路をドライブしていたのを鮮やかに思い出す——エアコンが効《き》いていたためしがない車中で、暑くて身動きもできず、ひたすら特大カップで水やソーダを飲んでいたものだ。そんななか、ものすごいスピードで疾走《しっそう》するトラックに積まれた、何段ものケージに詰め込まれた鶏《にわとり》たちを車窓から眺めるのは、日常茶飯事《さはんじ》だった。鶏たちは生きていて、あまりにも

ぎゅうぎゅうに詰め込まれていたので、まるでトラックそのものに羽が生えているかのようだった。みんな明らかに死にかけていて、目的地に向かう途上でゆっくり調理されているかのようだった。鶏たちの毛並みは揃《そろ》ってぼさぼさで、身なりは惨憺《さんたん》たるものだった。なんとかからだが収まっている金網のケージから、文字通り、ぼとりとこぼれ落ちてしまいそうだった。

わたしは、きょうだいといっしょに、このトラックが途轍《とてつ》もなく恐ろしかった。底なしに残酷なトラックが絶えず隣りでビュンビュン走っているというのに、誰も気づかない。わたしたち四人はこのトラックを見かけるたびに、通り過ぎるまで息を殺したものだ。はじめのうち、このお約束事は、トラックが発する匂いがあまりにも強烈だったことから始まった。窓を閉めているときですら、死にゆく鶏たちとその糞尿《ふんにょう》の匂いを嗅ぎとれた――トラックを実際に目にするよりも、先にだ。けれども次第に、わたしたちの「息を殺す」というこの行為は、より象徴的な意味を帯びるようになっていった。息をしないという行為は、何かひどく誤ったことがわたしたちのすぐ隣りで起きていることを認識する、ひとつの方法になったのだ。

二〇〇六年、あのトラックの存在に気づいてから年月が過ぎ、わたしはカリフォルニア大学バークレー校を受験した。ずっと絵画を中心としたアートを制作していて、美術学修士を取りたくなったのだ。ジョージアからカリフォルニアへ発《た》つ前、幼い頃、あんなにもしょっちゅう出くわした例のトラックを描きたいという強い想いに駆《か》られた。

ジョージアでずっと住んでいた場所が、トラックの最終目的地である鶏の「加工」工場から、わずか数ブロック先にあったということを知ったのは、ほんの数ヶ月前だ。ありきたりなことだが、こうした巨大産業は、そこそこ裕福な街《まち》の大半の住民には見えないようになっている——人里離れ《ひとざと》たなじみのない場所に溜《た》まった汚染や悪臭、そして大部分が移民の、ひどい低賃金で雇われた労働者たちの姿は、人びとの目には入ってこないのだ。わたしは、工場の外に駐車したトラックを写真に撮《と》るというアイデアを思いついた。けれども、この試みは失敗に終わった。弟のアレックスと、パートナーのデイヴィッドと一緒に工場へ行ったのだが、すぐに敷地《しきち》の外に追いやられてしまった。そのため、工場で仕事をする知人に頼み、写真を撮ってもらったのだが——写真は手に入ったものの、撮影した知人はその翌日、この件が原因で解雇《かいこ》されてしまった。

これらの写真は、工場式畜産における動物たちを主題にした絵画の連作へと結実し、いろんな意味でこの本にも結びついた。わたしはまるまる一年、ひたすら巨大なキャンバス（おおよそ10×8フィート〔約3×2.4メートル〕）に、鶏の積まれたトラックを描きつづけた。写真を見ながら鶏の数を数えてみたこともあったが、一〇〇をゆうに上回った。わたしはトラックを実物サイズで描きたかったが、それをしようと思うと三倍も長いキャンバスが必要だった。作業を進めながら、この国でどれほどすさまじいスケールで動物たちが搾取《さくしゅ》され、殺されているのかを、少しずつ身にしみて感じはじめていた。キャンバスに描かれた一〇〇を超える鶏たちは、トラックに載《の》せられていた鶏たちの、ほんの一部にすぎない。そしてあのトラックは、あの瞬間に鶏たちを屠殺《とさつ》場へと運ぶ無数のトラックのうちの、たった一台にすぎないのだ。家禽懸念連合（United Poultry Concerns）〔鶏や家鴨、七面鳥などの家禽類に対する尊厳ある扱いを求めるNPO団体〕の報告によると、「毎年世界中で五〇〇億匹以上の鶏たちが屠殺されている」▼[1]。

調査を通して、わたしが描いていた鶏たちは、卵を産む雌鶏《めんどり》であったということを知った。これは、肉のために飼育される「ブロイラー」とは区別される品種だ。また、いかに鶏たちが狭い空間に詰め込まれているかについて、そしてアメリカでは何億もの雄《おす》のひよこが毎年廃棄されているということについて学んだ——鶏卵産業にとって利用価値がない存在だからだ◇。わたしはまた、雌鶏たち自身についても学んだ。彼女たちは、卵を産む一年が過ぎるころには殺され、安いミンチ肉になる。痛めつけられ、衰弱しきった（言い換えれば、障害を負わされた）身体には、もはや高い値段がつけられることはない▼[2]。

一年間見つめ、想いを馳《は》せていたあれら一〇〇あまりの鶏たちは、本書のページを繰《く》らせるさまざまな問いを投げかけるよう、わたしを奮《ふる》い立たせてくれた。すなわち——どうやって動物はモノ（object）になるのか？　どうやってわたしたちは、このモノ化（objectification）を正常なことだと考えるよう教えこまれるのか？　動物を〔モノとは〕異なった仕方で見るようになるには、障害について考えることが、どんなふうに助けになるのか？

トラックに詰め込まれた雌鶏たちを目にして、わたしは息を殺した——はじめて息を殺したときの、この原初の感情が導きとなって、少しずつわたしは、動物の問題は他の社会正義の問題と深く関係しており、不可分ですらあるということを理解するようになった。ここには、障害の問題も含まれるのだ。でも、あの食肉処理工場で雌鶏たちの写真を撮ろうとしていた当時、もし誰かがわたしに、これからの六年間、わたしが動物に対する抑圧を障害学とアクティヴィズムのレンズを通して考えるようになるだろうと語ったなら、わたしは突拍子《とっぴょうし》もないことを言うものだと思っただろう。けれども目を凝《こ》らせば凝らすほど、障害化された身体(disabled body)は、動物を利用した産業のいたるところに存在するということに、そして動物の身体は、こんにちのアメリカにおける障害をもった心身の抑圧のされ方と、不可分の関係にあるということに、気づかずにはいられないのである。ある考えが閃《ひらめ》いた――もし動物と障害の抑圧がもつれあっているのならば、解放への道のりもまた、結びついているのではないか?

◇訳註　産業的養鶏《ようけい》業における慣行《かんこう》の一つ。卵のために繁殖・飼育される産卵鶏(レイヤー)は、ひよこの時点で雌《し》雄《ゆう》の鑑別《かんべつ》がなされ、卵を産まない雄《おす》のひよこは即座に殺処《さっしょ》分《ぶん》される。二酸化炭素ガスによって窒息死させる方法や粉《ふん》砕《さい》機にかける方法のほか、単に卵の殻《から》とともに廃棄されることもある。最後の場合、下にいるひよこから圧死することになる。こうした残酷な方法がとられるのは、純粋に経済的理由による。

第1部 いくつかの閃《ひらめ》き

奇妙《きみょう》だけれどほんとうの

わたしは五つ。それは一九八〇年代のなかば、姉が七つになる誕生日で、マドンナの「トゥルー・ブルー」が大流行《おおはや》りしていた頃だ。子どもたちは飛びあがったりかがんだり、くるくる回ったりしながら、部屋中を跳《は》ね回る。全身が興奮で溢《あふ》れる――おどりたい。わたしの小さなからだのなかには、おどりださんとするエネルギーがいっぱいで、いまにもわたしをひっちゃかめっちゃかに部屋を飛び跳ねさせんばかりだ。けれども、わたしはからだを床《ゆか》から持ち上げようとするたびに腰をついてしまう。隣りにある椅子の上に自分のからだをのせようとし、立

ち上がってひとつかふたつ歩《ほ》を進める。曲に合わせてからだを揺らそうとするが……ドスン！またもや、しりもちをついてしまうのだった。最初の一、二度は、単なる偶然だと思う。きっと、興奮しすぎてたんだ。バランスを失っただけかも。でも、三度目の失敗で、何かが違うと気づくのだ。音楽を聴くのをやめ、静寂《せいじゃく》があたりを包む。床におしりをついて、まわりで夢中でおどりつづける他の子たちを眺《なが》める。「なるほど」、と、わたしは思う。「障害って、こういうことなんだ」。

それから一年か二年が過ぎて、わたしは家族旅行でワシントンDCにいる。きょうだいと一緒に街を探検しているさなか、動物の権利を訴えるビラが置かれたテーブルに出くわす。両親のもとへと急ぎ、わたしたちは、つい今しがた知ったこの厭《いま》わしいニュースを伝えようとする――肉は動物なんだ。この信じがたいニュースがほんとうなら、金輪際《こんりんざい》肉を食べないということで、すでにみんな一致していた。母はよろこんで同意し、その後の人生の少なからずを、ときどき寄り道もするベジタリアンとして生きることになった。そのときはためらいがちだった父でさえ、すぐにずっとましになった。

肉にまつわる閃き《エピファニー》は、自分自身の身体にかかわるものより歴史が長い。障害をもって生まれたので、身体をちがった仕方でもつということがどんなことなのか、知る術《すべ》がなかった。わたしは自分の身体にあまりに慣《な》れきっていて、それは、三度目にしりもちをついたときに浮かんだ閃きすら、すぐに霧消《むしょう》してしまったほどだ。人とは違う身体をもつということは、長らく抽象的なことでしかなかった——だから、意識的な次元でこのことに影響を受けるということもなかった。はじめて車椅子に乗ったときのこと、短いあいだ理学療法を受けたときのこと、痛いので手のサポーターがいらないと両親に説得したときのこと——こうしたことは確かに鮮明に記憶しているものの、それは人との違いを全身を通して悟《さと》ったということではなかった——他方、肉が動物からつくられたということを初めて知った瞬間、わたしは、もはや決して忘れられない事実を、残虐な行為がおこなわれているという事実を悟ったのだ。

わたしがそれから数十年にわたって動物への正義を求める活動に打ち込むようになったのは、単に旅行先で出会ったあの動物の権利を訴える読みものがトラウマになったせいだと思う人もいるかもしれない。これはたぶん、トラウマをどう定義するかにかかっている。わたしには、動物が屠殺《とさつ》される暴力的なイメージにかんする記憶はない。そのかわり、世界に対する理解が突如として変容するときの、ある種の力とトラウマが思い出される。わたしは当時、自分がすでに動物たちや食べものについて、十分に知っていると思っていた。「動物」とは、わたしたちが飼っていた犬のクライドやミスチーフ、あるいは、猫のシビルだ。それはまた、屋外に住んでいるらしいが、たまに家のなかにやって来る蜥蜴《とかげ》や蛙《かえる》であり、はたまたおさるのジョージや、くまのプーさんかもしれない。かれらがリンゴやサンドイッチ、誕生日ケーキとおんなじカテゴリーに入るわけがないじゃないか？

きょうだいとわたしは、動物を食べないという誓《ちか》いを守ることができるよう、互いを励《はげ》ましあった。誰も家族でたった一人の孤独なベジタリアンではなかった。わたしたちの確信は、互いに誓いあうことでより強固なものとなった。とりわけその初期、友人たちがわたしたちを奇妙に思ったり、父がバーガーキングに〔行こうとわたしたちを〕誘ったりしてきたときには。端的に言って、わたしには、コミュニティがあったのだ――たとえ、どんなに小さなものであったとしても。

ひるがえって、子どものころ、わたしには障害者のコミュニティがなかった。障害者のコミュニティは、障害をもつ子どもや大人たちにまさしく欠けているものだ。

『健常者中心主義の輪郭《りんかく》――障害の生産と健常性』で、障害学の研究者フィオナ・キャンベルは次のように語る。「〔障害をもって生まれた〕子どもは、生まれた瞬間から、障害は「～より劣っている」ということだというメッセージを受け取らざるをえない世界に直面する。その世界における障害とは、「大目に見られる」ものではあるかもしれないが、最終的な審級《しんきゅう》においては、「もともと否定的な」ものなのだ」▼[1]。

子どものころのわたしには、障害学の研究者や活動家が批判的な意味をこめて「克服《こくふく》」と呼ぶものが、しみ込んでいた――明らかにわたしの障害は欠点で、否定的なものだけれど、それは克服することができる。障害なんかに、わたしが何者かを決めさせてなどやるものか。社会的に意識の高い両親で、家には実質的にテレビはなく、ラディカルなホームスクーリングをしていたが、そんな家庭においてすら、健常者中心主義は家族とわたしの自己認識へと着実に忍び込んでいたのである――それは周囲の環境にしっかりと埋め込まれていたからだ。階段や曲がり角、狭い通路は、わたしの身体が場違《ばちが》いで、歓迎《かんげい》されてはいないということを、絶えずわたしに気づかせたし、人がわたしのことを一瞥《いちべつ》したり、あるいはじろじろ見ないようにしているということにわたしのほうが気づくと、わたしは過剰に目に見える存在になると同時にまったく目に見えない存在にもなったかのようだった。権力的な地位にある人でわたしに似た人はちっともいなかったし、豊かな生活を送っている人すら知らなかった。そして、わたしや他の障害者に対する期待は、いつも低かった。

　健常者中心主義[◇1]は、無数の形態の差別に通じうる障害者に対する偏見だ。差別は、就職や教育、住宅へのアクセスの制約から、障害者が周辺化されている状況を放置する抑圧的な固定観念や構造的な不平等まで、きわめて広範だ。健常者中心主義は差別と抑圧を引き起こすが、それと同時に、どんな身体をもつことが正常であり、どんなものに価値があって、どんなものが「本来的に否定的な」ものなのかをいかに決めるのかを指図《さしず》する。わたしが自分の身体的限界（マドンナのあの瞬間のような〔➡20頁〕）を認識した瞬間は、確かに痛烈で受け止め難い経験だったが、こうした瞬間に経験した苦しみは、健常者中心主義ゆえに体験し始めるような言葉では言い尽くせない苦しみに比べれば、ちっぽけなものだ。わたしには、このような感情を表現するための言葉が欠けており、感情を解釈するための理論も存在しなかった。そのかわり、わたしは自分がしばしば遭遇《そうぐう》した偏見を内面化し、障害にかかわる何事《なにごと》からも、そして誰からも、距離を置いた。

わたしが八《やっ》つのとき、一九九〇年にアメリカ障害者法◇2が制定された。この法律が通過できたのは、障害者コミュニティの力によるところが大きい――抗議し、直接行動に参加し、障害が意味するものを自分たちのコミュニティと政策策定者に説明するために力を合わせた障害者た

◇訳註1　本書では、「ableism」を「健常者中心主義」と、「abled」「able-bodied」を「健常者の」と訳し、「nondisabled」を「非障害者の」と訳すことにする。

「ableism」の訳語選択にかんして手短に説明を付け加えておこう。まず、「able」は「できる」という語であるため、最も直截《ちょくせつ》的な訳は「能力主義」程度になろう。だが、これでは障害者差別の意味が明確に打ち出されない。また、「非障害者中心主義」という訳もあり得るが、日本では「able-bodied」に近い語として「健常（者／性）」という言葉がすでに定着している。以上から、少数の例外を除いて「健常者中心主義」で訳語を統一するよう努めた。

ただし、健常者中心主義という語が日本ではほぼ障害者差別の文脈でのみ使用されるのに対し、本書では、まず「ableism」が人間が人間以外の生命や環境をまなざす仕方にも影響を及ぼすものとして考えられ、さらには「ableism」が「種《しゅ》差別主義（speciesism）」であるとも論じられている。すなわち、第一に、知的能力にもとづく差別が、知的に差異のある人びとに対する差別とともに、人間以外の動物界に対しても価値の位階《ヒエラルキー》を導入するということ、第二に、歴史を遡《さかのぼ》ると近代における普遍的人間概念の構築において特定の人間（本書の文脈では白人男性）を人間そのものと同一化しながら、女性や植民地住民といった性的・人種的他者は、能力差異を口実《こうじつ》に人間の範疇《はんちゅう》から除外された（このとき逆に、類人猿といった動物は擬人化《ぎじんか》されて表象《ひょうしょう》された）こと、これらの点が考慮されている。こうした箇所では、「健常中心主義」あるいは「非障害主義」といった訳語がより適切に思われる場合もあるだろう。本書の随所で「健常者中心主義」という語に接するときも、どうかこうした意味の拡《ひろ》がりを想起されたい。

ちがいたからこそ、それは通過しえたのだ。当時のわたしがこの法律の存在を知る由《よし》はなかったものの、そこには、障害を理解するための、まったくもって新しい観点があった——その後一三年間にわたって、決して発見する機会のなかった観点だ。

動物たちが日常的に虐待《ぎゃくたい》されていること、そして信念をもってこのことが道義に反すると抗議する人びとがいるということをはじめて知ったのは、六《むっ》つのときだった。わたしは、動物たちがどんなふうに虐《しいた》げられているかをわかりやすく説明することができ、動物たちに対する人びとの考え方や、動物たちの扱われる仕方を変える一助になりたかった。障害者について同じことを悟《さと》ったのは、わたしが二一の歳《とし》になってからだった。

◇訳註2　アメリカ障害者法（Americans with Disability Act: ADA）は、障害による差別を禁じ、障害者の社会参与《さんよ》の権利を保証する法律。人種、性別、出身国、宗教による差別を禁じた一九六四年制定の公民権法と同様に、差別撤廃《てっぱい》運動の成果の一つとして数えられる。

障害とは何か？

さまざまな統計によると、障害者は世界人口の一五～二〇％を占める。[1] 障害者は、世界最大のマイノリティなのだ。[2] でも、こんなことがどうしてほんとうでありえようか？ 九億もの障害者は、いったいどこにいるというのか？ 障害者にとっての世界の首都だと思われているカリフォルニアのバークレーですら、そんなにたくさんの障害者に出会ったことはない――ともかくも、障害者が世界最大のマイノリティだと思わせてくれるくらいには――。この人びとは、いったいどこに行ってしまったのだろうか？

フィオナ・キャンベルは語る。「他のマイノリティ・グループとは異なり、障害者たちは、集団的な意識、アイデンティティや文化を発展させる機会がずっと少なかった」[3]。障害者はどこにでもいるけれども、互いに疎外《そがい》されてしまっている。このキャンベルが「分散」と呼ぶ仕組みが、障害は稀有《けう》な経験、すなわち個人が克服すべき特異な困難であるという印象を生み出す。公害のせいで喘息《ぜんそく》や先天的障害が生じる比率が高まる場合のように、障害がコミュニティ全体に影響を及ぼすときですら、往々にして障害は、純粋に一個人の医療的問題と見なされる。障害者たちが直面する社会・政治的問題は、こうしてしばしば、不幸と闘争をめぐって展開する個人の物語になってしまう。

わたしたちは、思っているよりずっと多くの障害者たちと日常的に接している。ただ、この人びとに障害があると考えてみることがないだけだ（そしてかれらもまた、自分が障害をもっていると思っていないかもしれない）。障害があると、たびたびひどい烙印《らくいん》がつきまとうので、非障害者として「通る《パス》」のを選ぶ人が多いという現実は、ちっとも不思議ではない。不運で、調子っぱずれで、重荷《おもに》だとつねづね見なされているあの連中と同列に扱われるよりかは、だ。普通の人はたいてい、障害と言えば、車椅子や杖《つえ》、盲導犬といったようなわかりやすい徴《しるし》をもった人を連想する。だが、慢性疾患《まんせいしっかん》があったり、長距離を歩くのに苦労する人びとはどうなるのだろう？　体重ゆえに不適切《アンフィット》だと見なされ、差別されている人びとは？

差異を表すカテゴリーとしての障害が合衆国で具体化し始めたのは、十九世紀の半《なか》ばだ。病理化され、雇用不可能と見なされた人口の増加にともない、不適切で依存的と値踏《ねぶ》みされた個人をカテゴリー化して隔離《かくり》するための、さまざまな慈善団体、施設、優生学《ゆうせいがく》〔人間の遺伝的な素質のうち「悪質なもの」を淘汰し「優良なもの」を保存することを目的とした応用科学の一種〕的な実践、そして福祉政策が登場する。[4]「標準的」という言葉の近代的な意味も、ますますたくさんの人びとが差異を付与《ふよ》された多種多様な身体へと同定《どうてい》され、分類されるこの時期に現れる。[5]もちろんこのことは、障害に似たものが十九世紀以前には不在だったということではない。健常な身体性（able-bodiedness）と健常な精神性（able-mindedness）というイデオロギー、適切さや不適切さをめぐる概念は、そして、さまざまな仕方で障害をもっていると同定された身体の、依存性と脆弱《ぜいじゃく》性にかんする想定というものは、たくさんの歴史的・文化的文脈において発見することができる――不具《かたわ》、盲《めくら》、聾《つんぼ》、狂人《きちがい》、びっこ、虚弱《ひよわ》体質といった定義◇のことだ。[6]人種、ジェンダー、セクシュアリティの定義にも似て、障害の定義は、すなわち何を障害と見なし、障害が何を意味するのかは、宗教や政治・経済政策、親族構造など、多様な要

◇訳註　本書では「crip」「cripped」「crippled」を「不具《かたわ》」「不具の」と訳す。「crip」はもともと英語ではかなり強い障害者差別の罵倒《ばとう》語とされるが、これを障害者運動側からみずからの呼称として用いることによって、語の意味を変容／奪還《だっかん》してきたという歴史がある。このような特異な文脈を尊重する立場からすれば「クリップ」と訳すのが良いと考えることもできるだろう。だがそれでは、日本語で読むとき、原語の一種の激しさが漂白され、それゆえ語が運び、喚起《かんき》することのできる感覚の大部分が失われてしまうと考え、身体障害者への差別語として長く用いられてきた歴史のあるこの語を、訳語として選んだ。

因に根ざしながらつねに変化している。障害のさまざまな定義はまた、人種、ジェンダー、セクシュアリティ、階級、そしてこれらの可変《かへん》的な意味と互いに補強しあいながら交差《こうさ》している。

障害のカテゴリーが社会的に構築されたものだということは、こんにちのアメリカで障害を定義しようとすれば、すぐにわかることだ。けれども、障害が何であり、何でないのかは、実のところ、ちっともはっきりしてはいない。障害の定義はさまざまな組織や政府機関内部の規定ごとに違うし、このような定義は、障害が文化的・社会的にもつ、あるいは障害運動のなかで障害がもつ多様な意味について、何も教えてくれない[7]。文化批評家のマイケル・ベルベが言うように、「自分に「障害がない」と思っている人はみな、こうした自己規定が避けようもなく一時的なもので、交通事故やウイルス感染、遺伝性変性疾患《へんせいしっかん》、あるいは画期的な判例によって、否応《いやおう》なく変化していくものだということに気づかねばならない[8]」。見えなかったり見えにくい障害が、日々の出会いのなかで往々にして気づかれずにいるのは、ほとんどの人が他の人に障害がないということを想定しているからである。障害学の研究者であるアリソン・ケイファーは、次のように語る。「もし誰が「障害者」なのかを決定するのが難しいのなら、同様に、誰が「非障害者」、あるいは「健常者」なのかを決めるのも難しい[9]」。差異と能力にかんする西洋のイデオロギーを形づくるのに障害が大きな役割を果たしてきた背景には、障害の定義づけがこんなにも難しいという事実がある。言い換えると、障害は、生きられた現実であると同時に、健常性という脆《もろ》い意味に輪郭《りんかく》を与えるためのイデオロギー上の枠組みでもあるのだ。

障害者はまた、あまり外を出歩いていないように見える——実際、その通りだからだ。わたしたちはしばしば、別々の教室に、バスに、待合《まちあい》の行列に、そして入り口へと分離《ぶんり》される。自分の選択で家に留まるかもしれず(外出先で差別に直面するよりは楽《らく》だから)、あるいは自分の意志に反して家にいることになるかもしれない(両親や配偶者、介助者《かいじょ》、医師、あるいは福祉カウンセラーがそう望むから、あるいは家を離れるとアクセスしにくくなるから)。家を出たところで、スロープのない歩道に出くわして足止めになるだけかもしれない。最善を尽くして、アクセスできない環境を避けようとするかもしれない。そうして階段のような物理的障壁《しょうへき》や、赤の他人がポカンとした視線でわたしたちを値踏みしてくるような心理的障壁がある店には近づかないよう努力するかもしれない。健常者中心主義を深く内面化しすぎて、外出するときにはいつも恥ずかしさがつきまとうかもしれない。あるいは、はなっから施設に閉じ込められてしまうかもしれない。

二〇〇三年の九月、その時点まで実質的に自分以外の障害者と一緒に時間を過ごしたことのなかったわたしは、障害者の権利を訴える抗議運動にはじめて参加した。政治的責任感からではなく——なにしろはじめのうちは、このグループが何について抗議しているのかすら漠然《ばくぜん》としか理解していなかったのだから——絶望感からの決定だった。わたしは、生まれてこのかた内面化してきた抑圧からどうにかして自由になろうとする、憂鬱《ゆううつ》な二一歳にすぎなかった。運良《よ》くも、わたしには自分の人生に必要なのは他の障害者たちだという本能的な直観があった

――かれらから学び、一緒にコミュニティの内《うち》に在《あ》るために。二週間にわたる抗議行進は、これを実現するためのうってつけのチャンスだと思えた。

そこには少なくとも、二〇〇を超える抗議者たちがいた――想像をはるかに上回る数だ。そして、なんということだろう、全員が障害者だったのだ！　よだれを垂《た》らしている人もいれば、足を引きずっている人もいる。車椅子に乗った人、唸《うな》っている人もいる――そこで最初に思ったのは、いますぐこの場から逃げ出して助けを求めて叫びたい、ということだった。

幸いにも、そうはならなかった。わたしは二週間まるごと滞在し、ときに苛《いら》だたしいこともあったけれど、この経験は、その後のわたしの人生をびっくりするくらいに変えてくれた。この催《もよお》し、フィラデルフィアからワシントンDCへの一四四マイル〔約二三〇キロ〕の行進は、障害者運動の最も傑出《けっしゅつ》したグループの一つ、介助制度即時《トゥデイ》要求全米障害者同盟（Americans Disabled for Attendant Programs Today: ADAPT／以下、ADAPTと略す）によって組織されたものだった。[10]　行進の時点でADAPTはすでに、合衆国のなかで障害者の権利を求める運動の最前線で二〇年以上も活動しており、強力で、危険なことも多い直接行動を組織していた。この人びとは、ほとんどわたしの全人生にわたる期間を通して、運動をずっとつづけてきたというわけだ。

行進は、ADAPTが呼ぶところの「盗まれた命」――現在、多くの場合は営利目的で、施設や介護施設、〈知的障害者のための中間ケア施設〉◇に収容されている、二〇〇万以上もの人びと〔の処遇《しょぐう》〕――への抗議を狙《ねら》いとしていた。このような状況に対し、障害者がみずからの生をより柔軟《じゅうなん》にコントロールできる自立生活の機会が与えられるよう、訴えたのである。[11] アメリカには一万六〇〇〇以上もの介護施設があるが、その三分の二は、営利企業だ。介護施設は、一一六億ドル規模の産業になってしまっている。[12] この産業はいかさまだ。介護施設で一年間にかかる平均コストは八万七〇〇〇ドルだ――もちろん政策と在宅介助賃金は州ごとに異なり、いろんなレベルで介助が必要とされるので自宅での介助費用を概算《がいさん》することは難しいものの、障害者にとってほとんどの場合、自宅で暮らすほうがずっと安あがりなのは明らかだ。介助労働者に生計を立てるのに必要な賃金を支払っても、なおも施設にかかるのよりは安いのである。[13] また、介護施設のサービス基準はいつも、衝撃的なほど低い。[14] 衛生面や心理面でのニーズが無視されるのみならず、肉体的暴力や性暴力が高い確率で起きている。最も優れた類《たぐ》いの施設においてすら、障害者は、外の人びとが享受《きょうじゅ》している無数の自由を剝奪《はくだつ》される――いつ、どこで食べるのか、いつ寝るか、そして合意にもとづいた性的に親密な関係をもつかどうか、といったことだ。[15]

◇訳註　知的障害者のための中間ケア施設（Intermediate Care Facilities for Individuals with Intellectual Disabilities: ICF/IIDs）というプログラムは、メディケイド（国民皆保険制度がない米国において、私費で民間の医療保険に加入することができない低所得層のための公的医療保険制度）の資金を受けて運営される知的障害者支援サービスである。このもとで、資格をもつ看護師の勤務や四名以上の在所者などの条件を充たす施設が運営されている。

障害者が、隔離《かくり》された施設ではなくみずからのコミュニティで生きる権利は、恒常的《こうじょうてき》に脅かされている。障害権運動の本場と言及されることの多いカリフォルニアには、合衆国で最大規模の介護施設がいくつか存在しており、州政府が自立生活のために不可欠なサービスを削減しようとする動きは年《とし》を追うごとに強まっている。▼16

どこで、どのように暮らし、誰に介助を受けるかを決める権利が二〇〇万もの人びとにおいて否定されているにもかかわらず、障害の問題を扱うマスコミの不在は、さして驚くべきことではない。このことは、障害の表象《ひょうしょう》がメディア上に現れないということではない――そんなわけがない。メタファーとしての障害はメディアに深く浸透しており、人間ドラマとしてなら、障害はいつも摩訶《まか》不思議なまでに人気を持続している。これらの語りにおいて、障害はほとんどいつも個人の悲劇として見なされる。障害者は自分の限界を、強靭《きょうじん》な人格によって克服する勇気を手に入れるものとして想定されている――社会的な差別と抑圧を克服することによってではなくしてだ。たくさんの障害者活動家や研究者は、これを「万能の不具《スーパー・クリップ》」言説と呼んできた。障害者がすることなら何であれ、いくら平凡あるいは非凡なことであっても、感動的で感《かん》銘《めい》を与えるものとして見なされるのだ。結婚すること、学校に行くこと、単に外出することや自殺をしたいと思わないことまで（あるいは、かれらが自殺をほんとうにしたいという事実までも）。このような語りは、障害者たちがみずからのコミュニティに参与して平等な権利を要求する勇気をもつことができるよう働きかけるのではなく、むしろ、健常者の聴衆がより懸命に労働するようモチベーションを与え、働くことができるのが有り難いことだという思いを一層強く感じさせるように機能する。万能の不具《スーパー・クリップ》というレンズを通して障害は、貧乏人《びんぼうにん》が成り上がるというおなじみの資本主義的物語を極端に感傷的なかたちで変奏《へんそう》するのだ。

障害活動家としての旅をはじめてから、かつて障害を個人の孤立した経験として感じていたわたしは、障害を至るところで発見するようになった。合衆国の文化において、障害の存在は修辞《しゅうじ》的レベルですら避けがたいということに気がついたのだ。「経済がびっこになった〔the economy is crippled〕」〔景気の跛行。経済の低迷状態の意味〕という表現があるし、自分を無能だとか、何かができないと感じている人のことを、「麻痺《まひ》」していると言ったりする。目が見えないことが、まるで無知やナイーブさを意味するかのように語られるし、愚かだったり不公平だと考えられるものは、「知恵遅れの」と言い表されたりする。そして「障害」という表現は、故障していたり、正常に機能していないものを表すために、あちこちで用いられている。

こうした例はたいがい、悪気《わるぎ》のない無垢《むく》な発言として無視される――だが、言葉は政治的だ。言葉であれ比喩《ひゆ》であれ、最も一般的な障害のメタファーは、障害者の経験にかんする知識不足と固定観念にもとづいている。「不具《かたわ》になった」〔⬇29頁〕といった言葉が比喩《ひゆ》的に用いられることで、不具であることは壊《こわ》れていて、欠陥があり、それゆえ直す必要があるという一般的な考えが強化されてしまう。言葉はしばしば比喩的に用いられるので、実際に不具である人びとの現在進行中の生はかき消されると同時に、紋切型《もんきりがた》のイメージで理解されてしまうのだ。「不具」という言葉は、とりわけ興味深い例だ——「不具者（crip）」という言葉（これは「不具にする（cripple）」という言葉に由来する）が障害者の活動家と研究者に採用されてきた仕方は、LGBT〔レズビアン、ゲイ、バイセクシュアル、トランスジェンダーの頭文字を取り、性少数者の一部の人びとを指した総称〕の活動家や研究者が「クィア〔もとは「変態」に近い語感の罵倒語であったが、性少数者の運動によって意味が奪還され、今は主に異性愛以外の多様な性的志向を意味するようになった〕」という言葉を奪還《だっかん》したのと酷似《こくじ》しているからだ。たくさんの障害者が自分を不具として自認する。そして、何かを不具にするということは破壊することではなく、ラディカルかつ創造的な仕方で、障害の歴史や政治、そして矜持《きょうじ》を、それに付与《ふよ》することを意味するのだ。このことは同時に、自立、正常性、そして医療化のパラダイムを問いに付すことでもある。

ADAPTと一緒におこなった最初の抗議のあいだ、わたしは、自分を堂々と障害者として認めるのにためらいがあった。けれども、ときが経《た》つにつれて、不具《かたわ》は次第に自分のアイデンティティの一部になっていった。障害者の研究者や活動家、そして芸術家たちにとって、不具はひとつのアクションに、意味を根源的に変容させる方途《ほうと》になっている。わたしたちは、不具の時間、不具の空間、不具の文化、不具の理論について語るのだ。

先行する反レイシズムやフェミニストの研究者たちのように、障害学の研究者は、日々の暮らしのなかで障害者が社会的、政治的に扱われる仕方を言葉がいかに強化するのかに気づいている。同じことはまた、他の表象《ひょうしょう》やイメージ、そして文化をめぐる言説《げんせつ》にも当てはまる。障害者の生きた経験が、比喩やステレオタイプに取って代わられる例は無数に存在している——哀《あわ》れみを誘うチャリティや、映画に出てくるやけに感傷的な「万能の不具《スーパー・クリップ》」の登場人物、障害者をあさり屋やいかさま師、詐病《さびょう》者、あるいは重荷《おもに》として描く巷《ちまた》の政治言論に至るまで。障害は、憐《あわ》れむべきものとして、必ずや治癒が必要なもの、充《み》ち足りた人生への障壁《しょうへき》として描き出され、他方で障害者は、上から目線で「インスパイアされる」だとか「個性的だね」という甘言《かんげん》を投げかけられる。さらには障害者のことを、危険かつ凶暴で、いますぐにも自分たちが受けている苦痛に対する復讐を果たそうとする輩《やから》、というふうに描くこともある（奇形だったり補綴《ほてつ》器具〔身体の欠損部の機能を人工物で補うこと〕を用いている映画の悪役を想起してみよ）。このことはとりわけ、知的障害者や精神障害者に当てはまる（銃乱射事件をはじめとしたきわめて暴力的な事件にかんして国をあげた議論が巻き起こるとき、精神疾患《しっかん》〔という表象〕が果たす役割を考えてみよ）。こういった表象は、決して一筋縄《ひとすじなわ》ではいかない――多様な表象は、国籍や人種、ジェンダー、階級といったさまざまな差異にまたがって、互いに混ざりあい、移り変わる。けれども、これら特定のステレオタイプは、主流の合衆国文化において最も際立ったものだということも事実なのだ。

　障害の表象は、「医療化（medicalization）」を通して生まれることが多い――医療化とは、障害を医療やリハビリの分野で扱うのが最も適した問題とみなす考え方だ。十九世紀から二〇世紀初頭にかけて、それまで道徳的、精神的、あるいは形而上学《けいじじょう》的問題として扱われてきた障害は、医療的問題へと化した。かつては神による介入やカルマの負債《ふさい》として考えられていた障害が、単なる医療上の逸脱《いつだつ》として理解されるようになったのだ。障害の研究者や活動家が「障害の医療モデル」と呼ぶものは、障害をもつ身体を、正常ではない仕方で作動しているものとして、不健康で、異常で、つまるところ治癒《ちゆ》を必要としているものとして位置づける。▼[17]

障害の医療モデルは、障害者のたたかいを、純粋にかれらの身体内部へと位置づける――障害者には何かおかしい部分があり、それが原因でかれらはこの世界で十分に活動できないでいる、というわけだ。現在、このような観点は常識として、あるいは文明が前進した証《あかし》として、当然視されている。車椅子が必要なことはもちろん医療上の問題だ。そうでないはずがあろうか？

数十年にわたって、障害者の権利を擁護しようとする人びとたちは、障害について異なる物語を紡《つむ》ぎだそうと試みてきた。多くの障害者たちは、障害は単なる医療的問題ではないと論じる――それは社会正義の問題なのだ。このことは、障害者たちが医者や医療をいっさい必要としないということではない。それは、障害を理解するにあたって医学が唯一かつ最良の枠組みではないということなのだ。障害の活動家や研究者たちは、医療化に対抗して異なる障害のモデルを提示してきた――その最たるものが、「障害の社会モデル」◇だ。ここでは、障害が損傷《そんしょう》によってではなく、社会が設計される仕方によって引き起こされると論じられる。▼[18]

街を移動するときの単純な日常的動作を例に考えてみよう――建物に出入りしたり、縁石《えんせき》をまたいだり、バスに乗ったりすることのことだ。縁石をまたげない人がいる場合、この周辺化〔される経験〕は、果たしてその人の身体的欠陥のせいなのか？　階段はあるが、スロープやリフトのないバスはどうだろう？　歩道を渡っても安全だという合図を視覚的には送るものの、音を通してそうすることのない信号については？　健常者中心主義は、一定のテクノロジーを正常なものとして、その他のテクノロジーを特別なものとして理解するようにわたしたちに働きかける。わたしたちは、いまあるテクノロジーや構造に慣れきっているので、段差や階段がほとんど自然な存在のように感じる。けれども、縁石はスロープと同じくらい自然ではないし、点灯する光はビープ音と同じくらい不自然なものなのだ。

アクセスはまた、どの認知的特徴が特権化され、優遇《ゆうぐう》されているかをめぐる問題でもある。さまざまな簡単な工夫によって、知的障害者や精神障害者（そして慢性《まんせい》疾患など、その他の障害者）は、それがなければそこから排除されてしまうであろう環境へのアクセスを手に入れることができる。職場や学校といった環境における、助手的、あるいは補助的テクノロジーへのアクセスや、十分な休息時間の確保、より柔軟なコミュニケーション手段（電子メール、電話、

◇訳註　障害の「社会モデル」は、障害を医学上の異常、すなわち個人の身体的・精神的機能不全として理解する「医療モデル」に対抗して主張されるようになった代案的な障害の理解モデルである。社会モデルにおいては、「障害 disability」は身体の「損傷 impairment」から明確に区分され、人は損傷そのものによってではなく、健常者中心主義的な社会によって障害をもたされ、「障害化される disabled」ことが主張される。社会モデルにおいて軽視されがちな、内面化された健常者中心主義や苦痛の経験といった問題については第12章の240 - 241頁を参照。

オンラインチャット、あるいは直接に会っての会議など）の導入、照明量の変化、そして臭いや化学物質を除去する指針といった取り組みは、完全にアクセス不可能な環境と、より多くの人びとに開かれた環境とのあいだに、確かな違いを生み出すことができる[▼19]。

アクセスという問題が単純だとか簡単だと言いたいがために、こうしたことを言っているのではない。アクセスの必要性は、広大かつ多岐《たき》にわたる。けれどもアクセスについて考えることは、どの身体が環境に参与《さんよ》しているのかにかんする一定の想定にもとづいてわたしたちの環境が構築されているということを、思い起こさせてくれるのだ。幾重《いくえ》にも重なった抑圧の遺産が、わたしたちの社会的地形が構造化される様式をかたちづくるのだ。〈障害の正義〉[◇1]の活動家のミア・ミンガスが説くように、アクセスという問題は、障害に固有なものではない。「アクセス可能性という問題は、ちっとも目新しいものではない。アクセスはより幅広い仕方で、階級、言語、育児といった問題を含んで理解するよう努めることができる。ジェンダー中立のトイレがそのはじまりだ」[▼20]。アクセスは交差的だ[◇2]。この社会が歴史的に誰を特権化し、どんな身体を許容するよう構築されてきたのかを考察するのは重要な仕事だ。都市や文化において、はじめから特定の仕方で具現化《ぐげんか》された身体が、他より高い価値を付与されてきたわけではない。それらはみな、人間的な偏見や先入観を下敷《したじ》きにして人間がつくりあげたものだ。だからわたしたちは、なぜ特定の身体が、それをもとに他者が比較されるべき基準として提示されてきたのかを問わねばならない。

◇訳註1　〈障害の正義 disability justice〉とは、主に人種的・性的マイノリティの障害者たちのうち、権利・人権モデルにもとづく旧来の白人男性中心の運動圏から排除されていた者たちが、障害や健常中心主義の問題を他の抑圧形態やアイデンティティとの関連において唱えた、障害者運動における代案的枠組みを指す。その特徴としては、①抑圧的システム全体の変革：権利を有する特権的な層を拡張していくのではなく、底辺を生み出すシステム全体の変革を指向する、②マルチイシューの政治：障害だけでなく、人種、ジェンダー、セクシュアリティ、市民権など、他の抑圧体系の重層的影響を視野に入れる、③コミュニティベースの正義／解放のビジョン：法廷を介した個人的正義の実現にとどまらず、集団的次元における正義や解放を模索する、といった点が挙げられる。本書で後に述べられる〈環境正義 environmental justice〉、〈再生産正義 reproductive justice〉もまた、〈障害の正義〉に先立って主張されはじめた、白人男性（後者では白人女性）中心の社会運動に対する代案的枠組みである。（Disability Justice - Mia Mingus 動画を参照）

◇訳註2　本書では、「intersect」を「交差する」、「intersectional」を「交差的な」、そして「intersectionality」を「交差性」と訳すことにする。

「交差性」という語は、法学者キンバレー・クレンショー(Kimberle Crenshaw) によって、黒人女性の置かれた特有のジレンマを語るために使われ始めたとされる。すなわち、「黒人」というカテゴリーでは黒人「男性」が、「女性」というカテゴリーでは「白人」女性が代表されてしまうために、いずれのカテゴリーにも「黒人」かつ「女性」である者の経験は十分に含まれ得ない。このような黒人女性が経験する二重の排除を、この語を通じて明らかにしようとした。

他方、現在この概念は、人種主義とジェンダーを超えて、セクシュアリティや階級、民族性、環境、そして本書の主題である障害と動物など、さまざまな社会的抑圧や差別との関連で、いっそう幅広く用いられている。その核心には、多様な抑圧は社会において互いに繋《つな》がっているという考えがあるが、これは複雑に絡《から》まりあった加害性と被害性に対するより繊細な認識へと導く。こうして、当事者中心のアイデンティティの政治が陥《おちい》りやすい排他性や、他の社会運動への無関心や連帯の稀薄《きはく》性を脱し（これは「誰がより抑圧されているか」といった問いに顕著《けんちょ》にあらわれているだろう）、さまざまな少数者／性のあいだの繋がりを認識して連帯を構想するために、交差性という言葉は今後も、重要な理論的ツールになるだろう。

アクセスは物理的空間にかかわるだけではない——それはまた、この社会の構造をかたちづくる経済的・社会的システムにも結びついている。障害者は、この地球上で最も周辺化された人びとに属する。障害と貧困の結びつきは、とりわけ衝撃的だ。世界の最貧困層の二〇％は障害者であり、世界の障害者人口のうち八〇％は発展途上国に住んでいる。[21]世界中で障害者は貧困のうちに生き、多くの場合、自分が暮らすコミュニティでいちばん貧しい。[22]このことは合衆国においても同様であり、障害者が貧困ライン以下で暮らす確率は健常者よりも高い。[23]世界銀行の報告によると、「貧しい生活環境、健康に悪影響を及ぼす雇用環境、栄養不足、医療や教育機会へのアクセスの欠如などの結果、貧困はさまざまなかたちで障害をもたらし、そしてすでに障害をもつ人びとにさらなる付随《ふずい》的障害を引き起こしうる」[24]。障害者は、教育や就職機会といった、貧困から抜け出すのに役に立ちうる物事にアクセスするにもたくさんの障壁に直面するのだから、これは悪循環というほかない。さらに、障害活動家が障害の医療化を批判することが多いとはいえ、医療へのアクセスが障害と共に暮らす人びとにとって不可欠であるのは言《げん》を俟《ま》たない——もちろん、あらゆる人びとにとってそうであるようにだ。

また、障害者の失業率は世界的に啞然《あぜん》とするほどに高い。国連の報告によると、「発展途上国において、障害をもつ勤労年齢人口の八〇から九〇％が失業状態にあり、産業化された国々では五〇から七〇％のあいだである」[25]。近年になって障害者の就職率が増加したといっても、合衆国において勤労年齢で雇用されている障害者はたったの三七％にすぎない。[26]これらの数字はすべて、障害者女性や有色人種の人びとについては、さらに悪い。上院議員のトム・ハーキンは、事態に進展はないと語る――「労働統計省によると、障害者の労働力は不況で一〇％も減少した。これは約二％の減少しかない非障害者の労働力に比べて五倍も大きい[27]」。

　身体的、あるいは精神的障害そのものが心配事である場合はほとんどない。身体や精神の上で違いをもつ人びとは、住宅や雇用、教育におけるアクセスの拒否や、貧困といった構造的な不平等のみならず、不妊手術、嬰児《えいじ》殺害、優生学〔➡29頁〕、そして施設への収容などの、過激で暴力的な処置によって抑圧されるのだ。障害者は、介護施設や精神病院に収容される危険に直面するのみならず、合衆国の監獄および拘置所《こうちしょ》人口において不釣りあいに大きな割合を占めている[28]。障害者は健常者よりも暴力の犠牲になることが多いものの、周知の通り、障害者に対するヘイト・クライムはあまり報道されず、起訴されることも少ない[29]。監禁され、施設に収容され、自分で介助者を選んで雇用することのできない障害者たちにとって、暴力とヘイトはいつでも身に降りかかりうることなのだ。

　障害者は日々、固定観念や偏見、そして市民権の侵害に直面する。わたしたちは、世界で最も貧しく、最も教育を受ける機会に恵まれず、そして最も暴力に晒《さら》されやすい存在なのだ。物理的な、そして態度を通じた障壁によって、わたしたちがさまざまな社会的空間に参与できないようにするのは、合法なのだ。わたしたちに「対して」ではなく、わたしたちの「ために」語ることは、容認可能だと思われている――あるいは、言葉を用いない「重度」知的障害者の場合、障害者本人とその利害関係を最もよく理解している人びとの代わりに語ることは。

障害者が直面する根深い体系的偏見と差別は、社会のほとんどあらゆる側面に及ぶ。けれどもこの偏見は、住む場所、人種、ジェンダー、階級、そしてその人のもつ障害の種類によって異なるものとなる。白人の中流階級で、コミュニケーション面で支障がない身体障害者のアメリカ人女性であるという、そして自宅で自分が選んで雇った介助者と一緒に住むことができるという特権によって、わたしは、無数の抑圧が存在する現実から匿《かくま》われている——こうした特権がない障害者たちにとっては避けがたい現実からだ。

障害の抑圧と、それに対する抵抗運動は、場所と経験によって異なるかたちで展開する。障害をもつ一人ひとりが直面するのは、自分だけの特定の難題だ。さらに問題を複雑にするのは、ときを追うごとに自明になりつつあるひとつの事実、すなわち、身体の健常性と障害のあいだの違いというものは、決して明確でも永続的でもないという事実だ。障害は、誰かが受け容れるアイデンティティでもあり、たたかいの条件でもあり、解放を見出す場でもあり、周辺化と抑圧のために利用されうる概念でもありえる。それはまた、同時にこれらすべてでもありうるのだ。

障害が、ある人間個人の生をかたちづくる生きられた経験であるのみならず、歴史や政治、そして文化を生み出すのに中心的な役割を果たすイデオロギーでもあるということは、日を追うごとに明らかになってきている。障害とは、単に周辺的な事象《じしょう》や医療領域、あるいはいくつかの特定の歴史事件にかかわるだけの経験ではない。むしろ障害は、ジェンダーや階級、人種のように、世界にありとあらゆる仕方で影響を与える社会的な力《ソーシャル・フォース》なのだ。[30] 歴史家のダグラス・C・ベイントンが語るように、「障害は、もし見出そうとするなら歴史の随所《ずいしょ》にあるが、わたしたちの歴史記述においては、甚《はなは》しく不在だ[31]」。

このことは、障害をめぐるイデオロギー群が近代世界の発展において中心的な役割を果たしたという点を考えるとき、見事に明らかになる。たとえば、資本主義と労働関係の創造にあたって、障害が果たした役割がこれまでに明らかにされてきた。とりわけ障害は、自立、効率性、そして生産性といった概念の定義づけのみならず、再分配における「必要ベース」のシステムに対する「労働ベース」のシステム◇を定義づけるのに寄与《きよ》してきたと主張されてきた。[32] 障害のイデオロギーが、いかに合衆国の移民政策にとって鍵《かぎ》であったかを明らかにする研究もある。人種的および階級的に多様な人びとを排除することを正当化する言説は、これらの人びとを、「公的負担になる」だとか、公衆衛生上の脅威を与えるだとかの言葉を通して、型にはまったイメージで提示してきたためだ。[33] 社会がかたちづくられるうえでの障害の重要性を示すこう

◇訳註　「労働ベース」のシステムは、いわゆる「働かざる者、食うべからず」の論理で、各自の労働量によって再分配の量を決める制度であるのに対し、「必要ベース」のシステムは、近代社会において労働に就《つ》くことができない人びとを対象に採られるような、各自の必要に応じて再配分量が決められる制度である。

した例は山ほどある。けれども、最も示唆的なのは、障害の概念が歴史的に差異のカテゴリーを強化し定義づけるのに果たしてきた役割であろう。[34] 障害のイデオロギーは、多様な人間集団を病理化するのに寄与してきた――幼い子どものように扱うことによって、そして虚弱《きょじゃく》で、傷つきやすく、頭が悪く、病弱で、遅れていて、世話がかかり……と宣告することによって。このような病理化は、健常者中心主義と緊密に結びついている。健常者中心主義こそ、障害を徴《しるし》づけるさまざまな特徴――脆弱《ぜいじゃく》性、虚弱性、身体的・精神的異常、そして依存といった――が望ましくないものだと主張するからだ。こうして、これらの諸条件と結びつけられる（誤りであれ、いくらか正確なものであれ）いかなる身体的・精神的資質も、矯正《きょうせい》および管理が必要な生物学的、自然的欠陥として見なされるようになるのだ。これら障害のイデオロギーは、知的、そして身体的劣位の主張を通して、さまざまな少数者を十把《じっぱ》一絡《ひとから》げに障害を有する存在として定義づけることを可能にしたが、これは人種主義的ステレオタイプにおいて顕著《けんちょ》である――こうしたわけで、黒人は身体的には頑強《がんきょう》だが知的には白人に劣るとされ、原住民のコミュニティは管理される必要があり病いにかかりやすいとされ、そして上流階級の白人女性は厳しい知的労働や身体的労働に従事するには、か弱《よわ》すぎるとされたのだ。このような歴史の遺産は、もはや過ぎ去ったことだと受け流すには程遠い。たとえば、ニルマラ・エレヴェレスのような研究者によると、合衆国で障害をもつと分類される有色人種の子どもたちは不均等な割合で多く、このことは学校システム側にこれらの子どもたちを「特別」な（換言すれば「分離」された）学級に隔離《かくり》するための一見生物学的な正当化の術《すべ》を与えているという。[35]

次のことを指摘しておくのは重要だろう――障害が差異のカテゴリーを構造化するのに中心的な役割を果たしていると論じられるとき、それは、障害が、人種やジェンダー、あるいは階級といった差異を示す多様な徴を不要にすることを意味するのではないということである。それはむしろ、障害がこれらの差異のかたちと相互に構成的な関係にあるということなのだ。換言《かんげん》すれば、人種、階級、セクシュアリティ、そしてジェンダーといった諸イデオロギーは障害の意味をかたちづくるが、障害もまた同様に、それらの意味をかたちづくる。これらのカテゴリーは互いに形成しあい、影響しあい、そしてときに合体しながら発展してきたのである。障害学の研究者、エレン・サミュエルズはこの点を『同一化という幻想――障害・ジェンダー・人種』において、とりわけ十九世紀の人類学者にかんする議論において巧《たく》みに指摘する。彼女によると――「当代の医師や人類学者たちは、実のところ、人種に帰《き》される特徴と、身体的・精神的能力に帰される特徴とを、こんにちのわれわれと同じようには区別していなかった」。当時の人類学者たちは、さまざまな差異を類比するよりは、実際に「(それらを)合体させ、精神的未成熟と無能をめぐる柔軟なカテゴリーをつくりあげた」とサミュエルズは説きあかす。[36]

サミュエルズの言明は、こんにち明確な輪郭《りんかく》をもつように見えるカテゴリーが、互いに不可分である時代があったということを力強く想起させてくれるものだ。見過ごされがちだけれども、動物というカテゴリーもまた、わたしたちを定義づける歴史と枠組みを理解するにあたって核心的だ。現在、誰が人間で、誰がそうでないのかは自明で、そこに複雑な問題はちっともないように見えるが、わたしたちが嫌《いや》というほど知っているように、歴史の異なる時期においては、さまざまな人間が獣《けもの》のようだとか、人間よりは動物に近いと見なされたり、「進化の失われた環《わ》」〔進化的移行が考えられる二種の生物間で想定される中間形態〕と考えられたりした――ここには、内面性や野蛮、セクシュアリティ、依存、能力／障害、身体的・精神的差異などの定義と不可分に絡《から》みあうさまざまな分類がつづく。実際に、サミュエルズの話は、ネイティブ・アメリカンを進化上の遅れに、人類の発展における未発達段階の一例に振り分けた人種主義的人類学に関連したものだ。このような主張は、知的障害者は人類進化における原初段階の例であるという主張とならんで機能する。こうした非人間化と動物化は、十九世紀の地質学者J・P・レスリーの著作群においても看取《かんしゅ》できる――彼は、人類の進化は、いわゆる原始的な、あるいは類人猿に似た人口（言い換えると、非ヨーロッパ人）の発見によってのみならず、あらゆる社会における「間抜け《まぬ》」や「阿《あ》呆《ほう》」を検討することによって検証されうると論じたのだ。

議論を支えているのは、このような諸個人だ――あらゆる人種を通して世界中に散らばっている、狭い額、小さな脳、長い手、細い脚、前方に突き出した、牙《きば》のような歯、ぺちゃんこの鼻、そして発育遅延を示すその他さまざまな特徴を有する人びと。あらゆる人類の世代において確認できる、同じ遅延によって生産された数百万の阿呆や間抜けたちについては言うまでもない。[37]

〔レスリーの著作発行の〕一世紀前の一七〇〇年代、リンネ式の分類学が発展した。わたしたちがこんにちなお用いている、科学的分類体系の基礎となった種《しゅ》の分類法だ。この体系は自然界において人間を位置づけるのに役立ったが、それはまた、人間の類型化にかんする人種化され、ジェンダー化された議論にもとづいたものであり、またそれを代表するものでもあった。つまり、ここでは人間同士のあいだでの差異にかんする想定が、人間と動物のあいだの境界線を名づけるために用いられたのであった。[38] 種の分類体系は、人間を動物の上に位置づける位階《ヒエラルキー》にかなり依存したものであり、これらの位階は例外なく、人間間での差異の構築と関連していた。ここでのポイントは、類型化と非人間化の歴史における動物の形象の重要性を露《あら》わにすることに留まらない。それはまた、動物と、そしてそれゆえ人間なるものは、純粋に生物学的というよりかは、社会的に決定される厄介なカテゴリーであるということを明らかにする点にある。

　こうした歴史分析はここで詳述するには複雑すぎるけれども、非人間化のさまざまな歴史が、物事に対する西洋の偏狭な理解と思い込みを否応なしに露わにするという点を強調しておくのは重要である――人種主義、健常者中心主義、そして動物への偏見と密接に結びついた理解の仕方のことだ（J・P・レスリーの仕事において見てとれるように）。これらの構築物のうちで、動物は――蚊《か》や水母《くらげ》から犬、そして鯱《しゃち》といった多種多様な生物をその内に含む巨大で厄介なカテゴリーは――疑問の余地なく劣等な存在として理解される。このような人間中心的な見方において、世界は「人間《マン》」（つまり、幾人かの男たち）のために存在するのであり、ここで動物は完全にこの創造の頂点から分離され、劣るものとして定立されるのだ。

　このような動物化と病理化の歴史を念頭に置くなら、障害と動物から距離を置きたがる人が多いのは何の不思議もない。思わず距離を置きたくなるその気持ちと、距離を置くことが必要な場合もあるということすら、理解できないことではないけれども、この本でわたしは、そうした衝動に挑戦してみたい。障害学の研究者であるミシェル・ジャーマンが語るように、「人種、ジェンダー、セクシュアリティ、そして貧困に結びつけられた身体異常、心理不安、あるいは知的劣位といった生物学的資質は事実ではなく、このことを問題化する実に切実な必要があるけれども、このような語りはともすると障害そのものに付されるスティグマ〔特定の属性をもつ人に対して否定的なレッテルが貼られること〕を不問のままにしてしまう」▼[39]。多くの点で、動物性についても同じことが言える。つまり、非人間化された人びと（障害者を含む）においては、動物化のメカニズムを批判し、人間性を主張する差し迫った必要がある。このような試みは急を要するものであり、理解可能なものであるけれども、わたしたちがいかにして人間の動物化という残酷な現実を、あるいくつかの必要と調停《ちょうてい》することができるのかと問うことは、きわめて重要だ――すなわち、動物の価値の切り下げに挑《いど》む必要と、さらにはわたしたち自身の動物性すら認めるという必要と。この本は、障害と動物性（そしていかにそれらが交差しているのか）に注意を払わないことは誤りだと指摘する。なぜなら、いずれの概念も他の差異のカテゴリーに、そして貧困や監獄の問題から環境正義にかんする問題まで、抑圧された者たちが直面する社会正義の問題に、深く絡《から》みあっているゆえに、単に周辺部へと追放して済ませることはできないからだ。障害と動物の問題が他の解放運動に根を下ろしている限り、健常者中心主義と人間中心主義は温存《おんぞん》され、それがいつでも支配と抑圧のシステムに利用されうるだろうことは避けられない。

しかし、ジャーマンを中心とする多くの人びとが指摘したように、障害の研究者や活動家たちはあまりに多くの場合、交差的なアプローチを怠《おこた》ってきた。つまり、人種、階級、セクシュアリティ、そしてジェンダーの問題を無視しながら、白人や階級という特権性を、障害者運動および研究において不問のまま放置することによってだ。同様の批判が、主流の動物権運動についても待ち受けている。人種、ジェンダー、そして階級の問題は繰り返し無視される一方、白人の特権と家父長制《かふちょうせい》は温存されてきた。こうして動物権擁護《ようご》家たちは交差性の問題を無視し、白人および中産階級を中心とした動物擁護運動のモデルをつくりあげてきた。有色人種で、貧困層で、クィアで、そしてジェンダーバリエント〔既存のジェンダーに行動や表現が一致しないこと〕な人びとを中心化する障害者運動は、さまざまな抑圧が密接に繋《つな》がりあっているという認識が障害者運動にも要請されるただなかから現れた。[40] 動物解放運動において、動物に対する倫理のフェミニズム的、かつ有色人種中心的な枠組みは、動物権の従来の構想に挑戦するために現れた。動物と人間に対する抑圧が互いに繋がっていることを強調することによって、そしてさまざまなコミュニティに光を当てることによってだ——これは動物権をめぐる言説において、往々にして省略されてきたことだ。この本は、そのような運動に非常に多くを負っている。

ＡＤＡＰＴでの抗議から、そして自分を不具者と自認するようになってから、たくさんの年月が流れたのち、わたしはカリフォルニア大学バークレー校の自分のアート・スタジオで、動物について交差的に考えることがいかに大切かを悟った。トラックに詰め込まれた数十の鶏たちを描きながら、動物を利用した産業と、とりわけわたしの絵のなかの雌鶏《めんどり》たちについて、たくさんのことを学んだ——わたしが出会った雌鶏たちはみな、実質的に障害を抱えていたのだ。健常者中心主義が障害者を超えて拡《ひろ》がる力なのだということに気がついた——あらゆる身体が健常者中心主義の抑圧に晒《さら》されているのだ。健常者中心主義は、社会における文化的意向や価値観をかたちづくるのに役立つ。自立しているということが何を意味するのか、生産性や効率性をいかにして測《はか》るのか、何が正常で、そして何が自然であるのかということにかんする想定についてはもちろんだ。あの絵画を描くための調査のなかで、わたしはこれらの価値が影響をおよぼすのは、障害をもつ、あるいはもたない人びとに対してだけではないということを学んだ——それはまた、わたしたちと共にこの地球の上に暮らす、人間以外の動物たちの生をも、深く左右するものなのだ。

動物の不具《かたわ》たち

数年前、関節拘縮症《かんせつこうしゅくしょう》〔四肢の関節が硬くなり関節可動域の制限が生じる障害〕の狐《きつね》にまつわるある物語を知った。この障害は、わたし自身が先天的に抱えるものでもある。カナダの野生動物保護管理機関であるカナダ野生動物健康センター協同組合によると、近隣住民が狐を撃ったのは「足つきが異常で病気に見えた」からだった。狐には確かにかなり大きな障害があったものの、筋肉量は標準的で、お腹《なか》のなかには消化済みの食べものがたくさんあったという。このことから研究者たちは、「脚に異常があっても、狩りをし、食糧を探しまわるのには支障がなかった」と推定した。[▼1]

この住民は、狐を哀《あわ》れみの気持ちから（ある種の安楽殺として）、そして恐怖から（もしかすると狐が何らかの感染病にかかっているのではないかと疑って）殺したようだ。人びとはもちろん正常な狐も殺すけれども、それほど利他的《りた》な理由からではない。しかし、この狐は実際のところ、かなり良い暮らしを送っていたのだ。この住民は、狐の生の質《クオリティ・オブ・ライフ》が、受け入れがたいほど低いとでも思ったのだろうか？　動物が障害をもつことを危険だとか、死よりも質《たち》の悪い宿命だと思ったのだろうか？　安楽殺〔原文はmercy killingで「慈悲的な殺し」を指す。日本語では「安楽死」が一般的な語だが、動物の場合は人間が死の決定を一方的に下すので「安楽殺」とした〕の概念は、障害に対する二つの最も突出した反応を内包《ないほう》している――障害に対する破壊衝動と障害への哀れみだ。狐は明らかに人間の健常者中心主義の影響をこうむった。障害を苦しみ、そして感染への恐怖と一緒くたにした人間に、撃ち殺されたのだから。

わたしたちが障害をもった身体に対して抱く思い込みと偏見の根は深い――その深さは相当なもので、同じ見方が人間以外の動物にも投影されてしまうほどだ。動物たちは、わたしたちに最も馴染《なじ》み深い類《たぐ》いの健常者中心主義的語りにさらされている。たとえば、狐に対する射撃に結びついた「死んだほうがマシ」という語りは、ペットの安楽殺や畜産の議論における共通の糸である。あるいは苦境を乗り越えることで感銘《かんめい》を与えてくれる、障害をもった動物の物語もある――これは驚くべきことに、ますます人気を集めつつある語りだ。たとえば、二〇一一年の映画「イルカと少年」を考えてみよう。これは、尾を失った海豚《いるか》が補綴《ほてつ》〔➡37頁〕を使って泳ぎ方を学ぶという、実話にもとづいた物語だ。あるいは、補綴の尾をもった竜が登場する、これと似た筋書きのファンタジーアニメ映画「ヒックとドラゴン」を考えてもいい。そして極《きわ》めつけはフェイスの物語だ。フェイスと名づけられた犬は二つの後ろ足だけをもって生まれたのだが、この二足で歩くことを学ぶのだ。フェイスは〈オプラ・ウィンフリー・ショー〉〔米国のテレビ界で高視聴率の長寿トーク番組。世界一四〇ヶ国で放送されていた〕を含む多くのテレビ番組に出演し、視聴者たちに感動を与えた。「かわい」くて「感動もの」の障害をもった動物たちの物語は、このごろソーシャルメディアでも大はやりしているらしく、さまざまなメディアやウェブサイトで障害を「克服」して「大喜び」する動物たちが取り上げられている。テレビ番組もまた、急成長中のこの市場に気づきはじめている。二〇一四年の春、PBS〔Public Broadcasting Service アメリカの非営利・公共放送サービス〕で放送された、「わたしのサイボーグペット」と題された〈ネイチャー〉のエピソードでは、動物の補綴を特集していた。番組の宣伝文句はこう謳《うた》う——「ときに、奇跡は起こる▼2」。

明らかにわたしたちは、健常者中心主義を人間以外の動物にも投影している——だが、障害という概念そのものについてはどうだろうか？　もし障害のカテゴリーが社会的に構築されたものであるなら〔➡39頁〕、動物が障害化されているということは、いったい何を意味するのであろうか？　わたしたちには、他の動物が身体的・認知的差異をどのように認識しているのか見当もつかない。犬は、三つ足の犬を見たとき何か違和感を感じるだろうか？　猿は、びっこの猿が自分とは違うと思うだろうか？　動物たちは、障害をもった仲間を助ける方法を知っているだろうか？　種《しゅ》を超えて障害を認知するだろうか？　こうして、動物の世界は途方もない、一見すると無数の差異で満ちあふれているので、障害が生み出す差異を評価する試みはほとんど無意味に見えるほどだ。それでも、さまざまな動物が確かに障害に近いものを認識できるということには、たくさんの魅力的な証拠がある。▼[3] 霊長類学者のフランス・ドゥ・ヴァールはイエルーンの物語を語る。アーンヘムにあるチンパンジーの部落で最年長のオスのチンパンジーだ。イエルーンは若いライバルとのたたかいで手に傷を負った。ドゥ・ヴァールによると、このせいでイエルーンは「その傷は浅いようだったが、一週間にわたって、びっこをひいていた」。研究者たちはすぐ、イエルーンがライバルに見られるかもしれないときにだけ、びっこをひいていることを発見した。イエルーンはびっこのふりをすることで、ライバルがもっと同情的になると思ったのだろうか？　あるいはこのような解釈は、イエルーンの行動を、人間における障害と障害が惹起《じゃっき》する反応を先読みして、早合点《はやがてん》してしまっているのだろうか？

「障害」という言葉の意味は、人間に固有なものだ——人間文化によって数世紀を通してつくりだされ、それ自身の文脈をもつからだ。にもかかわらず、わたしはこの言葉を、人間以外の動物のあいだの差異を議論する場合にも用いることにする。この言葉が、障害運動においてもつ意味の幅の広さに惹《ひ》かれるからであり、また、生きた経験としての、そして人間以外の動物にも影響を与えるイデオロギーとしての障害をわたしたちが考えるとき、何が起こるかに興味があるからだ。人間以外の動物は、身体的・認知的差異とどのようにして関係をもつのだろうか？　障害に対する人間的な理解方法は、他の動物が経験していることを解釈する仕方に、どのように影響するだろうか？

動物の障害が、感動的であるのと同時に恐怖を呼び起こすものだということは、クリス・P・ベーコンをめぐってインターネット上で湧《わ》きあがった議論のなかに、はっきりと看取《かんしゅ》できる。クリスは二〇一三年の一月、自力で歩けないほど小さな後ろ足をもって生まれた豚《ぶた》の赤ちゃんだ。自家製の車椅子を使っている姿を撮ったビデオ映像が流通するや、瞬《また》く間に、クリスはネット上で爆発的人気を得た。ある女性によって安楽殺させるために獣医のもとに持ち込まれたこの小さな豚の赤ちゃんは、この獣医の助けで、いくつもの車椅子を経《へ》たのち、いまや七〇ポンド〔約三二キロ〕以上もの体重になった。▼4

この記事にコメントした人の多くは、クリスを安楽殺することを望んだ――「そんな状態で生かしておく」のは残酷だというのだ。一方ではクリスをヒーローのように慕《した》う人も多く、筋ジストロフィーの子どもたちのための催《もよお》しに招待されたほどだった。クリスは、人びとの意識を高めているというわけだ――ただし、豚たちではなく、障害者の苦境《くきょう》について。つまるところ、どれだけ多くのアメリカ人がネット上でこの豚のことを好きになっても、その名前は絶えずかれが真に値《あたい》すると思われているところのものを思い出させる――ベーコンだ。

障害に対する人間の固定観念を人間以外の動物に投影しようとする衝動を考えるとき、日本の中央高地で生まれた日本猿、モズの物語を例にとるとわかりやすい。モズは、殺虫剤汚染によると考えられる奇形を手と足に抱《かか》えて生まれた。日本猿は雪で覆《おお》われた地面を歩くのを避けるため、冬のあいだ木々のあいだを移動しながら過ごす。だがモズは、障害のせいでほとんど枝《えだ》から枝へ移動できない。そのかわり、モズは群れが日々食べものを探して移動する二マイルにもおよぶ距離をそのびっこの足で歩いて、あるいは這《は》いつくばったり、地表を滑《すべ》ったりして移動した。モズが生まれたとき、この群れを観察していた研究者たちは、彼女が幼児期を越えて生き延びることができないのではないかと心配していた。だが驚くべきことに、モズはほとんど三〇年近く生き、五匹の子どもを育てあげ、群れの堂々たるメンバーになった。

モズの物語を特集したテレビ番組〈ネイチャー〉のエピソードで、モズは繰り返し、「感動的」だとか、「苦しみのさなかにいる」だとか、そして「とても特別《スペシャル》な猿」だとかいうように語られた。モズのたたかいを鮮烈《せんれつ》なまでの緻密《ちみつ》さで描き出すドラマチックな音楽とボイスオーバーは、モズが雪面を這《は》って移動する姿や、そのお腹《なか》にしがみつく赤ん坊、そして頭上を元気に飛び回る他の猿たちを画面に映し出しながら、わたしたちが内心思わずこう叫ばずにはおれなくする――「なんて可哀想《かわいそう》なモズ！」

それと同時に、番組がこうした反応を引き出すことを狙って編集されたのだということもわかった。モズがたたかっていない場面はほとんどなかったが、わたしは撮影チームがモズとモズの群れにどんな影響を及ぼしたのか疑問を提起せざるをえない。カメラマンに追い回されるせいでモズが絶望しているように見える場面すらある。音楽とボイスオーバーはもちろん、モズの物語に奮闘《ふんとう》の印象を付け加えている。

けれどもわたしは、モズにとって生活が厳《きび》しいものだったということについては疑いをもっていないし、実際、彼女が自分の状況についてどんなふうに考えていたのか、知りたくてたまらない——木に登ろうとする本能は、絶対的なものなのだろうか？　いつも痛みを感じ、疲れきっていただろうか？　雪面をゆっくりと移動するときは怖かっただろうか？　なぜ自分が他の仲間と違うのか、不思議に思っただろうか？　こうした考えがどれだけ、わたしが自分自身の生に対して、わたし自身の障害に対して飽《あ》くことなく抱いてきたかずかずの問いと酷《こく》似《じ》しているのかはわかっているけれども、やはりわたしは不思議に思わずにはいられない。モズの生涯が単に苦しみと闘争に満ちたものとして考えられませんように、というわたしの願いもまた、障害のエンパワメントがこの地球上で共に暮らしている霊長類たちにも届くことを願う、ひとつの投影だ。人間的パースペクティブは、わたしたちがいかにモズの経験を解釈するかをかたちづくっているのだ。

わたしたちが動物に対して抱く考えの多くは、「最も適した」動物だけが生き残るという思い込みから生まれる類《たぐ》いのものだ。このような考えは、傷つきやすさや弱さ、そして相互依存といった経験の価値と、その自然さ＝当然さすらをも否定するものだ。障害が生じるとき、わたしたちは「自然が己《おの》が道を決める」と決めつけ、障害をもった動物が至る自然な帰結とは死だと考えてしまう。こうして、いまを生きる障害をもった動物たちのことを、逸脱しているばかりか不自然な存在でもあると見なしてしまうのだ。

こんな考え方が、どうして正しいだろうか？　モズは二八年間を生き、子どもを産み、孫まで授《さず》かった。ベストセラーになった本、『象がすすり泣くとき――動物たちの感情世界』の著者であるジェフリー・ムサイエフ・マッソンは、次のように語る。「動物行動学者のあいだで常識とされているのが、動物は障害に耐えられないという考えだ。不運にも、奇形をもって生まれてきたり病気になった動物たちは、めったに長生きできないと言われているが、わたしはその説に疑念を抱いている」[▼6]。近年の研究は、動物たちは仲間にハンデがあって助けが必要な場合を認識できるということを証拠づけているのみならず、生き延び、ときには健康そのもので生きている障害をもった動物たちの例を無数に教えてくれる。霊長類、象、犬、豚《ぶた》、鯨《くじら》、家鴨《あひる》、鵞鳥《がちょう》、そして鶏《にわとり》たちが障害をもった仲間を手助けする逸話《いつわ》は、数え切れないほど存在している。たとえば、雄《おす》のシルバーバック・ゴリラは、老年だったり、病気だったり、障害をもっていたりする仲間がついてこれるように、群れが練《ね》り歩くスピードを落とすことが知られている。象や狼《おおかみ》といった他の種についても、同様のことが示されている。北部ケニアに位置するサンブル指定保護地区に棲《す》む象、バビルのような動物についてはどうだろうか？　動物行動学者のマーク・ベコフは、バビルが「不具《かたわ》であり」、「仲間と同じ速さで歩けなかった」のだが、仲間たちがいかにバビルを置いてけぼりにすることなく待っていたかについて語る。象の専門家であるイアン・ダグラス・ハミルトンは、象たちが何年にもわたってこのように行動しつづけてきたのだとベコフに語った。象たちは「いつもバビルのために待ってたんだ。……しばらく歩いたあと、立ち止まり振り返ってはバビルの位置を確かめて、それから自分たちは先に進むか、それとも待つかを決めていたんだよ」[7]。女族長は、ときにバビルに食べものをやりもした。ベコフは、なぜバビルの群れの他の象たちがこのように振る舞ったのかを尋ねた。そうする実際的理由は何もないのに、そして「バビルはほとんど何の役にもたたない」にもかかわらずだ。ベコフと同僚が導き出すことのできた唯一の結論は、仲間の象たちがバビルを思いやっているということだった。動物たちが、直接的には自分たちに関係がない他の仲間を、そんなふうに配《はい》慮《りょ》できるということを示すことが重要である（そしてラディカルである）のと同じくらい、批判的障害学の観点からは、バビルが群れに対して何か有用な役割を果たした可能性も開いておくことが重要だ——これは、障害を単に欠点や制限としてのみ理解するなら、認識しづらい点かもしれない。

　障害をもった動物たちの自然界での生存、適応、そして配慮を示すこのような事例は、象や霊長類、そして哺乳類に限られたものではない。事故で視力を失った大きなボクサー犬、バックスを考えてみよう。人間に促《うなが》されたわけでもないのに、ボトムズと名づけられた四歳の駝鳥《だちょう》がこの犬を誘導《ゆうどう》してまわるようになったのだ。首で犬にしがみついたり、鳴き声で動きを指示することで、ボトムズはいっぱしの導き駝鳥《ガイド・グース》になったというわけだ[8]。このような例は、確かにネット上で人気を博すだけはある、伴侶をめぐる感動的な物語だが、同時にまた、共感能力や脆弱《ぜいじゃく》性、相互依存、適応、そして動物の経験について、たくさんの批判的な問いを提起してくれる。

　動物は、学習調整という過程をたどると、ドゥ・ヴァールは語る。「群れの健康な構成員は、ハンデキャップの内容をかならずしも理解しているわけではない。ただ、不幸にも障害ゆえ行動が制限される仲間と過ごすうちに、そのことに慣れ、適応していくのである」[9]。言い換えれば、動物たちは時間をかけて、より危険にさらされやすい仕方で動いたり行動する仲間がいることを認識するようになり、こうしてその仲間を助けたり守ったりし、あるいは攻撃性を抑えた仕方で接することを学ぶようになるかもしれない。彼女は、脅威と見なされていないからだ。ドゥ・ヴァールは、これをより複雑なものと見なされる他の応答様式と比較する。すなわち、認知的感情移入という、「他者の立場に自分を投影できる」能力だ。認知的感情移入能力によって人間は、他者がどんな制約に直面しているのかを、その人を目にするだけで理解できるようになる――わたしたちは即座にみずからを他者の立場に置いて想像することができるからだ[10]。動物の共感能力についての研究はまだ歴史が浅いものの、おそらく、人間が認知的感情移入能力を有する唯一の種《しゅ》ではないだろう。狼、霊長類、象を含む無数の動物たちが、この共感的応答のための能力をもつ例が指摘されているのだ。

　学習調整に対する反応は、多様な方向性においてなされうる――もし仲間が傷つきやすい状況にあることを知ったなら、動物たちは、その仲間を優先するかもしれず、放棄するかもしれず、助けるかもしれず、あるいは受け容れ、そのために便宜《べんぎ》を図るかもしれない。けれども学習調整と認知的感情移入という概念上の区分は、重要な問題を不問に付す。ドゥ・ヴァールは語る。「ハンデキャップをもつ仲間への特別な配慮は、学習調整と強い愛着が混ざったものと解釈するのが妥当だろう。愛着が舵取《かじと》り役となって、相手を思いやる方向への調整をうながすのである」[11]。ならば、この愛着とは何であろうか？　友情か？　愛か？　あるいは共感か？　ドゥ・ヴァールは、この概念の限界を認める。たとえばこの概念は、適応する時間がまったくなくても、動物たちが仲間の面倒を見たり保護したりすることについて説明するには、ほとんど役に立たない。仲間が急に怪我《けが》を負った場合のようにだ[12]。

これらの用語をさらにひも解くために、ドゥ・ヴァールが挙げる例に目を向けるのが助けになるだろう。自分の腕を事故で失った人間を心のなかで思い描いてみるよう、わたしたちは促される。「彼の状態を見ただけで、あるいはその話を聞いただけで、わたしたちは彼が身体能力の減少を被《こうむ》ったことを把握できる。わたしたちは腕《うで》のない状態がどんなものか想像できるし、さらに感情移入によってその知識を別の状況に当てはめることもできる」。ドゥ・ヴァールはつづける――「しかし友人の飼っているイヌは、もう棒《ぼうき》切れをくわえていっても遠くに投げてもらえないし、いままでのように背中を手でなでてもらえず、足でさすられるだけになったときに、事情を呑《の》みこむのに少し時間がかかる」[13]。重ねて言うと、認知的感情移入は自己を他者の立場に置いて想像できることが前提とされているので、学習調整よりも複雑なものとして考えられているのだ。

しかし批判的障害学による分析は、学習調整と認知的感情移入のこの区分について、厄介な問題を露《あら》わにする。ドゥ・ヴァールが提示するこのシナリオにおいて、彼は、腕のない身体ができないであろうことを認知的感情移入にもとづいて「把握している」と語る。われわれ人間は、腕のない人間に何が欠けているのかを、即座に想像することができる、というわけだ。けれども、この想像は正確でないかもしれず、さらに重要なことに、それが可能なのはわたしたちに馴染《なじ》みのある障害や怪我においてのみだ——わたしたちの文化において診断可能で、認知可能なものについてだけなのだ。もし聞いたことのない、そしてそれについて何も知らない障害や病気をもつ人に出会ったなら、わたしたちのかれらとの交流は、おそらく間違いなく学習調整によるものとなるだろう。こうして、ドゥ・ヴァールによる認知的感情移入の説明は、予測可能で診断可能な事実として障害を自然化する——さまざまな文化と歴史に不可避的に位置づけられたものとしての障害ではなくしてだ。対照的に、ドゥ・ヴァールは学習調整を、事前の思い込みや先入観なしに他の存在がいかに振る舞うのかを学ぶプロセスとして定義づける。これらの定義や区分の限界は、腕のない人は犬に物を投げてとってこさせる遊びをすることができないというドゥ・ヴァールの想定において明らかだ。人間が口や足を使って棒《ぼう》を投げれば良いのだから、犬はこの遊びがまだ可能だということを学ぶかもしれない。犬か、観察者と想定されている人間か、どちらの存在が障害をより正確に理解しているのだろうか？

ドゥ・ヴァールの見立ては、動物の行動が人間の行動より複雑ではないと想定することがいかに安易かということを明らかにする。それはまた、人間の障害についての思い込みが、いかに相《あい》も変わらず動物行動学者たちの解釈方式をかたちづくっているのかを露《あら》わにする。

けれども、動物の障害にかんする言説《げんせつ》において最も驚きだったのは、動物行動学を研究する人びとがこの主題を扱う頻度《ひんど》の絶対的な少なさだ。障害がきちんとした研究領域として見なされることがほとんどない点を考えるなら、もしかするとこれは、さして驚くべき現状ではないのかもしれない。現存している研究はというと、障害をもった動物たち自身によって示された行動に対する洞察《どうさつ》よりは、むしろ多くの場合、障害をもった動物が健常な身体をもった動物の個体群に与える影響に焦点を絞《しぼ》っている。ここでは、障害をもっていない個体群の障害に対する反応こそが最も重要な批判的検討に値《あたい》すると想定されている――けれども、このような人間の健常者中心主義的傾向こそ警戒すべきものだ。障害をもった動物は、自分の群れに何も寄与《きよ》しない存在であると繰り返し言い立てられる。だが、これはほんとうなのだろうか？　あるいは研究者たちは、障害に対する先入観ゆえ、より豊かな行動の機微《きび》に目を光らせるという仕事を怠っているのだろうか？　また、動物たちの内面でも障害は同情や無視といった反応を引き起こすものだと想定されがちだけれども、こうした語りはたくさんの人間文化における月並みな反応を投影しているだけだということも、心に留めておくべきだ。これらの語りにおいて障害者は、障害者ではない人口集団に同情を喚起《かんき》する存在として、あるいはコミュニティにとって重荷になり、不和《ふわ》をもたらす存在として認識される。このことは、これらの語りの一切合切《いっさいがっさい》が正しくないということを意味するわけではない。しかしわたしたちは、人間の障害に対するステレオタイプを単純に動物へと投影することがないよう、注意するべきだろう。障害をもった動物は、適応、創造性、そして自己省察《せいさつ》について、たくさんの重要な問いをわたしたちに投げかける。もし動物行動学者たちが、障害をもつ動物をより開かれた心で観察するならば――健常者中心主義がかれらについて期待するよう教え込む仕方を超えて目を凝《こ》らすならば――そのときわたしたちはおそらく、障害が動物の生において、これまで考えられてきたよりずっと複雑な役割を果たしていることに気がつくだろう。

これまでわたしたちは、主に野生動物について考えてきた。けれども、飼い馴らされた動物はどうだろうか？　人間が自己利益のために飼育するこれらの動物たちにとって、障害とは、いったい何を意味するのだろうか？　わたしは、鶏《にわとり》が積まれたトラックの写真を前に、たくさんのときを過ごした――わたしがこの月日から学んだのは、障害は、食料生産において利用されている動物たちの、至るところに存在するという事実だ。

工場式畜産で飼育される動物たちは、過密で不潔、そして不自然な条件下で生きているので、障害はありふれており、もっと言うと、不可避だ。[▼14]たいがいの場合、かれらは、セメントや金《かな》網《あみ》、そして自分の糞尿《ふんにょう》にまみれた鉄格子《てつごうし》のフロアからなるケージにぎゅうぎゅう詰めにされ、事実上、昼夜問わず暗がりに置かれる。[◇1]けれども、これら有害な環境から生じる障害は、たいてい生まれつきもたされることになる障害に対しては、二次的なことが多い。農場動物〔人間の食糧生産のために飼育される家畜化された動物〕は、身体的に極限状況まで品種改変◇2がほどこされている——過剰な乳生産ゆえに雌牛《めうし》の身体は自分の乳房《にゅうぼう》を支えきれず、七面鳥や鶏は巨大な胸の重みのため歩くのもおぼつかない。そして、豚の足は自分の体重を支えるには、か弱すぎる。鶏、七面鳥《しちめんちょう》、そして家鴨《あひる》もまた、麻酔なしのデビーク◇3といった工程によって傷つけられる。デビークによって、鶏たちは病気にかかりやすくなり、摂食や毛繕《けづくろ》いにも支障をきたす。▼15これら以外にも、農場動物が例外なく耐え忍んでいるとされるものには、打撲《だぼく》、膿瘍《しゅよう》、痛み、骨折、膣《ちつ》あるいは生殖器官の異常、慢性疾患《まんせいしっかん》、そして精神疾患などがある。

マッソンは、「商業的に飼育されている鳥のおよそ四分の一が脚《あし》に障害をもち、絶えず激痛にさいなまれている」と報告する。▼16廉価《れんか》な肉や卵に対する増えつづける需要を満たすため、鶏

◇訳註1　照明調整は、食餌《しょくじ》管理と並んで工場式畜産で用いられる核心的技術の一つである。摂食量《せっしょく》を増やすために照明時間が長くされる場合もあれば、活動量を減らすため（そうして早く肥《こ》やすため）暗くされる場合もある。また産卵鶏（レイヤー）の場合、二週間から三週間のあいだ、一日の大部分あるいは一日中照明を暗く設定したあと突然明るくすることで春が来たと錯覚させ、産卵を開始させる。

◇訳註2　「breeding」は、「品種改良」という通常の訳語に代えて、本書では「品種改変《かいへん》」と訳す。これは、本書から明らかな通り、動物の生殖過程に対する人間による介入は純粋に人間に資《し》することを目的としたものであり、人間にとっては「改良」であるものの、動物にとっては、ほとんどあらゆる場合において、苦痛や障害を増幅させる効果しかないことを鑑《かんが》みてである。

たちは、通常の二倍の速度で成長するよう品種改変されている。それゆえ、かれらの骨と関節は、みずからのからだの重みを支えきれない。卵を産むことが唯一の役割であるバタリーケージ〔鶏を数羽入れたワイヤー製ケージを何段かに重ねて飼育する、養鶏産業において最も一般的な飼育装置〕の雌鶏《めんどり》たちは年間二五〇個もの卵を産むが、これは身体的に許容可能とされる約六〇個をはるかに上回る数だ。[17] からだを動かすことが不可能であることとあわさって、このような過剰な卵の生産は、雌鶏たちが骨粗鬆症《こつそしょうしょう》を患う要因となり、骨折の可能性を高める。けれども、こうした状況を暴《あば》く研究者たちは、ことを擬人化《ぎじんか》していると非難される。[18] 擬人化という語のこのような使用法は、示唆するところが多い——というのも、人間が身体的差異と病いを経験する唯一の生きものであるわけではないことを認めることが、居心地が悪いくらい動物たちへと近づいてしまうことを意味するかのようだからだ。もし人間以外の動物たちが、人間と同じように傷つきやすい存在であるならば、わたしたちはほかに、何を共有しているのだろうか？

　工場式農場で障害を経験するのは、鶏たちだけではない。少なくとも六〇％の乳牛が跛行《はこう》〔蹄（ひづめ）の病気で、患うと足を引きずるようになるほか、飲食・休息・生殖など、あらゆる行動に悪影響を及ぼす〕を、三五％が乳房炎《にゅうぼうえん》を患う——これは命を落とすこともある乳房の炎症だ。[19] 牛乳生産のために利用される雌牛たちは、継続的に妊娠状態あるいは搾乳《さくにゅう》可能な状態に置かれ、子牛は生後数時間、あるいは数日以内に母牛から引き離される。彼女たちは、子牛たちが必要とするよりずっと多くの乳を生産するために飼育されるのだ。米国人道協会の報告によると、「合衆国の乳牛は二〇〇七年に平均九一九三キログラム（二〇二六七ポンド）の牛乳を生産したが、これは一九六七年における一頭あたりの生産量の二倍以上であり、一九八七年の生産量に対して四七％の増加である。……酪農業における牛の飼育頭数は、一九八七年から二〇〇七年にかけて減少しているにもかかわらず、全体における牛乳生産量は、三〇％も増加した」[20]。バタリーケージに閉じ込められた雌鶏たちと同じように、牛乳の過剰生産は、雌牛たちに跛行や脚の脆弱《ぜいじゃく》化を引き起こし、骨折などにかかりやすくする。彼女たちはその巨大で重たい乳房を抱え、異常な足取りで歩かねばならないからだ[21]。

障害を生み出す環境に置かれているのは、豚たちもまた同様だ。なかでも養豚《ようとん》業にとって最もいらだたしいのは、年間九〇〇〇万ドルあまりもの対策費用がかかる豚ストレス症候群だ[22]。この病気は、遺伝性だ——大きくて細い筋肉を得るための半世紀にもわたる品種改変によって、この疾患は生じたからだ。ストレスを感じた豚は、豚ストレス症候群によって心臓発作が起きやすくなるが、工場式の養豚場でストレスを受けるのは必然的だ。豚はみんなぎゅうぎゅう詰めで不潔な環境下で生かされているが、なかでも最悪なのは雌豚たちだ。恒常的に妊娠あるい

◇訳註3　鶏は本来、一日の大半を地面をつつく摂食行動に費やす動物だ。だが狭いケージに閉じ込められる工場式畜産ではこの欲求がまったく満たされないので、鶏は同じケージにいる他の鶏をつつくことになる。こうして鶏が互いに傷つけるのを防ぐため、雛《ひな》の段階でくちばしの先端を切り落とす慣行を「デビーク（debeak）」という。くちばしには複雑に神経が通っているので、当然のこと、これは出血と激しい痛みをともなう。

は保育状態に置かれる彼女たちが閉じ込められた檻《おり》はあまりに小さいので、そこで自由に立ち上がることすらできない。こうして彼女たちは、次の出産期間まで、からだの片側だけで横になることを余儀なくされるのだ。

　豚たちはまた、身体活動の欠如と、正常ではないその体軀《たいく》ゆえ、脚に障害をもちやすい。豚がかかりやすい障害や疾病《しっぺい》にはさまざまなものがあるが、そのなかには、歩行能力に大きく影響する重度関節炎も含まれる。アイオワ州スーシティにあったジョン・モーレル社の屠殺《とさつ》場（二〇一〇年に閉鎖）は、一週間に七万五〇〇〇匹、四秒に一匹の豚を屠殺する設備を備えていた。ある従業員が語ったところによると、「モーレルで不具の豚を扱うのにいちばん人気の方法は、鉛のパイプでその豚をシュット〔chute: 屠殺場において動物を一匹ずつ殺す場所に送り込むためのトンネル状の滑降斜路〕に送り込む前に死ぬまでぶん殴ることだったな。これは「パイピング（piping）」って呼ばれてたよ」[23]。他の者によると、「豚が歩けなかったら、ボブキャット〔小さなトラクター〕でこの野郎を最高速度で持ち上げるのさ。グァーン！って。やつは空中に跳《は》ね上がる。バケツのなかに収まるなら放っておくけど、もし落っこちたら、こいつを轢《ひ》き殺すか壁にぶちつけるのさ。こうして残りの脚を処理するからそれ以上は逃げれないってわけさ」[24]。この現実を、ネット上でセンセーションを巻き起こしたクリス・P・ベーコンへの熱狂〔➡57頁〕と比較してみるなら、どのように動物たちを遇《ぐう》し、かれらについていかに感じるべきかについて、人間がどれだけ矛盾しているかは、あまりにも明らかだ。

　動物の健康に対する産業的畜産の影響に気づくには、新聞を一読するだけで十分だ。牛海綿《うしかいめん》状脳症《じょうのうしょう》(狂牛病)、口蹄疫《こうていえき》、豚インフルエンザ、鳥インフルエンザをはじめとする、産業的に飼育されている動物たちがかかるさまざまな感染症は、ここ数年で数えられないほど多くの見出し記事を飾った。二〇一五年の春には、合衆国を最悪の鳥インフルエンザが襲ったが、農務省によると、これによって一二の州で四千八〇〇万匹以上もの鶏たちが死に至った。この鶏たちは鳥インフルエンザで死んだのではない――鳥インフルエンザがたった一匹でも感染すると、その群れはまるごと殺されるのだ。そしてこれは、数十匹程度の群れのことではない。「ガーディアン」紙は、最も感染状況が深刻だったアイオワ州は、どの養鶏場《ようけい》も七万から五〇〇万にのぼる鶏たちを抱えていたと報告している。このようなシナリオにおいて、「感染は想像不可能なほど大量の動物たちを殺戮《さつりく》することを意味する」。感染したのが卵を産む雌鶏たちなら、二酸化炭素ガスで「安楽殺」される。けれどもブロイラーや七面鳥が収容される施設では二酸化炭素ガスは効《き》かないので、鶏たちは水泡によって窒息死させられる。これは死に至るまでに三分から七分かかるという。▼25

二〇〇一年には、口蹄疫――人間と動物双方《そうほう》にとって致命的ではないウイルス――がイギリス全土で流行し、大きなニュースになった。燃やされている牛の死骸の山がイギリス各地の田舎で見かけられ、国際的なメディアで報道されることになった。この炎《ほのお》は、一〇〇〇万を超えるおとなや子どもの牛、豚、羊たちを殺処分するためのものであった。撃ち殺された動物たちは、そうして燃やされ、ブルドーザーで巨大な墓へと埋《うず》められるのであった。▼26 恐怖に包まれた動物たちが、必死にみずからの処刑者たちから逃げようとしている様子も報道された。これら数百万の動物たちは、口蹄疫にはかかっていなかったし、そもそもこの病気は、獣医学的ケアのもと、簡単に予防することができるものだ。かれらは、単なる通商政策上の必要のために殺されたのだ。▼27

これらの動物たちにはみな、すなわち一〇〇〇万あまりの牛や豚や羊、四八〇〇万もの鶏や七面鳥たちには、あまりにも早く、あまりにもトラウマ的な死という運命が待っていた——感染しなかった動物を選別すべきだというキャンペーンがあったにもかかわらずだ。この大量殺戮において衝撃的なのは、これらの動物たちが本来もっているはずの価値に対する大っぴらで露骨《ろこつ》な無関心だ。もはや市場価値がないのだから、いまやかれらは殺害可能であるばかりか、「処分」可能であると見なされたのだ。

産業的畜産は、(人間を含む)種を超えて感染しうる病いの、例えば鳥インフルエンザのような、ますます危険性を増しつつある感染病の、格別な培養器《ばいようき》であることが広く認知されている。▼28 数千、そして数百万の免疫力の弱い動物たちが、ぎゅうぎゅう詰めで汚い場所に押し込まれれば、ウイルスやバクテリアは野火《のび》のように拡散する。そして、動物の餌《えさ》のなかにほとんどいつも投入される抗生剤《こうせいざい》にこれらがうまく適応し、耐性《たいせい》をもつようになるなら、ウイルスはさらに毒性を強めていく。このような環境においては、どんな感染病、あるいはその徴候《ちょうこう》すら、潜在的に膨大な利益損失をもたらす災害となる。

以上の議論から明らかなように、農業動物たちへのどんな感情移入も、人間の必要に対しては二次的なものにすぎない――そしてこの必要の大半は経済的なものだ。動物を疾病《しっぺい》と障害から守るために畜産農家に対して与えられる助言はほとんどいつも金銭的動機にもとづくものだが、損失の規模がとてつもなく大きいことも確かに現実だ。アイオワ州だけでも、鳥インフルエンザによる経済損失は十二億ドルにのぼる。[29] ここに人間の状況との共通点を再発見することもできよう。たとえば公衆衛生学において障害が扱われるとき、障害は、産業および社会へのコストという観点から語られる。先天的失明や「両性具有《ぐゆう》」、関節拘縮症《かんせつこうしゅくしょう》（わたし自身の障害）といった障害をもって生まれた動物たちに何をすべきかをめぐる、ある教育用ビデオでは、もったいぶった言葉はちっとも現れなかった。ビデオ上の助言とは、やつらがあなたの遺伝子プール〔互いに交配可能な個体からなる集団・個体群がもつ遺伝子の全体〕を汚染し、損害を与える前に「殲滅《せんめつ》」せよ、というものだった。

利益とはまた、農家たちが動物たちを虐待すべきではないことのいちばん最初の理由でありつづけてきた――負傷していたり虐待された動物の肉を食べたい人など、どこにもいないからだ。このことは、卵を産む雌鶏たちの肉が主にドッグ・フードや缶製品に、乳牛の肉が安いハンバーガーの肉に用いられることによって証明されている。そうすれば、その見栄《みば》えのよくない肉が目に入ってこない、というわけだ。スウィフト社が作成した日付のない奇妙なパンフレットにおいて、[30] このことは余《あま》すところなく明らかにされている。おそらく一九四〇年代から一九五〇年代にかけてのものと思われるこのパンフレットはコミックと呼ぶにふさわしい代物《しろもの》だが、ワーナー・ブラザーズにインスパイアされた、擬人化《ぎじんか》された動物たちで溢《あふ》れかえっている。ここで笑顔の動物たちは、屠殺場の従業員によって殴《なぐ》られ、投げとばされ、棒で突かれ、打ちのめされる。最初のページにはこうある――「直接的であれ間接的であれ、傷を負ったり不具になって失われるあらゆる肉が、金銭的損失を引き起こすのです」。▼31 いちばん興味を引くページはそのバックカバーだ(図1)。パンフレットのなかで、怪我《けが》を負ったらしい頭を包帯《ほうたい》でグルグル巻きにしている豚は、杖《つえ》を手に二つ足で立っている。隣にはその前足に(これは腕に見える。というのも彼女もまた二足で立っているからだ)つり包帯をしている牛がいる。怪我を負っていないほうの蹄《ひづめ》で牛は古風な車椅子を押しているが、こちらには若い羊が座っている。三者そろって、この絵に目をやる人をじっと見つめている。もはや笑みを浮かべてはいないかれらは、悲しみに打ちひしがれ、疲れ切っているように見える――けれども、想像しがたいがこのイラストもまた、利益の損失にかんするものなのだ。

「ダウンした動物たち」の扱い方が広範に議論されるときほど、畜産農家たちの関心が売り上げにいかに集中しているかが明らかになるときはない。ダウンした(あるいは「歩行不能の」)動物たちとは、文字通り歩くことができない動物たちのことを指すが、これは深刻な病気に起因することもあるものの、多くの場合、疲労、脱水症状、脆弱化《ぜいじゃく》した骨、骨折、出産後の合併症、あるいは単に転倒がその理由である。〔それでも〕ダウンした動物たちは重い病気にかかっている可能性があるので、消費者の人間にとってはリスクだ。これらの動物たちを屠殺

ONE Bruise Is ONE Too Many...
IT COSTS YOU MONEY!
So...It's Good Business to Remember...
When Handling Livestock...
"Easy Does it"

図1　食肉処理工場、スウィフト社の日付のないパンフレットのバックカバー。1940年代から1950年代のものと思われる。このパンフレットの目的は、動物たちを取り扱うときに過度な暴力を用いないよう、従業員に警告することだった。「不具」や「打撲傷」は、産業にとっての損害だからだ。このパンフレットは、ワーナー・ブラザーズにインスパイアされた、擬人化された動物たちが、屠殺場の従業員から暴力を振るわれるイラストで溢れている。

イメージ提供 Ethan Persoff, http://www.ep.tc.

場に送るのが妥当かどうかについて、近年になって論争が起きたのはこのためだ。

　ダウンした動物たちを立ち上がらせるため、極端に暴力的な手段が用いられるのは日常茶飯事《さはんじ》だ——飼育した動物を余《あま》すところなく屠殺場に送り込むことは、食肉産業にとって直接に金銭的利益にかかわることだからだ。米国人道協会[32]や〈動物たちに慈悲を〉[33]を含む、多様な動物擁護団体が編集したおぞましいビデオでは、動物たちが片脚をつかまれてひきづられたり、屠殺される場所まで歩かせるために立ち上がらせようとして、殴り蹴りされる様子が暴露《ばくろ》された。動物たちが歩けなかったり、歩こうとしない場合には、かれらを処分するために痛ましい手段が用いられる。たとえばあるビデオには、「不具《かたわ》」になった豚が死ぬまで鎖《くさり》に吊るされる場面が映し出されている。あるいは、人間やブルドーザーのような機械によって生きたままつまみあげられては、ダンプスター〔移動式の大型のゴミ箱〕に放り込まれ、「死体の山」で死ぬまで放置される動物たちもいる。たいていの場合、水をやって辛抱《しんぼう》強く見守ってやりさえすれば、この動物たちは回復する。ヴィーガン・アウトリーチが発表した報告によると、「合衆国の農場やフィードロット〔肥育場。食用肉として出荷する直前の動物を、運動量を減らして、飼料だけやることによって肥やすための施設〕における、あるいは屠殺《とさつ》施設に送られたダウンした牛の頭数は確定するのが困難であるものの、統計によると年間五〇万頭にものぼると推定されている」[34]。これらの大半が、子牛を産んで間もない乳牛たちだ。

確かに、ダウンした動物たちへの残虐《ざんぎゃく》な仕打ちがメディアで取り上げられる機会は多い。けれども、この問題に関心が集中するのは、人間にとっての潜在的健康リスクがあるからだ。二〇〇九年にバラク・オバマ大統領はダウンした牛の屠殺を禁じたが、これは、ダウンした牛が狂牛病になっている可能性が高いという証拠の存在が大きく働いたものだった[35]。病気になり、障害をもってダウンした牛たちは、いまや屠殺されるのではなく、「人道的」と見立てられる仕方で安楽殺されるようになったというわけだ――ここでいう安楽殺とは、「一発の貫通型家畜銃〔動物を失神させるのに用いられる空気銃〕または銃撃」、あるいは「動物を即座に無意識状態に陥《おちい》らせ、死に至らせるまで完全な無意識状態を持続させる化学的手段」を指す[36]。けれども動物福祉協会の報告によると、これらの要件には抜け道がある。「「寒さと疲れのために横になった状態から立ち上がって歩くことができない」幼い子牛たちが、屠殺されるかもしれない。こうした動物たちの屠殺が許されているがゆえに、屠殺場はダウンした子牛たちを立ち上がらせるインセンティブを得ることになり、蹴ったり電気棒《ぼう》で殴ったりといった非人道的な方法がときに用いられることになる」。現在、移送過程や市場における歩行不能の豚や羊、その他の動物たちの扱いにかんする規制はいっさい存在しない。協会は、連邦による歩行不能の成牛《せいぎゅう》にかんする屠殺の禁止は、「食品安全上の理由によるものであり、動物福祉とは関係ない」と注記している。▼[37]

　一般の人びとがこれらの牛に対して哀《あわ》れみを示すこともあるものの、それは〔このような状況から〕距離を置いた上で、そしてそのような牛が「正常」で「健康」な牛たちと混じらないことが確実な場合に限ってのことだ（実のところ、後者の牛たちも工場式畜産より賜《たまわ》った劣悪な飼育環境のおかげで正常でも健康でもないわけだが）。最終的に、ダウンした牛たちは安楽殺されねばならない。関節拘縮症の狐《きつね》を撃ったように、人びとは慈悲《じひ》的な殺し〔➡54頁〕を口実に、ともかくも動物を殺しつづけるだろう。こうして、人間以外の種の動物たちに対する優位への信念が維持されると同時に、最も露骨《ろこつ》に健常者中心主義的な、障害への二つの応答様式もまた温存される――障害に哀れみをかけ、同時に殲滅しようと試みる、そうした態度のことだ。

　障害をもつ病気の動物たちの存在は、障害が汚染への恐怖に歴史的に関連づけられてきた事実を想起させる。ダウンしており、病気の動物が、あるいはいまだ病気にかかっていない動物たちまでもが、産業化された畜産における不健康で不潔、かつ危険な存在の象徴になる。健常者中心主義はそうした場合、恐怖や感染のイメージを喚起《かんき》することを通じて、障害に対する心理的・感情的距離感をつくりだすために作動する。感染病のリスクのもとにある動物たちを大量殺戮するように、ダウンした動物たちを分離することは、工場式畜産において安全や健康、そして慈悲といった価値までもが、尊重されているかのような錯覚を生み出す――明らかに、畜産業そのものが、これらの問題を生み出しつづけているにもかかわらずだ。障害をもち、病気で、あるいは歩行不能の動物たちのせいで、産業的畜産が危険で有害だというのは、まったくもって馬鹿げた話だ。無数の調査報告書や研究が、これらの産業が、動物たちのみならず、環境、労働者、そしてあらゆる人びとの健康にとって、いかに残酷かつ有毒で、恐ろしいものであるのかを明らかにしている。このことは、工場式畜産において生じたウイルスが、公衆衛生上の深刻な問題ではないということではない。確かにそれは問題なのだが、重要なのは、数百万の動物たちを殺すことがその解決策になることは、決してないということだ。真の解決策は、動物を監禁《かんきん》するこれらあらゆる施設を閉鎖することなのだ。

農業動物が経験する障害を、かれらが置かれた環境と切り離して考えることは不可能に思われる。母豚は、身体的差異や病気によってではなく、妊娠ストール〔母豚を収容する金属製の檻。スペース削減と糞尿処理簡略化のため、通常は母豚と同サイズで全く身動きできないよう設計されている〕の金属バーによって、完全に身動きできないようにされる。雌鶏たちは痛みによって苦しむが、それが骨折した足によるものなのか、過密な環境、真っ暗闇、あるいは同じケージにいる仲間たちの死によるものなのかは、まったく知る由《よし》もない。乳牛たちは安楽殺されるが、それは彼女が歩けないからではなく、彼女が感染のシンボルになってしまったからだ。動物たちが置かれたこのような環境は、〔品種改変などによって先天的にもたされる〕身体的・精神的障害にも増して、かれらを障害化する。これは、障害の社会モデルを裏づける事実だ〔➡39頁〕。

　このような環境における障害や疾病の意味を的確に表現することは、人間において何が障害として語るに値《あたい》するかを確定するのと同じくらい困難なことだ。鶏、豚、あるいは牛たちがみな、深刻なまでに障害が引き起こされやすい環境で生かされているにもかかわらず、「健康」で「正常」な動物について語ることは、いったい何を意味するのだろうか？　それどころか、かれらがみな、生まれつき障害をもつよう品種改変されている場合に？　より多くの、かつ赤身の比重が大きい肉のため、「二倍の筋肉」をもつよう生み出された肉牛の品種がベルジャン・ブルーである。あまりに大きいので、この牛たちは歩くのにひどく苦労し、雌は出産のために必ず帝王切開《ていおうせっかい》を受けねばならない。膣《ちつ》による出産が不可能だからだ。[38] いわゆる遺産品種〔工場式畜産が支配的になる以前から農家によって飼育されていた品種〕すら、人間であれば間違いなく障害や異常と分類されるであろう特徴をもたせる目的で、品種改変される。テネシーの気絶する山羊《フェインティング・ゴート》の場合を考えてみよう。この山羊は驚くと〔失神して〕ひっくり返るのだが、スローフードUSは、「バーベキューの目玉というよりサイドショー◇公演のよう」だと語る。[39] 品種改変そのものが、正常性、自然さ、そして障害と改良を分かつ境界についての、さまざまな厄介な問いを提起する。これらの動物たちは、障害化されると同時に過度に能力化される（disabled and hyperabled）――かれらは、産業に利益をもたらし消費者を喜ばせるための、まさにその「改良」によって障害化されるからだ。

動物の障害化は、動物を利用する産業において決して付随《ふずい》的なことではない――これは、その産業と利益にとって不可欠なのだ。人間の利用によって毎年殺害される何百億もの動物たちの多くは、障害を具備《ぐび》するよう「製造」されている。肉や牛乳、卵を生産する、機械同然の生産者として繁殖されているのだ。そして、動物を利用した産業は、畜産以外にもいっぱいある。米国人道協会によれば、毛皮農場で生かされる動物たち（狐《きつね》、ミンク、チンチラ、そして数え切れないその他の種）は、「特定の色を手に入れるために同種繁殖《はんしょく》させられるが……これは動物たちに深刻な異常をもたらす。聾《ろう》、脚の不具、生殖器の奇形化、首のねじれ、貧血、不妊症、そして神経障害などだ[40]」。実験室、サーカス、そして動物園における動物たちもまた、身体の拘束、粗末なケア、虐待、そして繁殖を主な原因とするさまざまな問題を経験する。サーカスの象は、鎖《くさり》につながれることが多く、混みあった檻《おり》やボックスカーのなかでほとんど運動の機会もないまま立ちっぱなしにされるため、重度の関節炎にかかりやすい。〈動物の倫理的扱いを求める人びとの会〉（People for the Ethical Treatment of Animals: PETA）は、「脚の障害と関節炎は、捕《と》らわれた象たちが安楽殺される最大の原因だ」と報告している[41]。

　工場式畜産や動物園から実験室やサーカスに至る〔数多《あまた》の場所で利用される〕非常に多くの動物が、精神病、心的外傷後ストレス障害〔強いストレスがかかる出来事を経験したり目撃したりしたことが原因で心身に支障をきたす障害〕、うつ病、そして狂気の徴候《ちょうこう》を示している。それはたとえば、反復的髪《かみ》むしり、自害、檻のバーへのかじりつき、檻の中での反復的な周回、吐き戻し、再摂取《せっしゅ》（反復的に嘔吐《おうと》し、それを食べること）、そして反復的頭《あたま》振りなどがある。自閉症の作家であり霊長類学者でもあるドーン・プリンス・ヒュージは、彼女が動物園で観察して研究した動物たちについて、自身が経験した排除と周辺化の徴候《ちょうこう》を目《ま》の当たりにしたようだったと述べている。「拘束状態にあるゴリラにこうした行動を見たものです。わたしとまったく同じとは言わずとも、似たような神経痙攣《けいれん》(nervous tics)症状を起こしていました――髪むしり、かさぶたいじり、引っかき、からだの揺り動かし、自分への噛みつき、その他のいろんな反復的で自分を刺激する行動です。あるゴリラは、からだをこわばらせたまま猛スピードでくるくる回転していました。別のゴリラは、頭を前後にゆらゆら揺り動かしていました」[42]。このような症状は、監禁状態にある動物たちにはあまりにも一般的なので、診断名まである。「動物園病(zoochosis)」というのがそれで、監禁状態によって生じる精神病を指す[43]。それどころか、動物園の動物たちには、定期的に抗《こう》うつ剤をはじめとする医薬品が投与《とうよ》されている。『動物の狂気――不安症の犬、強迫症のオウム、そして回復中の象がいかにわたし

◇訳註　第9章および第10章においてはサイドショーが主要なテーマとなって考察が展開される。サイドショー(またの名をフリークショー)は、稀少《きしょう》な身体的畸形《きけい》を呼び物にしたショーであり、主に余興《よきょう》やサーカスなどでの客寄《きゃくよ》せのために開かれた。イギリスで十六世紀に始まり、十九世紀から二〇世紀半ばまで人気を博した。またここで展示され、あるいは公演をおこなう人びとは「フリーク(freak)」と呼ばれた。本書ではこのサイドショーでの演者を指す場合には「フリーク」と、より一般的な語義が強いと考えられた場合には「畸形」と訳す。日本での類似した伝統としては、見世物小屋がある。

たち自身を理解するのを助けてくれるか』の著者である科学史家、ローレル・ブライトマンは、動物園、水族館、そして実験室で監禁されている動物たちをコントロールするために、いかに広範な医薬品が使用されているかを暴露した。もはや驚くべきことでもないが、動物園はこの情報を秘密裏《ひみつり》にしようとし、飼育員は非開示同意書に署名するよう求められる。つまるところ、ブライトマンが指摘するように、「ゴリラ、穴熊《あなぐま》、キリン、白海豚《しろいるか》、あるいはワラビーが、ガラスの向こうでは、展示動物としての暮らしとどうにか折りあいをつけるために、ヴァリウム、プロザック、あるいは抗精神病薬を服用していることに気づくのは、決して心温まるニュースではない」[44]。わたしたちにわかっていることといえば、動物を対象とした製薬産業が合衆国では急成長しているという事実だ（二〇一〇年には六〇億ドルもの利潤《りじゅん》を生み出した[45]）。

これらかずかずの事実はみな、人間が人間以外の動物たちを扱う——あるいはより正確には、虐待する——仕方について、計り知れない倫理的懸念《けねん》を呼び起こす。実際のところ、障害は監禁、飼育放棄、怠慢《たいまん》、品種改変——そして、そう、苦しみと不可分なので、これら〈動物〉の場合に障害が何を意味するのかを考えてみることすら難しい。あらゆる動きと欲望が無視される環境で生きる雛鶏にとって、障害とは何を意味するのか？　あなたがそのなかで生きる環境が〈あなたにかかわる〉あらゆる事柄をすでに制約してしまっているために、あなた自身のからだで自由に動いて探索する機会がまったく与えられていないとしたら、身体的限界や差異とは、いったい何を意味するのか？　おそらく、多くの障害者たちにとってと同様、これらの動物たちにとっての身体的・精神的損傷そのものは、最も小さな類《たぐ》いの懸念にすぎないのだ。

モズや関節拘縮症の狐とは異なり、ここには、人間における障害エンパワメントの図式が投影されはしない——こんな環境で、それはありえない。なぜなら、これらの動物たちが苦しみとは異なる仕方で障害を具現《ぐげん》している様子を、あるいはふれあい、知覚する新たな様式を育《はぐく》んでいる様子を想像するやいなや、わたしはかれらが工場式畜産や実験室から脱出することを想像したからだ。このことは、障害の苦しみと周辺化が、いかに社会的に構築された構造的なものであるかを露《あら》わにする。

けれども幸運にも、これらの動物たちがその環境から逃げ出したり、抜け出したりできたとき、何が起こるだろうか？　わたしは、ジェニー・ブラウンにこの問いを投げかけた。自身も障害者であるジェニーは、ウッドストック・ファーム・アニマル・サンクチュアリ◇の設立者で、『幸せ者たち——わたしの農場動物のための情熱的たたかい』の著者である。ウッドストック・ファーム・アニマル・サンクチュアリは、飼育放棄、虐待、そして遺棄《いき》の現場から救出された数十もの鶏、牛、豚、七面鳥、家鴨《あひる》、羊、そして山羊《やぎ》の生涯の家《ホーム》である。農業動物のための他の救助施設と同様、サンクチュアリでは、足が悪かったり、足をひきずったり、目が見えなかったり、手足がなかったりする動物たちから、ときに補綴《ほてつ》器具を含む補助的テクノロジーを必要とする動物たちまで、多様な動物たちをケアしている。これらの障害をもち、トラウマを抱えていることの多い動物たちは、大規模な工場式農場のみならず、家族経営の小規模農場からも救出されてやって来る。

ブラウンによると、わたしの問いに対する回答は、まったくもって障害の程度と種類によるとのことだった。自分で〔障害や疾病による身体的〕差異に適応する動物もいれば、信頼関係を築いた仲間の動物たちから助けてもらう動物もいる。また「送る（put down）」動物もいるとのことで、これは動物の安楽殺の倫理性にかんする困難な問いを投げかけるものだった。ブラウンは、山羊の搾乳《さくにゅう》施設からやってきた雄《おす》の赤ちゃん山羊、エメットとジャスパーについて語ってくれた。二匹はいずれも、ひどい関節炎で身体を衰弱させる山羊関節炎・脳脊髄炎《のうせきずいえん》と診断された。ジャスパーは最終的に、安楽殺された。ブラウンはわたしに、「鎮痛剤《ちんつうざい》を投与する治療や何度にもわたる鍼灸《しんきゅう》治療ののち、痛みと身体的衰弱を理由に、とうとうジャスパーを手放すことにしました」と語った。ジャスパーの兄弟のエメットは膝《ひざ》関節に関節炎があり、そのほうの脚はほとんど使えないが、元気でやっている。エメットは、サンクチュアリの周辺では思い通りに行動できる。なぜなら、「この子たちを山羊の群れのなかに入れようとしたら、優勢な山羊たちに激しく攻撃され、なじられてしまう」からだという。▼46

ジャスパーとエメットの物語は、受け容れ（accommodation）とアクセスにかんする問いを投げかける。わたしたち自身が障害をもたせてしまったこれらの動物を受け容れ、手を差し伸べるわたしたちの責任とは、いかなるものだろうか？　異なる種の動物たちにとって、受け容れとアクセス、あるいは健常（者）中心主義の解体とは、何を意味するのだろうか？

ブラウンはまた、口ではなく喉《のど》に舌をもって生まれた七面鳥、ブーンについても語ってくれた。ブーンは自力で食事するのが難しいので、サンクチュアリのスタッフが一日に数回、他の鳥たちから離れたところでご飯をやる。生き延びるために動物たちが介助を必要とするこうした例は、ほかにもたくさんある。グループから離れたところで食事をしたり、あまり優勢《ゆうせい》ではない動物たち(他種の動物のときすらある)がいる生活空間へ移動したりする必要があるかもしれない。また、もしかすると一種の移動補助器具が必要かもしれない。

「わたしのサイボーグペット」が証明しているように、動物への補綴器具の使用は日増しに

◇訳註　アニマル・サンクチュアリは、畜産や動物実験、動物園やサーカスなど、さまざまな目的で人間によって利用されていた動物たちに生涯のすみかを提供する目的でつくられた非営利の施設や農場を指す。本書でも、農場動物[⬇67頁]については、このウッドストック・ファーム・アニマル・サンクチュアリのほか、農場を脱出した雌牛のイボンヌ(第5章)や、足に障害を負ったために殺されそうになったグリーンマウンテン大学の二匹の雄牛、ルーとビル(第14章)の物語において現れ、動物実験に処されていたブーイーをはじめとするチンパンジーの保護先としても登場する(第7章)。日本では競馬産業を引退した馬たちを屠殺せず、生かすために生まれた余生馬牧場がこれに近い取り組みとして注目できるが、なかでも熊本阿蘇《あそ》にあるオープンセサミ牧場は、近年鶏や豚を新たに受け容れはじめ、ファーム・アニマル・サンクチュアリとしての取り組みを開始している。日本では他にも、岡山県にハニーズ・ファーム・サンクチュアリ(Honey's Farm Sanctuary)があり、韓国では二〇一九年に、工場式畜産から救助してきた「夜明け(새벽이)」と名づけられた豚のために、夜明けサンクチュアリができた。

一般的になってきている。象、犬、猫、海豚《いるか》、牛、山羊、亀、鰐《わに》、そしてさまざまな鳥たちのために、これまで補綴器具がつくられてきた。ウッドストック・ファーム・アニマル・サンクチュアリには三《み》つ足の山羊、アルビーがいるが、毎日サンクチュアリの原っぱを、ときには義足をつけて、ときには脚なしで走り回っているのを眺めることができる。▼47 彼女自身も切断手術を受けたことのあるブラウンは、補綴師に、山羊のための特製の補綴器具を製作できるか尋ね、了承を得た。動物たちのために実現したこれら独特で革新的な器具は、人間用につくられた多様な一般的器具との類似性を考えると、ますます興味深い（補綴器具、スロープ、車椅子など）。けれども、人間中心的な世界においては、農場動物を受け容れることはまったく異なる意味を帯びてくる。ウッドストック・ファーム・アニマル・サンクチュアリは、多くの意味で、その存在自体が受け容れそのものなのである。圧倒的多数の農場動物が、繁栄するなどもってのほかで、そもそもその種に固有なあり方で生きられるためのアクセスすら手にしてはいないからだ——動物たちにおける障害の有無に関係なくそうなのだ。そのかわり、動物たちは行動が制約される痛ましい環境へと暴力的に押し込まれる。こうしてわたしたちは、環境という論点へと立ち戻る——動物たちが、人間の支配と搾取《さくしゅ》によって衰弱させられるのは、まさにかれらが生かされている環境においてなのだ。

動物を利用したこれらの産業において生み出された障害、すなわち種《しゅ》差別（人間以外の動物に対する人間の優越性に対する信念）と残虐行為から生まれた障害は、障害に対するわたしの考えを複雑にさせてきた。残されたのは、苦しみという問題だ——これは、障害を政治的に理解するのに関心があるたくさんの人びとが、正当にも取り除こうとしてきた主題である。障害運動家および研究者たちは、障害と苦しみを等号で結ぶことに対して、数十年にわたって異議を唱えつづけてきた。わたしたちの多くは、障害をめぐる苦しみのほとんどが健常者中心主義に由来すると論じてきた。すなわち、障害をもつ人びとが直面する差別や周辺化においてだ。

障害運動家たちが苦しみにかんする語りを遠ざけてきた一方、苦しみをめぐる言及は、動物倫理研究の随所《ずいしょ》に見出せる。動物運動家たちは、動物たちは苦しむことができるというごく単純な事実を証明するために、膨大な量の仕事をしてきたのであり、なぜ人間がこの事実を鑑《かんが》みるべきなのかを解き明かすために、さらに多くの仕事がなされてきた。苦しみは、動物を利用した産業、またこれら産業内部の障害をめぐって議論する際に不可欠な構成要素になったのであり、ここには十分な理由がある。けれども動物たちは、ともすると苦しみの内《うち》にある声なき存在としてのみ〔一方的に〕描かれる。批判的障害学の分析を通してこれら動物たちの生を探求してみることによって、わたしたちは、かれらが実のところいかなる存在なのかを、苦しみ〔という生の単なる一側面〕を超えて問うことができるようになるだろう。わたしたちが物事を知ったり、存在したりする今の様式は、動物たちが帯びる傷つきやすさや差異によって、いかにして新たな様式へとかたちづくられていくのだろうか——苦しみを超えて動物たちの生について思いめぐらすことは、このような問いを検討するよう、わたしたちを触発《しょくはつ》する。これらの問いを徹底して考えることはまた、障害学の研究者や活動家に苦しみという居心地の悪い問いに向きあうよう触発し、この学問分野であまりにも怠られてきた研究方法へと、道を拓《ひら》く。

この章のタイトルは、「動物の不具《かたわ》たち」だ。動物を不具と呼ぶことは、疑いの余地なく人間の投影だが、それはまた、人間以外の動物を、同じく健常者中心主義によって抑圧される主観的存在として認識するための方途《ほうと》でもある。動物を不具と名づけることは、いかに身体が動き、思考し、感じ、そして何が身体をして価値があり、搾取《さくしゅ》可能、利用可能、あるいは処分可能にするのかにかんする常識に問いを投げかけるよう、わたしたちに挑戦することなのだ。それは、牛や鶏が何を経験することができるかにかんする思い込みを問うことを意味する。それはまた、あなたがライフルの銃身を通して目にしたびっこの狐が、実は動物的不具の暮らしを満喫《まんきつ》しているのではと、ふと立ち止まって想像してみることでもある。動物の不具たちは、生きることの、そして生きることの多様性の何に価値があるのかについて再考するよう、わたしたちに問いを投げかける。

最後になるが、不具と呼ばれるのは障害をもつ動物たちだけではない。すべての動物、わたしたち人間が障害をもつと呼ぼうと呼ぶまいと、あらゆる動物が障害者と同じ基本的な理由で、その価値を貶《おとし》められ、虐《しいた》げられている。動物たちは、無能と見なされるからだ――人間の生を価値づけて意味あるものにするとずっと考えられてきたさまざまな力能を欠いていることが、その理由である。言い換えるなら、かれらは健常者中心主義によって抑圧されている。健常者中心主義が一貫して堅守《けんしゅ》し、特権化してきた健常な身体 (able body) とは、能力があるのみならず、まず、人間の身体だからだ。

第2部

動物倫理を不具《かたわ》にする

話すことのできたチンパンジー

ブーイーは、霊長類学者のロジャー・ファウツが知るなかで、最も知能の高いチンパンジーの一匹だった。ブーイーの世話をする人はみな、かれをほめ称《たた》えた。ブーイーは温和《おんわ》で気さくな性格だった。そして、レーズンが好物だった。アメリカ手話《しゅわ》の単語を、平均して五四分に一つ覚えることができた。▼1

ブーイーは一九六四年、アメリカ国立衛生研究所で生まれた。母は実験用チンパンジーで、科学者たちは彼女の妊娠を知らなかった——これが意味するところは、ブーイーが生体実験のために生まれたのではなかったということだ。生後まもなくブーイーが発作《ほっさ》を起こすと、この症状だけを理由にして、国立衛生研究所の科学者たちは、ブーイーの脳分離手術を敢行《かんこう》した。

当時この脳分離手術は、大発作〔重度のけいれん発作で、正式には全般性強直間代発作と呼ばれる〕に対する新たな実験的処置法だった。[2]

ロジャー・ファウツは『最も近い種――チンパンジーとの対話』〔邦題『限りなく人類に近い隣人が教えてくれたこと』〕で、ブーイーにまつわる物語を語る。ファウツは言う。「医師たちは、ブーイーの頭蓋骨《とうがいこつ》を開け、脳梁《のうりょう》を断ち切った。二つの大脳半球のあいだのすべての接続を切り離したのだ。結果的にブーイーは、二つの別個の大脳をもっているのと同じことになった」。回復への道のりは単純なものではなく、ブーイーは膨《ふく》れあがった脳への圧迫を鎮《しず》めるため、二度目の手術を受けることを余儀《よぎ》なくされた。国立衛生研究所のある医師は、ブーイーが苦しむ姿に心を痛め、世話するために彼を自宅へ連れ帰った。ファウツが語るように、ブーイーは「裂《さ》け目からこぼれ落ちた」というわけだが、国立衛生研究所はブーイーがいなくなったことに、まったく気づかなかった。[3]

ブーイーは、医師の家で住むにはすぐに大きくなりすぎてしまった。そこで彼は一九七〇年、オクラホマにある霊長類研究所に送られたのだが、そこは、霊長類学界では動物虐待で悪名《あくみょう》高い心理学者、ウィリアム・レモン博士が運営している研究所であった。ロジャー・ファウツがブーイーに出会い、手話を教えたのはこの場所だ。当時ファウツはワショーという名前のチンパンジーに手話を教え、言語能力を研究していたのだが、これはまったくもって画期的な結果を生んだ。ファウツはこのように語る。「ワショーが二、三歳児レベルのアメリカ手話語を用いていることを認めた多くの言語学者は、ワショーは一種の「突然変異による天才」にすぎない、と主張した」[4]。研究所の他の若いチンパンジーに手話を教えることで、ファウツはこうした主張が誤りだということを証明しようとしたのだ。

ブーイーは、ロジャーにあだ名をつけた。ロジャーの名前を呼ぶとき、チンパンジーたちは耳たぶを引っ張った。まもなくブーイーは耳を指でさっといじるだけになったのだが、これはあたかもロジャーの名前をロズと短縮して呼ぶかのようであった。[5] ファウツもまた、ブーイーにアメリカ手話であだ名をつけた——「ブーイーだいのうせつり」というのがそれだ。ブーイーにめぼしい手術の後遺症はほとんど見られなかったものの、ファウツはブーイーが何かを指さすとき、同時に二つの方向をさし示すということ、そして何かを描くとき、画用紙の両端で作業をおこなうことに気づいた。けれども、手術の影響がどんなものであれ、それがブーイーのコミュニケーション能力に支障をきたすことはなかった——ブーイーは、ファウツの最も熱心な学生になったのだ。ファウツがブーイーと一緒にいた数年間、彼は五〇個以上もの単語を覚え、これらの単語で文章をつくり、質問をしては、周囲の世界にコメントすることができるまでになった。[6]

研究所は、そこに住む動物たちにとって危険な場所であった。そしてときが経つにつれ、次第にファウツは自分を監獄《かんごく》で研究を遂行する一種の「親切な看守《かんしゅ》」のように感じるようになった。とうとう、良心をなだめ、ワショーを予測不可能な未来から救うため、最終的にファウツは彼女とともに研究所を去る道を選んだ。もちろん、手話を教え、愛情を注いだブーイーをはじめとするたくさんのチンパンジーたちを後にすることは、非常に胸が傷んだ。だが、ブーイーたちを救う術《すべ》はなかった。かれらは法的に、レモン博士の所有物であったからだ。[7]

一九八二年、レモンはブーイーを含む二〇余りのチンパンジーを医学外科学霊長類実験研究所（Laboratory for Experimental Medicine and Surgery in Primates: LEMSIP／以下、ＬＥＭＳＩＰと略す）へと売却した。これはニューヨーク大学の資金によって設立された研究施設だ。多くのチンパンジーたちがアメリカ手話を知っており、なかでもアリーとニムの言語習得能力はすでに有名であった。ファウツによると、チンパンジーたちは手話を用いて、研究所のあまりうたぐり深くなさそうな科学者たちにおやつやタバコを求め、一人ぼっちの檻《おり》から出してくれるよう要求しつづけた。[8] 手話を話すチンパンジーのなかで最も有名なチンパンジー、ニム・チンプスキーを描いたドキュメンタリー映像「プロジェクト・ニム」によると、科学者たちは基本的な手話のサインを研究所のいたるところに貼り付けはじめたという。新たな試験台たちとコミュニケーションをとる方法を学ぶためだ。[9]

アリーとニムの名声のおかげで大衆は激怒し、チンパンジーたちは再びレモンの研究所へと送られることになった。ニムは被験《ひけん》から免除され、テキサスにある、救助された動物のための牧場へ送られた。けれどもＬＥＭＳＩＰをとりまく論争がひと段落すると、アリーはこっそりと、さらに劣悪な研究所へ送られた。化粧品や医薬品、そして殺虫剤の動物実験をおこなう、ニューメキシコのホワイトサンド研究所だ。長い歳月が流れたのち、アリーはそこで死んだのだが、原因は殺虫剤中毒と推定されている。[10]

大衆の猛烈な抗議によって、動物実験の倫理的含意《がんい》をめぐる深い混乱状態が露《あら》わになった。ファウツが語ったように、「LEMSIPの研究者たちは、自分たちの新着の研究被験者が、「いって・おそと」とか、「たばこ」とか、「だっこ」などと、手話のサインを表せるということを、まるで気にかけなかった。研究者たちがほしいのはチンパンジーの血、ただそれだけだった。一方、チンパンジーがひどい処遇《しょぐう》を受けていることに対して抗議する人たちは、このチンパンジーたちが手話を話せる、ということだけを気にかけているようだった――まるでそのことがかれらをより同情に値《あたい》する存在に仕立てあげるかのように」[11]。ある意味では、LEMSIPのアリーとニムに対する大衆的抗議運動は、チンパンジーそのものというよりは、「人間的」特徴をもった存在を監禁することに対するものであった。人びとは、言語や理性といった人間的能力を檻から救い出すために、集会を開いたのだ。アリーとニムは、そうした種々の能力の、単なる付属物にすぎなかった。

　ブーイーはたくさんの手話を学び、手話を使うことができたが、その能力は広く知られることなく、檻から解放されることもなかった。二匹の有名なチンパンジーが解放されたのち、大衆的抗議が〔かれらの人間的能力の〕礼讃《らいさん》へと道を譲《ゆず》りながら、ブーイーが解放される可能性は消え失せてしまった。ブーイーは、C型肝炎研究のために利用され、意図的にウイルスを感染させられた。そうしてその後十三年間、LEMSIPの檻のなかで過ごすことになった。[12]

二〇〇〇年以上も前、アリストテレス〔古代ギリシアの哲学者〕は、言語こそ人間と動物を分かつものだと論じた。この信念は、言語が哲学的および科学的に人間に固有であり、また人間であることが意味するものの中心に言語があると見なす西洋的伝統の礎《いしずえ》を築くのに一役《ひとやく》買った。アリストテレスはまた、聞くことは話すことにとって不可欠であり、したがって聞く力は思惟《しい》という営みにおいても中心をなすと考えたのだが、それゆえ彼は、聾《ろう》者たちには思考能力や知性が欠如していると考えた――聾者たちを、ときに動物のようだとか人間以下として徴《しるし》づける伝統のはじまりだ[13]。

このような見解が崩れはじめるのは十六世紀以降であり、手話が聾者たちのための自由学校で最初に教えられるようになったのは、一七六〇年だ[14]。だが聾者には言語能力があり、理性があるということが認識されるようになってからも、手話そのものは依然として原始的なものと見なされた――手話は、口話という、より先進的かつ文明化されたコミュニケーション様式への発展における、初期段階として考えられたのだ。歴史家のダグラス・ベイトンが語るように、十九世紀に進化論が台頭するにつれ、手話は、遅れた、未開人やその他「劣等人種」が使用する原始言語の代表として見なされるようになったのだ。身振りを用いた言語は、当時の進化論的観点から退行的《たいこう》と見なされ、「発達度が低い部族」、南北アメリカの「インディアン」、アフリカ人、その他の人種化された諸集団と結びつけられた[15]。

原始的、そのうえ野蛮なものとして見なされたため、手話法（たとえば、手話を用いて教えること）は次第に圧迫を受けるようになった。アメリカとヨーロッパでは聾《ろう》学校で手話が教えられるようになって一〇〇年を超えていたにもかかわらず、一八八〇年代までには教育現場では、「口話《こうわ》法」が手話の場を占めるようになっていた。たくさんの人びとが、手話教育は口話の学習を妨げるので、実のところ、聾学生たちに有害だと主張した——ここではやはり、口話がより優れており、言語のより文明化された形式だということが、前提されている。こうして、十九世紀後半から二〇世紀の前半にかけて、聾者たちは手話を用いるのを妨げられ、音を通して意思疎通《そつう》することを強制された[16]。多くの聾学校で、子どもたちは手話ができないようミトン手袋〔指を入れる部分が親指だけ分かれている二股の手袋〕をはめさせられたり、机の上で手を組むことを強いられた。そして、子どもたちは口話ができないと、「口話失敗者」と見なされた[17]。

　手話が洗練されていないという想定は、世紀の転換期において口話主義を正当化するために用いられたが、このような考えは、人種、障害、動物性といった多種多様なカテゴリーが、互いにもつれあい、構成しあっているということを示す良い例だ。手話における身振りや表現は、人種化されていた——手話は、原始的で遅れていて、動物的だと見なされた有色人種に結びつけられていたからだ。手話はしばしば、動物、とりわけ猿や類人猿を表す隠喩《いんゆ》によって言い表された。手話の身振りや表情は「猿のよう」であり、手話を使用する人びとは、類人猿のような身振りに猿のようなしかめっ面をするといって非難された[18]。手話も口話もできない聾者たちもまた、動物化された——言語が欠如しているので、獣《けもの》のような状態において、あるいは単なる動物的存在様態《ようたい》において生きていると見なされたのだ。身振りを用いた言語は、もはや言語というより、動物の表現行為と呼ぶのがふさわしいとさえ論じられもした——犬がしっぽを振るときのようにだ[19]。

一方、初期の動物擁護家たちのなかにはまた、動物がコミュニケーションをとる仕方と手話の身振りとのあいだには、何らかの関係があるという考えを受け入れる人びともいた。もちろんこれは、まったく異なる理由によるものだ。言語を使用できず、みずからを解放するための運動に参与できないものたちの権利を、社会は認めないであろうということに気づくなかで、十九世紀後半の動物擁護家たちは、障害者運動と動物運動を同時並行的なたたかいとして捉えるようになったのだ。歴史家のダイアン・ビアーズは、このように語る。「合衆国では、自分を代弁できないときがあるにもかかわらず、倫理的および法的配慮を享受《きょうじゅ》する知的・身体的障害者が増加している。動物擁護家たちは、動物たちもまた、異なる手段を通してコミュニケーションをとっているにすぎないと主張した。障害をもった人間と違わないのだ[20]」。ときに動物擁護家たちは、障害者のコミュニケーション能力と動物たちのそれを比較する手段へと訴えた。ビアーズは動物擁護家のヘンリー・チャイルズ・メルウィンによる言葉を引用する。「動物たちは「感情の論理を信号の論理へ翻訳する。したがってこの特定の行動にかんする限り、それは聾者たちがおこなうことと心理学的に区別不可能だ[21]」」。

身振りの価値が人間において貶《おとし》められるまさにその地点で、身振りは、類人猿がみずからを表現するために用いる「特別な才能」として認識されるようになる。▼22 類人猿の手話能力に対する研究が本格的に開始されたのは一九七〇年代に入ってからではあったものの、動物の身振りがもつ可能性は、それよりずっと前から認められていた。聾《ろう》と手話が動物化されてきた歴史に思いをめぐらすなら、つまり猿や類人猿といった形象《けいしょう》が人種主義的、健常者中心主義的、人間中心的イデオロギーが合体したものの強力な受け皿になってきたことを考慮するならば、研究者たちが一九七〇年代に手話を類人猿に教え始めたころ(これは口話言語に劣らず複雑かつ自然な言語としてアメリカ手話が言語学者たちに認められてからわずか数年後だ)▼23、この事実に戸惑《とまど》った人が少なくなかったというのも驚くに値《あたい》しない。あるアメリカ手話者がわたしに語ってくれたように、「口話は他の動物にとっては複雑すぎるのに対して、手話は猿でも学べるくらい簡単なことをこの研究が示している、と受け取ってしまう人もいるのです」。こうした研究の目標は、類人猿たちが人間の手話使用者と同じだということを示す点にはなく、また、類人猿が手話を通して流暢《りゅうちょう》にコミュニケーションをとれることを証明するということにすらない。にもかかわらず、類人猿の手話教育を通して得られた動物たちの心にかんする科学的発見が、聾者と動物を比較研究する伝統や、これによって惹起《じゃっき》された差別と、緊張関係にあるかのように感じる人びとも存在するのである。視覚文化研究者のニコラフ・ミルゾフが、霊長類科学者のペニー・ペターソンの研究、すなわち一九七〇年代にココというゴリラにアメリカ手話を教えた研究について指摘したように、このような実験は、たくさんの興味深い問いを提起すると同時に、「手話は原始的な言語だという観念を強化するのに一役《ひとやく》買うこともある」[24]のである。

これらの緊張関係に留意《りゅうい》した上で、わたしたちはもしかすると、動物と障害の比較を枠《わく》づけ直すことができるかもしれない――このような非人間化の歴史によって生じてきた暴力を認め、また非人間化のシステムや手話法において動物が引き受けるよう強要されてきた役割のかずかずに挑戦する必要を真剣に受け止めながらだ。動物と障害者は、多様な文化的、歴史的文脈で比較され、いっしょくたにされてきた。ヘンリー・チャイルズ・メルウィンからの引用に露骨に表れていたように、動物擁護家たちは、ややもすると動物と障害者の能力と無能を混同してしまった。これは、多種多様な個体群〔の差異〕を平板《へいばん》化し、いまも抑圧を受けつづけている人びとの非人間化を存続させる効果をもつ点で問題含《ふく》みだ。このような枠組みとは逆に、わたしは、人間以外の動物と障害者が特異な類似性をもつということではなく、わたしたちが動物たちと障害者、双方の価値を貶《おとし》めるシステムそのものを再検討せねばならないと提案しているのだ。何より、言語と認知能力という健常者中心主義的パラダイムにもとづいて打ち立てられたシステムを、だ。

チンパンジーの言語能力にかんする初期の研究において、研究者たちは数年にわたって、かれらに口話言語を教えようと試みた。類人猿には発話に必要な解剖学上の構造が欠けているので、チンパンジーは、「ママ」、「パパ」、「カップ」、そして「アップ」といったいくつかの基本的単語以外は用いることができず、したがって、大部分の研究は不成功に終わった。これらの研究は失敗と見なされ、多くの研究者はチンパンジーにおける言語の問題は終わったと結論づけた[25]。チンパンジーに言語使用が可能ならば、それは非障害者で聴覚をもつ人びとがなす仕方においてであろうという、健常者中心主義的発想がここにある——すなわち、音を通してだ。いまとなっては、身振りを用いる動物種《しゅ》や、口話言語を使えなかったり不便だったりする人びとに、口話以外の言語を教えるのは当然のことに思われるが、身体的、知的、文化的、そして種《しゅ》に固有な、必要に応じたコミュニケーション形式を通して言語形式を考えることの必要性は、ずっと見落とされつづけている。たとえば、海豚《いるか》には手がないということは明らかであるにもかかわらず、研究者たちは数十年にわたってかれらに手話を教えてきた。ルイ・シホヨスは衝撃的なドキュメンタリー映画「ザ・コーヴ」で、こうしたコミュニケーションがひどく一方的だと指摘した——海豚たちは、人間の要求を理解することはできるものの、信号を送り返すことはできないのだから[26]。

　科学者たちは次第に、類人猿に口話を教える試みが誤りであることに気づくようになった。けれども、類人猿は手話を使えるようになるという知見からは、かれらが実際に人間の言語を用いていると言えるかどうかという問題は、まったく解決されなかった。一九七〇年代の手話研究は動物の心と能力をめぐって白熱《はくねつ》した論争を巻き起こしたが、その多くはこんにちもなお、言語学者や霊長類学者たちによって探究されつづけている。

　言語学者のなかには、仮に類人猿にも複雑なコミュニケーションが可能だということが明らかになったとしても、かれらが発する信号を言語と見なすべきではないと主張する人びともいる——研究者の多くは、類人猿は文法を把握することができないと考えるからだ。[27] また別の研究者たちは、ブーイーやワショーのようなチンパンジーは、単に台本上の応答の仕方を演じるよう訓練を受けただけだと主張した。ちょうどサーカスで動物たちが芸をする具合にだ。

類人猿による手話使用はその言語能力を証《あかし》立てるということを信じる研究者たちは、自分たちに反論する者たちが一種のダブル・スタンダードに陥っていると批判する——チンパンジーたちが見せつけた力量は幼い子どもたちに看取《かんしゅ》できるものと酷似《こくじ》していることが多々あるものの、子どもたちにははっきりと認める言語能力の成長を、チンパンジーの場合には否認するのだから。たくさんの類人猿が言語使用における創造性を露《あら》わにし、新しい言葉を創り出す場合すらある。さらに、人間や他の類人猿との会話で口火《くちび》を切ることも多い。動物たちが人間の教師を介さず、互いに言語や手話を学ぶ例も数え切れない。

霊長類をはじめとする動物たちがみずからの言語を有するかという問題は、これらの議論における焦点ではない。だが、こうした問いはますます多く提起されており、プレーリードッグ〔北米の草原地帯（プレーリー）に巣穴をつくり、群れで生きるリス科の動物〕から海豚に至るきわめてさまざまな動物たちが、驚異的なコミュニケーション能力をもっていることが明らかにされつつある。けれども、このようなコミュニケーション体系を、ほとんどの科学者たちは「真の」言語としては認めない——これは、驚くに値しない事実だ。カリフォルニア大学バークレー校のジェンダーおよび女性学教授であり言語学者でもあるメル・Y・チェンが説明するように、「言語であるか否かの基準は人間の用語によって著《いちじる》しく堅固に確立されている。人間に従属する動物の言語学的位相《いそう》について議論を始める以前に、人間の卓越性《たくえつせい》を確立してしまうのだ」[28]。言語が人間に固有なものだという見方は、言うまでもなく、人間に有利な想定だ。

複雑なコミュニケーション体系をもったニム、ワショー、アリー、ブーイー、そしてその他の無数の動物たちのコミュニケーションが、究極的に「真の」、人間に類似した言語によって定義することが可能かどうかは、それほど重要な問題でも、興味深い問題でもない。問われる必要があるのは、なぜ言語やコミュニケーション能力が、動物がいかに扱われるべきかにかんするわたしたちの感覚をかくも変容させるのか、だ。いったいなぜ、アメリカ手話を解《かい》さないチンパンジーは孤独な檻《おり》に閉じ込められ、実験台にされる生涯を宣告されるのに対して、手話を話すチンパンジーは、解放を求める大衆的抗議運動を巻き起こすことができるのだろうか？

ブーイーは、はじめて手話を学ぶ前から、疑いの余地なく感情をそなえた存在であった。ブーイーの手話習得で特別だったのは、言語使用によってブーイーが突如として感情をもつ知的な存在になったという点にあるのではない――真に刮目《かつもく》すべきなのは、言葉が用いられているという事実によって、わたしたち、すなわち人間であるわたしたちが、ブーイーの知性、そして感情に溢《あふ》れる生命とはじめて正面から向かいあうことになったという点にある。

わたしたちは、なぜ言語にこれほどの権力が生じたのかと問わねばならない。チェンはこのように語る。「言語はおそらく間違いなく、人間を動物から分け隔てる主要な基準だ（あるいは、決定的属性ですらある）。この分離の事実を糾弾《きゅうだん》する理論家たちにとってすら、このことは変わらない」[29]。わたしたちは、人間以外の動物たちがコミュニケーションをおこなう仕方を見下しがちだ——人間による情報の共有方法と、人間以外の動物たちによるその無限の方法とのあいだには、明確な位階《ヒエラルキー》をなす断絶が存在しているということのみならず、この断絶が動物の道徳的地位にも影響を及ぼすということも前提しているのだ。

健常者中心主義と動物

わたしたちは、動物倫理を不具《かたわ》にする必要がある。障害の政治を動物について考える仕方に取り込むことによってだ。健常者中心主義は言語を超えた領域で動物への抑圧に貫通《かんつう》しているので、障害者と人間以外の動物を抑圧する共通のシステムとイデオロギーを検討する企ては、非常に重要だ。実際のところ、健常者中心主義は種《しゅ》差別主義と密接に絡《から》まりあっているため、人間以外の動物がどのように判断およびカテゴリー化され、搾取《さくしゅ》されるのかを思考するのに欠かせない。

障害をめぐる研究と運動は、特定の身体的・精神的力能に左右されずに生を価値づける仕方を認識するよう、人びとに呼びかける。障害理論は、わたしたちに尊厳と価値を与えるものは、特定の知的能力、理性、敏捷性《びんしょうせい》、身体的自立、あるいは二足歩行といった性質ではないことを教える。この分野にいるわたしたちの多くは、ダウン症であろうと、脳性小児麻痺《まひ》であろうと、重度の知的障害をもっていようと、四肢《しし》麻痺であろうと、自閉症であろうと、あるいはわたしのように関節拘縮症《かんせつこうしゅくしょう》〔⬇53頁〕であろうと、人生は生きるに値《あたい》すると論じる。

このことは、単に陳腐《ちんぷ》なプライドの宣言や、人間の命の尊さ《とうと》に対するロマンチックな主張ではない。むしろわたしたちは、障害者が社会に寄与《きよ》できることの多くは、特定の身体および行為方式が掌握《しょうあく》した文化によって、不当にも過小評価されたり、有害と見なされたりしてきたと考えている。

人間の動物に対する支配の正当化は、ほとんどいつも、人間と動物の能力と特徴を比較することによってなされてきた。われわれ人間は、言語を、理性を、複雑な感情を、二つの足を、そして母指《ぼし》対向性〔母指が他の四指と離れており、かつ両者の指腹を向い合せられること。霊長類の特徴のひとつ。これによって木の枝を握って移動することが可能となる〕をもつ種《しゅ》だ。他の動物たちはこれらの特徴および能力を欠くために、われわれの道徳的責任の外部に存在しており、よって人間が動物たちを支配し、利用することは許される、というわけだ。けれども、動物たちの価値を能力の有無を理由に貶《おとし》めるのは、健常者中心主義的ではないだろうか?

このような議論は、健常な人間身体のみならず、定型発達◇の人間知能という前提にも依拠するものだ。自閉および神経多様性◇運動のコミュニティから生まれた「定型発達」という用語は、認知的に標準的で、種に典型的なものとして見なされた個人および特徴を指し示す。自閉症の学者および動物擁護家であるダニエル・サロモンが語るように、「定型発達主義は、定型発達の(自閉症ではない)脳構造をもつ人に特徴的な認知処理形態を特権化する一方、自閉症者や人間以外の動物たちにとってより自然な、別様の認知処理形態を、少なくとも暗《あん》に劣ったものと見なす[1]」。

定型発達主義は、一種の健常者中心主義である。だからこの概念を認めることは、わたしたちが動物たちを判断する仕方が、いかに厄介な偏見に満ちているのかを理解するのに役立つ。動物の継続的搾取を正当化するのに用いられる最もありふれた議論は、動物には人間が有する無数の認知能力が欠けているというものだが、このことは、種差別主義がいかに健常者中心主義的なロジックを通して作動するものかをまざまざと見せつける。知能という人間的徴《しるし》において劣っていると見なされることによって、動物は、単刀直入に言って、愚かだと理解されるのだ。動物がさまざまな能力を欠いていることは、たいていの場合、人間の優越性の証《あかし》として取り上げられ、人間が動物をみずからの利益のために継続的に利用することを正当化する根拠として見なされる。障害学の研究者、ハロルド・ブラスウェルが語るように、「障害者を周辺化する健常者という概念が、動物たちに対しても同じように機能する」のだ[2]。人間が神の似姿《にすがた》において創られたとする信仰から、人間が進化の頂点であるという信念まで、わたしたちの人間中心主義的な世界観は、健常者中心主義によって支えられている。

健常者中心主義は、人間の能力が、疑いの余地なく、動物がもつ能力に優《まさ》ると考えることを可能にする。人間の動作や思考プロセス、そして存在のあり方が、動物たちのものより洗練《せんれん》されているのみならず、人間に価値を与える当《とう》のものだという考えを、健常者中心主義は増長させるのだ。動物たちは、その劣等な獣的状態に在《あ》る限り、いかなる道徳的配慮もなしにわれわれ人間によって利用されうる。そして、動物と関係づけられた人間たち（有色人種、女性やクィア〔⬇36頁〕、貧しい、そしてとりわけ障害者）はまた、洗練の程度においても劣っており、その価値は、より小さいものとされる。ときには、劣等な人間、あるいは人間ですらないと見なされる。実のところ、特定の能力や力量は、人間を定義づける核心的要素である——これらは人間性と残りの動物界とを隔《へだ》てる境界線を徴づけるものとして考えられるのだ。このように健常者中心主義は、わたしたちが何を動物として、そしてそれとは対比的に、誰を人間として見なすのかについて、輪郭《りんかく》を与えてくれるのだ。

◇訳註　「神経多様性（neurodiversity）」とは、自閉症をはじめとするさまざまな神経学的差異を、かならずや治療されるべき疾患ではなく、ジェンダーや民族性、性的志向などと同様に、数あるうちの一つとして尊重されるべきだと主張する運動において用いられるようになった言葉である。それに対して「定型発達（neurotypical）」とは、この運動において神経多様性スペクトラムに当てはまらない人びとを形容する言葉である。

健常者中心主義はまた、動物の苦しみを永続化させるさまざまな価値および制度を助長する。この国に存在する多種多様な動物を利用した産業（工場式畜産から動物実験まで）は、動物たちには自分たちが利用されることを悪しきことにするだけの力量がないので、動物利用に問題はないという、公然たる信念に依拠している。これらの産業はまた、自分たちがしていることを正当化するため、自然というイデオロギーにも依拠《いきょ》している（こうしてたとえば、動物を人間の利益のために使うのは単に自然なことだ、という考えを固定化させる）。けれども、自然や自然さといった概念すら、健常者中心主義と切り離すことはできない――なぜなら、自然なるものの概念はしばしば、健康や正常性、そして自立といった概念が、進化学的適性〔種の環境における適応の度合い。みずからの個体数の再生産の可否によって測られる〕や生態的両立可能性といった概念と融合しながら構築されるからだ。動物を利用した産業の中心には、さまざまな健常者中心主義的価値観が座を占める――動物は依存的で脆弱《ぜいじゃく》であり、感情的認知能力や知的能力も欠いているという想定は、動物たちのいのちから何十億ドルもの利得を搾《しぼ》り取る産業の基礎となるからだ。動物の苦しみと搾取《さくしゅ》を持続させている規範《きはん》や制度は、健常者中心主義によって支えられているのだ。

このことは、健常者中心主義が動物と障害者に対してまったく同じ仕方で影響するということを意味しない。たとえば、医療化〔➡37頁〕の言説《げんせつ》に重なりあうかたちで、動物たちもまた科学における発見と類型化のシステムに巻き込まれてはいるものの、動物たちは、その動物性を治療し、取り除くことを目標とした医療的介入のために病理化されはしない（少なくとも現代の文脈においては)。そして、障害者が肉などの商品へ加工されはしないということは言うまでもない(しばしば客体化されることはあるけれども)。動物と障害者は、きわめて異なったかたちで周辺化と支配を経験するのだ。わたしのポイントは、健常者中心主義が、人間以外の動物と障害者の双方の生と経験を、価値が劣り処分可能なものとして処遇《しょぐう》するシステムを構築できるようにしているという点だ。そしてこのシステムはまた、異なった仕方で姿を現《あらわ》すさまざまな抑圧にも通じている。

健常者中心主義に立ち向かうにあたって、障害学研究者と活動家は、違いに価値を見出すとともに同一性〔互いに違わないこと〕を認めることも熱望している。障害者は、多様な差異と制約にも価値があると論じてきたのと同時に、平等や同一性〔の承認〕のためにも、たたかってきたのだ。障害運動家たちは、障害者が障害に*も*か*か*わ*ら*ず価値があると論じているのではない――むしろ価値は、障害によって生じる身体の、認知の、そして経験の多様性にあるのだ。障害は欠乏と無能の要素を含むかもしれないが、それはまた、知り、存在し、そして体験する異なった仕方を育《はぐく》むものでもある。障害の文化が動物の正義をめぐる議論にとって大いに重要なものになるのは、こうして異なることへ、異なった仕方で行為し、存在することへと価値を付与するためである。動物は、わたしたちが望むよりずっとわたしたちに似ていると同時に、きわめて異なってもいるからだ。動物行動学者のマーク・ベコフは語る――「種間《しゅ》での多様性は、人間支配を正当化するために利用されるのではなく、抱きとめられ、大切にされるべきである」。これは、政治化した障害者コミュニティの主張とびっくりするほど瓜《うり》二つな哲学である。[3]

　動物倫理を不具《かたわ》にする企図は、健常者中心主義がいかに種《しゅ》差別主義に加担しているかを明らかにするのと同時に、健常者中心主義がいかに動物権のコミュニティに浸透しているかを検討する試みをもともなう。たとえば、人間の健康に焦点を定めたヴィーガン・キャンペーンにおいて、障害はいつも恐怖を煽《あお》る比喩《ひゆ》として用いられる。なかでも最悪の例が、〈動物の倫理的扱いを求める人びとの会〉（PETA）〔⬇80頁〕の「自閉症になった？（Got Autism）」キャンペーンだ。これは酪農産業の「牛乳を飲んだ？（Got Milk）」という宣伝に対抗することを目的として、牛乳を飲むことと自閉症のあいだの、いまだ確証されてもいない連関性をほのめかす。[4]このようなキャンペーンは、大衆の自閉症に対する恐怖と誤解をヴィーガンというアジェンダを宣伝するために利用する。PETAはこうした攻撃的キャンペーンで悪名高く、動物権運動の界隈《かいわい》でも広く批判されているが、そのような戦術に訴えるのはかれらだけではない。ここでの適例がロリー・フリードマンとキム・バーノウィンによるベストセラー『スキニービッチ』だ。この本では、動物を食べると太り、病気になり、怠け者で不健康、そして魅力的でなくなると示唆《しさ》することで、自分の体型を恥ずかしく思っている人びとをヴィーガンにしようと試みる。[5]『シスター・ヴィーガン――黒人女性ヴィーガンたちが語る食、アイデンティティ、そして健康と社会』の著者であり、食の研究者でもあるA・ブリーズ・ハーパーは、主流文化で人気のヴィーガンを主題とする本は、何が健康的で魅力的なのか、そして倫理的な食事をする人がどんな容《よう》貌《ぼう》であるべきかにかんして、ひっきりなしに白人の異性愛主義的かつ健常者中心主義的イメージを喧伝《けんでん》すると語る。「こんにちのアメリカにおける倫理的食の消費者は、脂肪を落とし、そして／あるいは審美《しんび》的にスリムな身体を維持するように消費することが期待されている。……このことは、倫理的消費を謳《うた》う人気本のタイトルに暗示されている」[6]。このような批判は、もちろんヴィーガンやベジタリアンに対してだけに限られはしない。ダイエットおよびフィットネスにかんする本の大半が非障害者かつ異性愛主義者の白人を想定していることからもわかるように、肉食の擁護者たちも同じような戦術を用いているのだから――けれども、これらの戦術が共感の価値を訴える運動から姿をのぞかせる場合には、何かとりわけ気分の悪いものがあるのも事実なのである。

動物権の言説に埋め込まれている健常者中心主義は、また、動物擁護家たちによって用いられる一般的な掛け声においても明らかだ。「声なきものたちのための声」というのは、動物権運動のコミュニティにおいて多くの活動家たちがしばしば感情移入する感傷《かんしょう》だ。けれども、ブーイーの物語〔➡92頁〕が明らかにするように、誰が声をもち、あるいはもたないのかを区別することは、決して単純な問題ではない。

「声なきものたちのための声」という聖書の語句を動物に言及するために用いることが一般的になったのは、一九一〇年にアメリカの詩人、エラ・ウィーラー・ウィルコックスが、ある詩を発表してからのことだ。この文句は、動物擁護にかかわる現代のテクストおよびキャンペーンにおいて頻繁《ひんぱん》に発見することができる。

わたしは　声なきものの声
わたしを通して　唖《あ》は語る
世界の聾《ろう》の耳が　聞こえるようになるときまで
言葉のない　弱きものたちが蒙《こうむ》った　不正義のかずかずを

あぁ　恥を知れ
教えるために　身をかがめることをしない人間たちの母よ
いとおしい　虚《うつ》ろな目のうちに　横たわる哀《かな》しみ
語ることのない哀しみ

道から、檻《おり》から、小屋から
厩《かわや》から、そして動物園から
苦しめられた　わが同類を幽《ゆう》した壁が　罪を声高《こわだか》に叫ぶ

力なきものたちへの　力あるものたちの罪を
そして　わたしは兄弟の守《も》り人
そして　わたしはかれらのたたかいをたたかう
そして　獣《けもの》と鳥のために言葉を発する
世界が物事《ものごと》を正しくするまで▼7

世紀の変わり目において、この詩は、動物の苦しみを認めるという点で急進的であった。だがまた、いくつかの動物擁護運動において起きてきた、動物性と障害を混同する例としても興味深い。この詩には、動物性をある種の障害へと転換するように見える句が散在《さんざい》している――動物は唖《あ》（声なきもの）であり、弱く、脆《もろ》いのだ。詩はまた、声があって助ける側と、声なく助けられる側の断絶が、架橋《かきょう》し難いものであることも示唆している。

「声なきもののたちのための声」という――自分を弁護したり自分のために語ることができないものたちへ声を与えるという――詩句は、間違いなくウィルコックスの詩における感傷を醸《かも》しだしている。声なきものたちは、話をしたり、身の回りの世話を自分で見ることが物理的に不可能なものたちなのだ。この詩は数限りない文脈で批判されてきたが、そのなかには、インドの著述家であり政治活動家であるアルンダティ・ロイによるこんな痛烈なものもある――「ほんとうは、「声なきものたち」など存在しない。ただ、故意に沈黙を強いられたり、選択的に傾聴されない（preferably unheard）ものたちがいるだけだ▼8」。

このような批判にもかかわらず、ウィルコックスの詩句と、そこに露《あら》わになった感傷は、いまだに至るところに見出せる。もしかすると、少なくない運動家たちがいまだに声なきものたちという比喩を使っているかもしれないが、これは、依存的で傷つきやすいものたちにも行為能力と意見する力があるということを認めるより、自分だけでは生きていけない他者を助けるという考えのほうを魅力的に感じる人が、ずっと多いからだろう――これは、障害の慈善《じぜん》モデルに看取できるものだ。たとえば、意思決定過程にたった一人の障害者も含まない障害者援助組織や慈善団体は、こんにちもなお無数に存在している。自分の欲求と必要にかんする意見を表現する機会のために、わたしたちはずっと、たたかいつづけてきた。それは、障害権運動が行進のときに叫ぶ掛け声のひとつが、「われわれ抜《ぬ》きでわれわれについて語るな（Nothing about us without us）」であるくらいだ。

このような排除と慈善の歴史ゆえに、「声なきものたちのための声」になろうとする動物擁護家の後見人《こうけんにん》のような口調を好ましく思えない障害運動家もいることは、十分理解できる話だ。たとえば、スティーブン・ドレイクはこのように語る。「動物権擁護は、人間と動物の相互関係を位置づけるべき一連の原理を定義および擁護することによって機能する大義だ。けれども、このことを要求するのは動物たち自身ではない……〔動物権の〕擁護家および運動家たちこそ、動物に対する権利擁護の言葉を定義できるのであって、かれらは決して、動物たちについて自分たちが誤って理解しているのではないかとか、動物たちが自分について自分で語りたいのではないかといったことについて、心を悩ませる必要はないのだ[9]」。

ドレイクの指摘は動物擁護運動に対する批判としてはありふれたものだ。作家およびジャーナリストのマイケル・ポーランもまた、類似した点を『雑食動物のジレンマ——ある四つの食事の自然史』において提起している[10]。いったい運動家にどうやって動物の望みがわかるというんだ？　動物のために語るのは、単に恩着《おんき》せがましく温情主義的なパラダイムを強化するだけだ。けれども、ドレイクとポーランの議論における問題は、〔二人のように〕動物を利用し搾取する人びとは、動物たちのためにいっそう破壊的なかずかずの選択をしているということだ——動物たちを投獄と死に至らせる、そうした選択を、だ。動物が利用される実質的にあらゆる環境において、動物たちには、その檻《おり》から抜け出したり、屠殺《とさつ》されるのではない生を選ぶ能力も、〔そのための〕自由も与えられてはいないのだ。

ドレイクとポーランはまた、動物たちは人間に自分の望みを伝えていないとする点でも間違っている。ロイの言葉、すなわち「選択的に傾聴《けいちょう》されない」というのがずっと妥当だ。動物たちは、絶えずみずからの選好について声をあげ、自由を要求している。痛みで叫び声をあげるとき、あるいは突き棒、電撃棒、ナイフ、そしてスタンガンから逃れようとするとき、かれらは日々、わたしたちに語りかけているのだ。動物たちは、檻の外に出たいと、家族と再び出会いたいと、あるいは死が待ち構えているシュット〔⬇70頁〕には行きたくないと、わたしたちに絶えず訴えかけている。動物たちは、自分たちをいつ何時《なんどき》も表現しており、わたしたちの多くはそのことを知っている。もしわたしたちが知らなかったなら、工場式畜産や屠殺場が、動物がもつかもしれないどんな選択肢も阻《はば》むよう設計されてはいないだろう。わたしたちは、故意に聞かないことを選んでいるに違いない――ロブスターが沸騰《ふっとう》した湯の入った鍋《なべ》から取り出されて壁に打ちつけられるときや、卵を産む生の全盛期を過ぎた雌鶏が彼女の脚と首をつかむ人間の手にあらがってたたかっているとき、かれらがあげる叫び声を、だ。わたしたちは、動物たちによってすでに表現されている選好を認識しないことを選ばねばならないのだ――魚がその最期の数分間において痙攣《けいれん》し、喘《あえ》ぎながら酸素を求めているときの話だ。こうして、動物を声なき存在として考えることは、何が声をもつものと見なされるのかにかんする健常者中心主義的な想定を暴く――これは、障害の有無にかかわらず、たくさんの人が動物についてもっている想定である。

動物が自分の解放を求めて行動を起こすことができ、また実際にそうしてきたという事実にはまた、驚くほどたくさんの証拠がある。二〇一一年には、イヴォンヌと名づけられたドイツの乳牛が農場から脱出して大きなニュースになった。差し迫る屠殺を予知してのことだ。三ヶ月以上も追っ手を「出し抜いた」イヴォンヌのことを、「ガーディアン」紙は「動物を愛するドイツ大衆にとって一種の自由の闘士」だと呼んだ。イヴォンヌにたくさんのドイツ人が心を奪われた結果、彼女は動物のサンクチュアリ〔➡85頁〕によって購入されることになった――もう食べものにされることは断じてないというわけだ。[11] イヴォンヌは、その驚くべき芸当によって、屠殺場や実験室、あるいは動物園やサーカスで待ち受ける運命を免《まぬが》れた、幾多の家畜化された、あるいは野生の動物の一例にすぎない。

歴史家、ジェイソン・フリバルによる『動物惑星の恐怖――動物抵抗の隠された歴史』は、監禁状態から脱出したり、虐待する調教師を攻撃したりする動物たちの、数十にのぼる事例を紹介しているが、このことは、これらの出来事が単なる運や偶然、あるいは自然の予測不可能性を示す例として片づけられないことを物語っている。驚く人も多いかもしれないが、この本には非常に説得力がある。ジャーナリストのジェフリー・St・クレアが序文で語るように、「フリバルが描く動物の勇気ある英雄的姿は、これら暴力を用いた抵抗が、いかに動物たちの虐待的処遇とその監禁の悲惨な状況に動機づけられているかを露《あら》わにする」[12]。虐待した者たちに加えられた反撃と逃亡を、その絶対的数字から検討することで、フリバルは、虐待にあらがう動物たちを歴史へと刻み込む。これらの逃亡の多くは、きわめて手が込んでいる――猿や類人猿はとんでもなく高い壁を登り、橋をかけ、さらには大きな水路を勢いよくジャンプしたり、ショックを避けるために電気が流れるフェンス下の地面を掘ったり、施錠《せじょう》をこじ開け、人間の追っ手を出し抜くための精巧《せいこう》な逃亡計画を仲間たちと協力して遂行したりもした。

オランウータンのフー・マンチューの場合を考えてみよう(これは一九二〇年代の一連の小説に由来する人種主義的でオリエンタリズム的な名前だが、この主題についてはそれだけで一編のエッセイを書く価値がある)。[13] 一九六八年、人間たちの抵抗で名高いこの年に、フー・マンチューはかれ自身の解放への試みによってニュースのヘッドラインを飾《かざ》った。その年を通して、かれとその仲間は繰り返しオマハのヘンリー・ドアリー動物園を脱出し、飼育員長のジェリー・ストーンを窮地《きゅうち》に追いやったのだ。ストーンは、類人猿たちが逃げたのは門が施錠されていなかったからだと助手たちを責め、解雇すると脅した。「動物に思考は可能か」と題された「タイム」紙の文章で、ユージーン・リンデンは、逃亡をこのように解き明かした。「まず、若い類人猿は通気孔《こう》ルーバーを通って干《ひ》からびた掘りへと降りる。それから暖房炉《ろ》の扉の下方をつかんで力一杯引くと、わずかに生じたその隙間《すきま》から針金を差し込み、掛け金を滑り込ませて扉を開けた」。[14] けれども、フー・マンチューはどうやって針金を使って鍵をこじ開ける方法を知ったのだろう? そもそも、その針金はどこで見つけたのだろうか? フー・マンチューの口のなかにぎらりと輝くものを見つけた瞬間、ストーンはついにその秘密を発見した。この類人猿は、針金のかけらを見つけると、それを下の歯茎《はぐき》と唇のあいだにぴったり沿《そ》うように入れていたのだ。フー・マンチューは、この小さな針金で動物園の鍵をこじ開け、何度もの逃亡のあいだ、ずっと口のなかに隠し持っていたのだ。[15]

ひとたび自由になると、動物たちはたいてい、力のおよぶ限り檻から遠くへ逃げようとするか、イヴォンヌがそうであったように、ひっそり隠れつづけようとする。そのなかには、数時間もしないうちに捕まるものも、また数週間、あるいは数ヶ月にわたって、何マイルも離れた場所で高速道路を横切っている姿や、誰かの家の庭を横切っているところを見つけられるまで自由に生きるものもいる。[16]

猿や類人猿は、器用な手指や足指、そして四肢《しし》を使うことができるので、他の動物たちよりも逃げるハードルが低いかもしれない――もちろん、牛や豚が手もなしで屠殺場での運命から逃れた、実に驚くべき物語もたくさんあるけれども。動物たちは自分を捕えた人間を攻撃することが多いことも、フリバルが繰り返し明らかにしている。象から虎、鯱《しゃち》に至る動物たちが、自分を虐待した調教師や捕獲者を標的にしてきた。長い年月のあいだサーカス産業で働かされていた象のジャネットは、一九九二年のある午後、数人の子どもたちが背中に乗っている最中に暴れはじめた。フリバルは、子どもたちを振り落として殺してしまうこともジャネットにはたやすい技《わざ》だったろうと語っている。けれどもそうする代わりにジャネットは、「しばし乱闘を中断し、子どもたちを降ろしてから、サーカスの従業員に対する攻撃を再開した」[17]。ジャネットの乱闘は、ブルフックを壁に向かって何度も叩きつけたのち、やっとのことで収まった。ブルフックは巨大な釣り針のように尖った先端をもつ道具で、象たちに演技をさせるために突いたり打ったりするときに用いられる。

セント・クレアはこう語る――「ブルフックを手にした残忍な調教師を蹂躙《じゅうりん》し、あざ笑う観客たちに怪我《けが》を負わせ、虐待する調教師たちを溺《おぼ》れさせたジャネットのその一挙手一投足《いっきょしゅいっとうそく》は、動物を所有物として、利益を生み出すエンジンとして、搾取と虐待が許される心をもたないモノとして扱ってきた古臭い秩序に、亀裂を入れた」。そしてわたしはここに、動物たちを声なき存在と見なしてきた古い秩序に対しても、亀裂を生じさせたのだと付け加えたい。[18] 動物擁護家たちが動物たちを、あたかも声のない存在であるかのように描写するなら、このことは、仮にそれが単なる隠喩《いんゆ》にすぎないとしても、動物たちを「心の欠けたモノ」と見なそうとする勢力に力を与えてしまう。つまるところ、長い目で見れば、わたしたちが動物たちをみずからの解放における積極的な参加者として、つまりかれらを――動物擁護家たち自身も知っているように――みずからを表現する主体として考えるとき、活動家たちは動物たちのためにより大きな力になることができるだろう。このとき、抵抗は多様なかたちをとり、そのなかには、障害のない身体をもった人間の観点からは認識しがたいもののもあることを想起してみるのは、とても大切だ。

イヴォンヌ、ジャネット、ヒュー・マンチュー、そして名もなきたくさんの動物たちが、動物たちはたたかいにおいて決して受動的ではないことを教えてくれた。最も虐げられ、脅かされていた動物たちすら、支配に抵抗するか、少なくとも傷つきたくはないという選好を表現してきた。二〇〇九年には、屠殺を待つ牛たちを撮影した動画が、ウイルスのようにネット上で拡散した。[19] 屠殺場の内部でおそらく従業員が撮影したものだろうが、撮影者や屠殺場の立地にかんする詳細はわからない。

このビデオで二頭の牛は、高い金属製の壁に挟《はさ》まれた狭いトンネルの前に並んでいる。ビデオが進行するにつれて、トンネルがちょうど二、三頭の牛が入れるほどの大きさで、その後ろの門は閉まっているのだが、もう一セットの牛たちが入ってくると、おそらく再び開くであろうことがわかる。トンネルのなかの動物たちが三〇秒くらい映された後の映像には、一人の男が登場する。牛たちはからだをすくめ、後ずさりをする。男は最初の牛に近寄り、左側の臀部《でんぶ》に電撃棒をあて、牛を前方へ進ませようとする。牛が前に進むと、トンネル前方の堅固な鉄門が開き、牛は前に歩を進める。さてわたしたちは、ひとり取り残された牛と画面上で対峙《たいじ》する。牛はクンクンと門の匂いを嗅いでおり、おもむろに何物かに驚かされ、脅かされると、必死になって後方、つまり門があるいちばん端まで後ずさりをする。時間が経過するなかで、牛は耳を後ろに反らし、からだを揺さぶりながら、ますますパニック状態に陥る。出口を求めて戻ろうと虚《むな》しく努力するものの、トンネルはあまりに狭いので、できることといえば首を回すくらいだ。すると、牛はビデオを見る人を凝視し、わたしたちは正面から彼女の瞳と顔に直面する。彼女はカメラをまっすぐにみつめている――苦しむ存在者のまなざしとの出会いだ。とうとう男が再びやってきて、牛はからだをすくませる。電撃棒で臀部《でんぶ》に二度ショックが加えられ、牛はなす術《すべ》もなく門のほうへと進んでいき、門は閉ざされる。カメラが床と門のあいだの隙間にズームインすると、牛の蹄《ひずめ》が確認できる。そしてわたしたちは凄烈《せいれつ》な悲鳴を聞き、牛の足が崩れ落ち、からだが床にばったりと倒れているのを目にすることになる。

わたしは、このような動物の行為を、恐怖と、こんな状況に置かれたくないという切実な思いとしてのほかには汲《く》み取ることができない。このことは間違いない——もし彼女がわたしたちに自分の望みを伝えることができるなら、きっと戻ってトンネルを抜け出したいと語るだろうということは。わたしたちは、彼女に耳を傾けないことを選んでいるのだ。

健常者中心主義は、動物擁護運動において、さらに露骨な仕方でも現れる。動物権を擁護する議論において最も頻繁《ひんぱん》に現れる論法の一つは、障害者の修辞《しゅうじ》的道具化と結びついた、認知能力にかんする健常者中心主義的想定をめぐって構成される。二〇一〇年に自閉症の動物活動家であるダニエル・サロモンは、「批判的動物研究誌」に「限界事例から連結した抑圧へ」という論考を発表し、この問題への関心を集めた。この文章でサロモンは、動物権言説における定型発達主義〔⬇109頁〕的偏見を批判する。サロモンによれば、そうした偏見は動物権理論の内部に存在する健常者中心主義を永続化させるのみならず、実のところ種《しゅ》差別主義をも強化する。動物権の理論は種差別主義に反対すると考えられているが、最も広く行き渡った動物権理論の一つは理性的思考能力を特権化し、そのことで不可避的に人間を人間以外の動物より高い位置に置いているのだ。サロモンが語るように、「動物倫理の枠組みは、批判されねばならない。定型発達的偏見は、動物倫理が枠づけられる仕方に内在しているが、これこそまさしく種差別主義を維持し、永続化させるものなのだ[20]」。

サロモンが批判する主張は、哲学では「限界事例からの論証◇」として知られているものだ。この理論は、動物たちの精神的能力を〔限界事例にあるとされる〕特定の人間たちのそれと比較することで動物の権利を擁護することを試みる。このような比較は、多様なコミュニティをステレオタイプによって平板《へいばん》化し、それらの差異についでは何も語ることがないため、人間と動物双方にとって問題含《ふく》みだ。この議論はまた、哲学者たちが長いあいだ「道徳的に重要」だと考えてきた（理性のような）能力のかずかず——道徳哲学と法理論の西洋的伝統において、誰が「人格《パーソン》」なのか、すなわち権利を有し、倫理的義務と責務《せきむ》の主体であるのは誰なのかを決めるのに中心的な役割を果たしてきた諸能力——を暗に特権化している[21]。

このような論法は歴史的に根が深いが、一九七〇年代にピーター・シンガーを通して一躍《いちやく》ポピュラーなものとなり、いまなお動物権を擁護するために用いられる一般的な戦術でありつづけている[22]。この主張は、人間以外のあらゆる動物にはないが人間だけにはある「道徳的に重要

◇訳註　「限界事例からの論証（argument from marginal cases）」とは、高い知能は人間以外の動物を差別するための妥当な理由にはなりえないことを示す哲学議論で、動物権理論においてしばしば用いられる。この議論は、人間の幼児や高齢者、昏睡《こんすい》状態にある人、知的障害者など、「限界事例」にあるとされる人びとが道徳的地位をもつなら、動物もまた同様の地位をもつべきだと主張する。知能を道徳的地位を付与するか否かの基準として採用するならば、動物と上記の人びととを分かつ妥当な差異は存在しないからだ。こうした論証方式への反論は第12章でも展開される。

な能力」など存在しないと示唆する。たとえば、あらゆる動物に言語があるわけではないが、あらゆる人間に言語があるわけでもない。いちばん基本的なレベルでは、この主張にとりわけ問題があるようには見えない――この種の議論は、わたしがこの本を通して展開したいものでもある。これは、あらゆる人間が有している、人間に価値を付与する特別な能力など存在しないということを強調するという点で、反健常者中心主義的だと理解することすらできる。それにもかかわらず、どの能力が道徳的に重要なのかを決定するまさにその瞬間、この議論の危険性が露呈《ろてい》する。〔この論にしたがえば〕道徳的に重要な能力のかずかずは、推論をおこなう能力と結びつけられる――すなわち、自意識、言語、未来を想像する能力、そして死を理解する能力といったものだ。この主張において、こうした能力の道徳的重要性は当然視され、疑問を抱かれることがないので、理性が価値の尺度として掲げ《かか》られることになる――けれどもこれは、誰が道徳的に価値ある存在なのかは特定可能であるという考えをひそかに前提している。すなわち、道徳的に重要な能力をもつ理性的人間という存在だ。こうしてこの区別は、理性という特定の特権化された能力を欠く、あるいは欠くと想定される集団の道徳的妥当性を疑問に付することになってしまう。

この理論を動物権擁護のために用いる論者たちは、このような道徳的に重要な諸能力をもたない人びとはいつでも存在すると論じる(知的障害者、幼児、昏睡《こんすい》状態にある人、認知症の老人など――すなわち「限界事例」に置かれた人びとだ)。彼らは、もしこうした人間たちに道徳的地位が認められるなら、この人びとと似た能力を有する人間以外の動物たちにも道徳的な地位が付与されない理由はないと語る。この議論が、障害者と動物の双方に道徳的価値があり、保護が与えられるべきだということを証明するために用いられることが多いのは事実だが、[23]知的障害者、幼児、昏睡状態にある人、認知症の老人は、単一集団、すなわち「限界事例」としてひとくくりにされてしまう。そうして特定の能力の欠落を理由としてこの人間たちは人間以外の動物と比較されるわけだが、これらの動物もまた多くの場合、そしてきわめて厄介な仕方で単一の集団として平板化されてしまうのだ。すると、今度はこのさまざまな集団の価値そのものが議論の的《まと》になる。このような論争においてほとんどいつも完全に排除されてきた動物たちの場合には、この論法からいくらか得るところもあるが（少なくとも配慮されているという事実そのものにおいて）、知的障害者の場合、〔動物との比較から得るものは、ますます動物化されるという〕リスクのほかにはない。

哲学者のなかには、こうした難局は議論が誤って理解されているために引き起こされるのだと反論する者たちもいる——この理論は、雑多な集団が互いに似ていると語っているわけではなく、これら集団の構成員が類似した道徳的に重要な特徴を欠いているかもしれないとほのめかしているだけだと。けれども、これらの集団に何が「欠如しているのか」にかんする検討が、対話から差異を抹消《まっしょう》する帰結を招くのは避けがたい。二人のランダムに選ばれた知的障害者が互いに違っているのは自明だろう。そしてそれは、チンパンジーや蛸《たこ》、あるいは人間の幼児が互いに異なるのと同じことだ。かれらにはみな特定の特徴が欠けているという語りが実際にわたしたちに教えてくれるものは、きわめて少ない——それが「道徳的に重要な」ものであろうとだ。それゆえに、この主張は常に、「あらゆる条件が等しければ」という文句を携《たずさ》えることになる——知的障害者、幼児、昏睡状態に陥った人、そして認知症の老人は、明らかにみな異なるので、この主張は必然的に仮説にもとづいているのだ。にもかかわらず、このような論法が使用される段になると、仮説上の集団は決まって実在の個体群と混同されてしまうのである。

　サロモンが示唆するように、この議論は知的障害者を動物と反目《はんもく》させるという、実に不幸な効果を生み出す——動物たちが貶《おとし》められるなら、知的障害者もまた貶められるべきだということが、この議論からはほのめかされてしまうからだ。多くの理論家たちがそうするように、この両集団が確かに道徳的に重要だと結論づけようと、あるいは、この集団の一部構成員は理性的人間より価値が低いと結論づけようと、すでに加えられてしまったダメージは取り返しがつかない——障害者の生の価値にはいまや、疑問符がつきつけられてしまったのだ。数十年間にわたる運動のなかで、基本的人権と保護をやっとのことで勝ち取ってきた人間集団にとって、これはまったく気分が悪く、身の毛のよだつ博打《ばくち》だ。

　限界事例の議論に代表される哲学理論においては、知的障害の「哲学的搾取《さくしゅ》」がおこなわれていると猛烈に批判しながら、哲学者のリシア・カールソンはとても重要な問いを投げかける。「種差別に立ち向かって人間以外の動物の道徳的地位を明らかにするために、知的障害者の事例を用いるのが必要なことなのか？……わたしたちは果たして、動物の利害関係が「重度知的障害者」のそれと衝突すると考えねばならないのか？」[24] サロモンやカールソンと同様、わたしはそんな必要などないと信じる。動物を知的障害者と比較する議論は、より重要な点を見落としているからだ——人間的かつ定型発達的な特定の「道徳的に重要な諸能力」へ焦点を絞《しぼ》ることで、二つの個体群がどちらとも貶《おとし》められてしまうということだ。あらゆる種にとっての正義を進展させようと試みるなら、わたしたちは、知的障害者を配慮するのだから動物たちも配慮せねばならないという論法を用いるべきではないのだ。人間を道徳的価値の尺度として中心に置き、暗に知的障害を平板化してその価値を貶めてしまうこうした論理は、健常者中心主義的かつ人間中心主義的だ。反対にわたしたちは、定型発達的な人間の能力を備えた存在が、それらをもたないものたちよりも本質的に価値があるという考えそのものを論駁《ろんばく》せねばならない。

動物権の「危険性」を明らかにするために、このような厄介な論法に訴える動物擁護家を持ち出す論者も多い。たとえば『雑食動物のジレンマ』でポーランは、シンガーが限界事例の議論を用いる点に言及しながら、種差別主義に立ち向かうことは、「わたしたちを倫理上の断崖《だんがい》絶壁《ぜっぺき》へと追いやる」かもしれないと語る。ポーランはまた、これを動物権を擁護する哲学者たちの道徳的判断を問題化するために使用する。[25] 幸運にも、動物倫理理論の多くは、知的障害者の「哲学的搾取」に与する枠組《くみ》みに依拠することはなく、大抵の場合、むしろそうした議論に批判的だ——これらの新しい潮流《ちょうりゅう》は、理性を特権化する伝統に挑む、動物解放のための多様な議論をオルタナティブとして提示してくれる。だが不幸にも、これら新しい枠組みはちっとも脚光をあびることがないので、人びとは相《あい》も変わらず動物倫理を、シンガーのような学者やこうした厄介な議論群《ぐん》と関連づけてしまうのだ。

たとえば、フェミニスト動物研究者たちは、理性という考えが歴史的に男性と女性、人間と動物のあいだの位階的な二分法を強化するために用いられてきたことに挑戦してきた。フェミニスト学者のキャサリン・ベイリーがエッセイ、「動物たちに背負われて——動物倫理における理性の価値化」で説くように、理性は長いこと「ある存在の人間性の尺度として見なされてきたのだが、他方、身体に由来するものは何であれ、感覚や感情がそうであるように、劣等なものとして考えられてきた。西洋中心的な理性概念が、ある身体を白人男性（そして異性愛者で健常者の、という言葉をわたしはここに付け加えよう）より、好色で肉体的であり、そしてより肉に近い存在につくりあげるような人種主義的およびジェンダー化されたイデオロギーをうち立てて維持するのに役立った。ベイリーはこのように語る。「理性の台頭が、単に偶然に女性および非白人男性への抑圧と関連するようになったわけではないということは、強調しておく必要がある——むしろ、そのような抑圧そのものが理性を正当化したところが大きかったのである。理性とは、まず存在したのちにみずからを現《あらわ》す場を探すのではない——むしろ、哲学の大部分が理性と定義するものは、女性的および肉体的と見なされたさまざまな属性を否定し、棄却《ききゃく》した結果として存在するようになったのだ」。[26]

マーガレット・プライスやその他の障害学者たちは同様に、理性が障害抑圧を駆動《くどう》する要素だと指摘する。プライスは彼女の本、『学校に狂って――精神障害と学校生活の修辞学《しゅうじ》』において「「人間は理性的動物」だというアリストテレスの有名な宣言が、数百年のあいだ、狂人《きちがい》と名指されることは人格喪失と同義だという主張を生んだ」と語った。[27]

プライスは、いわゆる理性的人間を、彼女が「修辞的に障害化された」と呼ぶ人びとと対比する。修辞的に障害化されたということが意味するのは――「〔精神的、認知的、あるいは知的に〕障害がある人びとは有能ではなく、理解不可能で、価値がなく、健全ではないと想定される。わたしたちは施設に収容され、薬を投与され、ロボトミー手術を施《ほどこ》され、電気ショックを与えられ、あるいはただ家庭なしに生き残れと放置される。正常な精神と対比して、あるいは正常な精神を尺度に測定するとき、意味をなすことへの失敗は人格の喪失を意味する」。[28]

人間以外の動物を考えるとき、プライスの言葉は重大な含意《がんい》をもつ――動物たちは理性を欠いているので、事実上、人格や人間の利益のために殺されることのない権利、さらには単にかれらへの共感までも、正当に否認されうると考えられてしまうからだ。サロモンやベイリーをはじめとする、理性を強調する動物解放論に批判的な論者たちはこうして、理性の特権化がいかに動物抑圧を強化させるのかを問う。ベイリーは語る。「動物倫理に対する現代の哲学的アプローチは、わたしには時折、動物を助けるのと同じくらい、理性に輪郭《りんかく》を与えながらそれを正当化するのに役立っているように思われてならない――この種の正当性は、動物の犠牲によってのみもたらされうるものだ[29]」。

ベイリーがはっきりとさせているように、問題は理性そのものではなく、むしろ理性が情動《じょうどう》、感情、そして知ったり存在したりするための異なる仕方から分離され、それらよりも価値あるものとしてもてはやされるところにある。理性の定義は、家父長制《かふちょうせい》、帝国主義、人種主義、階級主義、健常者中心主義、そして人間中心主義の歴史に由来し、しばしばそのうちにこれらの抑圧のかずかずを抱えている。人間以外の動物や重度の知的障害者のように、「理性」が欠けていたり、欠けているかもしれないものたちのための解放を理論化するにあたって、これらの問題は、とりわけ心に留めておく必要がある。

定型発達かつ障害のない身体をもつ人間の能力が、存在の価値を測る尺度として使用されるとき、人間以外の動物と障害者はもろとも敗者だ。人間が認知能力を測定するために用いてきた諸特徴は、確かに複雑な認知能力の徴《しるし》ではあるものの、それらは存在の価値や重みを測るための唯一の方法ではないのはもちろん、必ずしも知能を測るための唯一の方法でもない。さらに、そのような基準は、人間的力能と判別される能力にのみ報《むく》いるゆえ、人間中心主義的であり、かつ障害者の能力を貶《おとし》めるがゆえに、健常者中心主義的でもある。

ピーター・シンガーは、『生と死を再考する――伝統的価値観の崩壊』〔邦題『生と死の倫理』〕でこのように語る。「ダウン症の子どもをもてば、正常な子どもをもつこととはたいへんちがった経験をすることになる。それはあたたかく愛情に満ちた経験ではありうるが、子どもの能力に対しては、期待値を低めねばならない。ギターを弾いたり、SF小説を鑑賞したり、外国語を学んだり、ウディー・アレンの新作映画について話しあったり、バスケットボールやテニスなどの一流選手になったりするのを、ダウン症の子どもに期待することはできない」。ダウン症の子どもについて「われわれが期待できない」ことに対するシンガーの見解は、多様な人間たちに何が期待でき、またできないのかを明言してきた科学、医学、そして哲学の専門家たちの長い伝統にのっとったものだ。障害者にとって、このような低い期待は、多くの場合、何にもまして生涯にわたる施設への監禁と差別を意味してきた――専門家たちは、わたしたちが決して自立生活をしたり、適切な生の質《クオリティ・オブ・ライフ》を得ることはできないだろうと語ってきたためだ。これが誤りであるということは、歴史的に絶えず証明されてきた。ダウン症が実際のところどんなものであり、ダウン症の人に何を期待することができ、また何を期待できないのかについての情報が誤って伝えられてきたために、数百年ものあいだ、ダウン症の人びとは不当な扱いを受けてきた。びっくりするほど最近まで、ダウン症の人には施設が唯一の選択肢として考えられてきた。そうしてかれらは何の刺激もない、たいていの場合きわめて劣悪な施設環境に置かれたため、これは、ほとんどいつもダウン症の人びとに対する低い期待値、低いIQ、そして短い寿命へと帰結した。ダウン症の息子をもつマイケル・ベルベはこのように語っている。「一九二〇年代、われわれはダウン症の人びとは会話するようにはなれないという話を聞かされた。一九七〇年代には、字を読めるようにはなれないと聞かされた。なるほど、いまではかれらをどこか人間以下だと見なすための論拠が、ウディ・アレンの映画の理解にかかっているというわけだ。二〇年後にはこんな話を聞くことになるかもしれない――「よし、確かにウディ・アレンの映画を理解できることはわかった。でもアレンの初期コメディだけだろうよ。「インテリア」における突破口は到底解《げ》さないだろうね」。このあたりで、ゴール地点がかなり恣意《しい》的に移動しているらしいというわたしの感覚を、きっとわかっていただけることだろう」[31]。

二一世紀を生きるわたしたちの多くは、人間存在の価値を知的力能によって判断《ジャッジ》するという考えにギョッとするかもしれない――けれども、アメリカ社会は今も昔も、不幸にもそんな事例で溢《あふ》れかえっている。障害学者でありダウン症の息子の親でもあるレイチェル・アダムズは、知的障害者は、しばしば公的な空間において喜ばしくない存在であり、無価値な存在として見なされ、たやすく暴力と差別にさらされると語る。「公共の場でダウン症の人びとを見かけるのは、いまだに人に怒りと嫌悪感をもよおさせることなのだ[32]」。

知的能力に基盤した差別の過酷な事例は、知的障害者とそうでない人びとのあいだで、医療サービスのレベルにかなりの違いがあるということにおいて、はっきり見てとれる[33]。三歳のアメリア・リベラの物語を考えてみよう。彼女の医師は、実の母からの腎臓移植を、アメリアには「精神遅滞《ちたい》がある」という理由で拒否した。アメリアは、身体的・知的遅滞を引き起こすウォルフ・ヒルシュホーン症候群であった[34]。腎臓移植がおこなわれなければ、彼女はせいぜい六ヶ月の命だった。アメリアの両親がこの話を暴露してから巻き起こった論争のおかげで、アメリアは無事に母から腎臓移植を受けることができ、二〇一三年の最新情報によれば、元気で暮らしているという。この事件にかんする「ワシントン・ポスト」紙の記事によれば、移植手術に関連する書類には、多くの場合、「知的遅延」の有無を記入する欄《らん》があるという——いかなる場合であれば手術を拒否することができるのかを示すためだ。[35]アメリアが移植を受けるのに手こずったのも不思議ではない。数十年のあいだ、ダウン症をはじめとする知的障害者は、みずからの生命を救う医療を受ける権利のために、たたかわねばならなかった。[36]このような排除は、認知能力が価値の指標として用いられる事例としてのほかには理解できない。

リシア・カールソンが重要な著作、『知的障害の相貌《そうぼう》』で明らかにしているように、知的障害者の価値を貶めることは、不可避的に動物性と絡《から》みあっている。知的「劣位」はいつも動物化され、非人間化されてきた——十九世紀の地質学者J・P・レスリーの劣等人口集団に対する人種主義的描写において確認したように〔⬇48頁〕、そのような非人間化はたいてい、人種、障害、そして種《しゅ》といった多様なカテゴリーが合体したものを通して表象《ひょうしょう》される。カールソンは、「精神薄弱者」や「白痴」の「動物的本性」にかんする言及は、数世紀にまたがってしぶとく存在しつづけ、こんにちの哲学論議にもいまだに登場すると語る。手話利用者のように、知的障害者たちは猿のようであり、進化的に遅れた存在として表象されてきた。知的障害者は人間以下と見なされ、いつもさまざまな施設で非人間的条件下に晒《さら》されてきた。

当然のこと、知的能力にもとづく差別を経験するのは、社会が障害者と認めた人びとだけではない。この点は重要だ——障害と動物性をめぐるイデオロギーは、障害の有無を問わず多様な人口集団を、知的に劣等なものとして病理化してきた。女性と有色人種、そして主流ではない文化的・階級的背景をもつ人びとは、障害がなくても無能な存在として宣告を受け、言語や知能、そして感情や身体的感覚を感じる能力すら、ときに否認されてきた。アメリカ社会が特定の類《たぐ》いの学問的成功や「優秀さの基準」を特権化している状況から、特別教育が必要だとかＩＱが低いとかレッテルを貼られた人びとが社会から見棄てられた結果、〔そうでない人に比べ〕非常に高い割合でもろもろの施設に送られるという事実に至るまで（これはひどく人種化およびジェンダー化を被《こうむ》ったプロセスでもある）、知的能力や認知能力は、人種的、ジェンダー的、階級的、そして健常者中心主義的な権力構造を維持するのに、いまだに強力な役割を果たしている。

　知的障害がこのようにたやすく動物化されてきたのは、動物たち自身が長いこと知的に遅れていると考えられてきたからである。人類学者のヒュー・ラッフルズはこのように語る。非人間化は「二つの連想を必要とする——標的とされた集団を特定の動物と同一視すること、そしてその動物と十分に否定的なかずかずの特徴とを連結させること。これらの特徴は、いつもその時代と場所に特有なものである」[37]。西洋哲学の伝統において、動物たちは繰り返し、愚かで、欠陥があり、意味ある思考をおこなうことができないものと見なされてきた。ここで、動物と認知的欠陥を連関づける行為に異議が唱えられねばならないのは、単に多くの種が人間的知能の徴候《ちょうこう》を表していたり、動物の心がそれ自体複雑であるから（人間の能力とたやすく比較・対照できない仕方で）ではない――このことが必要なのは、知的能力が、存在の価値と、そして保証されるべき保護の程度を決定すべきではないためだ。

　認知能力は、人間以外の動物の価値を示すものとして広く受け入れられている。少なくとも、犬と同程度に「知的」であるとされる豚を食べることはなくても鶏や魚はどんな罪悪感もなしに食べられる人は多い――これらの動物は、考えたり感じたりすることはないということになっているからだ。そしてほとんどの人が、人間のディナーになる運命を、独特な知的芸当のおかげで免《まぬが》れることのできた、飛び抜けて優れた、あるいは英雄的な動物の物語を、一度か二度は聞いたことがあるだろう。追っ手を出し抜き、死を免れることのできた有名なドイツの乳牛、イヴォンヌ〔⬇118頁〕を覚えているだろうか？　同じ年にニュースになったもう一匹のほうは、イヴォンヌほど運が良くはなかった――この牛は脱出はしたものの、追っ手から逃げおおせることには成功せず、ある新聞がのんきに語ったところによると、「審判の日がやってくる」まで待たねばならなかった。[38]　この雌牛は、赦《ゆる》しを得るために人間の共感を獲得するほどには賢くなかったようだ。

　人間以外の動物たちは、誤解ゆえに数世紀にわたって能力を否認されてきた犠牲者だ。動物の心にかんしてなされているべき唯一の研究が、動物と人間に共通する特徴についてであるはずがない——つまるところ動物たちは、人間にはない無数の力能をもっているのだから。なおもこうした研究が革新的なのは、わたしたちが「人間的」と呼ぶ特徴の大部分が、実はたくさんの種にも共通しているという事実を明らかにしてくれるためだ。わたしたちは、共感や道具使用のような大雑把《おおざっぱ》に定義された特徴のかずかずが、人間に固有だと主張することはできない。仮に——共感や、道具使用の形態が異なるとしてもだ。

わたしたちが定型発達的人間の基準を検討してみると、わたしたちが人間の固有さを主張する能力のうち、実際のところ、どれだけ多くが無数の異なる種《しゅ》にも見出せるものであるかは特筆に値する。一九六〇年にジェーン・グダールは、野生のチンパンジーが道具をつくり、使用すると報告した。これに対する人類学者ルイス・リーキーの有名な反応とは、次のようなものだった。「いまやわれわれは、道具を、人間を再定義せねばならず、あるいはチンパンジーを人間として認めねばならない[39]」。こんにち、道具使用はさらに広範な動物たちにはっきりと認められている。そのなかには、霊長類、海豚《いるか》、蛸《たこ》、多くの鳥類、げっ歯《し》類、そして魚類（たとえば、ザルガイを割って開けるために岩を用いるいくつかの種が発見されている）が含まれる[40]。

西洋科学は、動物についての考え方を根本的にあらためる必要がある。この十年間に、わたしたちは、鵲《かささぎ》も哀悼《あいとう》し[41]、プレーリードッグも音を通して、捕獲者がどんな姿をしていて銃を持っているかどうかさえ表現することができ[42]、羊は数十もの顔を記憶することができ[43]、犬は写真を分類できるという知見を得ることができた[44]。鼠《ねずみ》から狼、鶏に至る多くの動物たちが、共感の徴候や正義の感覚と論じられることもある特徴を露《あら》わにする。[45] ある種は特定の文化を発展させ、子孫にみずからが学んだ情報を伝達する。さらにある動物たちには、人間の友情にも似た深い絆《きずな》が種を超えて可能であり、また別の動物は喪《も》に服す。『野生の正義――動物たちの道徳的生』で、動物行動学者のマーク・ベコフと哲学者ジェシカ・ピアースはこのように語る。「日々蓄積されつつあるさまざまな新情報は、これまで考えられてきた人間と動物の境界を吹き飛ばし、動物が何を考えられ、考えられないのか、何ができ、できないのか、そして何を感じることができ、感じることができないのかにかんする、時代遅れで偏狭《へんきょう》な固定観念を修正することを要求している」[46]。アリストテレスは人間を動物から区分する特徴の一つは笑いだと論じたが、いまや笑いすら、多くの霊長類はもちろん、犬や鼠《ねずみ》にも見出せることがわかっている(鼠はくすぐられると喜ぶということだ)[47]。

　動物たちは、生理学的にもわたしたちと非常に似ている。魚の場合を考えてみよう――「魚」という言葉は、わたしたちがとてつもなく多様な種に与えた大雑把なカテゴリーにすぎないけれども。魚は痛みに対して人間に似た反応を示し、鎮痛剤《ちんつうざい》に対してときに人間のように反応することもわかっている[48]。ある魚種は、持続的な記憶力、複雑な社会生活、そして個性をもつという[49]。だが、わたしたちは魚に対する偏見ゆえ、かれらに最低限の法的保護すら与えたがらない。魚は、窒息や刺創《しそう》、腸抜き(内臓流出)などで、ストレスや苦痛に満ちて、ゆっくりと時間をかけて死んでゆく[50]。作家ジョナサン・サフラン・フォアーは、彼の本『動物を食べること』

〔邦題『イーティング・アニマル』〕で、魚にとって人道的な死などありえないと指摘する。「良い死を迎える魚は存在しない――たった一匹も、だ。あなたは皿の上の魚がかつて苦しんだのか気にしたことなど、一度もないだろう。だが、魚は間違いなく苦しんだのだ[51]」。

　無視されることが多いもう一つの動物が鶏《にわとり》なのだが、鶏はわたしたちが思うよりもずっと感情的に複雑で社会的な生きものだ。鶏は家族への強い愛着をもち、複雑な心理的タスクを完璧にこなすことができる。また算術能力があり、原因と結果を理解し、一〇〇もの異なる鶏の顔と〈突っつき順位〉を記憶できるということが証明されてきた[52]。鶏はさらに、未来を計画し、文化的知識を次の世代に伝達しようとする[53]。そして多様な危険を区分するために少なくとも三〇個の異なる声を使用し、太陽が空のどの位置にあるのかにもとづいて移動することができる[54]。

　知能とは何であり、わたしたちはそれをいかにして測るのだろうか？　認知能力を道徳上の価値尺度として用いることの問題の一つは、多様な能力と人間がそれらを測るためにおこなう無数の実験が、いつも種を超えて通用するわけではないという点にある。「ミラーテスト」、あるいは「鏡像《きょうぞう》自己認知テスト」と呼ばれる古典的な実験を考えてみよう。一九七〇年代に開発されてから、このテストは自己認知を測るための主流の実験方法になった。ミラーテストでは、被験者（動物であれ人間であれ）の身体上に、他の人の助けなしには見れない印《しるし》をこっそりとつけたのち、かれらを鏡《かがみ》の前に立たせる。テストに通過するためには、被験者は鏡に写っている像が他の誰でもない自分だということを認識せねばならず、それは、かれらが印に気づき、取り除こうとする行為の有無によって証明される。最近まで、知的障害のない二四ヶ月以上の人間の幼児ほとんど全員がこの試験に通過する一方、すべてではないとしても大部分の動物は通過できないと考えられてきた。だが、近来の新しい研究は、この試験の信頼性に根本から疑問を投げかけている。「ジャーナル・オブ・クロスカルチュラル・サイコロジー」誌に二〇一〇年に発表された研究によると、非西洋出身の子どもたちの多数は、六歳を超えてもこのテストに通過できなかった。研究者たちによると、試験を受けた子どもたちの多くはすくみあがってしまい、ぎこちなく鏡を覗《のぞ》き込むだけだったという。これらの子どもたちが試験に通過できなかったのは、自己認識が欠けていたからではなく、試験が文化的および個人的差異を配慮《はいりょ》することに失敗したからだ。この試験は、あらゆる子どもたちが鏡に、権威に、そして印に同じような仕方で反応すると前提としており、結果に影響を与えうる数えきれない要素を配慮することができていなかった――ここには単なる戸惑《とまど》いや不快も含まれる。「サイエンティフィック・アメリカン」誌に載《の》った記事が語るように、「人間の文化における比較的小さな差異すらもミラーテストの結果をこのように大きく変えてしまうのであれば、研究者たちが同じ試験を動物に対しておこなうとき、かれらが真に学ぶもの――そして学ぶことのないもの――を、われわれはよくよく考えねばならない[▼55]」。

このような厄介さにもかかわらず、たくさんの種の動物がこのテストを通過したのも事実だ。このなかには、チンパンジー、ボノボ、オランウータン、ゴリラ、バンドウイルカ、鯱《しゃち》、象、そして鵲《かささぎ》が含まれる。けれどもこのなかのいくつかの種《しゅ》は、種に特有な文化ゆえにテストがより困難であった。たとえば、ゴリラは視線を合わせるのを非常に嫌い、すぐに恥ずかしがるということに科学者たちが気づくまで、ゴリラは単にその能力の欠如ゆえにミラーテストを通過できないのだと考えられてきた。ゴリラはたいてい、鏡の前を離れ、隠れてひとりでいるときに印を消そうとした。また、ゴールデン・トライアングル・アジアゾウ基金の所長であるジョシュア・プロトニックは、次のように語る。「ミラーテストは、種を超えて適用するのが困難です。なぜならこのテストは、動物が身体上の見慣れないものに関心を抱くことを前提しているためです。これは、霊長類にはあてはまるでしょう――われわれは、身づくろいをする動物なのですから。ですが、象は違います。象の身体は巨大で、何かが身体の上にあることに慣れています。泥やほこりのようなものが身体上にあっても、それを取り除こうとはしないのです」。テストはまた、視覚を特権視する。たとえば、わたしたちは犬がミラーテストに通過できないことについて、あれこれ語りはしないだろう――視覚が犬にとって重要な感覚ではないことをとうに知っているからだ。▼56

動物の認知能力を正確に測るのは、決してたやすいことではない――このことに思いをめぐらすなら、無数の動物たちが人間がうち立てた数多くの基準に到達しえたということは、なおのこと目を瞠《みは》る事実だ。実際、動物たちは科学者と哲学者の期待をいつも上回ってきた。ベルベが適切にも語ったように、「これまでの五〇〇年間、新たな発見の後でわれわれがこう独り言をつぶやいたことはたった一度もなかった――「なんてことだ！　動物が予想以上に愚かだったなんて」。動物にかんするあらゆる発見は、その逆方向へと進行してきたのだ」[57]。最も基本的な次元において、動物には、すなわちロブスターから牛、チンパンジーに至るまでの動物たちには、感覚があり、したがって快《かい》と苦痛、そしてその他の感覚と感情を感じる力があるということがわかっている。感覚力(sentience)は、非常に重要な倫理的含意《がんい》をもつ。なぜなら、あなたが感じ、経験することができるなら、それはあなたが哲学者が語る「利害関係」をもつ存在なのだということを意味するからだ。あなたは、自分に起こっていることについて、ある次元において気を配る《ケア》――椅子や携帯電話とは異なり、あなたは傷つきうるからだ。

　西洋科学は客観性を重視し、動物の擬人化を避けようとしてきたが、動物を人間の尺度で測ることを回避できずにきた。動物は、人間を想起させる瞬間だけは知能があると見なされるのだが、動物がほんとうに人間を想い起こさせると、その証拠は往々にして、擬人化という嫌疑《けんぎ》によって却下《きゃっか》される――これは動物たちにとって、まったくもってジレンマだ。動物がついに人間が課すテストを通過し、人間が知性として価値付与する特徴のかずかずを示し始めると、これらの特徴は取るに足りないものとされ、新たなゴール地点が設定されるというわけなのだから。

　そうした比較の限界が明らかになるのはまさにこの地点だ。このような知能測定方法は、定型発達の人間によって価値を与えられてきたものであり、動物たちのうちにどんな異なるかたちの知性があるのかについては、何も語ることがない。人間と他の動物間の類似点を探ることは非常に有意義ではありうるものの、哲学者ローリー・グルーエンが語るように、「わたしたちが探し出そうとするのが類似性――すなわち、いかにわたしたちが知的あるいは認知能力の一般的類型を、同じ感覚と傷つきやすさを、同じ感情的反応のようなものを共通して有しているのか――であるとき、わたしたちは、他者の生におけるきわめて重要な諸側面を曖昧《あいまい》にしたり、見過ごしたりする傾向がある」。不幸にも、類似性に焦点を絞《しぼ》ってしまうことで、わたしたちはいまもなお、価値の位階《ヒエラルキー》を推進している――そこでは、人間の能力群だけが唯一価値を認められる。グルーエンはつづけて語る。「わたしたちは太《ふと》っ腹《ぱら》に他者を迎《むか》え入れながら、結局のところ、排除されるべきまた別の「他者」を不可避的に見出す二分法を新たにつくりあげてしまう[58]」。

世界を匂いを通して感知したり、発光を通してコミュニケーションをとる生きものは、どんな仕方で世界を経験し、理解しているのだろうか？　きわめて複雑な移住を決行したり、深海で生き延びるために、どんな知性が必要なのだろうか？　わたしたちは、この地球上で発見された途方もなく多様な能力のかずかずを理解し始めたばかりなのであり、人間の諸能力は、そのちっぽけな一部分にすぎないのである。異なる動物たちにはあってわたしたちにはない知能と能力について語ることは、困難なことだ。世界をながめる際の人間中心的なレンズゆえ、わたしたちにとって自分のものを超えた知性や経験を想像することは、きわめて難しい。けれどもそのような限界を理由にして、他者の生を理解し、そこから学ぶという企てを放棄すべきではないのだ。

しかし、昆虫や植物、軟体動物、さらには微生物のように、人間にとってその能力がきわめて謎めいたものである生きものたちはどうだろうか？　生態系を構成する生物と微生物のネットワークについては？　そうした生きものたちも、自分の利害関係をもっているのだろうか？川や山は、正義に値するだろうか？

利害関係をもつ存在ともたない存在とを分かつ砂上《さじょう》の線として感覚力に焦点を合わせることで、動物擁護家たちは、生きものがみずからの経験あるいは存在を価値付与され、配慮されるために到達せねばならないさらなる位階を、もう一つの健常者中心主義的ゴール地点を生み出してしまったのだろうか？　道徳的考慮のための必要要件として感覚力が設定されることと、異なる属性や能力、あるいは認知能力が設定されることとのあいだには、潜在的《せんざい》に、居心地の悪い類似性がある。しかし、感覚力は、なぜ犬をこぶしで殴りつけることが、岩や木、あるいは携帯電話に対してそうするのよりも悪いことなのかを説明するための、現時点においてわたしたちの手元にある、唯一の基準なのだ。けれども同時に、感覚力が特定の道徳的考慮を要請するということは、異なる生物および非生物もまた倫理的応答を受けるに値するということを否定するものではない。仮にその応答が非常に異なる本質《ネイチャー》におけるものであったとしてもだ。苦しむ動物に倫理的に応答することは、汚染された川や、あるいは微生物の多様性喪失に応答することとは、相当に異なった様相を呈《てい》するだろう。正義とは、異なる存在者たちに対しては、異なったかたちで要請されるものなのだ。

　また、感覚力の問題はとてつもなく複雑であり、この問題は、何が真に意識を構成するのかにかんするわたしたちの理解の欠如を明らかにする。ヴィーガンの動物擁護家たちですら、厳密に言って、何が意識をつくりあげ、誰が意識を有しているのかについて、意見が一致していない。たとえば、二〇一〇年にヴィーガンの作家および編集者であるクリストファー・コックスは、ウェブ・マガジン「SLATE」に「牡蠣《かき》について考えよう」という記事を発表したのだが、そこで彼は、牡蠣のような動物を食べるのは道徳的に問題ではないと論じた。中枢《ちゅうすい》神経がないことを勘案《かんあん》するなら、牡蠣にはほとんど感覚がないと言えるためだ。▼[59] これに応答して、ベコフは「ヴィーガンは牡蠣を食すべきではない」と題された情熱的な反論をしたためた。ベコフによれば、牡蠣は動物であり、人間は動物に対して誤った想定を繰り返してきたのだから、牡蠣への「判決」はいまだ下されてはいない――わたしたちは〔牡蠣には感覚がないという見解に対して牡蠣に〕有利な解釈をすべきなのだ。▼[60]

　けれども実のところ、あらゆる存在にかんして、いまだ判決は出ていないのかもしれない。新しい科学的発見は次々に現れ、知識は増加し、理解は深化していく。たとえば、近年植物の行動にかんするまことに興味深い研究が現れた。科学者たちは、植物が感情を感じると主張することはないものの、植物がいかに電気および化学信号を通してコミュニケーションをとるかを探究中であり、植物の知性にかんするさまざまな問いを投げかけている。[61] ひょっとすると、中枢神経系に依拠《いきょ》した感覚は、多種多様な意識のほんの一種類にすぎないのかもしれないのだ。

　微生物、昆虫、植物の生、そして環境一般の道徳的地位という問題は、確かに重要であり、注意を傾ける価値がある。それらはまた、一連の特有の倫理的難題を抱えている。しかしわたしは、わたしたちがすでにみずからの生を経験し、感じるということを知っている存在者たちを搾取《さくしゅ》し、商品化し、そして殺すことを弁明するために、このような問題群《ぐん》が引っぱり出されてくるのを憂慮《ゆうりょ》する――そうした問題提起が、現在、動物たちの生から利益を搾《しぼ》り取っている何百万ドル規模のさまざまな産業によって生じた倫理的帰結から目をそらせてしまう場合には、とりわけそうだ。植物や牡蠣が苦痛を感じたり、感情に満ちた生を営むのかにかんして、完璧にわかってはいないのは事実だ――けれども、わたしたちは犬が、牛が、魚が、そして鶏が、みなそのような生を生きているということは、十分に知っているのだ。わたしたちはまた、動物たち(人間という動物も含めて)が栄えるためには、わたしたちの環境も守られねばならないことを承知している。このことは、動物たちのためのたたかいは、より広い意味では、環境のためのたたかいと分離不可能だということを意味する。

　わたしにとって、感覚と道徳的配慮の複雑性は、動物のための正義が不可能で無価値だということを意味しはしない。それはまた、わたしたちがあらゆる存在者たちを同じ仕方で扱わねばならないとか、人間例外主義が唯一の現実的な枠組みだということを証明するものでもない。

むしろこの地球上の、きわめて多様で神秘的な生命体および非生命体とその感覚力の存在は、異なる無数の能力と、それらが発生させる異なる無数の責任とを、わたしたちはできるかぎり繊細に理解する必要があるということを明らかにするのみだ。

　これらの問題はすべて、間違いなく難題である――けれどもまさに、簡単な答えが存在しないゆえにこそ、自分がそのような問題群に惹《ひ》かれるのだということに気づくのだ。こうした問題は、人間が自然と呼ぶものが、分析と必要に合わせてたやすくカテゴリー化できるという考えを木《こ》っ端《ぱ》みじんにしてしまう。わたしがこの本を通して「動物」について論じるとき、何を、そして誰のことを意味しているのかという、一見して単純な問いすらも、わたしにとっては答えるのが不可能な問題だ。そんな用語上の問題がすっきりと片づけられるふりをするより、わたしは、「動物」にかんする定義を開いたままにしておこう――わたしたちの環境と、仲間の存在者たち（fellow beings）が、そんな閉じられた定義を拒《こば》むからだ。

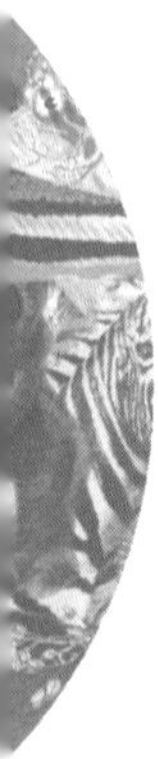

動物とは何か？

カフカの「あるアカデミーへの報告」は、銃で撃たれ（けれどもなんとか生き延び）アフリカの故郷からさらわれてくる類人猿の物語だ。船上の檻《おり》に監禁されたかれは、人間のように行動するほど檻を離れる可能性が高くなるということに気づき始める。物語の最後で赤のペーター——捕獲《ほかく》者から付けられた名前だ——は、ズボンをはき、人間の言語および行動の習得について「アカデミー」で報告する。赤のペーターは語る——「くり返します。人間の真似《まね》に魅力を感じたわけではありません。真似したのは出口を求めたからです。それだけの理由です[▼1]」。

赤のペーターは全国で公演や講義をおこなう名士《めいし》になる。かれは、人間のように行動し、人間の言語を用い、そして「平均的なヨーロッパ人」の知能を獲得したのだ——これは、赤のペーターが「そのおかげで檻《おり》から脱出でき、僕に特別な出口、すなわち人間性という道を切り拓《ひら》いてくれた」と語る偉業《いぎょう》だ。にもかかわらず、赤のペーターは、いろんな人たちからしきりに、猿の本性なんて制御《せいぎょ》不能だよ、いくら教養を身につけたところで人間になれるわけがないだろ、といった難癖《なんくせ》をつけられた。

もし赤のペーターが現実に存在したなら、対等な存在として扱われただろうか？　基本的人権を付与されただろうか？　あるいは、奴隷にされたり、科学実験のために売り飛ばされたりしただろうか？　西洋における人種主義と外国人嫌悪の歴史を考えてみると、わたしたちは、赤のペーターが人間との平等を手にすることはなかっただろうと察《さっ》しをつける——少なくとも〔大々的な〕歴史学上の討論と論戦なくしては。ペーターほどに人間のスキルを習得することはなかった同類の霊長類たちに——かれらにもその潜在性があるということをペーターが明らかにしてくれたものの——基本的自由が与えられる可能性は、ますます低いだろう。これはいったい、なぜなのだろうか？

この仮説的なシナリオにおいて、人間的能力の「欠如」ゆえに赤のペーターにわたしたちが感じる能力主義／健常者中心主義は、平均的な人間に可能なあらゆることがペーターにできることが証明されたあかつきには、消え失せるはずだ。だが、ペーターはなおも数多くの差別を受けつづけなければならないだろう——おそらくはその容貌《ようぼう》と動き方ゆえ、振る舞いと価値観、そしてアフリカという故郷ゆえに、けれどもまた、かれの生物学的種《しゅ》のゆえに。

種差別主義（speciesism）とは、人間が他のあらゆる動物に優越《ゆうえつ》するという信念であり、これが人間による動物の利用および支配を許してしまう——人間は、精神的および生物学的に動物より優れているのだから。種差別主義は、医薬品や家庭用品の安全性が動物実験によって確かめられるとき、象に芸をさせるためにブルフックが用いられるとき、人が動物園に行って、檻に閉じ込められた動物たちを見物するとき、動物の生息地を金儲けのために破壊するとき、そして動物を屠殺場に送って身体を人間の利益のために商品化するとき、まざまざと露《あら》わになるのである。西洋の伝統において、種差別主義は、歴史、伝統、文化的価値、そして人間であることについての語りのすみずみに浸透している。それはまた、人間が互いをいかにまなざし、接するのかにとって、中心的な役割を果たしてきた。

赤のペーターと実在した類人猿のブーイー〔➡92頁〕は、間違いなく、複雑な感情と知性をもった存在である——にもかかわらず、種差別主義は、なおも人間ではないという理由で、わたしたちにかれらを思うがままに利用してもいいと考えることを許す。けれどもいったい、人間とは何なのだろうか？　人間は動物なのだろうか？　そしてそもそも、動物とは何なのだろうか？

「動物への転回について」という短い論考で、歴史家のハリエット・リトボは語る。「動物に関連する分野を専攻する学者の大半が、人間もこの範疇《はんちゅう》に含まれると信じている」[2]。動物界を貫く遺伝類似性を探究する科学者であれ、人間と他種間における類縁《るいえん》関係（kinship）の感情的、知的、そして文化的空間を検討する人文学研究者であれ、人間が動物であるということは、広く認められている。

けれどもリトボが指摘するように、人間もまた動物だという認識はまた、彼女が動物という語の「より一般的用法」と呼ぶものによって反駁《はんばく》される——これは、動物を下等な存在と見なし、人間から区別しようとするのだ。人間もまた動物だということは、多様な領域にまたがって歴史的、かつ普遍的に理解されているにもかかわらず、人はいまだに〔動物に近い存在になることを〕不安に思い、動物から距離を置こうとする。人間は、おそらくどちらでもありたいようだ——動物であり、同時に動物ではない。人間は動物だ——動物実験で、他種の動物を人間の解剖学上および生理学上の代替物《だいたい》として用いることができるくらいには。進化の系譜《けいふ》を遡る《さかのぼ》ことで、「人間的本性」について学ぶことができるくらいには。あるいは、人間によってなされた最悪の行為を、「動物的本性」ゆえだと非難できるくらいには。けれども、動物だと自認したいと思うくらいには、人間は十分に動物ではないのだ——つまるところ、動物だということは侮辱《ぶじょく》的でありつづけているのだから。こんな逆説が、いかにして生じたのだろうか？ 人間が同時に動物であり、動物ではないということが、いかにしてありえるのだろうか？

イギリスの著名な解剖学者、エドワード・タイソンの筆による一六九九年の挿絵▼3（図2）、「ホモ・シルベストリス」には、手に杖《つえ》を持ち、二つ足で立っているチンパンジーの姿が描かれている。杖を支えに立つ類人猿を描いた絵が当時はたくさん描かれたのだが、これもその一つだ。不安定な姿勢で立つ、シワだらけの顔にほほえみを浮かべた類人猿は、心強い杖の助けを借りて真昼間《まっぴるま》の散歩に出かける老人に似ている。

十七世紀からアフリカを踏査《とうさ》する（そして後には植民地化する）なかで類人猿と接触することになったヨーロッパ人たちは、類人猿をいかに分類すべきか頭を悩ませた。自然界を分類せねばという考えは、ヨーロッパの踏査者たちに取り憑《つ》いた強迫観念であり、その分類体系は往々にして植民地化を正当化するために使われた。類人猿は文明を欠いた人間なのか？　あるいは、存在の偉大な連鎖〔ルネサンスから近代初期にかけて普及した新プラトン主義の宇宙観。宇宙は連続する無数の存在で満たされており、すべての存在は最も完全な存在または神へと至る階層秩序の中に組み込まれていると説く〕

図2　ホモ・シルベルトリス。比較解剖学者エドワード・タイソンによる1699年の挿絵。杖を頼りに二つ足で立つ類人猿を描いた、この時期に多いイラストの一例。

の証《あかし》なのだろうか？　つまり人間と動物の失われた環〔⬇48頁〕なのだろうか？　科学史家のロンダ・シービンガーは、『自然の身体――現代科学の形成におけるジェンダー』〔邦題『女性を弄ぶ博物学』〕において、当時の自然学者たちは、「アフリカ人の猿のような性質に光を当てつつ類人猿の人間的特徴を強調することで」、概《がい》して類人猿をアフリカ人たちよりも好意的に描いていたと説明している。▼4　こうしたもろもろの実践は、動物とアフリカ出身の人間の（その他の人種化された人口とともに）間隙《かんげき》を狭めることによって、奴隷化と植民地主義を正当化し、永続化させるのに役立った。自然学者たちが人間の固有性を議論するときに焦点を合わせた人間的特徴の一つが、まっすぐに立って歩ける能力であった。もし類人猿を人間の一種と考えることができるなら、これら存在者たちも二つの足でまっすぐに立って歩けねばならない、と当時の学者たちは考えたのである。

プラトンの時代から、直立姿勢は、人間を動物から隔《へだ》てる特徴として見なされてきた。▼5　人間のからだは天に向かって伸びていると語られたが、これは、不滅の精神が人間を天使と繋《つな》いでくれるからだ。六世紀には、セビリアの聖イシドロスが、このように述べてそうした考えを繰り返した――「人間は、神を探し求めるためにまっすぐに立ち、天を仰《あお》ぎ見る。からだをかがめ、みずからの腹《はら》を見るように自然が創りあげた獣たちのように、地を見るのではなくしてだ」。▼6　類人猿を人間化しようとするヨーロッパ人たちの探求において、動物は二つ足で歩けないという性質を、自然学者たちはなんとかして説明済みにしてしまおうとした。類人猿は病気ゆえに歩けないのだと示唆したり、類人猿が屈託《くったく》なく座っている、あるいは図2で示した例のように、杖の助けを借りて立っている姿を、都合よく描いたりしながらだ。

まっすぐに立つ（杖《つえ》の力を借りてだとしても）類人猿がより人間に近い存在として見なされるならば、まっすぐに立たなかったり、立つことができない人間たちには、いったいどういった事態が起きるのか？　猿のような姿勢は、十七世紀からずっと、有色人種、とりわけアフリカ出身の人びとを非人間化する数多くの特徴の一つだった。前かがみになった背、丸まった肩、そしてぶら下がった腕が、長いあいだ有色人種の人びとを猿、あるいは類人猿に似せて描く人種主義的マンガおよび挿絵《さしえ》に用いられてきたのは事実であり、さらにはそれを超えて、無数の歴史的テクストは、姿勢と文明のあいだの相関関係を取り上げさえした――姿勢と人間性との関係ではないとはいえども。たとえば、影響力のある『ジャマイカの歴史』において、イギリスの歴史家で植民地官僚でもあったエドワード・ロングは、植民地の白人女性は奴隷女性との関係によって汚染されてしまっていると語る。白人女性たちは、奴隷たちの文明化されていない、身振りを用いただらしのない言語を学んでしまったがためだ――「ぎこちない態度と品《ひん》のない礼儀作法」や「無様《ぶざま》にぶら下がる」腕がそこには含まれる。[7]　また、イギリス人男性のリチャード・リゴンが一六四七年にバルバドスに旅したときの文章を検討してみることもできる。リゴンは、黒人女性がそのからだつきや姿勢において動物に似ているとして、人種主義的に描写した。彼は語る。「女たちの胸はへその下まで垂《た》れ下がっているので、彼女らが草むしりをしようとからだをかがめると、胸はほとんど地面までぶらりと垂れ下がり、遠くからながめると、まるで六つ足の生きもののようだ」[8]。リゴンの描写は、野原にからだをかがめて労働する黒人労働者のイメージと肥沃《ひよく》さのイメージとを合体させ、黒人女性と乳牛、あるいは多くの「足」をもつ一種の昆虫との類似性をつくりだす。

その二世紀後、チャールズ・ダーウィンもまた、姿勢を人間性の徴《しるし》として採用することになる。ダーウィンにとって姿勢がとくに重要だったのは、二足歩行が人間という種に固有な特徴であるのみならず、事実上、二足歩行は人間が進化において異なる動物たちから分岐《ぶんき》した地点をも示すと、彼が信じたからであった。進化論が他の動物たちの進化にとって重要なのと同じくらい人間種の進化にとっても重要だということをはっきりさせるために、彼は「野蛮人《サヴェージ》」と「愚か者《イディオット》」という、人種主義的かつ健常者中心主義的なステレオタイプに訴えたのである——実に「生きた化石《リビング・フォシル》」と考えうるこの集団こそ、人間進化における中間段階の一例にほかならない——。「白痴」が本質的に獣的な進化上の遺物《いぶつ》であることを示すとしてダーウィンが提示した特徴の一つは、白痴が四つ足で歩く傾向があるということだった[9]。

ダーウィンの二足歩行への関心は、二〇世紀中盤、直立姿勢——大きな脳といった他の人間的特徴ではなく——が、人類学者たちが化石記録から初期人類の地位を示す際に決定的要素になったときに、再び注目を浴びるようになる。直立姿勢はまた、人間の道具使用および文化の発展に通じると考えられるようにもなった[10]。人間の進化が想像されるときに直立姿勢が占める中心的な地位について考えるなら、おなじみの〈進化の行進〉図に目をやれば十分だ。一九六五年に最初につくられてから、この図は進化を、その頂点に「人間」を置いた直線的な前進として表すという過《あやま》ちをつづけてきた。〈進化の行進〉は、進化が進むにつれて姿勢が伸び、また二足歩行になる一連のイラストからなるのだが、最後のものは二つの足でまっすぐに立つヨーロッパ人男性だ。このことは、進化の頂点が人間であるのみならず、とりわけ男性かつ白人であり、そして健常者である、ということをほのめかす。

ほとんど三〇〇年近くにわたってつづいてきた、類人猿とあまり特権的ではない人間集団とを分類する方法をめぐる論争から看取《かんしゅ》できるように、動物を否定的、あるいは肯定的な特徴と関連づける行為は、不可避的に、人種や障害のような人間内部の差異のカテゴリーと結びついている。言い換えれば、何が動物なのかという問い〔に対する答え〕は、何が人間なのかをめぐる絶えず変容する考えによって形成されてきた（その逆も然《しか》りだ）――それ自体、政治的、文化的、宗教的、科学的、経済的な要素、そして激しい偏見によって生み出されてきた、そうした考えによってだ。

「それゆえ私であるところの動物（続く）」〔邦訳「動物を追う、ゆえに私は（動物で）ある（続く）」〕において、哲学者のジャック・デリダは語る。「動物は言葉だ。それは人間／男性が制定した呼称であり、他なる生けるものにこの名を与える権利と権威を、彼らはみずからに与えたのだ」。多くの動物学研究者のように、デリダは「動物」という言葉が怠惰《たいだ》かつ侮辱《ぶじょく》的だと考え、この動物という名そのものが、名がもともと網羅《もうら》しようとしていた存在の多様性を消し去ってしまうと一貫して論じている。動物への命名を探究するために、デリダは創世記へと立ち戻り、命名と支配が物語において同じタイミングで呼び起こされることについて考察する。神はアダムをみずからに似せて創造し、彼に「従属させなさい、海の魚、大空を飛ぶものたち、地を這《は》うすべての生けるものたちを」と命令する。神はそうしてアダムに（イヴが創造され命名される前に）動物を命名させる。このように、創世記の人間《マン》／男性はすでに獣から区別されるのだが（そしていわくありげなことに、女性からも）、命名はこの区別において核心的だ。▼[11]

「人間／男性」は、動物を命名するというプロジェクトをこれからも継続するだろう。動物を、とりわけそのさまざまなカテゴリーを命名することは、西洋思想においてずっとつづいてきた営《いとな》みだ。自然に対してレッテルを貼り分類する強迫的な衝動は、人間や他の動物、奇蹟《きせき》、あるいは植物といったもののコレクションにおいて見てとることができる——これは古代から摩訶不思議《ワンダー》として一括《ひとくく》りにされ、驚異の部屋《キャビネット・オブ・キュリオシティーズ》やサイドショー〔➡81頁〕の舞台において展示されてきたものだ。このような驚きは、自然界に秩序は存在するのかという問いを提起するのだが、〔他方で〕この問いは、異なる問いとも密接に結びついている——人間をいかにこの秩序の内に合わせるのかという問いだ。

「生きた驚異《リビング・キュリオシティーズ》」を展示するという事態は、多様な力能《りきのう》との関連において、そして異なる歴史的局面において生起した。近代であればジェンダー、人種、障害、そして種《しゅ》と呼ばれる差異のカテゴリーを曖昧《あいまい》にしたり、反対に強調したりすることは、芸術においてはとてもありふれた行為だった。中世の「怪物」、角《つの》のある赤ん坊、性別が不分明な性器、体毛、あるいは結合双生児《そうせいじ》から、怪物のような人種、食人種、野蛮な未開人、失われた環まで、あるいはキリン、鴨嘴《かものはし》、チンパンジーのようなエキゾチックな動物たちに至るまで、人種、性、障害、そして種のカテゴリーは命名と展示を通して管理され、確かなものとなった。この多種多様な「生きた驚異」を人間あるいは動物というはっきりとしたカテゴリーへ分離する作業は、科学および哲学的言説《げんせつ》と分類学の助けを得ながら、数世紀にわたってゆっくり進行した。

命名し、分類しようとするこの絶え間ない衝動を稼働《かどう》させたのは、好奇心だけではない。長いこと思惟《しい》という営みの中心地として考えられてきた教会は、知識生産にかんする権威を有し、自然および自然における「人間」の位置に対する特定の仕方の理解を促《うなが》してきた——たとえば、人間は獣より天使に近いといったことだ。自然哲学および科学が勃興《ぼっこう》するなかで、教会の力は最終的にこれらの学問に届する。だがその過程で、教会はみずからの痕跡《こんせき》を学問のうちに刻みこみ、その発展を形づくることになる。同時に、アフリカおよび「新世界」〔アメリカ大陸のこと〕の踏査《とうさ》とそれにつづく植民地化によって、ヨーロッパ人たちは、その地で特権を得ることができるように自然を秩序づけるための、政治的・経済的動機が与えられた。たとえばヨーロッパは、かねてから畸形《きけい》人種および身体部位を、世界の他の地域で見出すのを習《なら》いとしてきた。アフリカやアジアの国々はそのような畸形人種と新生児が最も多いとされ、そのような人種および種々の生理的特徴が、悪魔や怪物、あるいは動物に分類されるべきかという問いが、数多くの議論の主題になった。それから何世紀も経た後も、ヨーロッパ人たちは、いまだに新たな場所でこれら「畸形」を発見するのに精を出している。たとえば、十九世紀と二〇世紀にヨーロッパやアメリカで生まれた知的障害者たちを非西洋の出自《しゅつじ》に帰《き》すことは、サイドショーでは、いつものことであった。こうして、ジョージア州出身の白人姉妹、ジェニー・リー・スノーとエルヴィラ・スノーは「ユカタン出身の姉妹」と銘打《めいう》たれ、ニュージャージー出身の黒人男性であるウィリアム・ヘンリー・ジョンソンは、どこか遠くのジャングルから来た「これ何？（What Is It?）」になったのだ。

聖書において人間は霊魂を授けられるが、これは理性という概念と緊密に結びついている。理性を強調する習《なら》わしは、人間は理性的霊魂を所有する点で特異だと説いたアリストテレスまで遡《さかのぼ》ることができる。けれどもアリストテレスは、獣を人間から完全に分離した存在として考えることはせず、ただ、人間の霊魂には三つの側面があると示唆するに留《とど》めた——すなわち、人間に固有な理性的側面のみならず、植物と共通する栄養的側面、そして動物と共通する感覚的側面が、人間の霊魂には備わっているとアリストテレスは考えた。さらに、これは西洋において二〇〇〇年にわたって異議を唱えられつづけてきたのだが、アリストテレスは人間を胎生《たいせい》四足《しそく》動物へと分類した——ヨーロッパの分類法の礎《いしずえ》を築いたテクストの『動物史』で、アリストテレスは人間を動物として区分したのだ。▼[12]

アリストテレスの影響力にもかかわらず、人間が四足動物のカテゴリーに永遠に留まることはなかった（なかでも、二つの足でまっすぐに立つ姿勢は、明らかに人間に固有なカテゴリーの必要性を証すると活発に議論された）。人間が頂点に立つアリストテレスによる分類の位階的体系は、中世に入って〈自然の体系（*systema naturae*）〉〔リンネの本の題名でもある〕、あるいは「存在の偉大な連鎖」〔⬇153頁〕といった概念へと発展する。アリストテレスの位階は、位階が上がるにつれて複雑さを増すさまざまな特徴のスペクトラムであり、頂点には最も活気に溢《あふ》れて活動的かつ理性的な人間が座を占め、知性の面では劣るが感覚は有する動物がその次につづく。生きてはいるが活力や移動性に乏しい植物がその次に、さらにその下には、生に欠け、それゆえ霊魂を持たないとアリストテレスが見なした石と鉱物が来る。[13] 対照的に、「自然の体系」あるいは自然の梯子《はしご》もしくは階段においては、神から岩および鉱物《こうぶつ》へと位階を降りる道は、より厳格な秩序をもって描写された――これによれば、人間は天使と動物の中間地点におり、天使とは理性および知性を、動物とは身体および感覚を分かちもつ。ここで理性は、人間と動物を区分するために、神から授《さず》けられた贈り物として考えられた。

理性に対する脈々たる関心は、おそらく十七世紀のルネ・デカルト〔フランス出身の哲学者〕の著作のなかで典型的に看取《かんしゅ》できようが（彼は動物にも思考能力や意識がありうるという考えを否認した）、これはモノ化と非人間化の歴史に深刻な影響を及ぼした。けれども、理性だけが、自然学者たちが人間の特異性（そして優越性）の源泉を探し求める過程で発見した人間的特徴ではなかった。彼らはその他にも多様な属性を考案したのだが、ここには二足歩行の姿勢、胸、髪、そして生殖器が含まれる。[14]人間に固有なものと見なされたこれら諸特徴は、身体部位の大きさであれ、美や文化の基準であれ、あるいは言語および知性の概念であれ、人間を動物から区分するためのみならず、特定の人間を動物として定義づけるためにも利用された。

十八世紀にカール・リンネは、『自然の体系』においてみずから編《あ》み出した造語《ぞうご》、「哺乳類」を基準として人間を動物界のなかに断固として位置づけたことから、自然学者たちを激昂《げきこう》させた。さらに彼は、人間を彼がつくったもう一つのカテゴリーである「霊長類」に分類したのだが、ここには類人猿と猿、そしてナマケモノが含まれていた。[15]リンネの分類体系は、こんにち用いられているものにかなり近く、その体系は、人間的差異の分類をめぐる人種化およびジェンダー化された議論に埋め込まれていた。シービンガーが明らかにしたように、哺乳類という用語は、胸という、ことさら女性的な特徴を通して人間を動物へと繋《つな》ぐものだが、胸はまた、ひどく人種化されることもあった（自然学者たちは、胸の大きさと形は人種的位階に比例し、またこの位階を正当化するものだと論じた）。[16]それに対して、同じくリンネの造語である「ホモ・サピエンス」は、「知恵ある人間／男（man of wisdom）」を意味し、ほぼ白人男性に対してのみ排他的に割り当てられた特徴、すなわち理性を通して人間を動物と区別することを意図した語であった。[17]人間が天使たちの住まう場所から獣《けもの》と肩を並べる場所へと降りてきたときにすら、人間的差異を構築する作業は、人間のどんな側面が動物と似ており（女性的・非白人的）、そしてどの側面が未だに人間に固有で優越している（男性的・白人的）のかを記述する際に、不可欠であったというわけだ。

　自然界における人間の地位は、十九世紀のダーウィン思想と進化論の勃興《ぼっこう》とともに、いっそう堅固《けんご》なものになる。ダーウィンは、安全だと考えられてきた諸カテゴリーを揺さぶり、あらゆる有機体が互いに関係しあうことを明らかにした。彼は、種は不変ではなく、永遠に変化しつづけるということをきわめて緻密《ちみつ》に証明することによって、種に対する考え方を深く変化させた。この理論が含意《がんい》するところは甚大《じんだい》だ——ダーウィンは、かつて存在してきたあらゆる動植物は相互に関係していると宣言したのだ。

　けれども、種は不変でなく、あらゆる生きものは家族だという知識すら、大衆心理において、動物と非人間化された人間たちの地位を向上させるには十分ではなかった。反対に、特権的ではない人びとに向けられた差別は、進化の問題と、これが刺激した失われた環《わ》〔➡48頁〕を解き明かす衝動によって悪化した——これは、ダーウィンその人の仕事においても看取できることだ。〈存在の偉大な連鎖〉はダーウィンとともに死に絶えることはなく、また、分類学上の真実を発見しようとする欲望（種のあいだの明確な境界を発見するため、遺伝学への〔関心の〕回帰を考えてみよう）、理性の崇拝、存在間の位階をつくりだそうとする衝動、あるいは二足直立歩行に対する執着も、消滅することはなかった。

　子どもの頃も十代の頃も、わたしは猿みたいな歩き方をするとか、立つと猿みたいだとかいう言葉を、数えきれないほど耳にしてきた。大人になったわたしにそんな言葉を投げつけてくる人は、もういない。けれどもわたしは、いまだに、歩けずに車椅子に乗っていることは、人生の終わりだとほのめかすテクノロジーや広告、そして映画の筋書きの集中砲火を浴びながら生きている。それはまるで、リハビリを通してであれテクノロジーを通してであれ、二つの足でまっすぐ立って歩くことが、人間に不滅の「理性的霊魂」が天へ到達することを請《う》け合う唯一の方法であるといわんばかりだ――それはまた、地上を這《は》う獣たちと一緒にいることと対比させられる。

　このような直立二足歩行の語りを拒否するなら、いったい何が起きるのだろうか？　一九九〇年代にアンナ・ストヌムは、進化の最終段階に描かれた直立歩行の男性像を国際シンボルマークと置き換えることで、〈進化の行進〉図を一新した。国際シンボルマークとは、駐車場でよく見かけるおなじみのロゴだ。ストヌムはこの図を「適応せよ、もしくは絶えよ（ADAPT or Perish）」と名づけた（図3）。描き直された図は、「適応（adapt）」という語の意味を変容させた――適合（fitness）と不適合（unfitness）という進化論的概念〔「適者生存」という表現から一人歩きした「適合した者だけが生き残れる」といった考え方〕から、差異へ適応するという不具《かたわ》化された（crippled）理解へと更新することによってだ。この言葉はまた、抑圧された集団の政治化とコミュニティの重要性を遊び心いっぱいに強調することで、ストヌムもその一員である活動家グループ、ADAPTを想起させる[18]〔➡32頁〕。

　ストヌムの図は、人間をテクノロジーによって置き換えることで、進化にかんする一種のサ

図3 障害活動家のアンナ・ストヌムによって変形された〈進化の行進〉図では、最後に立つ男性が国際シンボルマークに変えられている。ストヌムはこのイメージを「適応せよ、もしくは絶えよ」と名づけた。イメージ提供：Mike Ervin

イボーグ的ファンタジーを祝福していると考えることができるかもしれない。けれども車椅子のロゴは車椅子に乗った人間を表現しているのであって、単に車椅子そのものではない。[19] またそれは、西洋を中心化していると考えることもできよう。確かに国際シンボルマークは国際的に使用されてはいるものの、この図でそれは普遍的なものとして描かれており、西洋における障害のイメージを全面に押し出すからだ。実際のところ、車椅子は普遍的に用いられてはおらず、同じような形をしているわけでもない。[20] けれども同時に、描き直された図は確かに、西洋における進化概念に異を唱えることには成功した。進化の頂点に据えられた直立二足歩行のヨーロッパ人男性を追い出し、障害のシンボルと置き換えることによってだ——長いあいだ進化の対極として、すなわち退化および弱さの徴《しるし》として考えられてきた、この差異のカテゴリーによってだ。ストヌムはさらに、図の最初のイラストを描き直すことで、進化に対する安易な、あるいは直線的な考えに対しても異議申し立てをおこなう。

　このような転覆《てんぷく》的な描き直しのかずかずにもかかわらず、ストヌムの図は、いまだ人間中心主義を脱しておらず、人間以外の動物の存在を喚起《かんき》することはない。最後のイメージは明らかに人間だ——彼は直立姿勢ではないものの、類人猿のような姿勢からは脱している。

　もし最後のイメージが動物のままであったなら、どんなことが起こっただろうか？　あるいは、前かがみの姿勢が車椅子の上に現れていたなら？　もし、人間と動物の区分が曖昧《あいまい》にされたなら？　このように人間と類人猿の境界を撹乱《かくらん》することは、必ずしも危険すぎることなのであろうか？　あるいは、人間と動物の双方にとって解放的な道はあるのだろうか？

　こうしたさまざまな問いに対する答えは、時代と文化、そしてアイデンティティをまたがって、変わりつづけるだろう。西洋において身体障害者たちが、「類人猿みたいな姿勢」だったり、二足歩行できなかったりするために直面する抑圧は、ロングやリゴンの時代〔↓155頁〕に動物と形容されて比較された女性たちが経験した、あるいはダーウィンが「白痴」とレッテルを貼った知的障害者たちが受けた抑圧とは、完全に異なるだろう。けれどもわたしたちが検討してきたように、動物比較のこうした多様な事例には共通した系譜《けいふ》（繋《つな》がった歴史）が存在するのであり、このことがアイデンティティや種を超えた新たな連帯のための空間を切り拓《ひら》くこともある。この比較が正当化するのに役立ってきた分類上の位階《ヒエラルキー》、そして抑圧的な歴史に挑戦するためにだ。

　人間も動物だということを認めるなら、何が起こるだろうか？　人間に対するひどい偏見が、種差別主義の歴史と、そして動物より優れた、動物から区別されうる存在として人間を位置づける位階的分類法とによって生みだされたことを思い起こすなら、いったい何が起こるのだろうか？　もしわたしたちが、この多様な生きものに——差異のカテゴリーと秩序を形成しようとする人間の飽《あ》くなき衝動にずっと巻き込まれつづけてきたかれらに——関心をもつなら、おそらくそのとき、わたしたちは、人間を含むあらゆる牛命のために、よりふさわしい名を見つけることだろう。

憶《おぼ》えていたチンパンジー

ブーイー〔↓92頁〕は、医学外科学霊長類実験研究所（LEMSIP）〔↓95頁〕の檻《おり》で、孤独な十三年を送った。

ロジャー・ファウツ〔↓92頁〕は、ブーイーのことをひと時《とき》も忘れなかったが、かつて手話を教え、愛情を注いだ友人に対して、ずっと何もしてやることができなかった。こうした状況がついに破られたのは一九九五年、ABC放送局のプロデューサーがLEMSIPのチンパンジーにかんする番組を〈20／20〉〔一九七八年から続くアメリカのTV番組〕で製作するために、ファウツに連絡をとってきたときだ。ファウツは、もしかするとこれがきっかけになってブーイーを自由にしてやれるかもしれないと思い、出演に同意した——けれども、もし何も変えることができなかった場合、彼とブーイーがどれほど苦しむかについて、ひどく心配しなかったわけではない。ファウツはブーイーとの再開の場面を、『最も近い種——チンパンジーとの対話』で、このように回想している。

一瞬の躊躇《ちゅうちょ》の後、わたしは低く屈《かが》んだ姿勢のまま部屋に入った。わたしは、優しくチンパンジーの挨拶を発しながら、ブーイーの檻《おり》に近づいた。ブーイーの顔いっぱいに微《ほほ》笑《え》みが広がった。結局のところ、ブーイーはわたしのことを憶えていてくれたのだ。

「**ハーイ・ブーイー**」、そうわたしは手話サインを発した。「**きみ・おぼえてる**」？

「**ブーイー・ブーイー・ぼく・ブーイー**」と手話サインを返しながら、自分のことを知っている人に会えた嬉《うれ》しさに満ちあふれていた。ブーイーは、自分の指を頭の真ん中をなぞって下に動かして、自分の名前のサインをつくった。わたしが一九七〇年にブーイーに与えた手話サインの名前だ。赤ん坊のとき、アメリカ国立衛生研究所の研究者が大脳切離をほどこして三年後のことだった。

「**はい・きみ・ブーイー・きみ・ブーイー**」。わたしは手話で応答した。「**ちょうだい・ぼく・たべもの・ロジャー**」と、ブーイーはせがんだ。

ブーイーのためにわたしがいつもレーズンをもち歩いていたことを憶えていただけで

なく、ブーイーがわたしのために二五年も前につくりだしたニックネームまで使ってくれた。……ブーイーが、わたしの古いニックネームを手話するのを見て、わたしは降参《こうさん》した。わたしは忘れてしまっていたが、ブーイーは憶えていた。わたしよりもブーイーのほうが、古き良き日々のことをよく記憶していたのだ。

わたしはブーイーにレーズンをいくつかやり、離れて暮らしていた長い年月は次第に消え失せた。ちょうど、旧友同士のように。ブーイーは、格子《こうし》のあいだから手を伸ばして、わたしの腕を毛づくろいした。ブーイーは、再び幸せだった。ワショーとわたしがはじめてレモンの研究所のチンパンジー島へと足を踏み入れた二五年前の、あの秋の日に出会ったときと同じ、優しい男の子だった。

いまのブーイーを見てみよ、とわたしは思った。……一三年間も地獄の穴蔵《あなぐら》にいながら、ブーイーはまだ寛容《かんよう》で、純真なままだ。ブーイーはまだわたしのことを愛してくれている。人間がブーイーに与えた仕打ちのすべてにもかかわらずだ。どれだけの人たちが、こんなにも寛大な精神をもちうるだろうか？……

LEMSIPを後にするにあたって、わたしは所長のジャン・ムーア＝ジャンコフスキー博士と丁重《ていちょう》に握手を交わした。あたかも、つい先ほど平凡な日常的業務を処理し終えた二人の同僚であるかのようにだ。わたしは恥に圧倒された——ブーイーの肝炎にも、ムーア・ジャンコフスキーとわたしのプロ意識にも、このあらゆる苦しみを包んでいる

上《うわ》っ面《つら》の体裁《ていさい》にも、たまらない恥ずかしさを感じた。▼1

広範に巻き起こった大衆的抗議のおかげで、ブーイーと八頭のチンパンジーたちは、〈20／20〉の放送から五ヶ月後、ワイルドライフ・ウェイステーションと呼ばれる非営利のアニマル・サンクチュアリ〔⬇85頁〕へと移された。

ブーイーの物語を知った多くの人と同じように、わたしは、ブーイーが置かれたおぞましい状況のみならず、ブーイーの優しさ、赦《ゆる》す力、「古き良き日々」を憶《おぼ》えていた能力に衝撃を受けた。けれども、ブーイーの物語を長いこと頭のなかで反芻《はんすう》しながら、赤のペーター〔⬇149頁〕を思い出さずにはいられなかった――ブーイーは、檻《おり》から脱出するためにまさしく正確に必要なことをしたにすぎないという可能性についてだ。いままでに会ったなかで最も親切な人間であっただろう古い友人、ファウツに再開した瞬間にブーイーが感じた歓喜《かんき》を疑っているのではない。むしろわたしは、この出会いの瞬間にブーイーが感じえたこと、そして試みえたことの可能性を押し広げてみるなら、何が起こるだろうと思ったのだ。ブーイーは、その知的な行動によって感銘《かんめい》を与え、情動《じょうどう》的な姿によって共感を呼び起こしたものの、一貫して無害な存在に留まった――人間が共感できる、「寛容」で「純真」な『愛らしい少年』に、だ。もし赤のペーターのように、人間を模倣《もほう》することがブーイーにとって喜ばしいことではなかったなら、どうだろうか？　もしブーイーが、出口を探し求めているという、ただそれだけの理由でそんなふ

うに振る舞ったのであれば？

ブーイーへの共感を最大限まで引き出すような仕方で――ブーイーをほとんど子どものように描き出すことで――ファウツもまた、ブーイーを解放するためにまさしく必要なことをしたのかもしれない。二人とも、出口が必要だったのだ――ブーイーは檻からの、そしてファウツは科学的規律《きりつ》という良心を押しつぶす桎梏《しっこく》からの。その手段が何であれ、かれらは宿命から抜け出すことができた。『最も近い種』で、ファウツは自分が科学者にとっていちばん重要な規則を破ったと語っている――「汝《なんじ》の研究対象を愛することなかれ▼[2]」。もっとたくさんの人が、次々と、この規則を破ってくれることを願う。

第3部

わたしは動物だ

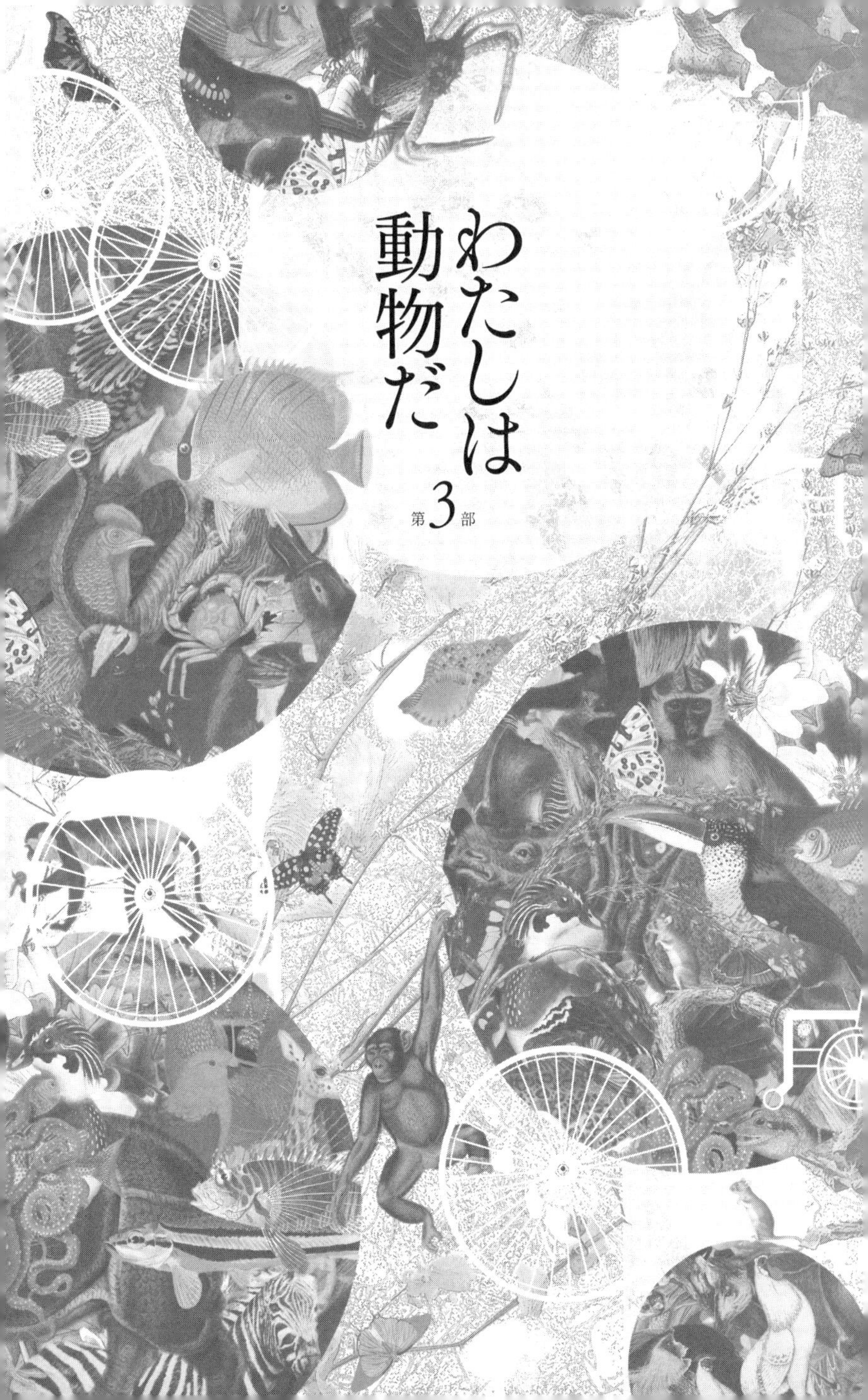

猿《さる》みたいに歩く子

「ちょっと！　あんた、猿みたいに歩くんだね！」　子どもたちの一群から女の子の声はやってくる。舞台上のフリーク〔⬇81頁〕に対するように、みんながわたしを指さしてケラケラ笑っている。わたしは、車椅子からベンチまでの短い距離を歩きつづけ、友人たちのうちに腰を下ろす。悔《くや》しくてたまらないという気色《けしき》を、みんなに見せないよう努める。

わたしは、ジョージア州アセンスの、とある公立学校の幼稚園に通っている。友人はいるが、自分の動き方——とりわけ歩き方のせいで、いつもからかわれている。子どもたちは、わたしが猿みたいな歩き方をすると言う。そんな言葉は、ときには確固とした事実を語るかのように、ときには単にわたしを怒らせたいがために、発せられた。

休み時間になって、わたしは、友人と一緒に遊び場にいる。わたしの電動車椅子は鮮やかな赤色で、ぬかるんだ道でも素早く動く。

「こっちに来なよ！」何人かの子がわたしたちに向かって叫ぶので、友人とわたしはそちらへと向かう。

その一人が言う。「見ろよ。おれたち、要塞《ようさい》をつくったんだ」。

「これはたまり場《クラブ》だよ」別の子どもが宣言するように言う。

友人とわたしはそれを眺めてみる。たまり場のぐるりにたくさんの木の枝が突き刺してあるからか、わたしには、それはちょうどジャングルジムのように見える。

「かっこいい！」と、友人とわたしは、はしゃいで言う。

まとめ役らしき女の子が友人に、なかに入れ、と合図する。友人は興味津々《しんしん》にたまり場へ入っていく。

わたしも車椅子を停めて降り、何歩か歩き始める。

「あら、だめよ――」まとめ役の女の子が言う。「このたまり場は歩ける人だけが、なかへ入れるの。ごめんね、サニー」

わたしは歩みを止める。「なんで？」

「たんにそういうルールなの」

「でもわたし、歩けるよ」

彼女は悲しげにわたしに目を遣《や》る。まるで、自分もこの件についてはどうしようもないのだとでもいうように。

「サニー、あんたは十分にちゃんと歩けないの。これはルールよ」

わたしは猿みたいな歩き方で車椅子へ引き下がる。友人たちは、ジャングルジムのなかで遊んでいる。

「バカバカしいルール」——心のなかでそう思う。

動物侮辱《ぶじょく》

わたしは、これまでの人生で、いろんな動物と比べられてきた。猿みたいに歩くと、犬みたいに食べると、ロブスターみたいな手だと、そしておおむね鶏《にわとり》やペンギンに似ていると言われつづけてきた。意地悪な気持ちから言う人もいたし、冗談のつもりで言う人もいた。幼稚園の友人たちが、わたしを指差して、猿みたいな歩き方だと言ったとき、わたしは、かれらがわたしの気分を損《そこ》ねたくてそう言ったのに気づいたことを憶えている。もちろん、実際にそうだった。けれどもわたしは、なぜそのことがわたしの気分を悪くするはずなのか、実のところ、うまく飲み込めなかった。ともかくも、猿はわたしのお気に入りの動物だったからだ。わたしは

猿のおもちゃを何十個も持っていた。両親によると、よちよち歩きのわたしは、巨大なキングコングを見物しに地元のミニゴルフ場へ行くのが大好きだったという。それでもわたしには、他の子たちがわたしを猿と比べるとき、そこに褒《ほ》める意図はないということがわかっていた。それは端的に侮辱だった。わたしは、車椅子から降りたとき、きちんと立つことができないことに、かれらが難癖《なんくせ》をつけていることを、よくよく承知していた。普通の人のように立てないことを、だ。動物と似ているという言葉が、わたしと他人を分かつものだということを、わたしははっきりと理解していた。

　重要なのは、その子たちが間違っていたわけではないということだ。歩くときのわたしの姿は、ほんとうに猿に似ている。あるいはむしろ、わたしは類人猿に、おそらくチンパンジーに似ている。わたしが立った姿勢は、進化の行進図〔➡165頁〕の二番目か三番目のイメージにいちばん近い。最後の直立姿勢でないことは確かだ。このような類似は、手や食器を使わずに食べるとき、わたしの食べ方が犬みたいだという言葉がそうであるように、単純な事実にすぎない。だからこういう比較は、それ自体では否定的ではない事実、より正確に言えば、必ずしも否定的ではない、そんな事実であるにすぎない。

　障害者コミュニティの人びとに、いままで障害ゆえに動物と比べられたことがあるかを聞いてまわったところ、わたしは山ほどの回答をもらった。蛙《かえる》のような足、ペンギンのようなよちよち歩き、海豹《あざらし》のような四肢に、猿のような腕——わたしはあたかも、動物寓話《ぐうわ》集のなかに忍び込んだかのようだった。けれども、額《ひたい》に皺《しわ》を寄せて苦々しく吐き出された感嘆詞《かんたんし》から察するところ、こうした比較のほとんどが、気分良く思い出せるものではなかったようだ。ある友人は、駱駝《らくだ》みたいに歩くと小さいころ母に言われたのだと教えてくれた。「これは、手足を地面につけて――お尻は空中に駱駝のこぶみたいに突き出して――歩くわたしを見て、母がつけたレッテルよ。わたしは全然気にしなかった。駱駝プライドがあるのよって言ってやったわ」。けれどもそれから、彼女はこう付け足した。「でも義父《ぎふ》から腕が猿みたいだと言われたのは、すっごく嫌《いや》だったわ」。

障害者を動物に喩《たと》え、動物のように扱う数ある歴史的事例のなかでも、十九世紀から二〇世紀初頭にかけてのアメリカおよびヨーロッパにおけるサイドショー〔⬇81頁〕ほど、臆面《おくめん》なく、そして恥知らずなほど露骨に人間を展示した例はどこにもないだろう。サイドショーは、かつての宮廷の驚異《コート・オブ・ワンダー》を大衆向けに拡大したものであり、当代の植民地主義的かつ科学的ドラマが上映される場であった――そこには、「ペンギン・ガールのミニョン」、「犬の顔をした少年ジョジョ」、「これ何?」、「失われた環《わ》」〔⬇48頁〕、「類人猿少女クラオ」といった題目が並んだ。サイドショーというスペクタクルにおいては、動物性が前景《ぜんけい》化され、中心的な座を占めた。ここで最も侮辱的な動物比喩《ひゆ》は、有色人種と知的障害者のために取っておかれた。サイドショーにおいて動物性は、演出技法とスペクタクルを用いて通俗的なカテゴリーや区分を侵犯《しんぱん》し、そのことを通して想像力を喚起《かんき》するために利用された。動物性はまた、科学的人種主義、帝国主義的拡張、植民地化、そして障害に対する恐怖をも正当化した。

「世界一不細工《ぶさいく》な女性」という惹句《じゃっく》で宣伝されたジュリア・パストラナの物語は、サイドショー史上最も痛ましい事例の一つだ——それは、擬似《ぎじ》科学的な「教育用」展示が、消費可能なスペクタクルと化したとき、有色人種の搾取《さくしゅ》と動物化を通した逸脱的身体の医療化が、いかにたやすく永続化されるかをまざまざと見せつける。一八三四年生まれのメキシコ原住民女性であるパストラナは、顔面と身体にたくさんの体毛をもって生まれた。障害学の研究者であるローズマリー・ガーランド・トンプソンによると、パストラナは「熊とオランウータンに近い」さまざまな特徴をもつという理由で「準人間」として展示されたという。彼女は自分のことを「ひどく醜《みにく》く」て「欠陥」があり、「類《たぐい》まれ」で「異種混淆《こんこう》的」だと語る医者や人類学者、科学者たちによって分析対象にされた。彼女には「狒々女《ひひ》」、「類人猿女」、「熊女」のような展示名がつけられた。科学者と興行師《こうぎょうし》たちはそろって、彼女が人間なのか類人猿なのか、あるいはアフリカの子孫なのか（当時の人種主義的科学は両者のあいだの「失われた環」がここで発見できるだろうと想像した）について推測を重ねた。彼女の「女性らしいからだつき」、すなわちほっそりとした腰や、か弱い脚、「際立って豊満な乳房《ちぶさ》」、歌をうたうときの愛らしい声は、身体の体毛、髭《ひげ》、そして男性的で類人猿のようだと考えられた顔の特徴とドラマチックに対比された。パストラナのジェンダーは、彼女がさらにモノ化される要因になった。パストラナが収益を上げ始めると、彼女と結婚した興行師、セオドア・レントがパストラナを徹底的に管理したため

だ。レントはパストラナを展示のために購入した商売道具として、完全に一個のモノとして扱った。▼1

一八六〇年、パストラナはわずか二六歳でこの世を去った。それは男の子を出産したわずか数日後だったが、その子も生後まもなく死んでしまった。それでも興行はつづけねばならないと、レントはパストラナと息子の遺体に防腐《ぼうふ》処置をほどこした。レントはかれらを連れて生涯にわたって興行ツアーをつづけ、彼が亡くなった後もパストラナと息子の身体は一〇〇年以上も展示されつづけた。かなり最近、なんと一九七二年に至るまで、パストラナの遺体はサーカス団と一緒にアメリカで興行ツアーをめぐっていた。▼2とうとう二〇一三年二月、亡くなってから一一二年もの時間が経ったのち、ようやく彼女は土に埋められた。▼3

障害化された原住民女性であるパストラナは、モノ化、研究、展示、動物化の主題にされる長い歴史をもつさまざまなアイデンティティによって徴《しるし》づけられていた。このような歴史は、パストラナがその生と死において被《こうむ》った動物化について明らかにする——すなわち、センセーショナルな宣伝装置を軽く超え、彼女を一世紀以上にわたって購入し、販売し、完全にモノ化することのできる存在へと至らしめた、そんな動物化についてだ。

パストラナの物語は、わたしが動物と比べられるのを喜ぶことができ、またそれを望むということが、どれだけ白人性と階級的特権を露《あら》わにするものであるかを思い起こさせる。障害者は、みんな同じくらい、そして同じ仕方で動物化されるわけではない。動物と比較されることが、単に侮辱であるに留《とど》まらない人もいる――それは、人格剥奪《はくだつ》という危機に晒《さら》されることを意味する場合もあるのだ。

リシア・カールソンが、「知的障害と哲学者たち――用語集」というエッセイと、『知的障害の相貌《そうぼう》』という著書〔⬇135頁〕において余すところなく語っているように、ピーター・シンガーや限界事例からの論証〔⬇125頁〕が現れるずっと前から、障害、とりわけ知的障害は、動物性というパラダイムを通して眺《なが》められてきた。カールソンは語る。「フーコー〔『狂気の歴史』等を著したフランスの哲学者〕は狂気が「獣《けもの》の仮面からその相貌を露《あら》わにする」と語ったのだが、同じことは知的障害についても多くの文脈で言うことができる……ここには、単純な理論連関作業以上のものがある。知的障害者施設の歴史をたどってみると、知的障害者に対する処遇《しょぐう》が、そうした人びとの動物のような本性を根拠に正当化されてきたことがわかるからだ」。カールソンは、「精神遅滞《ちたい》」とされた人びとが「暑さや寒さに極度に鈍感」で、それゆえ冬でも部屋をあたためる必要がないと信じられてきた歴史に言及する。「わずか数十年前まで……知的障害者は「人間以下」と表現するほかない条件下で生きてきた▼4」。

ニューヨークのウィローブルック校の事例を考えてみよう。国家資金でつくられたこの学校には、五四〇〇名もの知的障害児が収容されていた。一九七二年、汚物まみれでボロ着を纏《まと》って生活していた子どもたちの姿が映像を通して知られるようになると、ウィローブルックの過密で不潔な環境は、大衆に衝撃を与えた。虐待行為が蔓延《まんえん》しており、薬物実験の被験者として肝炎菌《かんえんきん》を注射された子どもたちまでいた。この暴露以前にも、ロバート・ケネディ〔ケネディ大統領の実弟で、司法長官等を務めた〕は、ウィローブルックを「蛇の巣窟《そうくつ》」〔snake pit 精神病院という意味もある〕、「動物園の動物たちが入れられた檻《おり》よりも不快で気分が悪い」場所と表現していた。障害者保護に重要な意味をもつ連邦市民権関連立法が次々と通過するなかで、アメリカは幸いにも一九七〇年代初頭の状況からは抜け出すことができた。けれども、非人間的状況に置かれた障害者たちにまつわる衝撃的な物語は、今なお明るみに出ることがある。[5] 二〇一三年には、アイオワ州の七面鳥《しちめんちょう》加工工場の一つで、三〇年以上も奴隷労働をさせられていた三二名の知的障害男性たちの境遇《きょうぐう》が報道された。彼らは三〇年余りにわたって薄汚い場所に住まわされ、ときに虫がわく部屋に監禁され、少なくともその一人は繰り返しベッドに鎖で繋《つな》がれた。[6] わたしたちは、動物化の痛ましい遺産の一例をこんにちの障害児用行動修正療法においても見出せる。D・L・アダムズとキム・ソッカは「ショックを用いた服従――非人間動物、障害者、そして環境に対する行動修正の抑圧的実践および使用」という論文において、次のように述べている。「犬を調教するとき、すなわち吠《ほ》えるのを止めさせてじっと座らせ、くるくると回転させるときに用いられる行動修正テクニックは、障害をもった学生たちに使用されるのとまったく同じものだ」[7]。

こうした歴史が明らかにしているように、動物化はまた、障害者を隔離《かくり》し、監視するための道具としても用いられてきた。わたしたちはこのことを、一八六〇年代から一九七〇年代までアメリカ全土に存在した法、「見苦しい」とか「醜《みにく》い」と見なされた人びとが特定の公的場所に存在することそのものを不法化した「公共美化法（ugly laws）」の制定において見てとることができる。多くの場合、このような一連の法律は物乞《ものご》いを路上から追放することを意図しており、ときにそれは、野良《のら》になった動物を一掃《いっそう》するためにつくられたさまざまな法律とも重なった。カリフォルニア大学バークレー校の英語および障害学教授であるスーザン・シュベイクは、その著作『公共美化法——公共空間における障害』において、貧困、階級、人種、ジェンダー、民族、そして動物性に加えて、障害に対する不安まで、あらゆる事柄がいかにこれらの法律において交差しているかについて語った。物乞いたちは野良犬をはじめとする動物と比較されることもあったのだが、シュベイクが語るところによると、「疾病《しっぺい》を広める可能性もあり、食べものをやる人の手に噛みつくこともある、見苦しくて醜《みにく》い物乞いたちの危険性は、動物管理の問題として語られることすらあった▼[8]」。

「這《は》いつくばっ」たり、「四つん這《ば》い」で歩いたりする障害者の動き、「金切《かなき》り声をあげ」たり、「唸《うな》っ」たり、「奇怪な音を立て」たりする障害者の声、不適切な瞬間に緊張を解いて身体の統制《コントロール》を失い、「犬みたいに食べる」ことで社会的な礼儀作法を破り、二つの足でまっすぐに立つのに失敗する、そうした障害者の姿——これらはみな、障害とは「厄介」で「獣みたい」な存在状態だという認識を裏づけるために用いられてきた。

　自分が動物だと自認しながら、人間の動物化という残酷な現実を批判することが、果たして可能だろうか？　人間の動物化をめぐる悲惨な歴史を知ったのちにも、自分を動物として自認することが、できるだろうか？　動物化というメカニズムこそ動物化された人間に対する言語を絶する暴力をもたらしてきたという事実に留意しながら、同時に種《しゅ》差別主義が異なる種の動物に加える暴力の存在を認識する仕方が、あるだろうか？

研究者のメル・Y・チェン〔⬇104頁〕は、このように述べる。人間が動物と比較される場合、人間は「人間を含む被造物の類《たぐ》い」と比較されるのではなく、「それとは反対に、それに対置されながら不可侵《ふかしん》の完全な主体性を有した（そして多くの場合理性的な）人間が定義される、そうした類い」と比較されるのだ。▼9　動物との比較が人間にとって強力な侮辱になるのは、動物たちには主体的で情動的な生、すなわち人間が責任感を感じる、そうした生が欠けていると人間が想像するからだ。西洋においては伝統的に、動物は人間に――もし仮にあったとしても――ほとんどいかなる義務を負わせることもない存在のカテゴリーだ。人間は動物をモノのように自由に売買し、処分できる。したがって、誰かを動物と名指すことは、かれらをして人がどんな責務《せきむ》も感じる必要のない存在へ、どんな恥も感じることなくモノとして扱うことのできる存在へと仕立ててあげる。

動物学の◇研究者ケアリー・ウルフは、次のように語る。「種差別主義的言説は、いつでも人間によって、人間に対して用いられうる――どんなジェンダー、人種、階級であれ、あるいはどんな種であれ関係なく、社会的他者に対する暴力を容認する仕方でだ▼10」。けれどもシュベイクが指摘するように、「障害学はこの種差別主義をなぞらえる必要も、犬みたいに扱われた人びとの尊厳と人間性を擁護するために「動物」を卑下《ひげ》する必要もない」▼11。

サイドショーに話を戻すと、わたしたちはここに人間の動物化と種差別主義のあいだの本質的にもつれた関係を見てとることができる。サイドショーと近代的動物園は両者とも、人間と動物を展示するスペクタクルの手段が多様に登場し始めた十九世紀に現れた——このような展示は、動物園とサイドショーにとどまらず、巡業式動物園、サーカス、博物館、万国博覧会、遊園地、そして民俗誌展示と人間動物園にまで至る。世界で最も有名な興業師《こうぎょうし》のP・T・バーナムは、人間を含む動物の「畸形《きけい》」たちを用いて娯楽をつくりだし、儲《もう》けを生み出す驚くべき能力で有名になった人物だ。だが彼は、初期の動物擁護家たちの批判対象であった——かれらは、祝祭や動物園は家族の楽しみという外観の裏にその残酷性を隠蔽《いんぺい》するおぞましい事例として、バーナムの動物存在に対する無視を見抜いたのだ。一八六七年、アメリカ動物虐待防止協会のヘンリー・バーグは、移動動物園と調教された動物のショーを公的に批判したのだが、バーナムの動物園とそこに監禁された動物の数は、たくさんの動物園を合わせたものよりも多く、動物の種類も多岐《たき》にわたった。歴史家のダイアン・ビアーズは、バーグが「動物から野生環境を奪い取り、動物たちを狭くてじめじめした通気の悪い檻《おり》に閉じ込め、「仰天《ぎょうてん》した群衆がピーナッツやタバコを投げる」ような侮辱的なショーを強要したので、この興行師を糾弾《きゅうだん》した」と述べる。このような批判に対して、バーナムは、自分が動物たちを愛しており、動物は野生で生きているときよりも人間による飼育という環境においてより良く安全な生活を送るこ

とができる、と主張した――これは、こんにちもなお用いられるおなじみの主張である。▼12

人間と動物の展示は、宗教的、科学的、そして植民地主義的実践のかずかずに埋め込まれた共通の系譜《けいふ》を有する。王の力を顕示《けんじ》する生きた畸形《リビング・オディティーズ》に対する中世のコレクションにはじまり、西洋植民地権力の勝利を誇示するための十九世紀の動物園、サイドショー、万国博覧会に至るまで、人間と動物の展示、あるいはいわゆる「植民地商品」は、長いあいだ経済的、そして文化的に相互にもつれあってきた。十九世紀の野生動物商人であったドイツのカール・ハーゲンベックのような人物は、人間と動物の展示における共通した歴史を証立《あかしだ》てる。ハーゲンベックは、動物園やバーナムのような興行師に売るために動物を捕獲した。彼は一八八七年にみずからのサーカスを開き、動物園のデザインをより「自然」に近くなるよう革新するのに貢献した。さらに、彼は人間を展示することもした――植民地の原住民たちを故郷から展示目的で連れてきたのだ。ハーゲンベックは、生涯を通して五四もの民族誌展示をおこない、さまざまな植民地出身者たちを展示した。そこでは、「自然人」、「野蛮人」を、同じ地域から捕まえてきた「異

◇訳註　文化研究を中心に文学や哲学、人類学など多様な学問分野において、またフェミニズムや批判的人種理論などの批判理論との交差的アプローチ［➡41頁］を通して動物を研究する、近年認められつつある新たな学問領域。畜産における動物の効率的利用を追求する農学の一分科である「畜産学」とはもちろん、動物の行動を研究する生物学の一分野の「動物行動学」（エソロジーともよばれる）とも、明確に区分される。

国的」動物たちと並べて展示した。これらの人びとの大半は、天然痘《てんねんとう》や結核、その他の感染病によって亡くなり、生き残ったものたちも――約束されていたにもかかわらず――大きな費用ゆえ、あるいは故郷が植民地化の結果、破壊されてしまったがゆえに、再び故郷へ戻ることは叶《かな》わなかった。▼13

また、一八六六年から一八八六年のあいだに、ハーベンベックは「約七〇〇〇頭の豹《ひょう》、一〇〇〇頭のライオンと四〇〇頭の虎、一〇〇〇頭の熊、八〇〇頭のハイエナ、三〇〇頭の象、七〇頭の犀《さい》……三〇〇頭の駱駝《らくだ》、一五〇頭のキリン、六〇〇頭の羚羊《れいよう》、数万頭の猿、数千匹の鰐《わに》、蛇……そして事実上数十万羽を超える鳥類」を輸出したという。これは、エリック・バラタイとエリザベス・ハードウィン・フュジエが『動物園――西洋における動物学的庭園の歴史』において明らかにした内容だ。けれども実際の数は、この倍以上に上《のぼ》るだろう。かれらは、ヨーロッパにやって来るための数ヶ月にわたる険《けわ》しい道のりで死んでいった動物たちを、計算には入れていないからだ――その死亡率はおよそ五〇%にも上るという。さらにこの数字には、捕獲中に殺した無数の動物たちも考慮されていない――一頭を生きたまま捕獲するために、より多くの動物たちが殺害されたのだ。▼14 種そのものが絶滅するケースすらあった。生き残った動物たちも、その生は過酷を極めた――動物たちはいまや、狭い檻のなかで、人間たちの視線に晒《さら》されながら、ぎっしり詰まった公演スケジュールに圧倒されて、その劇的に短縮された命を生きるしかなかったのだから。

罠にかかり、住環境を奪われ、監禁され、ぽかんと自分を眺める群衆の前で公演をやらされるために乱暴に調教された動物たちについてはどうだろうか？　こんにちもなお暴力が蔓延《まんえん》する「バーナム＆ベイリー」のようなサーカス団で公演をしたり、絶えず見物にやって来る公衆のために人間が考えた野生を演技する動物たち、退屈そのものの動物園でいまこの瞬間も生きている動物たちについては、どうだろうか？　かれらは果たして、動物のような扱いしか、値《あたい》しないのだろうか？

　動物たちが人間の手によるおぞましい暴力を体験してきたということは、否定のしようがない――多くの場合、人間たちが互いに行使してきた暴力と共通した系譜《けいふ》を有する、そうした暴力のことだ。動物たちが蒙《こうむ》ったおぞましい仕打ちを、わたしたちが動物たちに共感し、かれらを尊重せねばならない理由だけでなく、動物たちがわたしたちの類縁存在（kin）だという認識をもたねばならない理由の例として考えるなら、どうだろうか？　もし動物性を主張することが、人間を貶《おとし》めるどころか、反対に、動物化と種差別主義の暴力に挑むひとつの方法でありうるならば、どうだろうか？　動物解放が、わたしたち人間自身の解放ともつれあっているということを認識する方途であるならば？

　カールソンはわたしたちに、動物性を奪還《だっかん》するということが果たして可能なのかと問いかける。彼女はそうしたアイデアに一定の力を認めつつも、同時に重要な問いを発することでわたしたちに警告する。「なぜ特定の人間の顔が獣《けもの》の相貌《そうぼう》をよりたやすく喚起《かんき》するのか？」　彼女はつづけてこう語る。「いったいどの集団の動物性が強調され、搾取されてきたのかについて注意を傾けることのないまま、「動物性の奪還」一般を語ることができるのか？ 奪還される必要があるのは、動物性ではなく、人間性である人びともいるかもしれないという事実を、思いめぐらすことなしに？」[15]

カールソンはわたしたちに、動物や動物性を自認することが可能でも安全でもない人びともたくさん存在するかもしれないという点を想起するよう求める。たとえそれが望ましいものであったとしてもだ。厳密に言えば、人が自分を動物であると自認したがらないのは、必ずしも種差別主義ゆえではない——それは、非人間化のせいなのだ。もしかすると、むしろわたしたちが問う必要があるのはこのことかもしれない——いかにしてわたしたちは、人間性と動物性を同時に肯定することができるのだろうか。人間以外の動物と否定的な仕方で比較されてきたわたしたち障害者が、いったいどうやって人間としての価値を、人間としての優越性を暗示したり、わたしたち自身の動物性を否認せずとも、主張することができるだろうか？

10 動物を主張する

ペルシラ・ベジャノは、みずからの生をコントロールした。およそ五〇年前に生きたジュリア・パストラナ〔➡180頁〕のように、ベジャノのからだの大部分は分厚くて、黒い体毛で覆《おお》われていた。一九二二年、プエルトリコでペルシラ・ロマンとして生まれ、幼時に興行師《こうぎょうし》のカール・ラウザーの養子になったのだが、ロマンの説明によると、ラウザーはロマンを展示したにもかかわらず、「娘のように」接したという。ベジャノは、最初は「多毛少女」と呼ばれたのだが、すぐに「猿少女」という新たな芸名が付けられた。この名前は大ヒットだった。多くのサイドショー〔➡81頁〕の演者と同じように、演目をさらに見応《みごた》えあるものにするため、調教された動

物、ベジャノの場合は若いチンパンジーと、ペアになった。このチンパンジーについては、名がジョセフィンであり、自転車に乗れてタバコ好きだったということのほかは、何も知られていない▼1。

動物化という暴力に晒《さら》されてはいたものの、ベジャノは自分の仕事と自己イメージの管理に余念がなかった。これは、純粋な搾取《さくしゅ》という語りを複雑なものにする。二〇歳のとき、彼女はエメット・ベジャノと恋に落ちた。エメットはフロリダ出身の白人パフォーマーだったが、分厚くて鰓《えら》のような皮膚ゆえに、「鰐《わに》皮をもった男」として知られていた。ベジャノもまた、興行師に養子として引き取られ、サイドショーという環境のなかで育った。二人は駆け落ちした。これは今世紀で最もロマンチックな物語のうちの一つだとわたしは思うのだが、このカップルは亡くなるまで五〇年を超えて、その生涯を共にした。二人は自分たちを「世界で最も可笑《おか》しな夫婦」と銘《めい》打《う》って興行《こうぎょう》しつづけ、一九八〇年代初盤には全国的な公演もしたのだが、そのなかにはみずからが直接所有し、運営していた企画もあった。この仕事を辞めた後でなされた一九八一年のインタビューで、ペルシラは「そろそろ髭《ひげ》を剃《そ》って頭を金髪に染め、新しい外見を手に入れ」るかもしれないと冗談を飛ばした。するとエメットはこう応じた。「君がそうするならお別れだね。僕はありのままの君を愛してるんだから▼2」。エメットは一九九五年に亡くなり、ペルシラはその六年後にこの世を去った。

ベジャノ夫婦が、自分たちの動物的名前を喜んで受け入れていたのか、不快に思っていたのか、わたしは知らない。けれども、ともかく二人は、自分の仕事をコントロール下に置き、祝祭のような一生を掛け値なしに満喫《まんきつ》したことだろう。後日のインタビューでペルシラ・ベジャノは、自分の仕事を愛しており、「年《とし》をとっていなければ」いまも公演をつづけているだろうと語った。

ベジャノ夫婦は例外ではない。サイドショー出演を楽しんだとか、仕事を提案されたことを有難く思っていると堂々と語る人は多い。一九八四年、オーティス・ジョーダンという黒人障害者は、ニューヨーク州博覧会に出演する予定だった。彼はわたしと同じ関節拘縮症《かんせつこうしゅくしょう》で、多くの日常的動作において手の代わりに口を使った。小さく屈曲した手足ゆえ、ジョーダンはみずからを「蛙人間《かえる》」や「蛙少年」と称し、一九六〇年代初頭からサイドショーの公演を通して生計を立てていた。若い時分は、家族と二頭の山羊《やぎ》のおかげでなんとか学校に通うことができた。山羊は、移動のためにジョーダンみずからこしらえた手押し車を引いてくれたのだった。けれども卒業後、ジョーダンは職を得ることができなかった。一九六三年、彼は地元の職業博覧会で、とある興行師に出会ったことから職を得て、すぐに口でタバコを巻いて火をつけるショーをするようになった。[3] ベジャノ夫婦と同様、ジョーダンは自分の興行を積極的に主導した。ショーが始まるときは、誰かに任せるのではなく、みずから自己紹介することが多かった。

それから約二〇年後、ジョーダンの公演をめぐって論争が勃発《ぼっぱつ》した。公演で気分を害したある障害者女性が、ジョーダンのサイドショーの禁止を求めて裁判所に訴えたのだ。その女性は、障害者の権利運動家であり、ジョーダンの公演が平等のための闘争を通して達成されてきた成果を否定するものと考えたのだ。ジョーダンは、働く権利を情熱的に擁護《ようご》して裁判に臨《のぞ》み、勝訴した。ジョーダンはこのように語った。「理解できないね。いったい全体、どうしたら俺が利用されてるなんて言葉を吐けるんだろう？　まったく、俺に何をしろっていうんだよ、生活保護でも受けて生きろっていうのか？▼[4]」

　コニーアイランドでショーをおこなった晩年、ジョーダンは「人間タバコ工場」に芸名を変えた。『フリーク・ショー』を著《あらわ》し、亡くなる前のジョーダンにインタビューした社会学者ロバート・ボグナンに、わたしは、このような名前の変化が動物との比較に起因するものだったのかを聞いてみた。ボグナンはこう語った。「動物と結びつけられることについてオーティスが気にしていたとは思いません。……彼としては、観客を集めることさえできれば、何でもよかったのです▼[5]」。

　確かに抑圧と強制は多様な形態をとり、その一つが障害者の雇用機会の不在ではある。けれども、あらゆるフリーク〔⬇81頁〕が搾取《さくしゅ》された（あるいは搾取されている）と考えるのは、あまりに単純だ。同時に、あらゆる動物との比較が侮辱《ぶじょく》的だったり、侮辱的だと想定することにも、問題があるのではないのか——動物を喚起《かんき》する自分の名前を、大いに楽しむサイドショー演者もいたのではないか？　動物との比較を喜んで受け容れたフリークたちも、もしかすると、いたのではないか？

現代のサイドショー演者、マット・フレーザーのケースを考えてみよう。イギリス出身の魅力的で挑発的な白人男性のフレーザーは、サリドマイド児であった。◇ フレーザーは腕の代わりに「水かき」をもっているのだとみずから語る。音楽家かつ俳優であり、パフォーマンス・アーティストかつバーレスク〔文学、演劇、音楽などでの古典的作品を風刺・戯画化した大衆演芸〕でのパフォーマーでもある彼はまた、自称「海豹《あざらし》少年」でもある。障害学の研究者でありアーティストであるペトラ・クパーズは、次のように述べる。「「海豹少年」を創造する過程において、フレイザーはみずからの歴史的ロールモデルを、ルーツを、そして遺産を探し求めていた」。そのことで彼は、「障害の経験を個人的、あるいは特異な宿命ではなく、文化的少数者の経験として位置づけた」。海豹少年と自称することで、フレイザーは「フリーク」を、そしてフリークと共に歩みを重ね、また動物化をそのうちに含む障害の歴史を肯定する。▼6

こういったことは、これらのパフォーマーたちがとりわけ、みずからを動物と自認したとか、自分が動物であることを主張したということではない。かれらの自認は、動物たちそのものよりは、（動物化が一定の役割を果たした）フリークの遺産を肯定することにかかわる。それに

◇訳註　サリドマイドは、一九五〇年代後半に開発され、妊娠婦のつわり治療剤として商用化されたものの、これを服用すると先天的に手足がなかったり短い状態で生まれる「アザラシ肢症」が発症することが明らかになり、一九六一年には大部分の国で使用禁止になった。日本でも甚大《じんだい》な薬害被害を引き起こし、六二年になって販売停止となる。

もかかわらず、かれらはみな動物を模《も》した名前をみずからにつけることによって、驚嘆の念とコミュニティの感覚を呼び起こし、動物侮辱に対して異なる意味を付与する。

ベジャノ夫婦、ジョーダン、フレイザー、パストラナはまた、みな動物化を異なる仕方で経験し、そしてここには非常に異なる目的があったのだが、これらの差異は大半の場合、人種や民族性の差異と符号している。障害学研究者であるレイチェル・アダムズが『サイドショーUSA――フリークたちとアメリカの文化的想像』でわたしたちに思い起こさせてくれるように、「フリークとして生きるということが、その疎外をもとにしてつくられたコミュニティに受け容れられるということを意味する場合もあった。けれども、フリークになるということは定義上、文明化された人間のコミュニティからは排除されることを意味する」[7]。もしかしたら、これと似たことは動物との比較においても言えるかもしれない。

こうした複雑な歴史にもかかわらず、動物は、障害文化において新たな地位を獲得しつつあるようだ。障害者のアーティストたちは、その作品中で、動物のイメージを多様な仕方で模索している。画家のリバ・レーラーは、年老いて障害をもつようになった犬、ゾラの肖像を描くことを通して、傷つきやすさ、相互依存、伴侶性《はんりょ》(companionship)といった主題群《ぐん》を探求しており[8]、写真家かつインスタレーション・アーティストであるローラ・スワンソンによる居住可能な巨大彫刻、『自家製雄牛(Homemade Bull)』は、動物を避難所かつ学びの場へとつくりあげる[9]。ケアリー・ウルフのようなポストヒューマニスト研究者は、動物学と障害学がいかに人間主義の限界に挑みうるかを模索する。[10] メディアはわたしたちに、障害をもった身体と動物の身体が応用技術を通して連結可能だということを教える——障害者の運動選手たちのなかには炭素繊維でできた「チーター」脚を使用する人もいるし、さまざまな種の動物たちが利用できる多様な形態の補綴《ほてつ》器具〔➡37頁〕も登場しはじめている。障害学の研究者たちは、動物性の問題をエッセイ、本、そして講義において扱い始めた。とりわけ心躍《こころおど》る例がエコ・アビリティ運動なのだが、この分野ではますます多くの障害擁護家および研究者たちが、動物と障害者、そして環境に対するさまざまな抑圧を、力強く連結させている。神経多様性コミュニティ〔➡109頁〕の研究者たちもまた、新しい道を拓《ひら》きつつある。かれらは、動物と神経多様性を有する心のあいだとの関係にかんする論争的問題に取り組むと同時に、わたしたちがいかに動物を遇《ぐう》すべきかをめぐる倫理的問いを提起する。障害文化において動物への転回が起きていると語るにはまだ早すぎるかもしれないが、にもかかわらず、わたしたちは、動物たちの存在を認めようとする動きが大きくなっていることを、手ばなしで動物たちを類縁存在として見なすのが安全なのかを問うてみる身振りを、見て取ることができる。障害との関連で動物を考察することは、いまだに侮蔑《ぶべつ》的なことなのだろうか？ あるいはわたしたちはこのような試みを、より豊かで生産的に、より深い洞察力を有したものへとつくりあげることができるだろうか？

あるレベルにおいては、自分を動物として認めることは、わたしにとっていつでも正しいことして感じられた。幼い頃、自分に言葉をかけてくる人に犬みたいに吠《ほ》えていた時期がしばらくあった。わたしは恥ずかしくてそうしたのではなかった――両親によると、わたしは心の底から犬になりたがっていた。両親がぞっとしたのも無理はない。車椅子に乗った子をもつ社会的偏見に対処しなければならないのに加えて、その子はいまや、吠えてまでいるのだから。

「動物」という言葉を取り戻すためには、どんなことが必要なのだろうか？　わたしがすでに述べたように、動物が不具《かたわ》でありえるならば、不具は動物でありえるのだろうか？

わたしはこの文章を、バークレー市内のあるカフェで書いている。必要なもの一つひとつをカバンから取り出し、テーブルに並べる。そのためにわたしは、コンピュータ・パッドの端《はし》っこに口をあてて噛みつき、小刻《こぎざ》みに揺れるそれをカバンから取り出さねばならない。パッドをテーブルの上に載《の》せたら、次はキーボードにも同じことをする。必要なものをすべて取り出すため、あと数回同じことを繰り返す。

公共の場で手の代わりに口を使うとき、わたしは自分が境界を侵《おか》していることに気がつく――健常者のエチケットという境界のみならず、人が人間身体において存在するあり方をめぐるそれもだ。わたしたちは、口を言葉と食事のために用いるけれども、一方で、口は深く内密な、細菌と唾《つば》を含み、呼吸をおこなう襞《ひだ》でもある――口は性的だ。そして口は動物的だ。

けれども、手は人間的だ。人間は母指対向性〔➡107頁〕と器用な指とをもつと見なされている。直立二足歩行がそうであるように、手は人間の大きな頭脳を表すものだと語られてきた。手で道具をつくり使用するうちに、人間文化誕生の門が開かれたという。手は、わたしたちの身体的機敏《きびん》さと、異なる種の動物たちからの分離を表す。

　わたしは自分が身体において顕《あらわ》れ出る仕方のうちに動物を感じるが、この感覚は繋《つな》がりにかんするものであり、恥ではない。わたしの動物性を認識することはずっと、わたしや他の非規範的で傷つきやすい無数の身体が動き、まなざし、周辺の世界を経験する仕方に対する尊厳を主張する方途であった。それは、わたしの動物化された部位と動きを主張することであり、この動物性はわたしの人間性にとって必要不可欠だという主張だ――それは、動物性は人間性に必要不可欠だという主張なのだ。

　わたしは、このことを比喩《ひゆ》として語っているのではない。これは、わたしたちが動物のようだとか、動物という概念がわたしたちが何者かといったことにとって必要不可欠だという話ではない――もちろん、そのどちらも間違ってはいないけれども。わたしが言わんとするのは、わたしたちがまさしく動物だということだ。これはうんざりするほど当然なあまり、わたしたちがともすると忘れてしまう事実だ。

　ハンドバッグへと顔を突っ込んでいるとき、そうして、ときに携帯電話に唾をつけ、うっかり何か気分の悪いものを飲み込んでしまったとき（人が思うほど多くはないけれど）、そんなとき、必ずわたしは、身体をうつくしく奇妙に、そして独特な仕方で動かして活《い》かしたオーティス・ジョーダンなどの、フリークたちのことを思い出す――かれらはわたしのロールモデ

ルなのだ。わたしは、自分のルーツを、遺産を、そしてわたしが故郷《ホーム》と呼ぶ不具《かたわ》たちのコミュニティを想う。そして、動物を想う——鼻で地面を掘り返して食べものを探す豚たち、くちばしで巣づくりをする鳥たち、そして他の動物たちと同じように寝床《ねどこ》をつくるわたしの伴侶《はんりょ》犬、ベイリーを。ベイリーは巣づくりを楽しむのだが、手がないかれは口を使って完璧な寝床をこしらえる。ブランケットの端《はし》っこを口でつかんではあちこちへ引っ張っていく。前足でひっかくときもあるが、正確な位置に持っていきたいときには口を使う。こうした姿を目にしながら、わたしはベイリーの動きを、からだの深いところから理解していると感じる。ベイリーとして存在することがどんな感じなのかがわかると思っているのではない。それは、わたしたちが似た身振りを、そしてまた、感覚が種《しゅ》によって異なるにもかかわらず、もしかすると似た感覚作用——味覚、視覚、嗅覚——を共有しているのを、認識することなのだ。わたしたちはみな、動物だ。

第4部

すべて自然だ

生まれながらのフリーク

わたしの障害の正式な診断名は、先天性多発性関節拘縮症《かんせつこうしゅくしょう》〔➡53頁〕だ。新生児の三〇〇〇人に一人が罹患《りかん》するというこの障害は医学的には比較的珍しいが、統計には関節拘縮症をかかえて毎日のように生まれてくるたくさんの山羊、犬、牛、鼠《ねずみ》、蟾蜍《ひきがえる》、狐《きつね》などは含まれていない。牛の場合は「カーリーカルフ」という正式名称まであるのだが、この障害は、「牛肉《ビーフ》」と題された雑誌の二〇〇八年一二月号の表紙を飾ったほど、工場式畜産において頻繁《ひんぱん》に発見される。▼1

関節拘縮症の子牛は、当然のごとく「殲滅《せんめつ》」される——かれらが生まれ落ちた農場の利益損失を防ぐためだ。二〇世紀に人間として生まれたわたしは、そうした運命から免《まぬが》れ、その代わりに幼い頃から足の可動域を広げるための手術と理学療法を受けた。振り返ってみると、これらの医療的介入は、おおむね、わたしにとって助けになったと思う。けれども、ともするとこんな想念に耽《ふけ》ることがある——生まれたときの身体を維持していたなら、わたしはどんな異なる動きと能力をもつようになっていただろうか、と。「ありのまま」の身体で生きるということは、どんなことだったろうか? ときにこうした妄想は、感傷的なものへと豹変《ひょうへん》する——もはやわたしが知る由《よし》もない本来の身体という幻想へと。けれどもまた、わずかな時間であれ二足で立つことができるようにしてくれた手術を受けなかったなら、今頃どんなふうに日常生活をしのいでいるだろうかと、自分が考えていることに気づくこともある。もしもっと「重い」障害をもっていたなら、わたしはどうやって生活に適応していただろうか?

わたしの身体は、「先天的」に障害を抱えている——この身体は、医療的に変形された現在の身体とは対照的に、わたしにとって、ずっと魅惑の的《まと》であった。ここに、若干のナルシシズム的な側面があることは事実だ——けれどもそれはまた、わたしの健常者中心主義と内面化された抑圧をみずからの内なる感応《かんのう》を通して突き止めるための、またとない機会なのだ。わたしは、いまの身体に愛着を感じている——立つときの支えにはなるが、決して思い通りに動かすことはできない足、ほんの少しのあいだだけ、しかも「猿のような」姿勢で、わたしを二足歩行の状態にしてくれる両脚のことだ。果たしてわたしは、いまとは異なる、生まれたときの、

「ありのまま」の身体においても、そのただなかで生きる仕方を学んだろうか？　そして、それに――その身体が空間をかき分けて進みながら、世界を経験するその仕方に――愛着を感じただろうか？　もしかすると、健常者中心主義が非常に深く根を下ろしているために、わたしはこの考え方を医療的介入以前の、子どもの頃にもっていた「より重い障害をもった身体」に投影したのかもしれない。

　わたしがこれら二つの身体を考えるのに惹《ひ》かれるのは、この考えが「自然」と、わたしたちが「自然だ」と考えることに対して、問いを投げかけるからでもある。これらの手術がなかったなら、わたしの身体は、より自然だったのだろうか？　そして、自然だということは、つまるところ、何を意味するのだろうか？

　自然な身体とはどこにあり、また何であるのか？　もしそんなものがあるとすれば、わたしは自分の個人史のどの時点でそれをもっていたのか？　わたしの障害は、わたしが生まれた町の米軍基地の汚染ゆえに生じたものだ。あらゆる事情が実に典型的だ――軍隊とその関係業者は数十年のあいだ、穴を地面に掘って下水処理もすることなく、毒性化学物質をこっそりと投棄した。◇これによって、非白人が大半を占める貧しい住民たちは影響を被《こうむ》った。化学物質は、トホノ・オダム・ネーション〔アリゾナ州にあるアメリカ先住民居留地の一つ〕の土地を直《ちか》に汚染した。わたしの身体は、毒性化学物質、重金属、飛行機の脱脂剤《だっしざい》〔上空の摩擦熱で汚れが焼けつく航空機を洗浄するために使用される〕という、軍事産業のありふれた廃棄物群によってかたちづくられたのだ。

「自然な」身体など、わたしには想像するだに難しい。わたしはそんななからだで生きてみた試《ため》しがないからだ。台所の蛇口《じゃぐち》から毒性廃棄物が混じった水を母が知らず知らずのうちに飲んでしまったために、この世に生まれ落ちたその瞬間から、わたしはすでに社会や文化によって、そしてさまざまな「人工的」産物によって変形されていた。こういったことが、わたしを完全に不自然な存在にしたとでも言うのだろうか？

わたしは、障害の「前」、あるいは障害の「ない」、健常な身体をもった自分を物欲《ものほ》しげに想像する障害者という決まり文句《クリシェ》に、危ういくらいに近づいているように見えるということを承知している。けれどもわたしが実際に求めているのは、自然状態（state of nature）――すなわち、人間による介入がない身体なのだ。

確かにわたしの身体は、人間による介入からは分離できない。だが、そうでない身体などというものが、いったいい存在するのだろうか？　人間による環境破壊によって蜜蜂《みつばち》は姿を消し、北極熊は溺《おぼ》れゆく時代にあって、生態系全体がいかに人間社会の影響を受けているのかを認識することは、難しくはない。けれどもわたしがもっと強調したいのは、わたしたちは決して自然を自分のもの以外のレンズを通して見ることはできないという点だ――「自然」と呼ばれる

◇訳註　軍隊や軍事産業企業が地面に穴を掘り、毒性廃棄物やガスなどを何でもその穴にうち捨てるのだが、何の下水処理もされていないため周辺環境をひどく汚染することが米国では深刻な問題になっている。

何かと、それを認知する人間の感覚とを分離することは、端的に不可能なのだ。想像のなかの、手術以前の身体が、手術後のわたしがそこで生きている身体よりも大変だったろうというわたしの感覚すら、ある身体が空間においていかにして自然に見え、動き、そして存在すべきかについての想定のかずかずと、深く絡《から》まりあっている。けれども、わたしの判断の元となったこの「自然」とはいったい何なのか？　そしてそれを、わたしはどう定義していたのか？

「自然状態」、すなわち人間文化が生まれる前、あるいは人間文化を欠いた自然というアイデアは強力だ。これは哲学理論や政治体系をかたちづくり、どんな身体を生きるに値《あたい》するものとして、快《かい》を感じることのできるものとして見なすのか、どんな身体を搾取《さくしゅ》可能で消費可能、すなわち「食用」として考えるのかについての見解の基礎となっている。けれども、わたしたちが自然と呼ぶこの何かが、このような判断や区分のかずかずを正当化するのだろうか？　あるいはむしろ、わたしたち自身が正当化しているのだろうか？

あらゆる動物は平等だ（だがもっと平等な動物もいる）◇

12

功利《こうり》主義哲学者、ピーター・シンガーが一九七五年に表《あらわ》した著作『動物の解放』は、現代における動物の権利運動の出発点として見なされることが多い。[1] もちろんすべてがピーター・シンガーの功績ではないものの、この本のおかげで動物運動が広範に注目を集めることになったという点には疑問の余地がない。シンガーは、動物運動を重要なトピックとして哲学言説《げんせつ》の俎上《そじょう》に載《の》せたのみならず、動物権を大衆にとって身近な問題にすることに成功した。この本は初版から数えて計数十万部の売り上げを記録し、シンガーはほとんど他の哲学者の追随《ついずい》をゆるさないほどの大衆的名声を獲得した。

◇訳註　この章題は、英国の作家ジョージ・オーウェルが書いた小説『動物農場』からの引用である。

わたしとわたしのきょうだいは幼い頃から動物の権利に関心があり、動物と環境にかんするさまざまな本を読んだ。そのなかでも、わたしの記憶にいちばん残っているのが『動物の解放』だ。わたしは、十歳の頃からピーター・シンガーについて知っていた。大きくなるあいだも彼はずっとわたしのヒーローであり、誰であれ『動物の解放』という題の本を書くような人なら、わたしが好きになる人に違いないと思っていたことを覚えている――十年後、障害者コミュニティで出会った人びとの大部分がこの輩《やから》を嫌っていたことを知ったときの、わたしの失望感を想像してほしい。

〈まだ死んでない〉(Not Yet Dead 自殺幇助《ほうじょ》を障害差別の一形態として反対する障害権運動の団体)のスティーブン・ドレイク〔⬇116頁〕は、「障害権と動物権を繋《つな》げるなんて――まことに愚かな考え」という文章において、このように語っている。「障害運動家たちに、動物権のコミュニティと真剣に連帯することを期待するのはあまりにも馬鹿げている。ピーター・シンガーをかくも高く評価しながら、シンガーの障害に対する見解にはせいぜい「遺憾《いかん》」を表明する程度の、そんな団体と自分たちが手を繋ぐなんてことを、わたしは想像だにできない」[2]。人間という枠《わく》を超えて考えるよう障害学を鼓舞《こぶ》する挑発的な文章で、障害学研究者のキム・ウンジョンはこのように説明する。「感覚力(sentience)をもつ人間以外の動物にまで権利を拡張しようというシンガーの議論には、障害をもつ一個人を人間存在として承認するという過程が必ずしもともなわない。このことを考慮するなら、障害学研究者たちが人間存在という境界の外部へ足を踏み出すのにこれまでためらいがちであったのも、十分に頷《うなず》けることだ」[3]。

いったいシンガーがどんな仕事をしたために、こんなにも強烈な反応が引き起こされたのだろうか？　彼はたくさんの著作および文章において、障害児の一部は生まれたときに殺されるべきであり、特定の認知能力を欠いた重度知的障害者のなかには完全な人格とは認められないものたちもいると主張している。シンガーは障害をもって生きることにかんする生の質《クオリティ・オブ・ライフ》の判断を無数におこなってきたが、これらはきわめて問題だ――平均して障害者の「生は非障害者の生より生きる価値が小さい」ということを否認するのは、「現実を無視するような態度」だとシンガーは主張したのだ。[4]「生きがいが少ない」という言葉によって、シンガーは障害者たちが生きる権利は非障害者よりも少ないとか、かれらの生は本質的に価値が低いということを言っているのではない。そうではなく、彼は障害者たちの生の質が低いと、すなわち障害者たちの生は健常者の生ほどには充《み》ち足りたものでも、楽しいものでもないということを語っているのだ。それでもやはり多くの障害活動家は、シンガーの仕事のせいで彼本人のみならず、より大きな動物権運動に対しても不信感をもつようになった――シンガーの考えの多くが動物権理論の土台にあると見なされたためだが、これは十分に理解できることだ。

動物権と障害権がほとんどいつも対立してきたのは、明らかにシンガーが原因だ。たくさんの動物権サークルが誉《ほ》め立てるシンガーの仕事に対して、障害活動家たちは抗議しつづけてきた。したがって、障害解放と動物解放の交差性〔⬇41頁〕にかんするどんな作業も、シンガーの仕事と対決する必要がある。これらの領域が両立不可能なわけではないということのみならず、障害解放と動物解放は互いに深く繋《つな》がりあっているということを示すためだ。

『動物の解放』においてシンガーが展開する主張の多くは功利主義の枠組みを必要とするものではなかったが(仮にこの主張がそうした枠組みのなかで展開したとしても)、シンガーの功利主義に対する功労は、彼の障害についての考え方を知るきっかけになる。功利主義は、どうすれば苦痛を最小化し、苦痛の不在を最大化することができるのか、あるいはジェレミー・ベンサムがほとんど二〇〇年も前に示唆したように、いかにして「最大多数の最大幸福」を生み出すことができるかに関心を抱く。[5] 障害が否定的なものとして、悲劇として、欠如として眺《なが》められるのであれば——これはアメリカや世界の随所《ずいしょ》で支配的な見方なのだが——なぜ功利主義の観点から障害が望ましくないもの、避けられるべきものと見なされるのかを理解するのは、そう難しいことではない。苦痛とその不在という二分法ゆえに、障害学および障害運動にとって、シンガー、そしてより広くは功利主義は、まったくもって受け入れ難《がた》い存在になる。

しばしば「動物権の父」と言及されはするものの、シンガーが実際のところ「権利」という言葉を用いることはなく、むしろ「平等な配慮《はいりょ》」という概念に依拠しているという点もまた重要だ。シンガーはこのように述べている。「平等の基本原則は、平等なあるいは同一の扱いを要求するわけではない。それは、平等な配慮を要求するのである。異なる存在に対して平等な配慮をおこなった場合には、異なった扱いや異なった権利が結論として引きだされることになるかもしれない」[6]。換言《かんげん》すれば、平等な配慮とは、動物に投票の権利を付与《ふよ》したり、人間に対するように接することの要求ではない。それは、動物たちの生に影響を及ぼす決定を下す際、わたしたち人間をして、動物たちの情感（かれらの「利害関係」）を配慮するよう要求するのだ。

シンガーは、感覚力以外の何かに人間平等の概念が基礎づけられるなら、この概念は危ういものになるだろうと論じる。身体的なものであれ精神的なものであれ、もしこの信念の土台として感覚力以外の特徴が選択されるなら、わたしたちは特定の人間存在を排除してしまう恐れがあるからだ。『動物の解放』において、シンガーは大いに反健常者中心主義的に聞こえる主張を繰り広げるためにこのような論理を用いる。彼はこう述べる。「平等に対する要求は、知性や道徳的能力、身体的力量やその他の類似したものに依拠《いきょ》することはない。……二人の人間のあいだに実際に能力差異があるから、わたしたちがかれらの要求や利害関係に対する配慮の程度に差をつけることが正当化されるという主張には、まったく論理的説得力がない。……この平等原則が暗《あん》に示しているのは、わたしたちの他者への関心や、他者の利害関係を配慮に入れようとする意図は、他者がどんな存在であるか、どんな能力をもっているか、といったことに依拠すべきではないということである」[7]。実際に、シンガーははっきりと語っている――「利害関係に対する平等な配慮の原則は、障害をもつという理由から特定の人びとの利害関係が無視されることを退ける」[8]。

シンガーは、平等な配慮は感覚力にもとづくべきだと主張する。なぜなら「苦しみや喜びを感じる能力は、利害関係をもつための前提だからだ――すなわちそれは、わたしたちがその利害を語ることが意味をなすために充《み》たされなければならない、必須条件であるのだ」。けれども、わたしたちがすでに確認し、シンガーも説明しているように、人間以外の動物たちもまた、感覚力を有する――人間以外の動物もまた、人間間での平等の根拠となる利害関係をもつための能力を分かちもった、意識ある存在なのだ。それにもかかわらずかれらの利害関係を無視するのは、まさしく差別、すなわち種《しゅ》差別主義にほかならない。▼9 したがってシンガーは、感覚力ある動物たちの利害関係を認めねばならず、人間の利益のために動物が耐えしのんでいる苦痛について、再考せねばならないと結論づける。これは、人間と動物の関係のあり方、とりわけわたしたちが食べ、身にまとい、実験のために利用する動物たちとの関係において、重大な含《がん》意《い》を持つ。

『動物の解放』全編を通して微《び》に入り細《さい》に入り記述されているように、肉と動物性食品の圧倒的大部分が工場式畜産に由来するので、なおかつこの場所が残虐行為の砦《とりで》であることはきっちりと実証されているので、シンガーはヴィーガンの食生活を擁護《ようご》する。けれども彼は同時に、動物を殺すのが必ずしも悪いことではないと、ためらいなく主張する。シンガーにとって最も気がかりなのは、動物に加えられる苦痛なのだ。

シンガーの議論は、感覚力で終わることはない。もし感覚力が生に対する権利との関連で道徳的に重要な唯一の能力であるなら、鶏《にわとり》を殺すことは、人間を殺すことと同等に悪いことになるだろうからだ（両者とも苦痛なしに殺害される限りで）。ほとんどの人と同じく、シンガーにとってもこのことは信じがたい。鶏にとっても人間にとっても、同量の苦痛を加えるのは同等に悪い。けれどもシンガーにとって、苦痛なしに殺すのであれば、話は別だ——利害関係に位階《ヒエラルキー》が導入されるのは、まさにこの地点だ。

動物擁護家であり哲学者であるスティーブン・ベストが、シンガーの主張をうまく解き明かしてくれる。彼によるとシンガーは、「生命における二つの類《たぐ》いを、すなわち人間と非人間ではなく、人格と非人格を区別する」ことを試みる。ベストはつづける。「人格を、感じ、推論する能力、自意識と自律《じりつ》、未来を想像する能力として定義することで、シンガーは、このような定義上、人格ではない人間（たとえば昏睡《こんすい》状態の人）と、人格である非人間（たとえば霊長類、そして潜在的にはあらゆる哺乳類）とが存在することを発見する」[10]。シンガーは、ある存在が認知的に複雑であればあるほど——これは死の理解や時間を通した自己認識といった能力によって測られる——その存在が生きつづけることによって生じる価値は大きいと主張する。シンガーの人格概念が、長い歴史をもつ哲学的伝統に属しているという点を指摘しておくことは重要だ——このような諸属性を特権化するのはシンガーだけではないからだ[11]。この枠組みでは、意識のある定型発達〔↓109頁〕の人間を殺すのは鶏を殺すよりも悪いことになるのだが、これは人間が死を知り、時間を通して自己を経験する理性的存在であるからだ。換言《かんげん》すれば、人間は、単に次の食事や性的パートナーを求めるといった営《いとな》みを超えて、未来への目標と計画をもつゆえだ。人間は死によって未完の夢を喪失するが、これによって彼あるいは彼女の死はいっそう悪いものとなる。したがって、苦痛にかんしては、感覚力以外の認知能力は平等な配慮という原則上いかなる役割もないが、殺害が問題となる場合は、認知能力は確かに役割を果たす。

結局のところ、このような論理は、認知能力をもたない存在を苦痛なしに殺すことができるなら、それは認知能力をもつ存在を殺すのと同程度に悪いことだとは言えないという結論を導き出す——その存在を殺すことで得られる良い帰結が悪い帰結を凌駕《りょうが》する場合に限ってだ。こうしてシンガーは、家族とコミュニティ、その他の数多くの諸要因を内包《ないほう》する複雑な計算を展開し始める。たとえば、ある存在の身体が肉にされ、それによってたくさんの人びとが糊口《ここう》をしのぐことができるならば、あるいはその存在が生きつづけるより平和に死ぬ方がその家族をより幸福にするのであれば、このような要因は考慮のもとに置かれ、殺害が引き起こす有害な帰結のかずかずと天秤《てんびん》にかけられねばならないだろう。▼12 それどころかシンガーによれば、当の存在に感覚はあるものの、シンガーが主張する人格の属性群はまったくそなえていない場合、かれを苦痛なしに、かつ瞬時に殺すことは、ちっとも悪いことではないかもしれないのだ。このような議論は、人間以外の動物については広く受け入れられている。シンガーの議論はポーランの『雑食動物のジレンマ』〔⬇117頁〕においても引き合いに出され、ポーランが「良い農場」と呼ぶ農場で育てられた動物を食べるのはなぜ悪いことではないのかを説明するために用いられた――もし鶏が純粋な現在だけを生きており、死に対するいかなる概念ももっていないのであれば、彼女を苦痛なしに殺すのがどうして悪いと言えるのか？[13] ポーランは鶏にはこうした能力群が欠けていると前提するが、これは少なくとも議論の余地がある問題だ。シンガーその人はというと、見解を改めて、いまでは鶏にも未来志向的な利害関係があると考えている。[14]

もちろん、人間のなかにもシンガーが言及するさまざまな能力をもたない者たちが存在する――とりわけ、乳児と重度の知的障害者たちだ。したがって彼は、もしわたしたちが、完全な人格を欠く動物たちを苦痛なしに殺すことは正当化されうると語るのを厭《いと》わないのであれば、わたしたちはまた、まったく同じことをそうした能力を欠く人間たちにも潔《いさぎよ》く語らねばならないと主張する。誤解のないように付け足しておくと、シンガーは人格を欠くものたちを殺すことがどんな場合にも許容されうると語っているのではない。ただ彼は、非人格を殺すことが人格を殺すのよりかは悪くはないと主張しているのだ――殺害が苦痛なしにおこなわれ、その悪よりは善が上回る場合に限ってだ。

こうしたロジックがどんなふうに展開し、なぜたくさんの障害者たちがシンガーを、何というか……怖い、と思うのかは、たやすく理解できる。

もしシンガーが、感覚力にもとづいた平等な配慮の原則という、もっと単純な論旨《ろんし》で議論を終えていたならば、『動物の解放』は並外れて反健常者中心主義的な本になっていただろう。彼は、認知能力を特定の存在の価値を測る尺度として用いることの危険性に警鐘《けいしょう》を鳴らす議論を展開することもできたのだ。だが、シンガーはそうしなかった。感覚力に焦点を合わせたにもかかわらず、彼は最終的には、人格の裁定者としての理性に再び王座を譲り渡す。完全な人格をもった生は、そうでない生よりも価値があると主張することによってだ――完全な人格を有する生の場合には、死ぬと頓挫《とんざ》してしまう利害関係および欲望があるが、人格を欠いた生の場合には、そんな欲望や利害関係そのものをもつことができないからだ。シンガーは種《しゅ》という壁に果敢《かかん》に挑んでいるにもかかわらず――ここで人間と非人間を分かつ線《ライン》は彼にとって道徳的に重要ではない――このような主張は、特定の力量をもつことのない動物たちに対して、明らかに好ましくない帰結をもたらす。これはまた、知的障害者にも間違いなく悪影響を及ぼす。こういった枠組みのなかでは、このような人びとは不可避的に、より価値の小さい存在として判断され、カテゴリー化されてしまうからだ。

　シンガーはみずからの仕事で一貫して、嬰児《えいじ》殺害や安楽殺〔➡54頁〕を含む、障害をめぐるさまざまな問題群について論じている。それらの議論について公正を期して考察しようものなら、もう一冊別の本を書かねばならないくらいだろう。その代わりに、ここでは彼の理論にかんして次の二つの重要な問いに焦点を絞りたい――シンガーが指摘する力能のかずかずは、生きようとするある存在の利害関係を判断するために十分か？　そして、特定の力能をもつものとそうでないものを区分することは可能か？　わたしは、これらの問いに答えようと努めるなかで、わたしたちがさまざまな哲学的、政治的難問に直面し、わたしたちの知識体系の境界と衝突することになるであろうことを示すつもりだ。まずは障害に焦点を合わせ、二つ目の問いから議論を始めよう。

おそらくシンガーによる障害の利用と関連して最も切迫した問題は、彼が障害を純粋に医療モデル〔➡39頁〕に立脚して理解しているという点だろう。医療モデルにおいて障害は、否定的なもの、介入が必要で回避されるべき生物学的欠点として見なされる。障害学研究者と活動家が指摘するもう一つの問題は、シンガーが、自分が論じている障害についてちっとも知らないという点だ。障害者当事者の声を議論に含めることはほとんどなく、障害者運動の観点と取り組もうとする姿勢も皆無《かいむ》だ。障害にかんして彼が使用する資料の大部分は、医療機関、あるいは医療システムの手中にある〔障害者の〕親や法律を出どころとしている。はっきりさせておくと、障害について限られた考え方をしているのはシンガーだけではない。リシア・カールソンが指摘したように、哲学者たちは非常に長いこと、障害、とりわけ知的障害を、客観的に望ましくないことが自明なカテゴリーであると見なしてきた。▼15

シンガーは多様な主張を裏づけるために、二分脊椎症《にぶんせきついしょう》、脳性麻痺《まひ》、ダウン症候群、「重度知的障害」、無能症、血友病《けつゆうびょう》など、きわめて多様な障害に言及する。彼は繰り返し、ある障害者がもっていたり、もつことになったりする能力と生の質《クオリティ・オブ・ライフ》を、わたしたちは診断にもとづいて予測できると想定する——実は医学はそのような予測をきわめて不得手《ふえて》にしていることが、何度も立証されているにもかかわらずにだ（ダウン症候群の人びとに対して歴史的に医師たちは低い期待しかしてこなかったということは、すでに確認した通りである〔➡133頁〕。上に並べた障害は、おのおの非常に異なり、一つの障害のなかにもきわめて大きな差異がある。二分脊椎症の人とダウン症候群の人がどんな能力を有しているのかを、ただ彼あるいは彼女の診断名を根拠に知ることは不可能だ。同様に、乳児期に障害をもつようになった人の未来における能力を判断するのは困難なのだが、乳児期はシンガーの最も論争的な主張のかずかずが集中している時期だ——たとえば彼は、いくつかの限定的な事例において嬰児《えいじ》殺害を支持することすらした(たとえば赤ん坊が持続的な苦痛を経験していたり、シンガーの見るところ、その子が途方もない苦痛を成長過程で被《こうむ》るものと予想される場合)。

シンガーは法廷訴訟の事例、メディアで取り上げられた物語、そして医療関係者と家族の陳《ちん》述《じゅつ》(そして稀《まれ》に障害者自身の陳述)に立脚して主張を展開するのだが、一方で実際の事件や経験の代わりに、仮説的状況や「他の条件がみな等しければ」といった文句を利用することもある(これは多くの哲学者たちに共通してもいる)。このような仮説の良い例は、シンガーと、障害権の弁護士であり〈まだ死んでない〉〔➡208頁〕の会員であるハリエット・マクブライド・ジョンソンとの討論において確認できる。ジョンソンはこの対話を土台に「言語に絶する対話」と題されたエッセイを書き、二〇〇三年に「ニューヨーク・タイムズ・マガジン」で発表した。紙上でジョンソンは、自分が幼い頃、長く昏睡《こんすい》状態にある十代の娘を世話をしていたある一家に出会った、という話をした。シンガーはこのように問いかける。「この子にまったくもって意識がなく、再び意識を回復することもないということを、わたしたちが完璧に証明することができると仮定してみましょう。そう想定するなら、その子を世話しつづけるのはちょっと、異常だと思いませんか？」　ジョンソンはこう答えた。「いいえ。その仕方によっては、それは大いに美しいことになると思います」[16]。シンガーによる仮定に対して各自がどんな見解をとるかにかかわらず、キム・ウンジョンが指摘するように、彼がこのように修辞《しゅうじ》を駆使《くし》することで、わたしたちはいつのまにか現実の生から引き離されてしまうという点を喚起《かんき》することが重要だ――「シンガーが想定する絶対性は医学的に不可能」だからだ[17]。シンガーの主張が仮説的性格を有することは、上に挙げた例のような特定の場合には自明だが、多くの場合はそうは行かない。シンガーは繰り返し、「他の条件がみな等しければ」だとか「わたしは想定してみるのだが」といった限定詞を用いるのだが、このような論証のうちで最も微妙なものは、みずからが論じている個人やグループにかたちを与えるために彼が依拠する「重度」といった言葉の用法において看取《かんしゅ》できる――「重度障害者」、「重度知的障害者」、「重度二分脊椎症患者」などのことだ。だが、いったい何が「重度」というカテゴリーを定義するのだろうか？　そして「重度」と見なされるものを決めるのは誰なのだろうか？　わたしは重度身体障害者なのだろうか？　確かにわたしはそう呼ばれてきた。わたしは、そうでなかったらと願うべきなのだろうか？　わたしは、知的力量と自立生活スキルによって、重度障害者というレッテルから自分自身を防御すべきなのだろうか――わたしより「いっそう」障害の重い人びとを連想させたり、かれらと混同されるかもしれないという恐れから？　多孔的《たこう》で幅広い「障害」の意味――この言葉は、コミュニティを形成し、さまざまな障害者コミュニティ間の差異を横断する連帯の潜在的《せんざい》な可能性を浮かび上がらせている――とは異なり、「重度障害」に対する哲学的かつ医学的な枠組みは、望まれなさ、まぎれもない悲劇、あるいは潜在的な人格欠如などを前提としている。漠然《ばくぜん》とした仮説は、意識や苦痛という問題の厄介さを迂回《うかい》した真空状態において生み出される論法だ。けれどもシンガーは、それと同時に、特定の障害および個人の事例を取り上げることで、仮定的な例や医学的診断、そして曖昧《あいまい》なカテゴリーを、実際の障害者や障害者人口と危険なまでに結びつけてしまうのだ。

わたしの最初の問い、すなわち生きつづけようとする誰かの利害関係を判断するために、シンガーが選定する力量のかずかずは適切か、という問いを考えるためには、もう一つの異なる問いを発するのが助けになるだろう――シンガーが主張する価値体系にあてはまらない存在や経験の仕方にもまた、人格が付与《ふよ》されるものと理解するならどうだろうか？　シンガーは、次の食事や性的パートナーを求めることのできる程度の未来に対する感覚では、時間感覚をもつと言うためには十分ではないと示唆する。けれども、なぜ十分ではないのか？　越冬《えっとう》準備をする動物たちはどうだろうか？　出産を控《ひか》えて家を作ったり、食べものを集める動物たちは？あるいは「重度」知的障害がある人びとに、同じような問いを投げかけるなら、気持ち良いと感じさせてくれる感覚作用を楽しみにすることはどうか？　わたしたちが検討してきたように、知性と感情の複雑性は無数に異なった形態をとる。未来と死にかんする特定の概念だけが、その個体に生の価値を付与する能力だという考えは、僭越《せんえつ》だ。感覚力を有する被造物《ひぞうぶつ》が、生きていることと死にゆくことを経験する仕方は一つしかないと、いったい誰が語ることができるというのだろう？　わたしたちは、多様な動物たちが死を免《まぬが》れるために極端な方法を選び取ることを知っている。そこには、みずからにきわめて激しい痛みをもたらす行動も含まれる（動物たちのなかには罠から抜け出そうと自分の足を噛み切るものもいるという）[18]。動物たちが生き延びるために奮闘《ふんとう》するのは明らかだ。仮にかれらが、自分がいつでも死にうるということ、あるいはまず死というものがあるということを知らずにいるとしてもだ。

障害学の研究者と活動家たちは長いあいだ「不具《かたわ》の時間（crip time）」というアイデアを理論化してきた。不具の時間は、わたしたちが互いに異なる速度で生きており、わたしたちの時間感覚はおのおのの経験と能力によって異なったかたちで形成されるということを認める——そのため、不具の時間が意味するところは千差万別だ。時間は相対的だ。作家で障害活動家であるアン・マクドナルドは、彼女にとっての時間感覚をこのように描写する——「わたしは人生をスローモーションで生きています。わたしが生きている世界とは、わたしの考えは他の人と同じくらい素早く動くのに、わたしの動きは弱々しくて不規則で、話すのは流砂《りゅうさ》から抜け出そうとする蝸牛《カタツムリ》よりも遅い、そういうものなのです」[19]。障害は速度に対する、進歩に対する、さらに、ときには寿命に対する、異なる感覚を育《はぐく》む。服を着たり、食事を準備したり、話をするといった日常的な動作に時間がかかるわたしたち身体障害者にとって、時間がかくも根本的に異なるものになるのであれば、さらに知的差異が大きい人びとや、きわめて多様な動物たちの時間は、どのように再概念化することができるだろうか？　「不具の時間」から「動物の時間」へと飛躍することは容易《たやす》い——寿命がわずか数時間、数日、数週間の種《しゅ》は、確かに一〇〇年、二〇〇年を生きる種とは異なる時間概念を有しているだろう。シンガーにとっての時間概念が進歩および未来志向的な目標という西洋的観念に根を下ろしているなら、不具の時間は、時間が変化可能であり、わたしたちがどのような身体において生きているかによって変わりゆくのだと考えるよう、わたしたちに求める。

シンガーをはじめとする哲学者たちが人格を認めるための必須条件と信じる能力群《ぐん》は、主観的なものであり、健常者中心主義的かつ定型発達的、そして種差別的な枠組みに埋め込まれている。ある存在に定型発達の人間たちが価値付与するような能力がないことは、この存在たちが有しているかもしれない道徳的に重要な他のかずかずの能力について、ほとんど何も明らかにしてくれはしないのである——官能性や美学、その他のオルタナティブな時間性に根を下ろしているかもしれない諸能力についてだ。仮に、ある能力によってある存在の感覚力が他のものたちよりもニュアンスに富んだものになるとしても、このことは、「複雑さ」に劣るとわたしたちが信じるものたちの命を奪う権利がわたしたちにあるということを意味しない。

人格にかんする狭い定義を後にするなら、わたしたちはどこへたどり着くのだろうか？　わたしは、あらゆる人間の生には価値がある一方、人間以外の動物の生には価値がないと主張する人間例外主義の枠組みへと戻りたくはない。これは、あらゆる感覚力ある存在たちの生は平等だということを意味するのか？　わたしたちは人間を殺すことと鶏《にわとり》を殺すことを同じくらい悪いと語らねばならないのか？　知的障害者と人間以外の動物の価値を貶《おとし》める人格理論をあっさりと受け入れるよりもむしろ、わたしは、このような居心地の悪い問いのかずかずに答えを出さないままにしておこう。さまざまな価値の位階《ヒエラルキー》を決定するための必要を単に満たそうとしてわたしたちの道徳にかんする理解に制限をかけてしまうよりかは、そうした居心地の悪い空間を——限りなく開かれたままでありつづけるであろう、そうした空間を——率直に認めるほうがましだからだ。ある理論がたった一つの結論へと駆り立てるなら、その理論はあまり優れたものではないか、完成されたものではないかのどちらかだ。これらの問いは悩ましくはあるものの、明快な回答を与えることがわたしにとって何より重要な仕事というわけではない——異なる生の価値を対立関係に置くことは、位階という哲学を当然のものとして受け入れることなのだ。むしろわたしは、こう問うてみたい——動物と人間（障害者であれ健常者であれ）の生のあいだでの二者択一そのものが、誤った二分法にもとづいているということが理解される世界を、わたしたちは、いかにしてつくりだすことができるだろうか？

二〇一二年にシンガーがバークレーを訪れた際、わたしは彼と直接出会う機会を得た。子どもの頃に憧《あこが》れていた人物と面と向かって話をするのは、アンビヴァレントな経験だった。とりわけ彼は非常に親切で楽しく対話する術《すべ》を心得ている人だったからだ。ジョンソンでさえ、立場上の違いとは裏腹にシンガーのことが気に入ったと語ったほどだ▼[20]。

シンガーと一緒に過ごした時間、わたしは人びとが通常彼に尋ねるであろうさまざまな問いを投げかけた――感覚力と人格、苦痛を引き起こすことと生を終わらせることの差異などについてだ。わたしはシンガーの考えを正確に浮き彫りにするような質問をしたかった。シンガーを誤解したり、彼の主張を否定的な短い語句へと単純化するのは容易《たやす》いからだ。それでもわたしは、ときに失敗した――彼が違う文脈で言及したことを混同することもあったし、彼の立場を無意識に誇張することもあった。そういう場合には彼がわたしを、反対に彼が障害についてステレオタイプや知ったかぶった言葉を発するときには、わたしが彼を制止した。

会話がかなりつづいてから、わたしはついに、長年彼に聞いてみたかった質問を投じた――ピーター・シンガーは、障害が社会と個人に及ぼす肯定的効果が少しでもあると考えるのか？　シンガーは障害と苦痛をイコールで結ぶ考え方にひどく肩入れしているので、彼がこの問題について違う仕方で考えようとするならいったいどんなことが起きるのか、見てみたかったのだ。

わたしの質問に興味をそそられた様子のシンガーは、こう答えた――自分の考えでは、一個人の次元で、あらゆる人は克服すべき障害が必要であり、こうして難題に立ち向かうことが人格を高め、満足感を与えることもあると。そしてもしかすると、障害のなかにはこのようにして充足感を与えるものもあるかもしれないと。けれどもシンガーは、障害が社会一般に及ぼす肯定的効果にかんしては、認めるのにより消極的だった。障害者を助け、世話をすることを通して、他者に対する利他《りた》的資質を育《はぐく》むことはできるだろうが、すでに地球上には貧しい人びとをはじめとして、助けが必要な人びとがあまりにも多いというのが、彼の持論であった。シンガーはこう語った。「多様性という観点から考えると、よくわかりませんね。多様なかたちで自分とは異なる人びとと出会うのは良いことだと思いますが、すでにこの世界には、わたしたちがどうにかして取り組む必要のある人びとのあいだの差異が、あまりに多いのも事実です。……なので障害者がいるからといってわたしたちが何か特別なものを得ることができるかどうかは、はっきりとは分かりません。もしかしたらあるかもしれません。ひょっとすると、障害について何か違うものを感知できるかもしれません。それは確かに、わたしたちが考慮すべきものです」。

「それなら、こういう質問をさせてください。ほんとうに真剣に聞くんですけど」、わたしは応《こた》えた。「わたしは、あなたが障害者コミュニティにいるわたしたちのような人びとについて考えることがあるのか知りたいんです。わたしたちは障害が肯定的な面をもっていると思うんですけれど、あなたはそれを、わたしたちがただふざけているだけだと思うんですか。ついてない状況のなかで、ただただ最善を尽くしているだけだと?」

シンガーはしばし口をつぐんだ後、こう語った。「それはほんとうに重要なポイントだと思います」。そして、こう付け加えた。「障害が肯定的価値をもつと思う人がたくさんいるとは思います。……ですが、断言はできません。……絶対にそうだとわたしのほうから語るのは僭越《せんえつ》だと思いますからね」。彼は言葉をつづけた。「わたしはそういうことを聞かれたら、このように問い返すようしています――「あなたやあなたの子どもの障害を治癒《ちゆ》する、たった二ドルで副作用も皆無であることが保証された錠剤《じょうざい》を誰かがくれるとしても、あなたはそれを飲まないということですか」、と。そしてわたしはほとんどの人がその錠剤を使用するだろうと思うわけです。実質的にはすべての人でしょうね。そしてもしそうであれば、かれらはきっと、自分はついてない状況で最善を尽くしているんだと語るだろうと思うのです」。

「さて、どうでしょうか。親のほとんどはその錠剤を使いたがるでしょうけど、大部分の障害者自身は使わないと思いますよ」。わたしは自信たっぷりに答えた。

「ということは、あなたは使わないんですか？」

「使うわけがありませんよ！」

「ほんとうですか？」　彼はさらに驚きながら問うた。

わたしはこう答えた。「障害者は、いつもそういう質問をされてきました。障害をもたない人にとって、障害者たちが「違う」と答えるかもしれないという事実は、まったく理解しがたいことだと思います」。

「でしたら、なぜあなたがその錠剤を使わないのか、もっと詳しく話を聞かせてください」。

シンガーは誠心誠意、この謎を解明しようと試みて尋ねた。

わたしはうろたえた。障害の何に価値があると思ってるんだろう？ わたしはこんなふうに考えたことを覚えている。いったい、どこから答え始めたらいいのだろう？ ピーター・シンガーになぜ障害が重要なのかを説明する絶好の機会だった。わたしは理由を探し求めて精一杯脳内を検索した――相互依存性や正常性批判のようなことが思い浮かんだ。けれども頭の内に重要項目が集まりきる前に、ひとりでに、わたしのなかのアーティストが応答の口火を切った。

「わたしはアーティストです。だから創造性についてよく考えるんですけどね。障害を通して、この世界とコミュニケーションをとるまったくもって新しい方法が身につきます。……たとえばわたしは、誰からも口を使って何かをすることを学んだことはありません。何をしようにも一つひとつ創造性や工夫がいるので、これにいらいらする人もいますけど、実際にそういう現実を生きているわたしたちにとって、身体のあらゆる面が規定《きてい》済みじゃないということは、ものすごく解放的なことなんです。……」 シンガーは驚き、また興味津々《しんしん》のようだった。

「なぜわたしが障害や障害者に価値を見出すのか、なぜ二ドルの錠剤を飲まないのかについてなら、山ほど理由を挙げることができますよ」。わたしはそう語った。

わたしは、自分たちが互いを理解しようと心から努めている、別の惑星から来た二人の異星人のようだと強く感じた。

「でも、障害をもつ人がみんなアーティストではないし、ましてや自分の人生をアートだと思いもしないでしょう？」　シンガーが指摘した。

「そうですね。でもそういうふうに感じるのはアーティストだけじゃないですよ。わたしはたまたまたくさんのアーティストと知りあいになりましたけど、障害が世界に対する異なる観点を与えてくれるので障害には価値があると考える障害者も多いと思います」。

　シンガーは考えに耽《ふけ》っているようだった。「確かにハリエット（マクブライド・ジョンソン）も基本的には同じことを言ってましたね。自分が幸せだということをです。でも彼女はアーティストではなく、……弁護士でしたしね[21]」。


　なぜわたしは二ドルの錠剤を飲もうとしないのだろうか？　そうすれば野原を駆けまわることができるのに！　月の光が降《ふ》り注ぐ砂浜で、輪になってダンスできるのに！　階段を思いっきり上り下りできるのに！


　アリソン・ケイファー〔➡30頁〕は、『フェミニスト、クィア、クリップ』でこのように述べる。「部分的には、治癒《ちゆ》という問いが繰り返し投げかけられること、そして「障害者たちがこの問題を持続的に取りあげると想定されつづけているという事実こそが、この問いに力と威圧的で強制的な権威とをもたせることになる。いまや治癒という問いは不可避なものと化し、それに対する応答は自明なものと見なされる[22]」。

　健常者中心主義のもとでの想定とは異なり、障害は多くの場合、障害者の生に溶け込んでいる。障害が存在するゆえ、わたしたちが充《み》ち足りた人生を生きることができなくなるわけではない。だからと言って、わたしたちが障害をもつことをいつも楽しんでいるということではない――このことはただ、わたしたちが障害と共に生きているということを意味するのみだ。障害がわたしたちの人生における最重要事項なのではない。わたしたち（あるいは少なくともわたしたちの大部分）は、わたしたちができないあらゆることを残念がって生きたりはしない――たとえば、障害がなかったら素足《すあし》で踏みしめられたかもしれない砂浜での一歩一歩を、だ。

シンガーに障害が創造的だと話したとき、わたしは障害者の舞踊家《ぶとうか》であり芸術家、詩人のニール・マーカスを思い浮かべていた。彼はこのように語ったことがある。「障害は、「勇敢なたたかい」や、「逆境を目前にしての勇気」といったものではない。……障害は芸術だ。それはひとつの独創的な生き方なのだ[23]」。

わたしはこの言葉が大好きだ。この言葉は、芸術家としてのわたし、そして物《もの》を取ったり、どこかへ出向いたりする方法を独創的に生み出しながら日常生活を送る障害者としてのわたし、この双方に共鳴する。マーカスの言葉は、障害とは単なる欠如だという考えに挑戦する。さらにこの言葉は、効率性、進歩、自立、理性を必ずしも中心に置くのではない生き方に価値を見出すようわたしたちに求める。障害学研究者のロバート・マクルアーは挑発的に問うた――「来《きた》るべき障害を歓迎《かんげい》し、欲望するということは、いったいどんな意味をもつだろうか？[24]」このような〔問いに表れているような〕感情は、いまとは異なる仕方で空間を移動し、異なる仕方で時間を経験しながら生きることの官能性《かんのうせい》、手に負えなさ、そして美しい潜在性《せんざいせい》を認識するという難題を、わたしたちに課す。障害は、解放的で爽快《そうかい》でもありえ、しかもこの社会がわたしたちを「正常」という枠《わく》へ閉じ込めるのに課す、型にはまった仕事から抜け出させてくれる自由の場でもありうるのだ。

こうした観点は、自閉プライド（autistic pride）や狂気プライド（mad pride）といった多様な運動が証《あかし》立てているように、身体障害をもった人びとにのみ関係があるのではない。理性と言語を通してみずからを表現する能力を欠く人びとの、創造的かつ美的で官能的な現実の姿を理解するためには、より多くの努力が必要だ。社会学者デイヴィッド・グードの仕事を考えてみよう。彼は一九六〇年代から数十年のあいだ、口話を用いない、そのほとんどが知的障害をもつ障害児たちを観察してきた。グードは、施設に収容されていた、聾《ろう》で盲目、さらに知的障害をもつ女の子、クリスとの共同作業について語った。グードは自分とクリスが相異なる感覚世界において生きていることを理解し、彼女が経験していることを知るためには彼女から学ぶ必要があると考えた。クリスは頭を特定の角度に傾《かし》げたまま、ガラガラやスプーンを叩きながらからだを繰り返し揺さぶった。何時間にもおよぶ観察を通して、グードは彼女の一方の耳ともう一方の目に、ある程度の聴覚と視覚があると考えた。クリスが何をしているのか、よりうまく把握するために、グードは彼女の感覚を感じようと、みずからの耳と目を覆《おお》ってみた。そうして、彼女のようにからだを規則的に揺さぶった。すると、グードは、からだを揺らすと、非常に心地よく刺激的な光と音のリズムが生じるということを発見した。[25]

このような行動を毎日、何時間もおこなうのを、多くの人は、とりわけ楽しかったり意味あるものとは思わないかもしれない――けれどもこの物語を通して、わたしたちは、「重度」知的障害をもつ人びととの経験について考えるようになる。わたしたちにとっては不可思議で未知だが、かれらにとっては間違いなくまことに楽しく有意義な、そうした経験についてだ。このような物語は、障害とはただ単に苦痛であり欠如だという想定に挑戦しうる。わたしの見るところ、さまざまな障害をもつ人びとの経験の、本来的に内密な性質は、生の質《クオリティ・オブ・ライフ》と人格をめぐる議論を根本的に問題あるものとする。

ハリエット・マクブライド・ジョンソンがシンガーとの対話でとても鋭く語っていたように、生の質と苦痛にかんするこのような問題群を綿密に検討することは重要だ――こうした考えは、人びとが障害を理解する仕方に非常に大きな影響を及ぼすためだ。シンガーの考えの多くは過激で行き過ぎたものに思われるかもしれないが、そうした考えは広範囲に受け入れられている信念、すなわち障害は本質的に回避されねばならない否定的状態だという信念に根を下ろしている。ケイファーは次のように語る。「もし障害が終わりなきおぞましい悲劇として概念化されるなら、障害を含むあらゆる未来が回避されねばならないものになる。換言すれば、より良き未来とは、障害と障害をもつ身体を排除したものになるのだ。それどころか、障害のまさしく不在こそ、より良き未来を示すシグナルになる」[26]。シンガーは障害は苦痛をもたらす否定的経験だという考えをとりわけ露骨《ろこつ》に支持するが、これゆえに障害者コミュニティが彼を批判の的《まと》にするのは、十分に理解できる。けれども彼は、障害にかんする一般的信念から導かれる自然な結論を示したにすぎない。ジョンソンが示唆するように、そうした見解はとてもありふれているので、シンガーの観点だけを唾棄《だき》すべきものと見なしたり、彼を一種の怪物として指目《しもく》することは難しい。ジョンソンはこう語る。「もしシンガー流の障害に対する偏見を究極的な悪として、そして彼を怪物として決めてかかるならば、わたしは障害をもつ生は本質的に良いものではないと考えるあらゆる人びとについても同じように考えねばならない。……こうした定義は、わたしが道端《みちばた》で出会い、一緒に働き、食事をし、会話を交わし、地域の政治に対する不満を共有する人びとの大部分を怪物にしてしまうだろう。おそらくこれは、わたしの家族の一部と非障害者のほとんどの友人に至るだろう」[27]。

シンガーの主張の大部分は、彼の観点がすでにわたしたちの社会と医療機関に広く受容されているがゆえに可能になる。シンガーは特定の障害にかんする医学的、および生の質をめぐる主張を裏づけるため、数十名にのぼる医師の言葉を引用するものの、彼は医師たちがおおよそ障害にかんしてもっている偏見を看過《かんか》してしまう。シンガーはこのように語る。「たくさんの医師と神学者たちは、最小限の品位ある生に対する展望が非常に低い場合、そしてそれが改善される見込みがない場合、わたしたちは患者の延命のためにあらゆる手段をとらねばならないわけではないという点に同意する。道徳的思考という面で最も保守的な医師および神学者たち

も これに同意している。たとえば、もし許容可能な生の質とは両立不可能な重度障害をもつ赤ん坊が生まれ、その赤ん坊が何らかの病気に感染している場合、多くの医師および神学者たちは、その赤ん坊に抗生剤を与えないことは容認されうると語るだろう」[28]。

けれども、受け容れ可能〔➡86頁〕な生の質とは正確に何であり、誰がそれを決定するというのか？　知的障害を理由に腎臓移植を拒否された女の子、アメリア・リベラ〔➡134頁〕を覚えているだろうか？　その子の生の質は、「受け容れ不可能」だったのだろうか？　アメリアの両親は娘が移植を受けることをはっきりと望んでいたので、シンガーもその結論を支持することはないだろうが、アメリアの物語は、医療機関が下す障害および生の質にかんする見解に依存することがいかに危ういものかを教えてくれる。医師、神学者、そして障害児の両親は、しばしば生の質という問題に対して、障害者自身とは非常に異なる回答をもっている。嬰児《えいじ》殺害にかんしては、シンガーと医療専門家たちはたいていの場合、脳の大部分が欠けたまま生まれたり、極度の苦痛や深刻な寿命の短縮を引き起こす障害をもった乳児のような、きわめて難しい状況を取り上げて議論する。そうした事例の特殊性は複雑を極め、ちっとも明快ではない。これはおそらく障害運動家たちのなかでも意見が分かれる論点だろうが、わたしは生を終わらせるということにかんしてシンガーが下す結論に、どんな場合でも反対だというわけではないという点を明らかにしておこう。シンガーと同様、わたしも生きることがどんな場合にもいちばん思いやりのある選択肢なのだという話には納得できない。もちろんシンガーが導き出す結論の多くは疑いようもなく不快で危険なものだけれども、わたしがここで挑戦しようとしているのは主に、シンガーがどのような仕方で主張するのか、だ——すなわち、障害にかんするステレオタイプの修辞的利用、苦痛にかんする想定、人格を定義する唯一の道具としての理性に対する盲信《もうしん》のようなことだ。シンガーと彼が引用する医療機関は、知的力量、車椅子の使用、他人への依存（たとえば食事や排泄《はいせつ》時における介助《かいじょ》の要請）、呼吸器をつけて生きることなどに対する自分たち自身の偏見を露骨《ろこつ》に表しながら、特定事例が帯びる微妙な諸問題から繰り返し脱線してしまう。こうして、生の質《クオリティ・オブ・ライフ》に対する主張は、上に挙げたような乳児が経験する苦痛のなかでも極限的なケースを超えてなされるようになる——これはわたしたちが、シンガーがダウン症候群の子どもをもったり障害者の生を生きることを、「生きる価値が小さい」と考えている点を確認したときに検討した通りだ。こうしたさまざまな事例において、彼は生死の決定について意見を述べているのではない——彼は、自分の仕事が、障害をもった子どもや大人の人生を終わらせるべきであると示唆するものでは決してないと、はっきり語っている。ただシンガーは、このようなさまざまな契機において、より大きな主張のための枠組みをつくりあげるために、障害一般をより低い生の質と結びつけているだけなのだ。わたしの考えでは、この短絡に依拠したことによって、シンガーは非常に誤った方向へと進んでしまった。

　障害活動家たちは、「生の質」という言葉に縮《ちぢ》みあがる傾向がある。非常に多くの場合、これは障害者たちの死に対する健常者中心主義的な正当化に結びついてきたためだ。非障害者が、車椅子と排尿管、排泄介助、「衰えた」知的能力、「自律性の欠如」一般などについて語るとき、それらの話は身をもって経験したものではなく、想像上のものにもとづいている。これらの経験に内在する否定性を、これらの経験が体現するようになってしまった否定的な文化的・社会的象徴と分離するのは、不可能ではないにしても困難だ。お尻を拭《ふ》くために介助を請《こ》わねばならないことは、本来的におぞましいことなのか？　幼い頃からこうした介助を必要とし、大人になったいま、品位とユーモアを発揮しながら介助してくれるたくさんの友人をもつ身として、わたしはそうは思わない。わたしの経験から考えてみるに、それが居心地の悪いものになったのは、他の人がそうした仕事を恥ずかしく思っていることに気づいたとき、この仕事をする人が負担を感じているということを感じとったとき、そしてわたしが、このことは自分が自立できず、家から離れられず、パートナーをもつことができなくなることを意味すると（誤って）考えてしまうようになった時分からだった。わたしの経験からわかるように、問題になるのは、重荷で助けが必要な存在であることにつきまとう烙印《らくいん》であり、助けそのものではなかった。ケアを提供する人を選ぶことができ、決まり悪がったり恥ずかしがったりする必要がないということに確信をもてるなら、そうした親密なケアが生の質に対して及ぼす影響は、ずっとニュアンスに富んだものになるだろう。

ジョンソンは単刀直入に問う。「わたしたちは「不幸」なんでしょうか？」　そうしてこのように語る。「わたしはそうは思いません。いかなる意味においてもです。変数《へんすう》は無数にあります。先天的障害をもつ場合、障害はわたしたちのすべてをかたちづくります。後天的に障害をもつようになった場合には適応します。わたしたちは誰も自分では選択できないさまざまな制約を受け容れ、そのなかで、豊かで充《み》ち足りた人生をつくりあげていくのです。わたしたちは、他の人びとが楽しむものにも親しみますが、わたしたち固有の楽しみに興《きょう》じもします。わたしたちは、この世界が必要とする何かをもっているのです[29]」。

障害が生の質に影響を及ぼすとしても、障害者の生が非障害者のそれより充実したものでも、楽しいものでもないと主張するのは、気分の悪くなる飛躍《ひやく》だ。こう語るからといって、生の質を語ることにどんな用もないということではない。重要なのは、わたしたちがこうした主題群を十分丁寧に、個々の人びとに気を配りながら検討せねばならないということだ。どんな先入観や固定観念、そして偏見が、わたしたちの立場を維持しているのかという点にも留意せねばならない。

シンガーについての文章で、スティーブン・ベストは、障害権運動家であるサラ・トリアノによる次の言葉を引用する——「動物権の社会モデルにかんする理論をあれほど見事につくりあげたシンガーが、同一の論理を人間には適用できないという事実には、ほんとうに困惑《こんわく》させられる。シンガーにとって、動物と同種の抑圧に晒《さら》されている人間たちもいるということを想像するのは、不可能なのだろうか?[30]」シンガーは、動物たちが抑圧的で差別的な環境で生きているということを、明らかに理解できている。けれども、障害者の生は生きる価値が小さいというみずからの主張そのものが、差別に起因するということは認識できていない。ベストはこう語る。「動物たちの苦痛を詳述《しょうじゅつ》しながら、シンガーが動物たちの安楽殺ではなく解放を訴えるなら、なぜ彼は、その生において確かに苦痛を経験するであろう乳児たちを殺すことを擁《よう》護《ご》するのか——かれらの苦痛を最小化するための社会変革を主張する代わりにだ。トリアノはこの点に驚く」▼31。これは、シンガーの仕事で最も矛盾に満ちた部分だ。彼は、動物にかんしての特定の見解が「常識」のように見えたり、「常識」のように広く受け入れられていたりするという事実は、〔だからといって〕その見解が倫理的であるとか、疑問視されてはならないとか、そういうことを意味しないと堅く信じる。けれどもこのような「常識」こそ、シンガーが障害に対する自身の考えを擁護するときに利用するものなのだ。

シンガーの仕事でいちばん苛立《いらだ》たしいことの一つが、障害者を防御的にさせるその仕方だ——わたしたちは、シンガーと彼の支持者たちに向けて、わたしたちの生が障害をもたない身体の人びとの生と、同じくらい価値があるということを証明する責任を負わされるのだ。けれどもシンガーには、わたしたちの生が満足感の小さいものだということを証明する義務がない。なぜなら彼の側には、根深い健常者中心主義の文化が、そして多くの障害学研究者たちが〈強制的健常身体性のシステム〉◇と呼ぶものがあるからだ。障害を、欠点や欠陥、あるいは治癒《ちゆ》されるべきものとして論じる主張は、障害を良くないものとして考えることが「自然」かつ「正常」だという発想に依拠《いきょ》している——これが「常識」だということは、あらゆる人びとが知っている。フィオナ・キャンベル〔➡23頁〕が語るように、「健常者中心主義のシステムは、集団的主体性に至るほどに、そして障害とは本来否定的なものだという通念が、逸脱に対する自然な反応として思われるほどに、障害に対する否定を深くかたちづくっている」[▼32]。

わたしはシンガーとの対話で防御的だったと感じる。わたしは、ニドルの錠剤を飲まない人もいるだろうと語るのでは満足できなかった──わたしは、「大部分の障害者は飲まない」と言い放った。けれども、確かに自分がもつ障害を好ましくは思わない障害者、障害が「創造的」だと語られるのを鼻で笑う障害者、治癒されるという言葉に歓喜する障害者も、たくさんいるだろう。そしてこれは、ただ単に健常者中心主義と内面化された抑圧のせいではなく、喪失や苦痛、個人的欲望ゆえということもあるだろう。わたしがシンガーに語るべきだったのは、確かに障害者たちのなかには障害をもつことを望まない人もいるかもしれないし、それはそれでいい……でも、みんながみんなそうではない、ということだったのだ。

けれども、こういうふうに答えたとしてもシンガーの問いにあまりに大きな力を付与してしまう。苦痛の過度な強調、すなわち苦痛は生を充ち足りたものにすることを不可能にするという想定と同様、治癒という問題は、障害をもつことに誇りをもつことと医療的介入とのあいだに、誤った二分法を生み出してしまう。ケイファーは、問題なのは強制的な健常身体性および健常精神性であり、「特定の患者および障害者と特定の医療的介入との関係」ではないと主張する。「治療への欲望が、必ずしも不具《かたわ》の政治や障害運動に対する反対立場を意味するわけではない」のだ。ケイファーは、自分が語っているのは治療そのものについてではなく、「治癒というイメージについて」だと念を押す――「すなわち、このようなイメージのもとで障害は、医療的介入が期待、想定されるのみならず、そうした介入のほかには何事も想像および理解されえない、そうしたものとして理解される[33]」。多くの人びとが治療を受けることを望み、障害をもちたがらず、障害によって苦しみたくはないと思っているという事実は、問題ではない。わたしたちが挑まねばならないのは、これらが意味するところは、障害とは客観的に望ましくないものであり、そうした感情だけが障害への分別ある反応だと見なす、かくも根深く浸透し

◇訳註　強制的健常身体性（compulsory able-bodiedness）とは、健常な身体性という尺度が、健常者中心主義的な社会のなかで、規範や制度として機能していることを示す概念である。障害学研究者のロバート・マクルーアーは、強制的健常身体性を、強制的異性愛と比較する。異性愛が支配化した社会では、異性（男－女）が惹《ひ》かれあうのは「正常」で「自然」なこととして自明視される。強制的異性愛という概念は、この自明化が「クィア」なものたちの存在を抹消《まっしょう》することを明らかにし、異性愛システムのもつ暴力や排除の仕組みを暴く。同様に、強制的健常身体性は、「正常」で「自然」とされる健常な身体性に合わない身体に、「障害」という烙印《らくいん》が押される仕組みを明らかにする。マクルーアーによると、正真正銘の異性愛が存在しないのと同じように、健常な身体性も存在しない。それらは人びとがそこに至ろうと試みる（けれども究極的に体得《たいとく》不可能な）規範に留まるのであり、強制的異性愛／健常身体性のシステムは、にもかかわらずかれらがそれを追求することによって――その過程で絶えず「クィア」や「障害」と名指される存在を生み出し、排除しながら――維持される。Robert McRuer (2013), 'Compulsory Able-Bodiedness and Queer/Disabled Existence,' *The Disability Studies Reader*, edited by Lennard J. Davis, Taylor and Francis, Routledge.

ている〔健常者中心主義的な〕前提そのものなのだ。

障害が良いものなのか悪いものなのか、それが苦痛を引き起こすのかそうでないのかを証《あかし》だてることは、究極的に絶望的なゲームだ。さらに、それは傷つきやすさや変化の可能性、そしてわたしたちが現にどんな世界に住んでいるのかといった、より重要なたくさんの問いにわたしたちが集中するのを難しくしてしまう。わたしたちが〔これまでのページで〕確認してきたように、障害は、生きられた経験であるのみならず、批判的に取り組まれるべきひとつのイデオロギーかつ政治的問題だ。障害は、身体において生きられている現実の一部分だ——それがいかなる身体であれだ。ケイファーが語ったように、障害という問題は「政治的で価値ある、必須不可欠なものとして」理解されねばならない。

障害学の研究者と活動家たちは、悲劇や苦痛にかんするステレオタイプをなくすためにたくさんの力を注いできた——これら過度に単純化された比喩《ひゆ》のかずかずは、障害者が強いられた不平等な状況を自然化するのに非常に重要な役割を果たしてきたからだ。女性運動が長年わたしたちに教えてくれたように、結局のところ、何かに対して政治的ではなく私的なものだとレッテルを貼ることは、権力をもった者が差別と不平等を否認するために用いる卓越した手口なのだ。障害を悲劇として語る語りは、抑圧と虐待の道具だ。この語りは、障害者には、就職や教育、ロマンチックな交際、あるいは一定の社会的地位にも値《あたい》しないと説《と》き伏せる。困難を認めることと障害を否認することとのあいだでバランスをとるのは、きわめて難しい。障害を望ましくない悲劇として想定すれば、すぐさま差別に繋《つな》がるからだ――こうして、障害者たちは、決まって板挟《いたばさ》みに会ってきたのだが、このジレンマのなか、みずからの苦闘を否認することで健常者中心主義を扇動《せんどう》する危険を犯しながら妥協してしまうこともありうる。

このようなジレンマをさらに複雑にするのは、わたしたちの大部分が、自分の苦痛と経験を〔内面化された健常者中心主義から〕簡単に分離して名づけることはできないという、単純な事実だ。障害者の作家であり詩人のイーライ・クレアは、次のように語る。「良い日には、自分のからだへ内向《ないこう》した怒りと、日常的に出会うクソな健常者中心主義へ外に向かう怒りとを分離できる。でも、前者を変容させながら後者に火を点けるというのは、まったく簡単なことでも単純明快なことでもない」[35]。外部の健常者中心主義、差別、抑圧と、内面化された健常者中心主義、苦痛、悲しみ、喪失とが、互いに不可避的に絡《から》まりあっているという事実ゆえに、障害はまことに厄介で、不可能ではないにしてもきわめて解《と》きほぐすのが難しい経験と化す。障害を考えるとき、多くの障害者たちにとって本質的な経験である苦痛に、そして障害をもつ身体や精神で生きるなかで出会うことがある喪《も》に余地を与えることは、決定的に重要だ。けれどもこのことと同時に、なぜわたしたちがいま感じているように感じるのかを問い、苦痛と悲しみが障害に固有なものではないということを想起することもまた、重要なのだ。

個人的な例を挙げるなら、わたしはパートナーのデイヴィッドと交際を開始していくらもたたない頃、散歩しながらわたしが彼の手を握ることができないのが恥ずかしく、また悲しかった。最初のうちは、この感情はわたしの身体に由来するものだと思っていた——わたしの手と腕は、この動作をするにはあまりに弱かったからだ。もちろん、わたしの手を彼の手の近くで維持する器具のようなものをつくることもできたろう。けれどもどんな補助器具をもってしても、望めばいつでも自動的に手のひらと手のひらを合わせられるようにすることはできない。わたしはこのことがたまらなく悲しかった。けれども、いつからかわたしは、このシナリオが純粋に個人的なものでも、自分の身体の「機能欠如」の産物でもないということに気がついた。もしデイヴィッドとわたしが障害者同士、あるいは障害者と非障害者《インターエイブル》のカップルの姿が珍しくない文化で生まれ育ったなら、もしわたしたちのように、すなわち彼がひじあるいは手をわたしの肩に寄せ、それに対してわたしが頭を彼の腕に寄せながら散歩する人びとを眺めながら生まれ育ったなら、カップルはこう交際する「ものだ」というわたしの観念は、どのように変わっただろうか？　もしそのように生まれ育ったとしても、わたしは、いまと同じ喪失感を感じただろうか？　あるいは、自分のからだが愛情を表現する仕方は有効なのだと、もっと自信を感じただろうか？

わたしたちの個的な生は非常に深く社会的・政治的世界と絡《から》まりあっているので、悲しみや喪失という最も内密な瞬間ですら、社会環境から完全には分離されえない。けれどもそれと同時に、わたしが直面する逆境のうちでわたしの身体に起因するものはまったく存在しないと想像することもまた、否認のひとつのかたちだろう。このような否認は、わたしの身体性が含意《がんい》するところのものを理論的、政治的、そして芸術的に探求する可能性を狭《せば》めてしまう。厳格な障害の社会モデルが語るように、障害は単純にわたしに降りかかるものではない――むしろ障害は、わたしが誰なのかをつくりあげる、必要不可欠な構成要素だ。そしてこのことは、わたしの創造性において、そしてわたしが経験する困難においてそうなのだ。わたしの身体において障害を認めることで、わたしは単に自分の限界に気づくだけではない。そのことでわたしは、自分の障害をもった身体を、新しい仕方で世界と出会い、世界を理解する潜在力に満ちた創造的な場として考えることができるようになるのだ。重要なのは、障害者たちが自分たちの苦痛を、そして「望まれなさ」をつきつけられるかずかずの瞬間を、みずからのものとし、みずから語りはじめることだ。なぜならわたしたちは、健常者世界によるわたしたちの生の枠《わく》づけや固定観念にとらわれることなしに苦しむことができるべきからだ――わたしたちはみな苦しむ。けれどもこの苦しみは、わたしたちの他の多様な経験を、決して消し去りはしない。

だがここで、苦痛に対する過度な強調が問題だということと同じくらい、苦痛の否認もまた問題だという点を指摘しておかねばならない。苦痛を感じる力量は、人間のあいだ、および種《しゅ》のあいだの差異をまたがって分かちもたれているものだ。苦痛は共感の場であり、他者の苦闘を認識する場でもある。苦しみを経験する力量をある存在において否認するのは、人間が他の人間たちに、また他の動物たちにあまりにも頻繁《ひんぱん》に行使してきた、とてつもない暴力行為だ。

多種多様な障害者コミュニティが、苦痛という問題を「健常者中心主義的社会における語りから」取り返し、あらためて主張するならば、いったい何が起こるだろうか――苦痛の言説《げんせつ》をめぐる危険についてしっかりと心に留めながら、同時に苦痛をさまざまな差異を横切ることを可能とする潜在的な共感の場として認識するならば？　障害学研究者であるスーザン・シュベイクは、一九八〇年代にカリフォルニア大学バークレー校に通い、その後まもなく故人になった障害者の動物活動家、ジュディス・グリーンウッドとの思い出について教えてくれた。シュベイクはこのように語って、障害学が学問として存在するずっと前にグリーンウッドが障害学という分野を開拓したと考える――「わたしは、ジュディスが科学者と医師たちによって虐待《ぎゃくたい》された経験、つまり被検台《ひけんだい》にされた経験について話してくれたのを、いまでも鮮明に覚えています。その経験は、どんな存在も実験台にはさせるまいという信念の炎をジュディスのお腹《なか》のなかに点《つ》けたのです。彼女は全《まった》き繋《つな》がり［の感覚］をもっていました……つまり、他の動物たちと分かちあわれた感覚力や力量、そして苦痛にもとづいた理解をもっていました」▼36。苦痛を強調することは、憐憫《れんびん》や固定観念を植えつけることもある。けれどもそれはまた、共感を呼び起こし、連帯を希求するこのような情熱に、火を点けることもありえるのだ。

障害がこの世界に何か肯定的なものを与えることができるかどうか、わたしがシンガーに尋ねたとき、彼の答えは、葛藤《かっとう》について、克服について、そしてケアについて、人びとに教訓を与えてくれるかもしれないという、そもそも否定的な何かとして障害を想定するものだった。

これは、障害の唯一の肯定的潜在性が、健常者にどうすればより共感的になれるのかを教える機会を提供するところにあると考える、ありふれた感覚に由来するものだ。このような語りが見逃しているのは、障害を通してわたしたちが、文化や政治、自立、生産性、効率性、傷つきやすさについて、そしてさまざまな差異――ここには種《しゅ》を横断する差異も含まれる――をまたがる共感と連帯の可能性について、より大きな問いを投げかけることができるようになるという点だ。わたしたちは、障害というレンズを通して、誰が社会の生産的なメンバーとして数えられ、どんな行為が重要で価値があると見なされるのかに対する前提を問うようになる。わたしたちは、障害を通して、わたしたちが当然のごとく受け入れてきた物事について問いを発しはじめる――すなわち、わたしたちの理性やからだの動かし方、そして世界を知覚する仕方などのことだ。障害はわたしたちに、わたしたちがなぜ、そしてどのように互いを配慮し、わたしたちがどんな社会に生きたいのかを考えるための、新しいパラダイムを提示してくれる。

すでに故人になった歴史家であり障害学者であるポール・ロングモアは、障害者コミュニティから生まれた価値体系をこのように言い表した――「プライドの宣言を超えて、聾《ろう》者と障害者たちはみずからの経験から得たオルタナティブな価値観を発見し、あるいはつくりあげてきた。……かれらは自分たちが自己充足ではなく自己決定を、自立ではなく相互依存を、機能的分離ではなく個人のあいだの繋《パーソナル・コネクション》がりを、身体的自律ではなく人間のコミュニティを尊重すると宣言する」[37]。障害のこのような「価値」は、急速に不安定化する現在の社会においてますます重要性を増している。わたしはこのような諸価値を人間世界を超えて拡張させることを心に描いてみる――それはきっと、人間だけでなく動物や環境との関係における相互依存や行為主体性、そしてコミュニティを祝福する解放への道を切り拓《ひら》くものであるだろう。

なおも問いは残る――いかにして障害運動と動物権運動を架橋《かきょう》することができるのか？　この問いに対して、わたしはまず、シンガーの仕事に動物擁護家たちがなしてきた批判と、とりわけフェミニストたちが提出してきた動物正義についてのオルタナティブな議論を取りあげることで応《こた》えよう。▼38 そして、二つ目の応答として、みずからの差異に対する恐れを熟考するよう、障害者運動に対して呼びかけよう。

障害運動が動物問題に反発するのは、シンガーをはじめとする人びとの健常者中心主義のせいだけでなく、障害運動自体の種差別主義ゆえでもあるという言葉を、わたしは数え切れないほど耳にしてきた。わたしは、これは間違いなく事実だと思う。障害者とその連帯者《アライ》が見せてきたシンガーへの反応を見れば明らかだ。たとえばハリエット・マクブライド・ジョンソンは、見事にシンガーの論理に反駁《はんばく》したものの――彼女は驚くべき才知と手腕を発揮して生の質にかんするさまざまな前提に立ち向かった――車椅子にかけた羊皮がシンガーによく見えるようにしてくれと介助者に頼んで、動物への関心の不在のうちにぬくぬくととどまった。のちに彼女は、シンガーに対して、自分が動物の苦痛について学ぶつもりはないと伝えた。ジョンソンは動物問題に対するみずからの反感を以下のように説明した。「障害パーリア〔追放者や、のけ者の意〕であるわたしは、場所のために、同類意識のために、コミュニティのために、繋《つな》がりのために、たたかわねばなりません。わたしは自分が人間であることを認められるためにまだたたかっているので、種を超えろというシンガーの訴えは、わたしには手の届かない贅沢《ぜいたく》のように思えます」。

ジョンソンの動物に対する関心の欠如には当惑《とうわく》する。まだ自分への正義が達成されていないからといって他の存在に対する正義を否認するのは、決して良い考えではない。わたしはまた、動物解放なしには障害解放もありえないと信じている――二つは密接に繋がっているからだ。動物運動を無視したり、動物運動と障害運動の関係を絶ってしまうのではなく、政治理論家のクレア・ジェーン・キムが「公言の倫理（ethics of avowal）」と呼ぶものを受け容れてみるならどうだろうか――すなわち、さまざまな抑圧は互いに連結しており、そして「政治闘争の過程においてすら、いやそうした過程においてとりわけ、わたしたちが異なる隷属《れいぞく》集団の苦痛や主張に有意義で持続的なかたちで開かれていること」を快く《こころよ》公言する、そうした倫理を?[39] 共感は、限りある資源ではないのだ。

もしかすると、障害抑圧と動物抑圧が本質的に繋がっているということの最も衝撃的な証拠は、健常者中心主義であるシンガーの論理が同時に種差別主義的でもあるという点に見出せる。人格（そして人格が提供する、殺されることからの保護）を認定する基準として、理性に関連するもろもろの力量をつきつけることで、シンガーの主張は、さまざまな能力間の位階《ヒエラルキー》のみならず、種間の位階をも強化するのだ。この枠組みにおいて、(定型発達の)人間の能力と似た能力を有する種は、より大きな保護を受ける。そして、わたしたちが理解できなかったり、その性質に議論の余地があると見なされる種は、継続的な搾取《さくしゅ》、所有、死の危険へと晒《さら》される。これは、苦しみと殺しの不透明な区分をはっきりと線引きすることによって、◇また理性の価値を強調することによって、意識と人格にかんする複雑な問題群を解決済みにしようとする人間中心主義的枠組みだ。

「動物権の父」による仕事に対して人びとが考えるかもしれないこととは反対に、シンガーの文章は、動物を商品化し、殺害することを正当化する際にも決まって用いられる。彼の仕事は苦痛を強調する語りを大衆化したが、これは単に極端に残忍な行為を減らすことに耳目《じもく》を引くよう運動を導いた結果、動物倫理にかんする議論の視野を狭《せば》めることとなった——動物搾取の体系的原因のかずかずに挑戦し、動物が真に栄えるために必要なものを問う代わりに、だ。数百億匹の動物たちが恐ろしく残酷な条件下で生きている現実を考慮するならば、動物倫理を取り巻く対話の大部分が苦痛に焦点を合わせるようになるのは、もちろん驚くべきことではない。わたしもまた、動物を残忍な仕方で扱うことに対する気づきを喚起《かんき》する営為の重要性を過小評価したくはない。それにもかかわらず、苦痛に焦点を合わせることにはある危険がともなう。それは、多様な利害関係をもつ存在である動物たちの姿を人びとが理解することを妨げ、その結果、人びとをして、動物たちの生を低く価値づけることを可能にしてしまうためだ。それはまた、動物搾取から利益を得ている数十億ドル規模の産業に立ち向かうこともできない。

動物福祉は、動物倫理および哲学の最も大衆的かつ主流の分野として考えられているのだが、この考えは、苦痛をめぐるシンガーの理論から強く影響を受けてきた。人間と動物の関係にかんする急進的および保守的な概念を双方含む多面的な用語を一般化する危険を冒して言わせてもらえば、動物福祉は概《がい》して、動物が苦痛を感じることができるために人間が責任感をもって扱わねばならない存在としては考えるものの、それでいて動物を人間の利益のために用いることができると考える。大部分のアメリカ人は、動物福祉がどんなかたちであれ必要だと信じる。これは九四％以上のアメリカ人が動物たちが一定の保護を受けるに値すると答えたという、ギャロップによる近年の世論調査においても見てとれる。▼40 動物福祉を擁護《ようご》する人びとは、動物たちが痛みを感じることのできる感覚力ある存在であることを認めるものの、だからといって人間中心主義や、売買可能な商品としての動物の地位、人間の娯楽のために動物を殺す慣行《かんこう》に挑むことはしない。これ以上は不要だと見なされるまでに動物たちが耐えることができるとされる苦痛の量は、いまだ論争中だ。動物福祉立法は、特定の方式を通して動物産業の残酷性を

◇訳註　シンガーの議論においては、問題が「苦しみ」の場合は、感覚力という単一の尺度からあらゆる存在への配慮がなされるのに対して、問題が「殺し」になると、認知能力や理性という位階的な尺度に取って代わる。そのため、そうした力量において劣る存在を殺すことは、力量において勝る存在を殺すことよりも悪いことではないという結論が導き出される。このことをテイラーは念頭に置いていると思われる。この章の前半部を参照。

減らすことに焦点を絞っている。たとえば、雌豚の妊娠ストール〔➡78頁〕の使用を禁止したり、横たわったり振り向いたりできる空間を子牛に与えることがここに含まれる。このような立法は些末《さまつ》なことこのうえないが、それでも通過させるのは容易でない。動物の苦痛を認識することは、わたしたちがかれらを遇《ぐう》する仕方を改善するために決定的に重要だ。けれども、苦痛だけに集中していると、わたしたちは、動物たちが実際に生きていることそれ自体に価値があるのかもしれないということを、考えられなくなってしまう。

対話のある地点で、シンガーはジョンソンにこんな質問を投げかけた――どうして「人間の生をそんなにも尊厳あるものとして考えながら、動物の生についてはそんなにも低い敬意しかもてないのですか」。ジョンソンはこう答えた。「周りの人は最近わたしにその逆を聞いてくるんですけどね。どうしてあなたは動物の生についてはそんなにも尊《とうと》びながら、人間の生の尊厳についてはなおざりにしか考えられないのか、と」。なぜ動物が配慮に値するのかをシンガーが手短に説明してからしばしの会話が交わされた後、ジョンソンはこう答えた。「いいですか。わたしはこれまで幸福な無知のなかで生きてきましたけれど、こんにちもそれを放棄するつもりは毛頭《もうとう》ありませんからね▼41」。

もちろん、シンガーもまったく同様に答えることができる。障害に対する無知のうちでも何不自由なく生きていけるというのに、申し分なく論理的で筋《すじ》の通った理論のかずかずをなぜわざわざ揺さぶらねばならないというのだろうか？

13 新たな団欒《だんらん》に向けて

二〇一〇年九月、わたしはカリフォルニア州マリン郡にあるヘッドランド芸術センターで開かれたある催《もよお》しに参加した。「フェラル・シェア」と名づけられたこの催しは、アートのファンドレイジングと地元の有機農祝祭《しゅくさい》、そして哲学をめぐるシンポジウムを三つの柱とするものだった。[1] わたしはその日の晩に開かれた、哲学にかんするプログラムに招待を受けた。肉食の倫理をめぐる討論に、ヴィーガン代表として参加したのだ。わたしはニコレット・ハーン・ニーマンと討論した。彼女は環境問題専門弁護士ならびに牧場経営者であり、『正しい豚肉

――工場式畜産を超えて探求する良き生と食』の著者だった。

デイヴィッドとわたしは催しの直前に到着したのだが、はじめの四〇分くらいは階段の下で二人きりで過ごさねばならなかった。他の人たちは別の階のアートイベントに参加していたが、わたしたちはその階に車椅子ではアクセスできなかったのだ。忙しそうにディナーの最後の仕上げをしているシェフたちがわたしたちと一緒だった――牧場で牧草を食べて育った牛の肉と、チーズラビオリからのチョイスだった。

デイヴィッドとわたしは、車椅子のアクセスがないということを事前に聞いてはいたものの、そこでじっと座って待ちながら、次第に不快感が強まるのを感じ始めた。わたしのなかの障害活動家は、自分が十分に楽しむことのできないイベントの参加に同意したということに罪悪感を感じた。いっさい迷惑をかけることなく階段の下で静かに車椅子に座っているわたしの姿は、あたかも自分がアートセンターの物理的空間に埋め込まれた差別を容認しているかのように人目に映るだろうと感じた。あたかも、そこにいるわたしの姿がこのように語っているかのようにだ――「大丈夫です、気にしないで下さい。結局のところ、障害は個人的なたたかいなのですから」。

デイヴィッドとわたしの食事が到着したとき、わたしたちの疎外感はさらに強まった。部屋に二人しかいないヴィーガンのわたしたちに、シェフたち（そのなかの数名はバークレーを拠点とするアリス・ウォータース〔米国のシェフでオーガニック・レストラン経営者、作家。TV番組「アリスのおいしい革命」は日本でもNHKが放送した〕の有名なレストラン、シェ・パニーズからやって来ていた）は特別に食事を準備してくれたのだが、それは主に野菜のグリルからなるものだった。わたしはあやうく、雑食家で溢《あふ》れかえった部屋に向かって、ヴィーガニズムを選んだ理由について、こと細かに説明し始めるところだった。そして、このヴィーガンの食事がどう解釈されるのかについてもはっきりと感じ取った——きっとそれは、孤立していて異質であり、シェフに余計な手間をかけさせ、しかも他の料理より満足感が小さい食事だと思われていることだろう。わたしは独りぼっちだという感覚を激しく感じながら舞台に上がったが、そう感じたのは、側《はた》から見てわたしがただひとり障害をもっていただけからではない。皿の上に動物性食品がのっていないのが、デイヴィッドとわたし二人だけだったからでもあった。

　ポーランは『雑食動物のジレンマ』で、自分がベジタリアンで最も大変だったのが「他の人から微妙に疎外されてしまう点」だと述べている。[▼2] 食について文章を書く人びとはしばしば、自分たちが倫理的信念のためにどれだけ多くの社会的疎外を進んで甘受《かんじゅ》しているかを描き出すのに、驚くべき量のエネルギーを費やす。ベジタリアンやヴィーガンに「チャレンジ」することを取り上げる大衆的な雑誌や新聞の無数の記事が、「菜食主義者になる（going veg）」ときに直面する社会的烙印《らくいん》に焦点を合わせている——くるくると回る目（もどかしさや嘆息の感情を表すジェスチャー）、嘲笑《ちょうしょう》のコメント、奇妙な風貌《ふうぼう》がその一部だ。ジョナサン・サフラン・フォアーはこう語る。わたしたちには「周りの人がするのと同じことをしようとする強い衝動《しょうどう》がある——とりわけ食べものの場合がそうだ▼3」。

このような記事がベジタリアンの経験を周辺化するのにどんな役割を果たしているのかを解き明かすのは難しい。だが、このような問題の代わりに、〔動物や菜食の問題との関連で〕人びとが直面する切迫《せっぱく》した問題、たとえば、通常は白人以外の人びとが住む貧しい地域では低価格で健康な食料を手に入れるのが難しく、政府は野菜や果物を中心にした食事より、動物性食品や過剰な糖分からなる食事を促進し、補助金までも与えているといった問題が記事にされるなら、それによってベジタリアンやヴィーガンになろうとする人もいるかもしれない▼4。けれどもベジタリアニズムやヴィーガニズムにかんする多くの記事は、こうした深刻な構造的障壁に照明をあてる代わりに、往々にして肉と動物性食品を避ける挑戦を、ある一個人の正常性と、受け容れ可能性〔➡84頁〕とに対する挑戦として提示してしまうのだ。

こんにちのアメリカでは、動物活動家たちは決まって、度を過ぎて熱狂的で、人間嫌《けん》悪《お》者で、さらにはテロリストとして描写される。反面、ベジタリアンやヴィーガンはしばしば、現実離れしており、ヒステリックかつ感傷的で、そして食にかんして過度に神経質な輩《やから》として描かれる。ベジタリアンの食事は「畸形《きけい》」であり、肉の代用物はあたかも実験室や科学実験の産物であるかのように描写される。動物性タンパク質の代替物の大部分は伝統的にアメリカ的なものではなく、したがってそれらをどこか異常で不自然なものとして見なすというふうに、食べものを周辺化することによってアメリカ的アイデンティティを堅固《けんご》にし（「本物の」アメリカ人は本物の肉を食べる)、他者を異国的なものとする。けれども動物を食べない人びとの非正常性はおそらく、人気のヴィーガン・ポッドキャストであり、この題で本も出ている『ヴィーガン・フリークス』において、典型的に露《あら》わになっている——多くのヴィーガンは、主流文化がこのように自分たちを認知していると感じているのだ。[5]

ベジタリアンやヴィーガンになるのにハードルがまったくないということではないものの、食と食の政治にかんする人気本やその著者を含むたくさんのメディアは、知ったかぶりの様子でヴィーガンやベジタリアンの「ライフスタイル」と呼ばれるものの「畸形化」へと貢献している。けれども重ねて言うのだが、動物を配慮する人びとが周辺化されるという事態はまったく新しいことではない。ダイアン・ビアーズは『残酷行為を防ぐために——アメリカにおける動物権運動の歴史と遺産』において、このように述べている。「十九世紀の医師たちは、そうした奇妙な行動を説明するために、精神疾患上の診断名まで生み出した。彼らは、この誤った方向に導かれた霊魂たちが、哀《あわ》れにも「動物愛護精神病」に罹患《りかん》したと宣言した」。ビアーズが語っているように、動物愛護精神病(動物に対する過ぎた懸念《けねん》)の診断は女性に下される場合が多かったのだが、女性たちは「とりわけこの疾患への抵抗力が少ない」と考えられた。[6] イギリスとアメリカにおける初期の動物擁護運動は主に女性によって担われたので、このような非難は結果的に、女性と人間以外の動物、双方の隷属《れいぞく》を維持する仕方で作動した。

ハン・ニーマンやわたしがこのような主題について権威ある場で討論するよう招かれるとい

うことは、少し前なら考えられなかったということは、歴史が教えてくれる——単純に、わたしたちが女性だからだ。けれどもハン・ニーマンとわたしは二人とも白人であり、これは動物倫理を取り巻く対話において人種主義が、いまだ十分に問題化されていないことを物語る。歴史的に動物擁護運動の大半を中産階級あるいは上流階級の白人女性が占めてきたものの、彼女たちがそのなかで指導的な地位に立ち始めたのは一九四〇年代中盤からだ。有色人種の人びとはこのような対話に十分に参加できず、主流の動物擁護運動において指導的な位置を占める人はさらにいなかった。家父長制《かふちょうせい》と人種主義の遺産が、いまだに動物倫理と持続可能性、そして食の正義をめぐる対話に深く影響を及ぼしていることは、不幸にもまったく驚くべきことではない。二〇一二年には、キャロル・J・アダムズとローリー・グルーエン、そしてA・ブリーズ・ハーパーは、「ニューヨーク・タイムズ」紙に対する公開抗議書を作成するに及んだのだが、これはニューヨーク・タイムズ社が、肉食擁護のための最良の議論を競うコンテストの審査員を、五名の白人男性からなるパネルで構成したことに対してであった。何度も繰り返すが、こうした主題を扱う討論会で発言する機会、出版する機会、メディアの注目を受ける機会を得るのは、いつも白人かつ男性だ。アダムズ、グルーエン、そしてハーパーはこう語った。「肉食倫理にかんする議論には、これまで規範《きはん》として機能してきた性差別的かつ人種差別的なパースペクティブが染み込んでいます[7]」。

健常者中心主義は規範的なものとして見なされ自然化されているので、障害と障害者もまた、このような対話において無視されてきた。ピーター・シンガーのような哲学者たちとの現在進行中の議論において明らかなように、障害者コミュニティは動物擁護コミュニティと長く緊張感ある関係を維持してきた。けれどもそれほど劇的ではない場合ですら、障害者と障害者に影響を及ぼす多様な主題とは、動物福祉と持続可能性をめぐる運動において大部分排除されてきた――それが当の運動の健康および身体鍛錬《たんれん》に対する強迫観念によるものであれ、他の種類の教育および活動家のイベントへのアクセス権という問題への関心不足によるものであれだ。

　討論が開始するのを階段の下でじっと待っているあいだ、身体においても食の選択においても自分を畸形のように感じながら、わたしは「食卓団欒《だんらん》」、すなわち食事を通して生み出される絆《きずな》や結束感について語るマイケル・ポーランを筆頭《ひっとう》とするさまざまな作家たちについて考えた。ポーランは、もしあなたがベジタリアンならば、こうした絆が危険に晒《さら》されると語る。あの日、晩餐《ばんさん》で客に振る舞われたステア〔去勢された牛の肉〕を食したなら、わたしはより強い所属感を感じることができただろうか？　ベジタリアンになろうとする自分の試みについて、ポーランは次のように記す。「いまや他の人たちは、菜食《さいしょく》主義者であるわたしに配慮しなければならない。これは気まずいものだ――新しくできたわたしの食生活上の制約によって、主人と客人のあいだの基本的関係がこじれてしまうのだから」[8]。

　ポーランは、他人から「気を遣《つか》われる」のが「居心地《いごこち》悪く」感じる。だが、このことがポーランにとって新しい経験だということそのものが、彼がもつ特権の強力な徴《しるし》だ。居心地の良い社交を中断して配慮を要求することは、障害者にとっては日常茶飯事だ。友人たちが行きたがるレストランにスロープがないので、自分が誰かに持ち上げてもらわねばならないということを知ったとしても、わたしたちはそのレストランに行こうとするだろうか？　フォークを口で持ったり、あるいは、そもそもフォークを使わない代わりに、その食卓にわたしたちがより受け容れやすいように、あるいは「動物のように」食べないために、フォークを手で持って食べるだろうか？　わたしたちは、討論するよう招待された空間が、実は特権化され、健常者中心主義的な場所だったという事実に注意を喚起《かんき》せねばならないのだろうか？　障害者の多くにとって、ディナーの場で礼儀を守ることの重要性は、他のもっと大切な事柄を前に、すっかりかすんでしまうものだ――それは、仮にわたしたちが他人を居心地悪く感じさせようとも、わたしたちがディナーの場に存在しつづける権利を擁護《ようご》することだ。ポーランは食卓の場に座を占めることができるとはじめから前提している。わたしは聴衆をぐるりと眺めまわしながら、この食卓に居《い》ないものたちのことを考えた――障害、人種、ジェンダー、あるいは低所得ゆえ、動物倫理と持続可能性を取り巻くさまざまな対話において不可視化されている人びとのことだ。

　サフラン・フォアーは、『動物を食べること』〔⬇139頁〕で単純な問いを投げかけた。「わたしは、社会的に居心地の良い雰囲気をつくりだすことをどれだけ重んじるのか？　そして、社会的に責任ある行動をとることをどれだけ重んじるのか？[▼9]」

ハン・ニーマンとの討論は、ヴィーガンと持続可能な食肉消費支持者たちとのあいだで起きる他の数多くの対話と同じようなものだった。わたしたちはヴィーガニズムと持続可能な雑食主義のそれぞれが環境に及ぼす影響について、ヴィーガニズムが「健康」な食生活であるかどうかについて議論し、なぜ動物が人間によって屠殺《とさつ》されない生を生きる権利を有するのか、あるいはそうでないのかを論じるのに大半の時間を費やした。ハン・ニーマンとわたしは工場式畜産の残酷性にかんしては大いに同意し、動物が複雑な感情、能力、そして社会関係をもち、知覚を有し、思考をおこない、そして感じる存在であることを理解した。けれどもハン・ニーマンが動物を憐憫《れんびん》をもって殺し、食することが可能だと論じた地点では、わたしは、動物がそんなふうに屠殺されることはほとんどなく、そうした立場の正当化は、種差別主義的であるのみならず健常者中心主義的でもあると論じた。

討論の時間はたったの一時間だったので、わたしは動物の問題との関連で障害について話をするのは難しいと考えていた。けれどもあのアクセスの欠如した空間でときを過ごしたのち、わたしはこの問題について何としても一石を投じなければと考えるようになった。わたしは、障害問題と動物問題を最善を尽くして代弁せねばという責任を感じたのだ——こうしてわたしは、自分が経験した周辺化を少しでも他の人たちが考えることができるようにと願って、わたしが政治的に共感している障害のモデルについて語った。

討論を通して、わたしは障害者、そして障害学者としてのわたしのパースペクティブがどのように動物に対するわたしの考えに影響を及ぼしたのかについて説明しようとした。わたしは障害学が動物倫理の議論においてもいかに重要な問題を提起しうるかについて話をした。権利や自律性という問題のみならず、正常性と自然、価値と効率性、相互依存と脆弱《ぜいじゃく》性にかんする問題群がこの学問領野《りょうや》では中心を占める。身体的に自律的でなく、脆弱で相互依存的なものたちの権利を守るための最善の方法は何か？　みずからの権利を守ることのできないものたち、あるいは権利という概念をそもそも理解できないものたちの権利を、いかに確保することができるか？

　わたしは、人間が搾取《さくしゅ》する動物たちが、いかにして障害をもたされることになるかについて詳しく語った。動物たちが特定の人間的特徴および能力をもたないとき、どのように否定的に決めつけられるのかについて語り、また障害学で何ができるかについて語ろうとした。けれども討論が佳境《かきょう》に入りながら、わたしは自分のなかに敗北感がじわじわと忍び寄るのを感じた——動物の問題にかんしてではなく、障害の問題についてだ。わたしは、障害の政治をめぐる議論が誤解されているだろうことを鋭く感じた——会場の聴衆が、人間として、そして非障害者としての自分たちの特権について考える代わりに、わたしが動物の問題を効果的に語るために自分が障害者であることを活用していると考えているだろう、と察したのだ。

　わたしに近づいて話しかけてきた最初の人は、自分を知的障害児の母だと紹介した。彼女は人が万能の不具《スーパー・クリップ》〔⬇34頁〕に接するときのように感動した様子で、あたかもわたしの霊魂を救おうとしているかのようにわたしのことを案じていた。「こんなことがあなたの問題を解決してくれはしませんよ」――彼女は語りつづけた――「あなたを動物と比べる必要などないのです」。

わたしは、どうして彼女がそんな言葉を発するのか理解できた。知的障害者は、シンガー流の動物倫理言説においてはまともに扱われてこなかった。リシア・カールソンが述べているように、「もしわたしたちが哲学における知的障害の概念的搾取と周辺化の可能性を真剣に考えるなら、わたしたちはこの言説において「知的障害」に期待されてきた役割について批判的に検討せねばならない[10]」。わたしは、自分が自分自身を動物と比較したのではなく、わたしたちの共通する抑圧を比較したのだと、障害者と人間以外の動物はしばしば似た力によって抑圧されているのだと説明しようとした。一方で、わたし個人としては、動物と比べられるのは必ずしも嫌《いや》なことではないとも語った――結局のところ、わたしたちはみな動物なのだから。

彼女は、障害をもった自分の子どもの状況を動物のそれと比べるつもりはなく、障害児と動物は互いに何の関係もないと語った。彼女の子どもは動物ではない――なのに、わたしはこうした繋《つな》がりをむやみにつくりだすことで、わたし自身だけでなく他の人びとにも迷惑をかけている、というわけだ。

この女性は決してわたしに対して怒りを表しはしなかったが、それはおそらく、わたしが語ったようなことを健常者からも聞いたことがあったからだろう。その代わり、彼女はわたしのために心を痛めているかのようだった――あたかも、わたしには障害者としての自尊心も誇りも欠けているので、わたしが自分を動物にすぎない存在として見限っているかのように。

もしわたしが会場で黙々と社交上の礼儀を守りつづけることなく、他人の居心地《いごこち》を悪くさせてでも、自分という存在に対する受け容れ〔⬇84頁〕を求めていたなら、障害をもった人間としてのわたしの自信は、別様に発露《はつろ》されただろうか？　もしわたしが自分の身体のアクセス権を声を大に主張しながらあのイベントにやって来たなら、動物とのわたしの関係および絆《きずな》を議論することすらも障害への愛を表す身振りとして認められるほど、わたしの身体に対する自信は疑いの余地なく明らかなものになっただろうか？　もしかすると、わたしの行動は迷惑がられたろう。あるいはもしかすると、人の気分を悪くさせたかもしれない。けれども、受け容れを要求することによって、わたしはきっと、異なる団欒《だんらん》を主張することになったことだろう。

　あの日の晩、わたしの言葉を枠《わく》づけたのは、空間へのアクセス不可能性だった。その結果、わたしは、いかにして動物抑圧と障害抑圧が単に自然なものとして見なされることによって不可視化されるのかに、焦点を絞ることになった——ステアがディナーとして振る舞われ、障害者が階段の下で待たされることによってだ。

14

肉の浪漫《ロマン》化

『動物がわたしたちを人間にしてくれる――動物にとって最良の生を創造する』〔邦題『動物が幸せを感じるとき』〕で、テンプル・グランディンは語る。「ネブラスカにある工場にはじめて中央トラックコンベヤー拘束機《こうそくき》を取りつけた日のことは、いまでも忘れない。高いところにある作業員用通路に立ち、眼下《がんか》の膨大《ぼうだい》な牛の群れを見渡した。この牛たちはみな、わたしが設計した装置で死んでゆくのだ。わたしの目には涙が溢《あふ》れ、そしてこんな考えが浮かんだ。人間が繁殖させ、飼育することがなかったなら、いま屠殺場にいる牛の一頭たりとも、この世に生を受けることなどなかっただろう。そもそも生きるということを経験しえなかったに違いない」[1]。

スローフードUSAの「全米アーク・オブ・テイスト」というプログラムは、「絶滅が危惧《きぐ》される二〇〇以上のご馳走《ちそう》」を羅列《られつ》するのだが、その多数が遺産品種〔↓79頁〕であった[2]。スローフードUSAのジョシュ・ビアテルがナショナル・パブリック・ラジオに語ったように、「動物を救うために動物を食べよ！[3]」というわけだ。このプログラムのキャッチフレーズはこうだ――「貴重な食を救おう。一度につき一つの商品を[4]」。いろんな意味で、スローフードUSAの「救うために食べよう」という論理は、消費者運動の頂点を極めている。遺産品種を食べることによって――文字通り、商品へと変えられた個的な存在を消費することによって――わたしたちは小規模農家の助けになり、地域の農業をサポートし、生物多様性を促進するのみならず、動物たちすらも救っているというわけなのだから。

　グランディンは動物の屠殺一般を正当化し（ここには最大規模の生産者〔例えばマクドナルド社など〕も含まれる）、スローフードUSAは小規模農家をサポートしようとする。けれどもいずれの場合も、家畜化された動物をめぐる一定のパラダイムに依拠している。つまり動物たちは、生き延びるためにみずからを搾取《さくしゅ》に差し出さざるをえない存在として見なされているのだ。もし人間が動物たちを食べてやることがないならば、これらの動物たちは存在しなくなるだろう――かれらは絶滅するだろう。グランディンとスローフードUSAは、異なった目標に向かって絶滅論を説いてはいるものの、両者とも、動物を食べることによって人間が動物たちに善《よ》いことを施《ほどこ》してやっていると論じる点で等しい。

二〇〇六年に大学院に進学するためにベイエリアに引っ越したとき、おそらくは多くの人と同様、わたしもまた、この地はベジタリアンやヴィーガンの天国だろうと期待に胸をふくらませた。わたしはがっかりした。確かにこの一帯には数多くの素晴らしい植物性のレストランが店を構《かま》えてはいるものの、わたしの予感は当たらなかった。結局のところ、ベイエリアはまたマイケル・ポーランの故郷でもあるのだが、彼は当時、たくさんの菜食主義者を再び雑食者に生まれ変わらせるのに一役買った張本人だ。ベイエリアはまた、工場式畜産の動物性食品に対するオルタナティブを提供するニコレット・ハーン・ニーマンとその夫ビルのような多くの地域農家、そうした代替《だいたい》的食材料を使用するシェ・パニーズのようなレストラン、若くて洗練された新しい世代の猟師や屠殺者、そして一時《いっとき》などは「肉と芸術」という主題に捧《ささ》げられた季刊誌が発祥《はっしょう》した地でもあった。この地域に住む住民の多くは、ベジタリアニズムやヴィーガニズムは時代遅れの解決法だと考えるようになったようだった——かつて唱導《しょうどう》されたそれらは、二一世紀のいま環境を考える者にとってはもはやあまりに単純でロマンチックなものだ、と。これはベイエリアに限らない。全米規模で、肉食者あるいはヴィーガンという二項対立から新たな中間地点への移行が進行中だ——「良心的雑食者（conscientious omnivore）」というのがそれにほかならない。

産業的食肉生産へのバックラッシュは長い時間をかけて、そしてたくさんの理由から醸成《じょうせい》されてきた。食肉産業の環境および人間や動物の福祉へのおぞましい影響が広く認知されるにつれ、最も頑《かたく》なな雑食者すら、まったく罪悪感なしに肉を消費するのは難しくなってきている。けれども、ほとんどの人は動物を食べること一般については反対していない。かれらは単に、産業的に飼育された動物を食べることに反対しているだけなのだ。良心的雑食者たちは、肉を昔ながらのやり方で食することは可能であり、また望ましいと信じる——小規模で持続可能、地域に根づき、かつ動物たちを愛する農家から得た肉を、ということだ。「地域産」、「牧草育ち」、「持続可能な生産方式」、「人道的飼育」、「放し飼い《フリー・レインジ》〔少なくとも一日のあいだの一定時間、鶏が屋外で自由に動き回ることができるようにする飼育方法〕」という言葉は慈善《じぜん》的な響きがするが、これらは肉、乳製品、卵の陳列台を行き交う良心的な買い物客を出迎えるキャッチフレーズのほんの数例にすぎない。これらの商品の多くは、パッケージに、緑の牧草地で微笑《ほほえ》んでいる豚や幸せそうな農家を描くことで、これら動物の存在を声高《こわだか》にアピールする。環境や動物福祉を気にかける多くの消費者たちにとって、「人道的飼育」の肉を選ぶことは、昔ながらの農家やその食習慣に敬意を払うと同時に、環境悪化と動物の苦しみという倫理的問題をも解決することであるかに思えるのだ。

　わたしは工場式畜産の恐怖に気づく人が増えていることは非常に好ましく思う。けれども、「新しい肉《ニュー・ミート》運動」、「人道的肉運動」、「牧草飼育肉運動」、あるいは単に「幸せな肉《ハッピー・ミート》」（最後のものはたいてい、こうした運動のかずかずにうんざりしたヴィーガンたちが使う言葉だ）などといったかっこうで呼ばれてきたものの背後にあるロジックは厄介だ。動物消費に賛成する良心的雑食者の議論はもはや、動物を食べるのを止《や》めるという面倒なゴールに依拠《いきょ》することはない。

その代わりにこの立場の唱導者《しょうどう》は、動物たちの多くは複雑な情動《じょうどう》を有する存在ではあるものの、このことを、肉を食べることや、動物を他の目的のために商品化することに対立する議論としては見なさず、単に甚大《じんだい》な苦痛を惹起《じゃっき》することに対する議論としてのみ考える。動物を利用することに対するかれらの正当化は、「自然」という語りの随所《ずいしょ》に見られる。

「自然」とは、動物の搾取と商品化を正当化する人びとによって用いられる、最も一般的かつ説得力ある修辞《しゅうじ》ツールの一つだ。この議論は、持続可能な農業をめぐる議論から、動物は他の動物を食べるのであり、自然は単に「弱肉強食」なのだという大衆的な語りに至るまで幅広い。ハン・ニーマンは語る。「動物が他の動物を食べるというのは、ごく自然なことだ。人間も自然の一部であるゆえ、人間にとっても動物を食べるのは自然なことだ[5]」。ポーランはヴィーガンとベジタリアンは「自然の摂理《せつり》に対する深い無知を露呈《ろてい》」するものであり、ヴィーガンは人間性とあらゆる肉食動物を「自然生来《せいらい》の悪」から「空輪」させたがっていると非難する[6]。イギリス人の農家であるヒュー・ファーンリー・ウィッティングストールは、動物は決して「不死」ではないということをわたしたちに喚起《かんき》するとき、ヴィーガンとベジタリアンはこの基本的な事実を認めたがらないと考えている[7]。農家のジョエル・サラティンはこう語って、ヴィーガンたちにも殺しは不可避だと教える。「死なくして生はないというのは深遠な霊的真実だ。あなたが人参《にんじん》をムシャムシャと噛み砕き、口のなかでドロドロにするとき、その人参はあなたの命のために犠牲になっているのだ[8]」。これらかずかずの言明は、バークレーでの日々でわたしが最初に対決することになったある感覚を反映している——ヴィーガンはナイーブで、自然に背《そむ》いているという一般的な感覚のことだ。

良心的雑食者は、農家と動物の関係は共生的なものであり、単純に止《や》めたりすることはできない進化の産物だと論じる。この関係は、種《しゅ》としてのわれわれが何者であるかにおいて中心を占めるからだ。ポーランはこのように説く。「家畜化が奴隷制度だとか、あるいは搾取だという考えは、この家畜と人間の関係全体を誤解している。種同士の相利共生《そうりきょうせい》〔互いに利益を得る共生関係〕や共栄関係であるものに、権力という人間的概念を投影しているのだから」[9]。人間と共に進化するなかで、家畜化された動物は、われわれ人間が種として何者であるのかをかたちづくる助けになった（そして反対に人間も動物たちをかたちづくった）。この進化的関係は、簡単に廃止できるものではない。ヴィーガニズムやベジタリアニズムを通してこの現実から逃げようと試みるのは、より大きな生態系の一部であることの複雑性を、それどころか他の動物との関係において動物であることをも否認することだというわけだ。

はじめてカリフォルニアに来てからの数年、鶏《にわとり》の載《の》せられたトラックの写真から絵を描いていた最中、ヴィーガンになるべきだという思いがつきまとって離れなかったのには苦労した。生半可《なまはんか》な気持ちでは無理だと思っていたので、わたしは直ちにヴィーガンになりたくはなかった。そのため、わたしはこの問題にかんしてより明快なアイデアを得ようと、ヴィーガンと雑食者のあいだで交わされた討論を手あたりしだいに調べた。はじめはあらゆる動物性製品を放棄するのが億劫《おっくう》であったにもかかわらず、人道的肉を擁護《ようご》する議論がしっくりくることは決してなかった。その時分ですら、わたしは良心的雑食者たちが農家と動物の特定の関係を自然化して提示するのに当惑した――生物学の、種の、そして進化の、避けることができない帰結としてだ。それから長い年月が経ったいま、わたしはそんな関係はありえないという信念を一層強めている。「種間の共生」を何か純粋に生物学的で脱《だつ》政治化されたものとして提示することで、良心的雑食者は、わたしたちがそうした関係を解釈する仕方、そしてわたしたちがそこから拾い集めるさまざまな価値観は間違いなく政治的であり、権力の力学に埋め込まれているのだということを、検討するのを怠っているのだ。

わたしたちが動物を眺める仕方は、数世紀におよぶ宗教、政治、経済、社会関係などによって特徴づけられてきた。自然への理解がほんの数十年のあいだに、ましてやこの数世紀のあいだでどれだけ変化したのかを、あるいはそれが文化的差異によってどれだけ異なるのかを考慮するなら、わたしたちがいつも自然を自分の価値体系および権力構造を通して眺めてきたということは明らかだ。アリソン・ケイファー〔⬇228頁〕が語るように、「何が「自然」を、そして「自然な」、あるいは「不自然な」ものを構成するのかに対するわたしたちの考えは、完全にわたしたち自身の特定の歴史および文化的想定に結びついている[10]」。

人道的肉運動の唱導《しょうどう》者たちのなかには、そんなことはわかっていると応答する人もいるかもしれない――自然は何か人間文化から分離された「外部」にあるという考えについてなら、自分たちはとっくの昔に退《しりぞ》けていると。あるいは、われわれの道徳観が自然にもとづくべきではないということについてなら、すでに了解済みだと語る者もいるかもしれない。実のところ、ポーランもこのことを論じている――彼は、「殺害や強姦も自然だ」ということを読者に喚起《かんき》させながら、「あなたはほんとうに自分の道徳規範を自然の秩序にもとづかせたいのか」と問いかけるのだ。[▼11] けれどもそうした言明は、生物学、共生、人間進化、そして家畜化(これはそれ自体、人間によって定義され、人間にとってのみ意味のあるカテゴリーだ)という本質化され、脱政治化された概念についての議論がひっきりなしに強調されることによって、そのたびごとに自己矛盾に陥る。

健常者中心主義は、動物搾取を正当化するために用いられる。つまり動物たちを、無能な存在として提示することによってだ。しかし、数年にわたる調査を通して、わたしはこれが、動物抑圧を自然なものとして、そして正常なものとして提示する、人道的肉の議論においても作動していることに気づいた。人間が動物を搾取し、商品化し、傷つけるとき、その行為は政治的なことでも搾取でもなく、単に「事物の摂理《せつり》」として言い表される。肉の生物学的必要についての大衆的な議論から、進化や共生にかんするより洗練された理論に至るまで、「自然」という修辞《しゅうじ》は動物の殺戮《さつりく》を正当化するために駆使《くし》されつづける。

倫理的信念を正当化するために「自然」に訴えるのは詭弁《きべん》だが、これは、さまざまな文化的・歴史的文脈において、保守的権力構造を正当化するための使い古された論法だ。しかし、だからといって、持続可能な仕方で生き、存在するために、生態的なものに目を向けるべきではないということではない。むしろ、わたしたちの自然に対する解釈を人間文化とその偏見から分離することなどできないという点を指摘しているのだ。これはとりわけ、わたしたちが、人間の動物に対する支配という人口《じんこう》に膾炙《かいしゃ》したパラダイムを通して、自然をいつも理解してしまうことに根ざしている。わたしたちが動物を眺める仕方は「自然」ではない――動物というカテゴリーそのものが自然ではないようにだ。

たとえ自然が人間の思考や文化から客観的に分離できたとしても、このことは、自然がわたしたちの生活上の倫理模範になるべきだということを意味はしない。ジョン・スチュアート・ミル〔十九世紀の英国の哲学者〕は一世紀も前にこのように論じた。「自然はわたしたちが真似《まね》るべきモデルではありえない。自然が殺すからわたしたちが殺すのも正しく、自然が苦しめるからわたしたちが苦しめるのも正しく、自然も同じことをするから破壊することを正しいとするのか。それとも、自然が何をするかはいささかも考慮せず、何をおこなうのが善いのかを考えるべきか」[12]。「自然」に物事をおこなうことに執着しているにもかかわらず、良心的雑食者たちは、ミルに幾分同意するようだ――かれらは動物を人道的に殺す道徳的義務があると考えるために人道的肉を選ぶのだが、そもそも人道的屠殺《とさつ》なるものはちっとも自然ではないのだから。

特定の栄養上の必要があり、共感のための多様な認知能力をもった、生命維持のための代替《だいたい》的食糧を欠いた多様な動物たちは、人間の倫理的生のための適切な模範であるようには思えない。人間は、他の存在たちの主観性を認識し、共感を経験し、そして倫理的選択をおこなうように進化した動物だ。肉を求める欲望が「人間本性」の一部であるなら、生き方を問い、正義について考え、〔そうした営みを通じて〕道徳的生の発展を反映させるために習慣を変えることもまた、「人間本性」の一部であるということは想起されねばならない。このことは、人間が他の動物たちより優れていたり、より進化していたりといったことを意味しない――わたしたちはみな異なる能力を有しているのであり、その一つが倫理的な問題群を思考する力であるにすぎないのだ。

けれどもまた、ミルは全体図のなかの重要な部分を見落としてもいる。確かに「自然」が「殺し」、「苦しめる」のは間違いなく真実であるものの、自然はまた、協調的で共感に満ち、そして正しい(just)からだ。多種多様な種のあいだでの社会的交流が、分断されていたり暴力的というよりむしろ、いかに協調的かを示すたくさんの研究が現れはじめている。自然は残酷かもしれないが、それはまた、食うか食われるかの世界よりもずっと複雑だ。マーク・ベコフとジェシカ・ピアースはこのように述べる。「捕食パラダイムが……社会的行動の進化をめぐる議論を独占してきた。動物行動学と進化生物学におけるこのパラダイムの優勢は、誤解を招くものであり誤っている。近年の趨勢《すうせい》は、「弱肉強食」と「野生の正義」がバランスを保つ方向へとパラダイムシフトしている」▼13。

人はしばしば、特定の価値をわたしたちの「自然」の帰結として考える――けれども、もしわたしたちが自然を競争的で無慈悲《むじひ》なものとして理解するなら、わたしたちは異なった存在になろうと試みるわたしたちのもう一つの自然／本性〔natureという語は「自然」と「本性」の意味をあわせもつ〕を否定しているのだ。動物の肉を食べる行為は、わたしたちの「動物的本性」と折りあいをつける方法として見なされ、主流メディアで取り上げられる多くの物語が、牧草育ちのステーキを食べたり、自分が飼う鶏や兎《うさぎ》を殺すことによってベジタリアニズムの理想主義と考えられているものにあらがう人びとに焦点を合わせる（ポーランを再び引用するなら、人類を「自然本来の悪」から「空輪」させようとするベジタリアニズムの欲望だ）。これらの語りは、わたしたちが動物個体に対するナイーブで感傷的な共感を克服せねばならないと示唆する——何かより大きなもの、すなわち生と死の循環を会得《えとく》するためだ。

もちろん、わたしたちはそれと同じくらい「自然に」わたしたちの内《うち》に在《あ》る共感的な草食動物と繋《つな》がりをもつこともできるだろう。わたしたちがそれでも死をもたらしているのは否定しようがないが——「人参《にんじん》を口のなかでドロドロに」しながら——ヴィーガンは死に対して異議を唱えているのではないという点は重要だ。わたしたちは、人間の快楽と利益のために動物を商品化し、不要な殺害を加えることに反対しているのだ。

また、動物性食品を食べないよりは食べるほうが良いと論じられもする。これは、動物性食品を食べることがより自然なことだと考えられているためだ——つまり、わたしたちの祖父母、そのまた祖父母が食したのと同じ食べものだからだ。けれども、ウッドストック・ファームサンクチュアリの創設者ジェニー・ブラウン〔➡83頁〕が著書、『幸せ者たち』で食欲を減退させる筆致《ひっち》で指摘するように、「自然に」物事をこなすということは、雑食者たちが考えるよりもずっと複雑な場合が多い。

まず労働者は、雄牛から精液を搾《しぼ》り取る——これは、彼あるいは彼女がその雄牛に自慰《じい》をさせるということを意味する。それから、その精液を購入した酪農家は、人工受精をするために彼の腕を雌牛の膣《ちつ》へと挿入する。子牛は成長し始め、次第に雌牛の身体は子牛に完璧に合った食糧を生産し始める。……けれども子牛の口の代わりに、母牛の乳首に吸い付くのは合成樹脂の裏地がついた金属製カップだ。母牛の乳はチューブを通って大きなたらいのなかへと吸い込まれる。母牛の乳首は機械によって何度も締めつけられるので……彼女は痛ましい摩擦と乳房炎《にゅうぼうえん》——乳房の感染病——に苦しむ。これが理由でしばしば乳には膿汁《のうじゅう》が流れ込む。それと同時に、自然状態の十倍にも上る量の乳を生産させるために、雌牛にはほとんどの場合ホルモン剤が投与され、遺伝的にも操作されている。結果的に、彼女の身体は恒常的なストレスのもとにおかれ、彼女は無数の健康上の問題に晒《さら》される。よって農家はこの「ナチュラルな」カクテルに抗生物質を加える。それから、生まれたばかりの子牛の滋養《じよう》になる代わりに、その乳は工場へと運ばれ、分離され、脂質のために解析され、酵素と微生物を殺すために殺菌され、プレート熱変換器を通して電気攪乳《かくにゅう》器に吸い込まれ、再び分離され、ふたたび攪乳され……ジャジャーン！「ナチュラルな」バターの出来上がりだ。[14]

ブラウンによるバター生産の詳細は、物語のほんの一部にすぎない。この記述には、乳牛の寿命が極度に短縮されていること（彼女たちは通常の寿命のほんの一部を生きた後、肉にされるために屠殺場に送られる〔牛の寿命は約二〇年だが、乳牛の場合は乳量が落ちる生後五～六年で屠殺される〕）、牛乳生産のために繰り返される過程（雌牛たちは妊娠、出産、授乳の継続的なサイクルに閉じ込められる）、あるいは子牛たちの運命（母から数時間から数日後に引き離され、男の子の場合は仔牛〔肉にされる子牛〕肉に、女の子の場合は母と同じ運命を辿《たど》らされる）について何も語ることがない。人道的な家族経営の農場ではいくつか細かい点が違うことはありうるけれども、物語の大きな流れは変わらない。雌牛は人間によって妊娠させられ、子牛――そして彼女が子牛を育むために特別につくりだす乳――は彼女から奪われ、そしてたった数年の後に殺される。ある存在の生殖システムに対するこれほどに甚大《じんだい》な搾取を含むプロセスを、どうやって「自然」なものとして、ましてや正当化可能なものとして理解することができるというのだろうか？

けれども、「自然」であろうとする欲望は、何を口に運ぶかを選択することよりも深く、人びとのなかに染み込んでいる。人道的肉運動の自然概念は、自立、労働、生産性、そして価値にかんする著しく保守的な考え方を露《あら》わにする。二〇一二年、グリーン・マウンテン大学において大学の二頭の役牛《えきぎゅう》、ルーとビルの屠殺をめぐって勃発《ぼっぱつ》した論争を考えてみよう。学校の農地をほとんど十年にもわたって耕してきたこの二頭の牛は、地域コミュニティからも愛されていた。環境および持続可能性への使命感で知られたこの大学の評議委員会は、二頭のうちの一頭が障害をもつようになったとき、牛を二頭ともども屠殺することを票決した。この決定は、ルーがウッドチャック〔北アメリカに広く分布するリス科の動物〕の穴に足を踏み入れたことでできた足の負傷が悪化してからなされた。農場の支配人補佐が「ニューヨーク・タイムズ」紙に語ったように、「ルーの生の質《クオリティ・オブ・ライフ》は急激に悪化していたので、彼を別の目的のために用いるのが真っ当なときが来たと考えました」。雄牛たちはペアで働き、二頭とも高齢だったため、学校はビルもまた屠殺したがった。数え切れないサンクチュアリ〔➡85頁〕が、二頭の雄牛の世話を見ると申し出たにもかかわらず、大学は、ルーは死ぬほうがましだと主張しつづけた。労働の価値や生産性という言葉が強調されたものの、「生の質」という健常者中心主義的レトリックが用いられたために、学校の言い分は、あたかも共感にもとづくかのように響くことになった――心の底ではルーにとって最大の利益を考えているかのように。これはよくある現象だ。動物がもはや労働によってみずからの食《く》い扶持《ぶち》を稼《かせ》ぐことができないなら、かれらの身体は別様に労働に付されねばならない――すなわち、肉として。「われわれがキャンパスに所有する資源を消費することは理にかなっている」と、農場の責任者であるアッカーマン・レイストは語った。彼はまた、農場の目的は人道的かつ持続可能な仕方で食糧を生産することにあり、動物をかくまうことにはないと指摘した。「われわれは農場システムを全部、まるごと考えねばならないのです」[15]。論争がますます熱を帯びて公《おおやけ》になるなかで、学校はルーを「安楽殺」して埋めることを決定したが、屠殺して食糧にしないことで失われた肉の量を強調することを忘れなかった。学校の公式発表によると、ビルは命をとりとめて余生を学校で過ごすことが許されたという[16]。

障害はルーの殺害を正当化するために用いられたが、自然というイデオロギーもまた、これに一役《ひとやく》買った。三〇年も近く前、フェミニストで環境主義者のマルティ・キールは、環境主義者はほとんどいつも個体よりも全体や「生物群集（biotic community）」に対する選好を露呈《ろてい》し、自然の異なる部分に対して異なった重要性を付与することで価値の位階《ヒエラルキー》を導入してしまうと論じた[17]。動物個体ではなく、種や生態系が高い価値を付与されるのだ。野生動物は家畜化された動物よりも高い価値をもつとされる。この見方は、家畜化されていない種の、人間からの自律性や、種の、より大きな自然に対する貢献を礼讃《らいさん》しながら、動物個体、とりわけ家畜化された動物（これらの動物たちは、依存的で不自然、さらにより大きな生物群集への害になる場合もあるとして軽蔑《けいべつ》されている）個体の健康に焦点を絞ることは、ナイーブで感傷的だと言い放つ。このような傾向は、主要な環境運動においていまなお露骨に存在し、持続可能な畜産にかんする同時代的な対話においても蔓延《まんえん》している。「農場システムを全体として」尊重することは、ルーとビルに対する愛情を脇に置き、かれらの屠殺を自然なものとして納得するよう人びとに要求した――このことは、持続可能性と自然の摂理《せつり》に対する成熟した理解のために認識せねばならない不可避性だ、というわけだ。

多様な種が〔かれらの棲む〕広大な環境を維持するためにいかに貢献しているかを、動物個体の生の価値を捨象《しゃしょう》してしまうことなく十全に評価することは、可能だろうか？　キールはこれが可能だと語る――キールによれば、このような自然における位階は、ケアや関係性よりも抽象的思考の価値をもてはやす、数世紀にわたる家父長制《かふちょうせい》的パースペクティブによってかたちづくられたものだからだ。この位階においては、動物個体に対する関係は低く評価され、より幅広い「生物群集」が崇《あが》められる。キールの目標は、自然のさまざまな部分を互いに敵対させる必要はなく、このような習《なら》わしは家父長制的思考に根づいているということを示すところにある。ルーとビルの物語において、そして依存的で不自由な家畜化された動物たちではなく自律的な野生動物が強調されているということにおいて明らかなように、この位階が連綿と維持してきたのは健常者中心主義なのだ。

依存的な存在は、社会全体に貢献することができないので価値が低く、搾取《さくしゅ》がより簡単に正当化されうるという考え方はまた、歴史的に、障害者にも向けられてきた。社会契約の哲学伝統は、人間と動物の双方における依存がなぜこれほどまでに見下されてきたのかを明らかにするのに役立つかもしれない――というのも、この伝統は西洋におけるケアおよび貢献の概念をかたちづくってきたのだが、そこでは相互利益が、その他のより曖昧な支援形態よりも重要視されているのだ。

『正義のフロンティア』において、哲学者のマーサ・ヌスバウムは、社会契約の伝統がいかに、障害者と人間以外の動物、そしてあまり特権的ではない国に住む人びとのために、正義を提供するのに失敗してきたかを示している。社会契約とは、自由で理性的な個人が法を備えた社会においてみずからを統治《とうち》するため、いかにして寄り集まることを選択するに至るかを説くために、啓蒙《けいもう》時代に登場した理論的概念だ。社会契約の枠組みは、力と認知能力において総じて等しい人びとが、「自然状態」を離れて相互利益のために自分自身を統治することを選ぶと述べる。[18] ヌスバウムは、このきわめて影響力をもった理論が、なおも障害や種のメンバーシップ、そして国籍には言及していないと論じる。なぜならこの理論は、「「自然状態」においてこの契約の関係者は、実際のところ、精神的および身体的力においておおよそ等しいとみなされている」からだ。[19] 彼女は、この想定が障害者と健常者のあいだの、人間と人間以外のあいだの、そして豊かな国に生まれた人びととそうでない人びとのあいだの、物理的および知的非対称《ひたいしょう》に思いをめぐらしていないと指摘する。

ヌスバウムは同様に、伝統的な社会契約理論が依拠する相互利益という考え方が、障害と種のメンバーシップに言及するとき、いかに不十分なものになるかを示す。障害をもった個人と動物は、概して必ずしも相互利益を提供することはなく、それどころか、ときに不利益をもたらすからだ。ヌスバウムは、正義のより完全な理論とは、この伝統に立ち向かい、協調するための理由として、利益よりも複雑な価値を含むものであらねばならないと論じる——愛、共感、そして尊重といったものがその数例だ。

興味深くも、社会契約という考えに似たものは、ポーラン、ファーンリー・ウィッティングストールをはじめとする著者たちが動物を食べることを正当化するために用いる共進化《きょう》理論においても看取《かんしゅ》することができる――ポーランが、「種間の相利共生《そうりきょうせい》あるいは共栄関係」と呼ぶものだ。この理論によると、人間は家畜化された動物と相互に契約関係に入ったのだが、これはその他の社会契約理論と同様、主に相互利益にもとづいたものだ。この契約は、人間にこれらの動物種の世話をする責任を課す代わりに、動物はみずからの労働および肉を差し出すという共進化上の協定だ。ベジタリアンやヴィーガンであるということは、われわれに最も依存しているこれらの動物を見棄てることを意味する。見放されるのはディナーテーブルの卓上に上《のぼ》ることよりもずっと悪いことだろう、とこの理論の唱導者《しょうどう》たちは主張する。[20]

これらの理論家たちは、ことを進化的次元で眺めてみるなら、家畜化された動物たちはきわめてうまくやっているのだと語る。個体数が多く生息地が世界中に広がっているのみならず、家畜化された動物たちにはまた、みずからに食糧と住居を提供してくれる異なる種、すなわち人間までいるのだから。こうして家畜化という関係性と家畜化が随伴《ずいはん》する死は、人間にとってと同じくらい動物にとっても有益なことだと論じられる。結局のところ、人間がかれらを食さないなら、これらの動物たちは存在しないだろう――グランディンが説いたように、かれらはその存在をおのれの屠殺《とさつ》に負っているのだから。ポーランは家畜化された動物について語る。

「動物の目から見れば、人間との取引は素晴らしい成功だった。少なくとも現代になるまでの話だ。家畜となった牛、豚、犬、猫、鶏は栄え、野生に棲《す》むその祖先は衰えた」[21]。このような考えによるなら、動物を食べるのをやめることは、この関係に背き、これらの依存的で家畜化された生きものを飢え死にさせたり、他の動物によって残忍に殺されるがままに野生に放つことを意味する。

無数の農場動物〔➡67頁〕が恒常的《こうじょう》に生かされ殺されるのが、ある意味これらの種にとって僥《ぎょう》倖《こう》だという考えは、進化的成功という概念の馬鹿げた誤用にすぎない。もちろん畜産がなければこの地球上に数十億もの動物は存在しないが、これらの動物たちは生まれた日から屠殺の瞬間まで、考えうる限り最も抑圧的な環境において生かされる。恥ずかしげもなく暴力的かつ非道徳的な産業が利益を生み出すためのエンジンとして繁殖させられるこれらの動物たちは、最も基本的な欲望を満たすことすらままならない。そんな状況が、どうして恩恵《おんけい》や、ある種の道徳的善でありえようか？

もちろん、ファーンリー・ウィッティングストールとポーランが指摘する点は、工場式畜産とそれがもたらす暴力は共進化協定に対するとんでもない違反であるということであり、このためにポーランは「少なくとも現代になるまでは」という但《ただ》し書《が》きを許した。それでも、この議論は矛盾している。どの著者も、これらの種が人間のおかげで成功しており、人間との社会契約は有効に働いているということの証拠として個体数の多さを挙げるのだが、同じ息で彼らはそうした厖大《ぼうだい》な個体数の理由にほかならない工場式畜産は協定を破っていると断言するのだから。ファーンリー・ウィッティングストールは、工場式畜産について次のように語っている。「これは畜産ではない。迫害だ。われわれは契約の目的を維持することに完全に失敗した。こんな虐待を目前にしながら、肉食の道徳的擁護《ようご》などままならない▼22」。

地球上にこれほど多くの家畜化された農場動物が存在するたった一つの理由は、人間がかれらを繁殖させるからにほかならない。種の進化的「成功」がほんとうに重要なことであり、かれらの搾取を正当化するものであるなら、どうしてファーンリー・ウィッティングストールやポーランは、工場式畜産に反対し、なおかつ小規模で持続可能な地域の農家を支持することができるのか？　小規模農家が標準になるなら、これらの種の個体数が劇的に減少するのは不可避であるにもかかわらず？

彼らの議論に対するより要点をついた批判は、いわゆる自然状態における権力の非対称性を指摘することで、ヌスバウムが社会契約論に挑戦するときに看取できる。この共進化協定が結ばれたときに動物が人間と公平な土俵《どひょう》にいたと論じることは、人間と動物が非常に異なった身体的および精神的力能を有するという自明な事実を無視するものだ。この取引は「精神的および身体的能力においておおよそ等しい」存在間でなされたのではなく、強い力をもった人間と脆弱な動物のあいだでなされたものだ。この協定が、より力ある人間によって、人間の利益にかなうように作成されたということは、火を見るよりも明らかだ――協定のもとで、人間は種《しゅ》としても個としても利益を得るのに対して、動物は個としてではなく種としてのみ「利益」（そもそもこの言葉を用いることが可能であるなら）を得る。第一に、どうやってこれらの動物たちが協定に賛同したと言えるのかという疑問も残る。かれらは選択することができたのか？あるいはそもそも、交渉を拒否するという可能性を奪われたのか？

ファーンリー・ウィッティングストールとポーランは、進化のある時点で動物たちは屠殺されることに同意したのだと論じる。動物たちは物理的フェンスがない場合にすら、人間が作った囲《かこ》いの周辺を離れない傾向にあった。だから、殺されることが不可避であるにもかかわらず、人間との関係は動物たちにとって価値あるもの——おのれの死に匹敵するほど価値あるものだったに違いないというわけだ。けれども、わたしたち人間があまりにもよく知っているように、あらゆる囲いが物理的なわけではない。男性による女性支配の歴史を考えてみるだけで、元来荒々しく狡猾《こうかつ》な家父長制においては、多様な精神的および経済的フェンスが作動しているということがわかる。幾世代ものあいだずっと女性が家父長制を選んだのだと論じることができないのと同じように、家畜化された動物がみずから屠殺を選んできたのだと論じることはできない。人間支配とは、他の選択肢がないために家畜化された動物がそのもとで生きるしかないシステムなのである。

万一わたしたちが、人間と家畜化された動物のあいだの進化協定とその相利共生関係を、畜産の正確な描写として受け入れるとしても、わたしたちはなお、動物たちが同意したのは何であるのかについて再検討する必要がある。これらの「人道的」な農場において、屠殺は実のところ、互いに支えあう相互依存的な存在間の協定に対する違反であると言うことは可能か？結局のところ、これらの動物たちは、肉よりもずっとたくさんのものをわたしたちに与えてくれる。持続可能な方式で育てられるなら、家畜化された動物は、土壌が水分を維持し、作物に栄養分を与えるのを手助けしてくれ、とりわけわたしたちの人生を友として、そして伴侶《はんりょ》として豊かにしてくれる。ハン・ニーマン、ファーンリー・ウィッティングストール、サラティン、そしてポーランによると、わたしたちはこれらの農場動物なしに持続可能な仕方で食べものをつくることはできない（ただしこのことは動物の屠殺が必要だということを意味しないということは指摘されるべきだ。必要なのは動物の排泄物へのアクセスと耕《たがや》す能力だけだ）[23]。けれどもこうした相互関係に感謝する代わりに、わたしたちはかれらに途方もない対価を要求する。人間は動物を自分たちの望むままに繁殖させ、かれらの子を食べ、そしてわたしたちの都合に合わせて——動物たちの依存が負担になったときのように——かれらを殺す。この進化上の取引は、明らかに不公平だ。

この議論で重要な役割を果たすのが、依存という概念だ。ファーンリー・ウィッティングストールのこの発言を考えてみよう。彼は、家畜化された動物はわれわれ人間にいつも依存しているため、これらの動物を殺すのは人間の責任だと示唆する。

人間がその生に影響を及ぼすあらゆる生命のうち、人間が肉のために飼育して殺す動物たちほど、深く人間に依存している動物はいない。種としての成功のため、そして個体の健康のためにだ。……この依存性は、人間がみなベジタリアンになったところでなくなりはしないだろう。もし人間が家畜化された食肉種を食べもののために殺すことをやめたとしても、この動物たちは野生に復帰することはないだろう。……人間との関係の性格は変わったとしても、関係そのものは終わらないのだ。人間はこれら動物たちの福祉に対する完全な道徳的責任をもつ、かれらの保護者として存在しつづけるだろう。[24]

ファーンリー・ウィッティングストールは、もし動物たちを屠殺しないとしても、人間にはこれらの動物に対する責任がありつづけるだろうから、人間はかれらを食べるべきだと論じる。このような見解は彼だけのものではない。歴史家で科学ライターのステファン・ブディアンスキーはその著書、『野生の協定──なぜ動物たちは家畜化を選んだのか』によって、ファーンリー・ウィッティングストールやポーランが用いる共進化論を大衆化するのに一役買ったのだが、彼は〔同書のなかで〕、人間の「過剰な親切」と「堕落者《だらく》」である動物という、至極《しごく》馬鹿げた厄介なイメージを提示した。

家畜化された動物たちは、依存と人間による過剰な親切を通して脆弱化《ぜいじゃくか》し、より一層人間の世話という助けに依存的になった堕落者だと論じる人もいるかもしれない。けれども動物たちを「堕落者」と呼ぶことは、かれらがわれわれ人間の配慮に値《あたい》するには及ばないということを意味するのではない。ただその堕落は……人間の側により大きな責任を要求するのみだ。▼25

ブディアンスキーは、家畜化された動物の依存性とその「堕落」は、動物自身にとっては「厄介な」、けれどもわれわれ人間にとっては「経済的に望ましい」特徴――すなわち、身体的脆弱性と無能力に結びついている諸特徴――のために、いかにわれわれが動物たちを繁殖させてきたのかに直接的にかかわるということを明らかにする。けれどもブディアンスキーにとって、このことは不当だとは言えない。なぜならかれらの「堕落」は実のところ、彼がこれらの種の進化的成功とみなすところのものに通じると彼は考えるからだ。ファーンリー・ウィッティングストールと同様、ブディアンスキーもまた、家畜化された動物が人間の世話に依存しているという事実を、これらの動物を飼育し、屠殺し、そして食すことを正当化する根拠とみなす。

依存という語りは、奴隷制、家父長制、帝国主義、植民地、そして障害の抑圧を正当化するために用いられてきた。依存という言葉は巧みな修辞《しゅうじ》ツールだ。この言葉は、それを用いるものを繊細で共感に満ちた存在として描き出しながら、かれらが気にかけているとされる存在たちを搾取しつづけることを可能にする。
いろんな意味で、人道的肉運動の裏側には、相互依存というアイデアにもとづいた哲学がある。家畜化された動物と人間は、共に進化を経るなかで互いに依存するようになった。すなわち、動物は人間を、そしてわれわれはまた動物を助けるといった具合に議論は進む。それでもなお、新しい肉運動における相互依存論は、より依存的なものを犠牲にして独立的なものを、またより弱いものを犠牲にして強いものを報いる仕方で構成されている。対照的に、障害者コミュニティは、相互依存とは相互利益の計算ではないということを、はるか昔から認識していた。むしろ、障害者コミュニティの相互依存性に対する考え方はというと、わたしたちは人生を生きる過程において、みな依存的になったりならなかったりし、また世話をしたりしてもらったりする（たいていは同時にその両方である）脆弱な存在であるということの認識の上に成り立つものだ。こうして障害は、脆弱な存在に対して責務《せきむ》があるとはいったい何を意味するのかにかんする分析によって、人道的肉をめぐる対話に寄与することができる——この分析は、喫緊《きっきん》なものだ。

ケイファーは語る。「人は自然を、理想化され脱《だつ》政治化された幻想として見がちだが、障害は、これら幻想の限界を徴《しるし》づけるのに不可欠な役割を果たしている」[26]。そうした自然観は、人道的肉の議論において明らかである。この議論は、多様な身体や歴史——そこには障害化された身体も含まれる——を切り落とした自然状態の理想化をさらけだす。それら本質化された自然観から発生する語りは、力、自律性、生産性、そして自立に価値を付与するが、これらはより脆弱な身体に対する抑圧を歴史的に焚《た》きつけてきたのと同じ家父長制《かふちょうせい》的諸価値だ。この「かつてそうであったこと(how things used to be)」へのノスタルジーと「自然においてそうであること(how things are in nature)」の讃美《さんび》は、特定の人びとが他の人びとに比べて〔障害者が非障害者に比べて〕どんな憂《う》き目に遭《あ》ってきたのかを無視する。

　歴史家のジェームズ・マクウィリアムズは語る。「産業化以前の農場はきわめて搾取的な従属関係、環境悪化、そして多くの場合、法律上に成文化された非常に虐待的な権力関係によって徴《しるし》づけられる。とりわけ若者がこれらの歴史的現実の本質を理解することなしに農業に対して幻想を抱いているのは、少なくとも興味深いことだ[27]」。人種主義、植民地主義、そして家父長制の歴史は、産業化される以前の時代の農業の理想化された幻想から都合よく消し去られ、健常者中心主義と種差別主義はそもそも問われもしない。ルーやビルのような、障害をもち、年老い、あるいは脆弱な動物身体は、肉としてのほかにはどんな使い道も価値もないものとして理解される。もしこれらの身体が人間であるなら、かれらは往々にして健康や自給自足といった規範的概念に力点を置く想像上の農的ユートピアからは省かれる。ＴＶディナー〔冷凍保存された一人用食事として通常電子レンジで温めて食べる即席食品〕、ファストフード、そして家庭料理の衰退は数え切れないほど批判に晒され、わたしたちは「革命は電子レンジでチンされはしない」と饒舌《じょうぜつ》に警告される。

　実際問題、あらゆることを一から始め、農場や台所で永遠のような時間を費やす必要がないということは、疑いようもなく、多くの人びとにとって解放的だった。ジャーナリストのエメリー・マッチャーは、彼女が「食運動」(とりわけポーランの仕事)と呼ぶものに内在するジェンダー力学について、このように語っている。「この運動は、料理がいかに楽しく充足感があり、道徳的に正しいものなのかを声高《こわだか》に主張しながら、なぜ女性たちがストーブの前で日がな一日過ごしたくはなかったのかを想像できないでいる[28]」。

この運動はまた、家事労働をしたくてもできない人びとが存在するということも、想像し損《そこ》ねているようだ。フェミニスト障害学者のキム・Q・ホールは、ファストフードと複雑な関係をもつ人びともいるということを、二〇一二年の障害学学会で開かれた「クィア、クリップ、フェミニストの食の政治に向かって」という講演で指摘した[29]。ホールは障害者運動の活動家かつ研究者のハーラン・ハーンのブラックユーモア、すなわちあらゆる文化に自分の料理があるとすれば、障害文化の料理はファストフードだというジョークを紹介し、これをポーランの本『フード・ルール――食べる人のマニュアル』と対比した。ハーンは、障害者の大部分にとって料理は不可能ではなくとも困難な作業であり、障害者にはまた、不釣りあいに低所得層が多いため、ファストフードが日常的な選択肢になることが多いという事実に遠回しに言及したのだ。だが、ポーランの本『フード・ルール』は語る。「車窓から届くなら、それは食べものではない[30]」。別の文脈では、「食、正義、持続可能性」と題されたイベントでの食の正義活動家、ニッキ・ヘンダーソンの発言が一考に値《あたい》する。彼女は、確かにファストフードレストランは問題だが、それらはまた低廉《ていれん》な食事を無数の低所得層の人びとに提供し、遊び場がある唯一の公的空間だということを指摘した。これは、過労状態の親たちにとってほんとうに助かるものなのだ。▼31 わたしと同様、ヘンダーソンやホールも産業化された農業とファストフード店にはきわめて批判的だが、彼女らはまた、わたしたちの食システムのラディカルな変化が食の不正義のいちばんの当事者を辱《はずかし》めるものであってはならないということを認識している。わたしたちは、購買能力があって、自分のために健康な食べものをこしらえる特権をもつ者たちの健康にばかり配慮しているかのような食運動に、日常的に直面するからだ。

わたしたちは持続可能性を不具《かたわ》にすることができるだろうか？　大切なのは、現在の農法や持続不可能な食システムを批判から守ることではなく、より多様な身体と急進的な価値体系を含んだ持続可能性運動を発展させる方法を模索することだ。障害者であるわたしは、電子レンジやファストフード店、そしてインスタント食品の効率性が、時間のない障害者やお年寄り、そして低所得層の人びとにとって有難いものであることに気がつく。わたしはまた、産業化された農業は莫大《ばくだい》な数の人間や動物たちの病気および障害、そして環境破壊の原因になっていることを知っている。わたしは、わたしの知る障害者たちが口にする食べものが、動物や人間、そして環境破壊と残虐行為に結びついていることを望まないが、わたしはまた、お金持ちやいわゆる自足《じそく》的な身体をもつ人びとだけが安全な食べものを手に入れることができるという状況も望まない。あらゆる人が自足的に食べることができるだけの収入、時間、欲望、ましてや能力をもつわけではないことを認めながら、現在の産業化された食システムの乱用と欠陥に挑みつづけることができるだろうか？　動物が、搾取され商品化される依存的な身体以上の存在だということが認知される運動を、つくりだすことができるだろうか？　持続可能な未来のためのより急進的なヴィジョンは、単に環境や消費者個人の健康だけではなく、健常者中心主義や種差別主義を含む位階や抑圧の歴史的パラダイムに挑む多様な価値観を取り入れる必要がある。

ありがたいことに、持続可能性運動は一枚岩ではないため、こうした問題に対してみんながみんな無関心というわけではない。無数の活動家やコミュニティ組織家、そして農家は、環境問題と複雑な社会問題が不可分であるということを、ずっとニュアンスに富んだ仕方で理解している。たとえば、一国的あるいは国際的な食の正義および食の主権運動は、低廉で、健康的で、持続可能な食、そして食糧生産に携《たずさ》わる労働者の正義と、コミュニティがみずからの食システムを管理する権利を要求する先導に立っている。このような運動は、必ずしも障害の問題に言及するわけではなく、ヴィーガニズムやベジタリアニズムを奨励《しょうれい》することはほとんどない。けれども、コミュニティによる管理とエンパワメントへ力点が置かれ、最も脆弱なものたちに焦点が合わせられている点、そしてより公正な未来のヴィジョンゆえに、これらの運動は、反健常者中心主義的かつ反種差別的枠組みを運動に導入する急進的な潜在力を秘めている。たとえば、オークランドを本拠地とするヴィーガン食正義団体であるフード・エンパワメント・プロジェクトは、食へのアクセス権、農場労働者や低所得コミュニティのための正義、人種主義、障害、動物虐待、そして環境問題といった問題群《ぐん》を連結する。フード・エンパワメント・プロジェクトは、交差的〔➡41頁〕に考えることを（そして動物の苦しみとヴィーガニズムを真剣に捉えることを）食運動に対して呼びかけるのみならず、動物擁護家にも交差的に考えることを要求する。たとえば、フード・エンパワメント・プロジェクトは、ヴィーガンやベジタリアンに対して、伝統的なベジタリアンの「残酷行為のない（cruelty free）」という目標の意味を、植物を育て、収穫し、植物性食品へと加工する人間のコストをも含むくらいまで（チョコレート生産における児童労働や、農産物を育てる農場労働者の、きわめて劣悪な労働環境が考えられている）拡大するように促す。[32]

わたしがここで検討したのは、持続可能性をめぐる議論のなかでもとりわけ人気がある、特権的な部類に入るものだ。この運動の一派は——おそらくは快《こころよ》く自分が「グルメ」だと名のる人びとと多くが重なるために——依存、自立、そして自然に対する根本的に健常者中心主義的な理解にもとづきながら、とりわけ声高にヴィーガニズムを否定し、動物消費を正当化する。

新しい肉運動におけるわたしの批判は、これらの論者たちが掲《かか》げる農法の有効性、生態系に対する多様な知識、あるいは生物群集や「農場システム全体」にかんして考えることの重要性を否定するものではない。むしろわたしは、かれらの自然観が唯一《ゆいいつ》偏見のないものだという考えに異議を唱えているのだ。「人道的」農家たちの説明は、動物の行動に対する権威ある説明として受け取られ、人間と動物のあいだの究極的な相互依存関係として浪漫《ロマン》化される。けれども、この議論に積極的に参与してきた農家たち——ジョエル・サラティン、ファーンリー・ウィッティングストール、ハーン・ニーマンのような——を、動物と自然にかんする専門家として頼りにすることには問題がある。これら「専門家」たちは、動物の精神および行動の特定の側面にかんする知識は豊富だが、かれらもまた偏見から自由ではなく、この偏見はこれら動物個体群から収益を得ていることに少なからず理由があるのだ。農家は特定の仕方で動物たちを眺めるよう訓練されており、自然に対する特定のパラダイムに依存している。あまりにも多くの場合、農家は動物における知性や共感能力、個性の徴《しるし》、あるいは生への衝動を直視することがなく、そもそもこれらの動物が苦しむことができる存在であるとすら考えない。もちろんここには例外があり、たくさんの農家は動物を個体として考える術《すべ》を知っているが、かれらすら、もっと抑圧的な主流のパースペクティブに抵抗するのは難しい。サラティンの場合を考えてみよう——彼は人道的肉運動における中心的な声となった持続可能農業の情熱的な信奉者だ。彼は、動物は苦痛や快楽を感じることができるということを知っているため、ヴィーガンと同じく工場式畜産に反対する。その短い生において、彼の農場にいる動物たちはまことに幸せそうだ。けれどもポーランに、「鶏を殺すことをどう自分に納得させているのか」と聞かれると、サラティンはこう答えた。「簡単さ。人間には魂があるが、動物にはない。これは僕の信念の根底にある。動物は神の姿に似せてつくられていないから、死ぬときはただ死ぬだけなのさ」[33]。動物に対する共感に満ちた扱いで知られるサラティンですら、種《しゅ》の位階という古いパラダイムにとらわれており、動物たちも魂をもつかもしれないということを——あるいはもしかすると、人間も動物も魂をもたないかもしれないということを——想像することができないでいる。魂の問題が千年にわたって人間と動物のカテゴリーを決定するのに必須であったにもかかわらず、ポーランがなぜ人間の権力という考えが人間と家畜化された種の関係においていかなる役割をも果たさないと主張できるのか、まったく理解し難い。

まことに厄介なことに、動物擁護をめぐる対話において先頭に立っている人びとのなかには、まさにこれらの抑圧的なシステムが継続することから利益を得ている者たちもいる。この現象の最も示唆的な例の一つが、テンプル・グランディンだ。

グランディンの人気は疑いようがない。彼女は数多くのベストセラー本の著者であり、さまざまな学術論文やドキュメンタリーの主題、そしてクレア・デーンズ主演で彼女を描いたHBO〔米国のケーブルテレビ放送局〕製作映画の主軸でもある。農場や屠殺場で動物虐待の非難があるときはいつでも、グランディンが動物福祉と人道的な動物取り扱いの専門家としてインタビューされているのを目にすることだろう。牛と屠殺の専門家として、そして自閉症をもつ人として——これはアメリカで深刻なまでにスティグマ化〔⬇50頁〕されている障害だ——彼女が影響力あるアメリカのアイコンであるということは驚くべきことだ。

グランディンはみずからの自閉症経験と動物の認知世界を探究した著作のかずかずで最もよく知られている。自閉症について公《おおやけ》に発言した最初の自閉症者の一人である彼女の仕事は、きわめて強い影響力がある。グランディンが一九八〇年代に最初に公的人物として姿を現したとき、自分の感覚経験を描写し、いかに思考するかを説明する彼女の能力（彼女は自分が視覚的にものを考え、「絵において考える」と語った）は画期的だった。

グランディンは、自閉症者は情報を人間以外の動物と似た仕方で感知および処理すると語ったのだが、このように動物の精神に対する格別な洞察《どうさつ》を有する人が、それにもかかわらず動物の消費を支持しているという事実は、動物を食べることに対する究極的な正当化として、たくさんの人びとに受け入れられた。もし、自分は牛のように考える、と語る女性であるテンプル・グランディンが肉食を支持するなら、肉食のいったい何が悪いというのか？

けれども、家畜化された動物がわたしたちの生活において果たす役割についてのグランディンの考え方もまた、偏見に満ちたものだ。彼女はマクドナルドやバーガーキングといった巨大企業の顧問として屠殺場を設計した。[34] 彼女によると、これは愛情ゆえの選択だ――いずれにせよ動物たちは屠殺されるのだから、彼女ができることといえば、その死をより人道的にすることくらいだ、というわけだ。[35] 案の定、彼女の議論には批判者がいる。自閉症の動物擁護家であるジム・シンクレアが語るように、「何かを愛するなら、その何かを殺すことはないはずだ」。[36]

グランディンは、自分には人間以外の動物との認知的な繫《つな》がりがあると信じ、また彼女はみずからの周辺化の経験が動物抑圧と一定の仕方で結びついていると思っている。けれども自閉症の精神と動物の精神が同じように誤解されているという彼女の考えは、障害化された人間と人間以外の動物がいかに定型発達的〔⬇109頁〕で健常者中心主義的パラダイムによって抑圧され、搾取されているのかという、挑戦的な問いを投げかけるには至らない。これはたとえば、わたしたちがダニエル・サロモンによる動物擁護運動における限界事例の議論〔⬇125頁〕や、定型発達的な思考プロセスに対する批判の例〔⬇108・124頁〕において確認した問いだ。交差的暴力と抑圧を指摘しないことによって、グランディンは、自閉症者と動物を無批判に連結する健常者中心主義的なステレオタイプを助長するという危険をおかしている。彼女はまた、マクドナルドで食事するときに良心の呵責《かしゃく》を感じたくはないという大衆の欲望を充たしてくれる。

一方でサロモンは、ある程度グランディンを擁護する姿勢をとる。動物活動家のなかには、グランディンがそうした見方をもつのは、彼女が自閉症で「共感できない」からだというように、〔活動家としての〕職業倫理に反して、自閉症に対するステレオタイプを用いて、彼女の性格を攻撃する人びともいるからだ。けれども彼はまた、グランディンの自閉症および動物に対する考え方に対しては批判的だ。サロモンは、これらの集団に対する抑圧は、互いに絡《から》まりあっていると考えるからだ。

グランディンは動物福祉にかんする限り、偏見から自由ではない（そしてそう表象《ひょうしょう》されるべきでもない）。また、彼女がこの問題について自分の意見をもつ、唯一の自閉症者であるわけでもない。

人道的肉とは撞着《どうちゃく》語法であり、人道的肉を擁護する人びとも、実はこのことを知っている。

ポーランが『雑食動物のジレンマ』で、野生の猪《いのしし》狩りをしながらためらいと恥を克服するのに苦労しているのを読んでみよ。動物を殺して食べることに対する不安を乗り越えようとする人びとを描く、新しい肉運動を取り上げるニュース記事を見よ。動物を屠殺場に送るときのニーマンの哀悼《あいとう》に耳を傾けよ。みずから設計したシステムで動物たちが死にゆくのを見たときに感じた恐怖を想起するグランディンの話を聞け。[37] 動物に対するみずからの共感を克服するのに、良心的雑食者は、幾度となく葛藤《かっとう》を経験しているのだ。

わたしは、持続可能な畜産の支持者たちと、工場式畜産のおぞましさと環境的に持続可能な農業実践の重要性について同意する。けれども、動物を食べもののために商品化し屠殺することは、自然なことでも正しいことでもない。たとえそれが、小さな家族農家や、残虐行為を最小化するよう設計された工場システムにおいてなされたとしてもである。人道的であるための、よりましな道がある。

肉という天災

人類史上はじめて、地球の二酸化炭素濃度は四〇〇ppm〔一〇〇万分の一を意味する〕に達した。これは、科学者たちが長く環境的破局へ突入する転換点だと主張してきた数値だ。この災難の主要要因の一つが産業化した畜産業にあるということは、広く認められている事実だ。そうである以上、気温が上昇し、グローバルな規模で食糧不足が深刻化し、自然災害が世界中で数多くの生命を奪っている現在、わたしたちは動物の肉を味わうことが悪化の一途をたどる自然環境よりも価値あることなのか、自問せねばならない。

二〇〇六年、国連は「家畜の長い影」という報告書を発表した。この報告書は広範に引用され、メディアから非常に大きな注目を浴びたが、その反応は恐怖と否認に満ちたものだった。この報告書は、「年間に二酸化炭素換算七五億一六〇〇万トンが、あるいは年間世界温室効果ガス排出量の一八%が、牛、バッファロー、羊、山羊《やぎ》、ラクダ、馬、豚、そして家禽《かきん》類から排出されている」と推定した。これは、あらゆる運送部門から排出される温室効果ガス排出量(これは一三%にすぎない)を上回る量だ。[1]

二〇〇九年の報告書によると、ことは国連が考えた以上に悪い。ワールドウォッチ研究所の環境研究者、ロバート・グッドランドとジェフ・アンハンは、「温室効果ガスの五一%以上が家畜に由来すると結論づけた」。彼らの報告は、動物性食品を代替品《だいたいひん》によって置き換える差し迫った必要があると訴えた。これは彼らによると、「地球温暖化にあらがうための最良の戦略である」。なぜなら、「温室効果ガス排出への影響が……化石燃料を再生可能エネルギーによって置き換えるより、ずっと急激な効果がある」だろうからだ。[2] 人間によって生み出されたメタンの三七%は、家畜に由来している。メタンは二酸化炭素より急速に大気を温めるが(二〇年という短期間では、メタンは約二五倍から一〇〇倍も破壊的だ)[3]、その半減期は、二酸化炭素が少なくとも一〇〇年であるのに対して、わずか八年だ。これが意味するところは、産業化された畜産を終焉《しゅうえん》させることは、気候変動のペースを遅らせるのに即効的かつ劇的な効果があるということだ。[4]

さらに早い二〇〇八年、カーネギー・メロン大学の研究では、赤身肉と乳製品を一週間のうちで一日だけでも避けると、一週間を通して地元産の材料を用いた食事をするのよりも温室効果ガス削減に大きく貢献するということがすでに示されている。[5]

アメリカ人が食べる肉の九九%以上が工場式畜産[6]によって生産されており、この廉価《れんか》肉消費の習慣は前代未聞のスピードで世界中に拡がっている。二〇〇七年の世界における肉の消費は二億七〇〇〇万トンであり、「一年あたり四七〇〇万トンの割合で増大している」[7]。世界的な食肉生産は一九八〇年から三倍に膨《ふく》れあがっており、二〇五〇年までにこの数字はさらに倍増すると予測されている。[8]かつて肉が贅沢品《ぜいたくひん》だった多くの国々において、肉は、いまや毎回の食事の中心を占めている。このような食肉消費増加の帰結は、想像を絶するものだ——人間と人間が食べもののために飼育する動物が、地球上に生息する哺乳類のズーマス〔特定の時空間に存在する動物(zoo)の量を物質(mass)の量として表した語。関連語に特定の時空間に存在する生物量を示すバイオマス(biomass)がある〕に占める割合は、産業革命の初期においては一〇 - 一二%にすぎなかったのに対し、いまや九八%を占めるに至っているのだ。[9]

年間に一四〇〇億ドルもの売り上げを誇《ほこ》る食肉産業は、この地球上の三分の一に迫る土地を利用している。[10]食肉産業は熱帯雨林の破壊(アマゾン破壊の原因の九一%は畜産に帰《き》される)[11]、水質汚染と廃棄物の最大原因である(世界の淡水消費の二〇~三三%は畜産によって引き起こされている)[12]。国連は、「いまや牧草地が世界的に不足しているので、天然林を破壊することのほかに、いま以上の家畜と飼料を生産する実現可能な方法はない」と報告している。[13]他方、わたしたちは五〇年以内に、いままで漁獲してきたあらゆる魚種が絶滅するかもしれないという現実に直面してもいる。[14]

数え切れない文章、書籍、そして科学的研究において、この危機の実態は詳述《しょうじゅつ》されてきた――環境主義者、科学者、そしてたくさんの率直な雑食者たちが同意するこの危機は、とてつもなく大規模な災害だ。けれどもこれら産業の環境上の帰結は、ずっと身近な次元においても感じとれる。わたしたちの現在の食糧システムは、数十億もの動物を痛めつけ、地球の環境破壊に拍車をかけているのみならず、人びとの健康を害したり、大規模な飢餓を引き起こしたりしているのだ(世界的に栽培されている穀物の五〇%が、人間が食べる動物の餌《えさ》になるということを考えよ)。[15] このような悩ましい事実のかずかずは、食糧と環境の正義は、障害の権利と正義に、不可分に結びついているという現実を教えてくれる。

『グローバルな文脈における障害と差異』において、ニルマラ・エレヴェレスは、障害学において障害の経験が理想化および普遍化される傾向があるという点に言及する。障害という問題にかかわる学者、活動家、そして芸術家は――ここにはわたし自身も含まれる――障害を熱烈に擁護し、障害を創造性のための急進的な潜在力や、存在することのオルタナティブなスタイルを有するものとして見なす傾向がある。この本の前半に出てきた障害学者、ロバート・マクルーアーの問いを考えてみよう。障害を歓迎したり欲望するとは、何を意味するのだろうか? エレヴェレスは、障害を受け容れることに価値と可能性を認めるが、同時にそれだけでは障害を生み出す資本主義の構造的暴力を暴くことに失敗してしまうと批判する。彼女は問う――

「どうして障害が祝福されえようか……障害がそもそも、貧困、経済的搾取、警察暴力、新植民地主義的暴力、そして十分な医療と教育の欠如という抑圧的条件のもとで生じたのだとするならば▼16？」

　エレヴェレスの問いは、環境破壊と農業実践をめぐる対話にとってきわめて重要だ。産業的農業とそれがコミュニティに排出する毒性物質は、さまざまな疾病《しっぺい》、障害、そして健康不安の最も大きな原因だからだ。これは低所得層の人びとにいちばん大きく影響するが、かれらがすでに疾病や障害を被《こうむ》る高いリスクに晒《さら》されていることは、既知《きち》の事柄である。

　工場式畜産と屠殺場は、低所得層のコミュニティに偏《かたよ》って位置している。たとえば、いわゆる「豚工場」は、このような農場にはつきものの糞尿《ふんにょう》湖——豚の糞の巨大なプール——を主原因とする甚大《じんだい》な大気汚染および水質汚染を生み出す。フード・エンパワメント・プロジェクトの報告によると、「これらの農場近くに住む住民は、しばしば目、鼻、喉の痛みを……そして憂鬱感、緊張、怒り、そして疲労の増加を訴える▼17」。これらの場所は地下水における硝酸塩《しょうさんえん》と硫化水素《りゅうかすいそ》の濃度が危険なまでに高いことが報告されており、「工場式畜産からの排水——これは多種多様な病原菌、抗生物質、そして有毒化合物を含む——は帯水層《たいすいそう》〔地下水で満たされた地層〕に浸透し、周辺の地下水源を汚染しうる▼18」。その他の健康問題とともに、これらの汚染物質と喘息《ぜんそく》の高い罹患《りかん》率のあいだには、強い相関関係がある。

　だが、このような産業的食肉生産の環境的・人道的害悪のあらゆる証拠にもかかわらず、多くの人は、世界の食糧生産システムを変化させるのに助けになるのは、ヴィーガンではなく良心的雑食者だと考えてしまうのだ。

サフラン・フォアーは語る。「アメリカでは、工場式畜産以外の農場で生産されている鶏肉の量は、スタテン島に住む人口の消費量にも満たない。また、工場式畜産以外の農場で生産された豚肉の量は、ニューヨーク市で必要とされる量にも届かない。全米の消費量をまかなうことなど、考えるべくもないだろう」[19]。「平飼《ひらが》い飼育」〔ぎゅうぎゅう詰めに鶏を押し入れたケージを何段も重ねて飼育するバタリーケージを用いない飼育方法〕、「放し飼い」〔➡266頁〕、「ナチュラル」、そして「オーガニック」といったラベルは、動物に対する扱いについては何も語ることはない——畜産の操業過程が、商品を売るために、こうしたラベルへの抜け道を見出しただけだ。これらの商品は、一時的に気分を良くしてくれる疚《やま》しい良心の緩和《かんわ》剤《ざい》にすぎないのだ。そして、小規模の持続可能な農家が実際に成功するとき、その商品には必ずと言っていいほど、法外な値段がつけられる。

このような高いコストについて、持続可能な肉であってもほどほどに食べるべきだと弁じることで言い繕《つくろ》う良心的雑食者もいる。けれども、この運動は動物性食品を讃美《さんび》することをともなうので、肉の消費量を減らすようみずから訴える行為は、運動の構想と噛みあわなくなる。粋《いき》で意識の高いイベントが持続可能な動物性食品を提供し、しかも、こうしたイベントを取り上げる記事は、その生唾《なまつば》ものの美味を褒《ほ》め称えながら、若きヒップスター〔主流の文化や流行とは異なる独自のファッションや生活スタイルを追求する人びとの総称〕の肉屋や、「思いやりある」農家たちの華《はな》やかな写真のかずかずを一緒《いっしょ》くたに掲載する。これらの記事はみな、われわれは肉の消費を減らしながらより良質な肉を食べねばならないと読者に語りかけている。けれども、そこで売られているのは、レンズ豆やキャベツではなく、やっぱり動物性食品だということはあまりにも自明だ――このことを知るのにわざわざ広告専門家を動員する必要はない。

人道的かつ持続可能な仕方で育てられた動物から生産された動物性食品を手に入れやすくし、その人気を高めることは、アメリカの廉価《れんか》肉消費の習慣を追い出すにはちっとも役立たず、それはまた階級のシンボルとしての肉を物神化《ぶっしんか》する国際的趨勢《すうせい》を後押ししてしまうものでもある。このような商品が一国的、あるいは国際的規模の問題解決に寄与しうるものであるのかどうかも疑わしい。新しい肉運動にかんするさまざまな記事は、合衆国の動物性食品がすべて各地域で生産されるかどうかを尋ねることは決してなく、またこれらの食品を購入する経済的余裕がない大部分のアメリカ人が、もしすべての工場式畜産が廃止されたあかつきには何を消費することになるのかについても言及することはない――かれらはおそらく、ヴィーガンになるだろう。誤解がないように言っておくと、わたしは持続可能な農業が世界の人口をまかなうことができないのでうまく行かないと言っているわけではない。実際のところ、持続可能な農業だけがうまく行く道である。けれども、真に環境的に持続可能かつ人道的な畜産において、どれだけの肉や卵、そして乳製品が生産されうるかは、また別の問題なのだ。

動物を人道的に遇《ぐう》し、持続可能な仕方で育てようと試みる小規模農家は、しばしばジレンマに陥る。持続可能性と人道性のレベルを落とすことなしには、ビジネスの拡大が困難だということに気づくからだ。これこそ持続可能な畜産を長年にわたって先導してきたニーマン牧場に起きたことであった。たくさんのレストランが、「我々は誇りをもってニーマン牧場産の材料を使用しています」という看板を誇らしげに掲《かか》げているが、これは小規模農家から仕入れた肉がより広く入手可能になったということを示すひとつのサインだ。けれども「サンフランシスコ・クロニクル」紙が二〇〇九年に伝えたように、「三〇年近くのあいだ、最高級料理のシェフの溺愛《できあい》対象となり、そのブランド名を世に知らしめたにもかかわらず、ニーマン牧場は決して売り上げをあげることはなかった」[20]。この年、ニーマン牧場の主要投資家が破綻《はたん》を避けるために会社を合併し、ビル・ニーマンその人が自分が設立者である会社から追いやられた。ニーマンはその後、〔会社が人道性や持続可能性の〕スタンダードを守っていないと会社を声高《こわだか》に批判し、自分は金輪際《こんりんざい》ニーマン牧場の食品を口にしないと宣言した。七〇億近い人口を抱える世界で、さらには廉価肉へのアクセスに対する要求が増しつつあるこの状況下で、これら小規模家族経営のビジネスが、似たり寄ったりのシステムへとなしくずしに変容せずに、産業化された畜産へと脱皮することは、想像することさえ困難だ。

いかにして公正な仕方で食べものを生産するかという問いは、ヴィーガンと雑食者双方にとって同じくらい緊要《きんよう》なものだ。健康なヴィーガン食へのアクセスもまた特権であり、その大部分をなす産業化された穀物中心の農業もまた、深刻な環境的・倫理的懸念《けねん》のもとだということには疑いの余地がない。たとえば、農場での農作業は、合衆国において最も低賃金かつ危険な仕事の一つだ。労働者の大部分は有色人種の低所得層であり、かれらの賃金はしばしば国定最低賃金を下回る。正確にはわかっていないけれども大きな割合で、これらの人びとは不法滞在者かつ／あるいは未成年労働者だ。[21] アメリカ国立労働安全衛生研究所は、農業は合衆国で最も危険な産業の一つとして数えられ、「農業労働者は呼吸器疾患《しっかん》、騒音による聴覚喪失、皮膚疾患、特定のガン、有害化学物質への露出と熱に関連した疾病にかかる可能性が高い」と報告している。[22] 毎年一万から二万に至る農業労働者が「殺虫剤」中毒と診断されており、フード・エンパワメント・プロジェクトによると、「長期にわたる農薬への露出は、不妊や生殖器合併症のみならず、ガン、パーキンソン病やアルツハイマー病のような神経障害と関連している」。[23]

また、低所得層の人びとには、健康で環境的に持続可能な食料へのアクセスが最も欠けており、これらの人びとは、産業的農業によって汚染された地域に住む可能性がいちばん高い。障害が統計的に低所得と結びついているという事実を顧《かえり》みれば、障害者が、ヴィーガンであれ動物性であれ、健康な食べものを手に入れるのに誰よりも苦労しているというのは明らかだ。合衆国農務省のために準備された二〇〇九年の報告によると、二三〇万人の人びとが最寄《もよ》りの食料品店から一マイル以上離れた場所に住んでいるが、車を所持していない。[24] この大半が主に有色人種の人びとが住む低所得層地域に暮らす。食糧の選択は、しばしばファストフード店か酒店、あるいは小さな小売店でのものに限定される。富裕層の住む地域には、貧しい地域に比べて平均して三倍のスーパーがある一方、黒人が主に住む地域のほうは、白人がたくさん住む地域よりも食料品店が四倍も少なく、商品のラインアップも限定されている。[25]

だが、食べものへのアクセスは問題の一端にすぎない。低所得層の人びとに入手可能な廉価な食べものは、さまざまな病気および障害の原因となる。砂糖は間違いなく食事に関連した健康問題の主要因だが、冠状《かんじょう》動脈および心臓血管の疾患、糖尿病、そしてさまざまなガンを含む、多くの疾患と健康不安を誘発する産業的に生産された肉と動物性食品も、同様にからだに良くないことで悪名が高い。[26] 二〇一五年に世界保健機構は、加工肉は確実にガンを引き起こし、赤《あか》身《み》肉は「おそらく」ガンを引き起こすと結論づけた研究を発表した。[27]

しかしながらほとんどの場合、被害を受けるリスクが最も高いのは、これらの産業で労働していたり、その近くに住む人びとだ。産業化された農業は、動物の障害のみならず、人間の障害をもつくりだす。農業と同様、食肉産業もまた有色人種の低所得層を雇《やと》うが、かれらの多くは不法移民だ。[28] これらの産業は、処遇《しょぐう》改善を要求したり、より安全な環境と医療を求めたり、残虐行為を報告することができなかったり、そうする可能性は低いということがわかっている人を雇うのに熱心だ。[29] 前に言及した、アイオワの七面鳥加工工場で奴隷化されていた三二人の障害をもつ男たちのことを覚えているだろうか？[30] 〔➡183頁〕

食肉加工業の労働者たちが置かれた残酷な現実に光を当てる記事や書籍がこれまで数多く発表されてきた。エリック・シュローサーの『ファストフード・ネーション』〔邦題『ファストフードが世界を食いつくす』〕や、ゲイル・アインスニッツの『屠殺場』は、食肉加工業が合衆国で最も危険な職種であることを暴露した。シュローサーは語る。「食肉加工業は負傷率が最も高いのみならず、ずば抜けて高い重症の負傷率をもつ。これは〔負傷によって〕喪失された労働日によって計算すると、全国平均の五倍以上にも上る[31]」。

食肉加工業がいかに低賃金かつ危険で、肉体を酷使《こくし》するものであるかを考えるなら、この仕事が労働者入れ替え率が最も高い職種の一つであるということは、驚くに値しない。食肉加工工場では、毎年一〇〇%が入れ替わるのだ[32]。平均的な工場では、毎年完全に新しい労働者を雇い入れる[33]。アインスニッツはこう記す。「労働者が食肉工場で怪我《けが》を負ったり病気にかかる可能性は、その人が炭鉱で働く場合よりも六倍高い[34]」。アインスニッツは長期間にわたる調査において、「労働者が牛に押し潰《つぶ》されたり、化学物質で皮膚に炎症を負ったり、突き刺されたり、骨折したり、流産したり、熱、速いペース、そして煙によって失神したりしたと聞いたことがある」と報告した[35]。シュローサーは、職業安全健康機関によって記録された食肉加工業における事故報告のリストは、「何の変哲もない政府記録の目録というより、毒々しいタブロイドの見出しのよう」だと語っている――従業員は屠殺場で、肉挽《にくひ》き機によって四肢《しし》を失い、落ちてくる死体によって押し潰され、動物の脂肪が入った高熱のタンクによって火傷《やけど》を負うのだから[36]。けれどもアインスニッツとシュローサーはそろって、いちばん頻繁《ひんぱん》に起こる負傷は事故ではなく、標準的な労働工程において生じるという事実を発見した。それが腸《ちょう》を袋詰めにする作業であれ、肉を切り落とす作業であれ、あるいは牛を、そして流血している豚を解体する作業であれ、食肉産業で最も一般的に報告される負傷は、反復的な力作業に由来するものだ。『血、汗、そして恐怖――合衆国の食肉および家禽《かきん》工場における労働者の権利』と題されたヒューマン・ライツ・ウォッチの報告書は、以下のように結論づける。「労働者の負傷を引き起こす最大要因は、動物を屠殺《とさつ》・加工する速度である」[37]。多くの工場は一日二四時間、週七日稼働《かどう》しながら、一時間あたり数百から数千もの動物を殺す。ある労働者は語った。「加工ラインは速すぎて、ナイフを研《と》ぐ時間もない。ナイフは鈍くなるからもっと力をこめて切らなきゃならない。そのうち本格的にからだが痛みはじめるんだけど、こういうときに決まって怪我するんだ」。労働者が一度のシフトで四〇〇〇回もの反復的切り込みをするのは通常のことだ。従業員はからだ全体に、背中、肩、手首、腕、手に、慢性《まんせい》的な痛みを経験するが、かれらは「怖くて黙りこんでいる」――不平を口にすれば、仕事を失うことを知っているからだ[38]。

これらの労働者たちはまた、無数の有毒ガスに晒《さら》されており、微粒子状の物質――これは「乾燥した糞便《ふんべん》物質、飼料、動物のフケ、皮膚細胞、羽毛、カビ、乾いた土壌、バクテリアの内毒素」[39]のようなものを人畜無害に言い換えたものだ――を恒常的に吸い込む。豚の監禁施設においては、七〇％の労働者が「呼吸器官の炎症および疾病によるさまざまな症状」を経験する[40]。鶏肉加工工場の元従業員、ヴァージル・バトラーは語った。「工場に長くいると怪我をするに決まっている。これは「もし」じゃなくて「いつ」の問題だ」[41]。

工場式畜産と屠殺場の労働者における精神的トラウマの高い罹患率《りかん》を示す研究は、動物の苦しみと人間の苦しみのあいだに明確な関係性があることを露《あら》わにする。動物を殺すことが仕事の労働者は、動物たちが命がけで抵抗するのを目《ま》の当たりにせねばならない。ある屠殺フロアの元責任者は証言する。「最悪のこと、つまり身体的な危険よりも質《たち》が悪いのは、感情的な代償なんだ……屠殺フロアにやってきた豚たちは子犬みたいに俺に鼻をすり寄せる。でも数分後にはそいつらを殺さなきゃならない。死ぬまで豚たちをパイプで殴りつけるんだ。気にしちゃいられない」▼42。

バトラーは、アーカンソー州にあるタイソン・フーズのグラニス屠殺工場で長年にわたって働いていた。彼は「州でいちばんの鶏《にわとり》屠殺人」として知られていた。雑誌「サティヤ」のインタビューで、彼は自分の仕事をこのように言い表した、

最初に殺しはじめたときといえば、ほんとうに悩ましかったです。なぜって、鶏たちはそこに足枷《あしかせ》をはめられたまま、無力に、逃げることもできずに吊り下げられていたのですから……なかでもほんとうに辛《つら》かったのは、わたしが一匹を殺し損ねたときです。その可哀想な鶏は熱湯消毒器に生きたまま突っ込まれ、のたうち回っては両側の壁に打ちつけられて、ゆっくりと死んでいきました。わたしは殺し損ねないように屠殺の腕を上達させ、必死そのもので働きました。実際に腕は上がりましたが、これには大きな代償

がともないました。殺せば殺すほど、その死がわたしにとってさして辛いものではなくなっていったのです。わたしは感受性を失っていきました。屠殺フロアは実に、人の心に働きかけます――あの大量の血が、幾度ともなく繰り返される殺しが、です。[43]

ついにバトラーはもう殺すまいと決心した。二〇〇二年、彼は、〈動物の倫理的扱いを求める人びとの会〉〔➡80頁〕と契約を結び、食肉加工工場で何が起きているのかを暴露した。彼は以降の四年間を食肉産業での搾取的慣行についての認知度を上げ、動物を擁護《ようご》する運動に費やしたのち、二〇〇六年、不意にこの世を去った。

『血、汗、そして恐怖』報告書はこのように説く。「利幅《りはば》が薄《うす》く、量だけがものを言う産業においては、労働者は絶えず、より短時間でより大量の動物を殺すように圧力をかけられる。ライン速度は州の衛生法によって制限されるだけで、労働者の安全のために規制されることはない」。[44] トイレ休憩や突然の怪我、あるいは病気のための作業停止のような単純な理由で、いかにあっけなく労働者が職を失うことになるかを噛んで含めるように述べながら、シュローサーとアインスニッツはそろって、速度という原則とその文化の存在を裏づける。労働者は医者から診断された病気を理由に休養をとることによって、怪我を報告することによって、あるいは動物虐待に異議を唱えることによって、解雇される。オックスファムは二〇一六年にその報告で、合衆国の家禽類加工工場の労働者たちがトイレ休憩をとることを禁じられたのでオムツをしていたと伝えた。[45] これらの産業はまた、負傷した労働者を、医療保障、労働災害補償、あるいはいかなる種類の生計に対する補償もなしで放置することで悪名高い。[46] 解雇された後、障害を抱え、大抵の場合は不法滞在のこれら労働者たちは、新しい仕事や医療サービスを見つけるのが不可能ではないにしても、きわめて困難だ。アインスニッツは語る。「屠殺場にとっての有用性を枯渇《こかつ》させたから〔障害をもった労働者たちは〕見棄てられる。これは、このシステムが動物の生命に対してと同様に、人間の生命に対しても価値を置かないものであることを思い起こさせる」。[47]

監禁と乳の過剰生産によって歩行困難になった雌牛から、反復運動過多《かた》損傷〔長期間、同じ姿勢で同じ筋肉を酷使することで神経や筋肉に異常をきたす疾患〕を負った労働者、そして汚染され、痛めつけられた環境に至るまで、産業的畜産はさまざまな障害を生産する。労働者は生計を立てるために動物搾取に依存し、動物はこれらの人びとによって傷つけられ、殺されるので、農場動物と工場式畜産の労働者は、通常は反目《はんもく》するものとして考えられている。けれども、これらの産業における人間と動物のきわめて脆弱《ぜいじゃく》な生存条件は、この産業がいかに人間と動物、そして人間や動物を支える環境を廃棄可能で取り替え可能なものと見なしているかを露《あら》わにする。種《しゅ》を超えたこの脆弱性は、労働者、動物、環境主義者、そして食肉産業の生命に対する侮辱《ぶじょく》に立ち向かいたいと望むすべての人に、連帯のための力強い契機《けいき》をつくりだす。

汚染は障害の問題だ。産業化された農業、工場式畜産、そして食肉加工工場は、障害の問題だ。毒性廃棄物、経済的不平等、気候変動——これらはすべて、障害の問題なのだ。それは、これらがみな障害を引き起こし、また障害のある人間と人間以外の生命が生きていくのを困難なものとするゆえのみならず、障害のイデオロギーが、これらの不正がつくりだされ、表象《ひょうしょう》され、そして扱われるにあたって中心的であるからだ。障害と病いは、しばしば環境破壊の前兆である——大気や土壌、水が安全ではなかったり、政府、企業、そして産業が一部の人びとに大惨事をもたらすということの。エレヴェレスが問うたように〔➡301頁〕、障害がかくも深く苦痛と結びついているにもかかわらず、いったいどうやって障害を創造的で価値あるものとして賞賛できるのだろうか？　産業化された農業によって影響を受ける労働者、消費者、そして搾取される動物は、身体をボロボロにされ、毒され、衰弱させられ、バラバラにされ、病気にさせられる。障害が悪いことではないかもしれないと示唆することすら、ひょっとすると侮辱的なことではないのか？

バークレーで面と向かって話しながら、ピーター・シンガーがわたしに投じた最も難しい問いは、障害は単に治癒されるべき否定的な経験ではないというわたしの信念が、アルコールをはじめとする「出生異常」を引き起こす商品群から警告ラベルを剥がすべきだということを意味するのかというものであった。障害がこの世界にとってプラスであるというなら、なぜ妊婦にサリドマイド〔➡195頁〕を飲ませるべきではないのか？[48]　このような問いが何よりも悩ましかったのは、わたしに答えの準備がなかったからではなく、それがわたし、つまり米軍基地の汚染によってかたちづくられた身体をもつわたしの急所を、かくも深く突いたからであり、そしてどのような答えなら受け容れ可能かが、わたしとシンガーのあいだでどれだけ異なるかがわかっていたからだ。彼が投げかけた問いは、貧困と抑圧から生じた障害を讃美《さんび》することの難しさにかんするエレヴェレスの問いとさして異なるものではない。けれどもエレヴェレスはまた、ロバート・マクルーアーの感覚を別様に枠づけるような、さらに進んだ問いも投げかけている。「どのような社会的条件下において、われわれは来《きた》るべき障害を歓待《かんたい》することができるか？　そして欲望することが？」▼49

9-11〔二〇〇一年のアメリカ同時多発テロ事件〕の後、アフガニスタンに対して最初に戦争が宣言され、ブッシュ政権〔二〇〇一～二〇〇九年〕が炭疽菌などの化学兵器が無垢《むく》なアメリカ人に対して用いられると警告していた頃、わたしは「米軍とその廃棄物がわたしを障害者にした」と書かれた手づくりのバッチを自分の車椅子の背につけはじめた。わたしはこれを抗議の一形態として、すなわち合衆国が他国に侵攻することを可能にした恐怖扇動《せんどう》にあらがい、「わたしたち自身の国がいかにその住人を毒しているかに目を向けてみよう」と語る、ひとつの方式としておこなった。けれども多くの人はこれを別様に解釈し、わたしに対して、「それは可哀想に」だとか、「でも、あなたはよくやっているわよ」といった言葉を投げかけてきた。わたしのメッセージを軍隊に対する批判として読んだ人びとすら、その批判のなかにはわたしの身体に対するものも含まれると思っていることに気づいたとき、わたしはバッチを外した。バッチのメッセージはおそらく、このように読まれるべきであったのだ――「米軍とその廃棄物はわたしを障害者にした――そしてわたしは、自分のからだが大好き」。けれども根底をなすこのような感情は、バッチに表現するにはいささか複雑すぎた。

エレヴェレスの問いは、わたしが長いこと人生で苦闘してきたものと共鳴する――いかにして障害を生み出すシステムを批判しながらも、障害者に自分の身体を肯定的に経験させることができるだろうか？　あるいは少なくとも、抑圧や差別、そして健常者世界に規定されないような仕方で？　イーライ・クレアが問うように、「いかにしてあらゆる種類の身体――植物と動物、有機物と非有機物、非人間と人間――を変形し、損傷を与える不正を目撃し、名づけ、あらがうことができるだろうか――障害を不正と同一視してしまうことなしに？▼50」

工場式畜産や屠殺場と同じように、戦争は、兵士や民間人に心的外傷後ストレス障害〔⬇80頁〕を残したり、怪我を負わせることによって、あるいは毒性残留物質の長引く影響によって、障害を生み出す――それは、枯葉剤《かれはざい》〔除草剤の一種。ベトナム戦争で米軍が使用したことで知られ、様々な生体的異常をもたらす〕や劣化ウラン〔劣化ウラン弾は、湾岸戦争、ユーゴスラビア、アフガニスタン、イラク等で使用され、様々な生体的異常をもたらす〕のように、意図的な場合もあれば、下水処理されていない地面の穴に廃棄された航空機脱脂剤《だっしざい》〔⬇204頁〕のように、意図されていないこともある。損害を被《こうむ》った後、人びとがどうやって生きていくかを見出すのを手助けしてくれるシステムが見当たらないということは驚くにあたらず、いかに互いに頼りあって生きていけるか、そしてそれをいかに制度が支援できるかについて教えてくれるものは、なおさらない。戦争で障害をもつことになった人びとの多くは貧困化し、スティグマ化され、仕事や医療、そしてコミュニティによるサポートを見つけることができない状況に陥る。そしてこれらの障害者たちは、人類が引き起こした惨事《さんじ》のシンボルにさせられるのだ。

障害をもつ活動家や学者が、障害はこの世に何か価値あるものをもたらすと語るとき、それは、わたしたちが積極的に人に障害をもたせるべきだとか、障害をもつに至った人びとを賞賛すべきだと考えているということを意味しない。戦争からであれ、屠殺場からであれ、農業、産業汚染、化学物質中毒、事故、疾病、貧困、あるいは社会的サービスの欠落からであれ、障害は、多くの場合、忌《い》まわしい不正義に起因する。たとえその原因がどうしようもないものだとしても、それはやはりトラウマ的である。けれどもこの痛みを認めることは、障害の経験からやってくる価値を抹消《まっしょう》するおこないではないのだ。もし自分自身の身体に対する理解が、単に「米軍がわたしを障害者にした」という地点に留まるならば——もしわたしの障害をもった友人たちが、自分のことを不正義を代表する存在としてのみ考えるならば——この世界はずっと空虚なものになるだろう。存在し、交流し、移動し、愛しあい、思い遣《や》り、コミュニティを築き、そして大切なことだが、わたしたちをかたちづくり、いまもかたちづくりつづけている当の不正に立ち向かう、現在とは異なるあり方の可能性が、そこではずっと少ないことだろう。障害は、単純な良し悪しを判断するには、あまりにも複雑だ——けれど、さまざまな産業と構造的不平等ゆえに障害が生み出されるということは、ずっと明らかなのだ。

第5部

相互依存

16 必要の衝突《しょうとつ》

〈動物実験への代案を求める障害者および不治病者の会〉（Disabled and Incurably Ill for Alternatives to Animal Research: DIIAAR／以下、ＤＩＩＡＡＲと略す）は、いろんな意味で時代に先駆けていた。一九八〇年代に活動的であった動物運動家のグループであったＤＩＩＡＡＲは、自分が障害をもつと考え、障害というレンズを通して動物の問題を探究しようとする人びとによってつくられた。障害と動物擁護の交差性について広く関心がもたれるようになった現在においてすら、わたしが知る限り、ＤＩＩＡＡＲは、障害と動物、両者の関係において活動を構想した唯一の動物活動家グループだ。わたしが大学院に通っていたときに、このグループの創始者である障害者女

性、ドナ・スプリングがバークレーに住んで働いていたことを知って、わたしのDIIAARの遅れた発見はほろ苦いものになった。わたしは当時、このグループについて知らなかったものの、DIIAARのオフィスは、わたしの最初の部屋からわずか数ブロック離れた場所にずっとあったのだ。スプリングは二〇〇八年、わたしが学校を卒業した年に亡くなった。

その頃はDIIAARについて何も知らなかったものの、バークレーで過ごした時期に、わたしは障害者運動にますます傾倒していき、障害文化への共感を深めるようになった。と同時に、わたしは学校で制作している作品を通して、動物の権利の問題に直面していた。障害者としての自分の必要を、作品制作のための研究を通して学んでいた動物利用を取り巻く倫理的問題と、いかに折りあいをつけることができるかについて考え始めていたのである――わたしは当時、鶏が載《の》せられたトラックといった、工場式畜産における動物の姿を描く油絵を制作していた。ヴィーガンと良心的雑食者〔⬇265頁〕のあいだで交わされた論争にのめり込んでから、わたしはいっそうヴィーガンになりたいと思うようになった。けれども同時に、ごく初歩的な調理すらきわめて難しい自分にとって、健康的に食事をすることは、いまでも十分に大変だとも感じていた。もしあの頃ドナ・スプリングと出会っていたなら、わたしはきっと、彼女もまた一連の倫理的矛盾に直面していることに気づいただろう。

DIIAARは、障害者をしばしば動物と反目《はんもく》させる問題、すなわち動物実験に対するひとつの応答として形成された。スプリングは一九八〇年代半ば、パートナーのデニス・ウォルトンと活動家のポリー・ストランドとともに、「障害者は自分たちの代わりに動物が実験され、虐待されることを望まない」[1]ということを表明するために、このグループを創設した。リンゼー・ヴュリックの二〇〇八年度のドキュメンタリー映画「生と政治における勇気――ドナ・スプリングの物語」において、スプリングは語る。「わたし自身が障害をもち、動物実験を通してつくられた薬で投薬治療をしていたので、動物実験がほんとうに必要なのか調査してみる責任があると感じたのです。動物実験という発想そのものが、ひどく忌《いま》わしいものでしたから……人間の苦しみを動物の苦痛という恐ろしい代価を払って和《やわ》らげようとするのは、どこか非常に矛盾しています」。ＤＩＩＡＡＲは、「わたしたちの健康増進は、過去は動物を踏み台にしてなされてきたけれども、それをつづける必要はないということを人びとが理解するよう導く」[2]ためにつくられたと、彼女は説明する。

　スプリングは人びとに敬愛されていたバークレー市議会議員であり、人権、環境、そして動物の権利の指導的活動家であった。炎のような情熱をもつ女性であった彼女は、関節炎を患っており、そのため一七年を超えるその政治活動期間を通して車椅子を使用した。彼女はバークレーの政治における重要な声であり、緑の党の党員としては、全米史上最も長く公職についていた。[3]動物に対する問題意識から、スプリングは人生の大半をヴィーガンとして生きた。[4]

　一九八〇年代、成長しつつあった動物擁護運動は、閉ざされたドアの背後で起きている残虐行為を暴露するのに着々と重要な成功を収めていた。このなかには科学実験施設も含まれる。

この脅威に対する応答として、米国における医師および医学部学生の最大の団体である米国医師会は、動物擁護運動とたたかうための行動計画を練りあげた。動物運動内部の内紛《ないふん》につけ込むことによって、そして動物活動家を犯罪者化することによってだ。その戦略の多くは、「動物実験（Animals in Research）」を「高度生物医学研究（Advancing Biomedical Research）」という名称に変更したり、動物活動家を科学的および医学的進歩を妨害していると非難することによって議論の方向性を逸《そ》らそうとするものだった。[5] 米国医師会の計画は公《おおやけ》にされないはずであったが、一九八九年に「動物実験行動計画」と題された文書が動物擁護グループに流出した。[6] この文書はこう記している。「動物権運動を敗北させるためには、支持の最外部層を剝《は》ぎ取ることで中核的活動家を一般大衆から孤立させ、共感者の規模を縮小させねばならない」。[7] このためのひとつの方法が、動物を障害者と対立させることであった。

米国医師会は、〈動物実験を支持する不治病者の会〉（Incurably Ill for Animal Research: IIFAR／以下、ＩＩＦＡＲと略す）と呼ばれるグループの活動を手助けした——これは障害者や患者たちによる動物実験賛同グループだ。ＩＩＦＡＲの役割は、動物実験の長所を進んで証言する障害者や患者を探し出すことであった。米国医師会はＩＩＦＡＲを支持したが、これは、行動計画に記された戦略の一つにかなうものだったからだ——すなわち、動物実験に対する支持を獲得するためには、感傷的な訴えや痛ましい個人的語りを利用し、動物活動家を危険なほど反‐科学的および反‐進歩的な存在であることを示すべし。[9] このようなアプローチは最初、科学者のコミュニティにおいて物議《ぶつぎ》をかもした。こうした戦略は非科学的であり、動物が恐ろしい実験をされている視覚的イメージをしばしば用いる反‐生体解剖運動の戦術と、あまりに酷似《こくじ》していると考えられたからだ。けれども米国医師会は「感情は感情で制す」という戦略を堅持《けんじ》し、反‐生体解剖運動の「毛むくじゃらの動物」を、米国医師会が「回復中の子どもたち」と呼んだ存在と対比することまでしてのけた——すなわち、動物実験を通して生産された医薬品の投薬によって恩恵に授《さず》かった、病気の子どもたちだ。[10] ひとたび科学者たちがこの戦略の有効性に気づくと、最初の慎重さは霧散《むさん》し、病いの治療方法の発見のために動物実験を訴えかける幼い子どもたちのイメージを添えたポスターが、すぐさま姿を現しはじめた。ポスターの一つには、幼い少女がテディベアと猫のぬいぐるみを手にしている。上方には、「彼女の回復を助けたのは、あなたが目にしてはいない動物たちなのです」と、下方には、「失われた動物たちもいます。けれども、わたしたちが救った子どもたちを見てください」という文があしらわれている。[11]

　キャンペーンはポスターだけではない。障害者や患者たちはテレビのインタビューに応じ、法廷で証言もした。米国医師会の目標の一つは、動物実験で恩恵に浴《よく》した人びとがいるという判例を知らしめるために、ＩＩＦＡＲのような組織と協働《きょうどう》することであった。[12] そのような事件の一つとして、一九八九年に、障害をもつ子どもがヴァージニア州議会に招かれ、治癒をもたらすかもしれない実験に法廷が干渉することのないよう訴えたことが挙げられる。[13] この子の証言が手伝って最終的に通過した法律によって、迷子になった動物を身元確認なしに動物実験のために使用することが可能になった。[14]

一方、一九八〇年代後半から一九九〇年代にかけてはきわめて情熱的な障害者運動が盛んであり、その多くが子どもたちを利用したポスターキャンペーンやテレソン〔米国で一九六六年以降毎年メイデーに放送されている、慈善募金のための長時間のテレビ番組。「テレビ」と「マラソン」を合わせた語〕に内在する搾取に対して問題提起を試みた。一九五〇年代から一貫して、筋ジストロフィー協会のような組織の多くは、陳腐《ちんぷ》な障害者イメージをばらまきながら、毎年たくさんの人気俳優たちが出演する募金イベントを開いた。治癒《ちゆ》を目的とした資金調達のため、憐憫《れんびん》に訴えたのだ。障害活動家のおかげで現在は前ほど受け入れられることはなくなったものの、長年にわたってテレソンはアメリカの価値と慈善の象徴であった。

テレソンに最も激しい批判を投げかけたのは、かつてポスターに登場していた子どもたちであった。かれらはみずからを「ジェリーの孤児」と呼んだのだが、これはジェリー・ルイス〔米国のコメディアン・俳優・映画監督。一九五六年から二〇一〇年まで筋ジストロフィー協会の全国会長を務め、一九六六年から二〇一〇年は毎年テレソンを主催した〕の筋ジストロフィー協会キャンペーン、「ジェリーの子どもたち」にあてつけてのことだ。[15]マイク・アーヴィン、クリス・マシューズ、そしてローラ・ハーシュリーといった障害活動家たちは、テレソンは恐怖扇動《せんどう》と幼児化、そして憐憫を通して、障害に対する有害な神話とステレオタイプを流布《るふ》したと論じた。[16]障害者の助けになるどころか、このような表象《ひょうしょう》は実際のところ、障害者の周辺化と差別に通じる障害にかんする侮辱《ぶじょく》的な神話を固定化させるものだ。このキャンペーンは、障害を、哀れで治癒を必要とするもの、充ち足りた人生にはだかる障壁として描きだした。

ジェリー・ルイスと筋ジストロフィー協会のように、IIFARと米国医師会が障害活動家たちと対立関係にあることに気づくのに時間はかからなかった。ドナ・スプリングが先頭に立って、DIIAARはIIFARと米国医師会を、オプラ・ウィンフリー・ショー〔⬇55頁〕を含む数多くのメディアにおいて批判した。DIIAARのメッセージは、反テレソンの抗議者たちに近いものであった。すなわち、障害者の経験は一般化されたり、ステレオタイプ化されたり、搾取されたりすべきではない。動物実験を促進するために用いられる障害と病いの治癒にかんする語りは、大衆の障害に対する恐怖につけ込み、障害は生の質《クオリティ・オブ・ライフ》を劇的に減少させるという考えを浸透させてきた。これらが語るところによると、障害と病気は治癒の途上にあると見なされることによってのみ堪《こら》えうるものとなるが、治癒は動物を用いた研究を通してのみ実現される。DIIAARは、障害について異なる物語を語ることで、多くの人が忌《いま》わしく容認不可能だと考える動物実験にかんして自分たち自身の意見を表現するという、障害者の切迫した必要から結成された。

米国農務省は、合衆国では毎年一〇四万匹の動物が実験に用いられていると概算《がいさん》している。もしこの数字が驚くほど少なく感じられるとすれば、それはこれが、鳥類、爬虫類、両生類、そして農業実験において用いられる農場動物、さらには一億匹と概算される鼠《ねずみ》をまるごと除外しているからだ。▼17 それに加え、実験のために飼育されたが「廃棄処分」される動物たちも無数にいる。特定の健康状態や性別、あるいは年齢の条件に満たないとされるからだ。法学者で動物擁護家のゲイリー・フランシオンはこう語っている。「そうした理由で廃棄される動物は、政府の試算では、全体の五〇％にも達する」[18]。これら廃棄処分された動物たちは、動物虐待禁止法においては考慮されない[19]。数万の霊長類、犬と猫を含む数百万の動物たちが動物実験に用いられるが、その実験の多くが医学的に「必要」であるとは見なされていない[20]。チンパンジーのアリー〔➡95頁〕のように、なかには化粧品、殺虫剤、そして家庭用品のおぞましい毒性テストのために用いられる動物たちもいる。また他の動物たちは、軍隊での実験や全国の学校および大学において、いわゆる教育目的の実験で利用される。

たとえ医療目的であったとしても、研究における動物の使用は、数十年にわたって激しく議論されてきた。たくさんの科学者は、種《しゅ》の違いゆえに動物は人間身体の十分な雛形《ひながた》にはなりえないと論じている。ある種の動物で成功した治療方法は、しばしば種差を越えると通用せず、高等研究すら信頼に値《あたい》しない結果を生み出すことがままある[21]。たとえば、数多くのＨＩＶの治療方法は、霊長類を用いた研究では有効だったものの、人間においては効果がなかった。ガンの研究もまた、当てにはならない。原因と治療方法が種をまたがると予測困難になるからだ。動物実験失敗の最も悪名高い事例は、おそらく一九六〇年代にサリドマイドが動物に投与されたときに起きた事件であろう。動物実験ではほとんど副作用が確認されなかったので、サリドマイドは、吐き気を訴える妊婦たちに投与されるようになった。だが、この薬物ゆえに、数千人の赤ん坊が四肢《しし》障害をもって生まれてきたのだ[22]。

こんにちの多くの科学者たちは、より正確な代替《だいたい》テクノロジーが利用可能だと論じている。先進コンピュータ・モデリング法や、人間の細胞組織をもとにした試験管内研究がその一例だ。[23] 一九八〇年代の時点においてすら、DIIAARは動物実験に対する代替的方法の存在を知っており（試験管内研究という選択肢も含む）、動物実験の代わりに、それら代替法へとより多くの資金が振り分けられるべきだと主張していた。代替法に投資することは、動物のみならず治療が必要な障害者や患者をも助けることになると、DIIAARは論じた。実際のところ、ドナ・スプリングが繰り返し訴えかけたことの一つは、動物実験を経た治療方法が人間においても予想通りに効かなかった場合、深刻な副作用を引き起こしたり病状を悪化させたりするので、動物実験は障害者や患者に対して破壊的な影響を及ぼしうるということであった――このことはまさに、彼女が抗関節炎薬を服用したとき、自分の身に起きたと直感したことであった。[24] DIIAARは、治癒方法を発見するための研究に反対したのではない。むしろ、かれらは動物を犠牲にして障害者や患者の健康増進を図るという主張が、操作的かつ欺瞞《ぎまん》的であると考えたのだ。DIIAARはまた、過去の動物実験から恩恵を受けてきた障害者という複雑な立場性についても意識的であった。IIFARが、障害者は動物搾取に依存しつづけるほかないと考えたのに対して、DIIAARは、いかにしてこのような関係性を変容させることができるだろうかと問うた。

DIIAAR創設者の二人はすでにこの世を去っているため（活動家のポリー・ストランド

は二〇〇三年に亡くなった)、何名のメンバーがいたのか、どの時期に活動的だったのか、そしていつ活動を停止したのかを含む、グループにかんする具体的な情報を確認するのは難しい。DIIAARの結成当初からメンバーであったドナ・スプリングのパートナー、デニス・ウォルトンは、本のためにわたしと話をするのに快《こころよ》く応じてくれ、DIIAARにかんする情報のために記録を調べあげてくれた。残念なことに、長い年月の経過によってほとんどすべてがなくなってしまっていたが、DIIAARのロゴが入ったいくつかの古い文房具だけは残っていた(図4)。白黒のロゴは国際シンボルマークが単純化されたものであり、胸にはハートが、車椅子のなかには四つのシルエットが刻みこまれている——猿、犬、猫、そして兎《うさぎ》だ。このイメージは、標準的な障害のシンボルを動物擁護のシンボルへと変形させるのだ。

図4 DIIAARのロゴ。このイメージは標準的な障害のシンボルを動物擁護のシンボルへと変形する。出典:Dennis Walton

ＤＩＩＡＡＲの最大の強みは、かれらが衝突と矛盾が渦巻《うずま》く困難な領域へ足を踏み入れたことにある。みずからが動物実験の受益者である障害者の立場から、動物実験を批判し、動物実験が治癒《ちゆ》をもたらす唯一の方法だと信じる他の障害者とたたかうことで、ＤＩＩＡＡＲは、動物権運動と障害権運動のあいだの潜在的衝突という最も白熱した場へと進んで分け入った――〔表面的に〕連帯の契機《けいき》をつくるのではなくしてだ。ＤＩＩＡＡＲは、障害と動物解放のための闘争には、動物と障害者の必要性とが正確にどの地点において歴史的に対立してきたのか、このことを見極めるための手順が欠かせないと認識していた。

晩年、スプリングは、彼女の必要が動物の必要と衝突するもう一つの倫理的ジレンマに直面した。病いが進行し、からだを動かすことがますます難しくなるにつれて、彼女の身体は植物性タンパク質を拒絶しはじめたのだ。スプリングは生き延びるため、しぶしぶ少量の海産物を摂《と》り始めた。[25] スプリングが直面した矛盾を、動物倫理の立場を守りつづけるなんて不可能で理想主義にすぎないことの傍証《ぼうしょう》だと考える人もいたかもしれないが、彼女は、自分自身が身をもって生きたジレンマと矛盾のかずかずを力強いアクティヴィズムへと変容させた。彼女の仕事は、問いを投げかけるよう、わたしを促《うなが》す――倫理的な生き方を模索《もさく》することに関心があるわたしたちは、いかにして避けようのない矛盾を、探究とアクティヴィズムのための生産的な空間として抱きとめることができるだろうか？

二〇〇七年のある晩、わたしは何人かの障害者動物活動家たちと一緒に飲みに行った。この集《つど》いは、わたしにとうとうヴィーガンになることを宣言させようと背中を押す契機《けいき》でもあった――それが唯一の理由ではなかったけれども。他の障害者動物活動家と話しながら、わたしは動物の商品化と苦痛のシステムに、単に自分の都合ゆえに加担しているということを認めざるをえなかった。わたしは、ヴィーガンになるために自分の生活で何を変えることができるかを吟味《ぎんみ》しはじめた。わたしはまた、自分の動物性食品に対する愛着を、実際の身体的限界から分離しようと真面目に努力しはじめた。

当時、わたしはヴィーガニズムを、主に食習慣をはじめとする消費行動における選択との関係で考えていた。それは、動物への愛と敬意にもとづいた実践であり、ベジタリアンの論理的延長であった。（なぜなら一般的に認識されていることとは反対に、卵の生産のために利用される鶏や、乳、そして子孫の継続的な供給のために利用される雌牛や山羊《やぎ》は、必ず肉のために屠殺《とさつ》されるからであり――その他の特別な目的やペットとして維持される稀《まれ》なケースを除いて――純粋に肉のために用いられる動物たちよりも、さらに過酷《かこく》な生を送ることを強いられるからだ）。けれども、ときが経つにつれて、わたしにとってヴィーガニズムは、何かもっと異なるものを意味するようになり、今となってはわたしは、それが個人の健康や体型、あるいは購買力を強調する「食習慣」や「ライフスタイルの選択」といった観点から語られることに、批判的である。本書のこれまでのページにおいて、わたしは、健常者中心主義と種差別主義は不可分に結びついており、健常者中心主義的思考は人間中心主義に立ち向かい、たたかわねばならないことを示そうとしてきた。わたしたちがこれまで確認してきたように、人が動物を食べること――より広くは動物を利用し、殺すこと――を正当化するのは、精神的および身体的能力にもとづいた価値の位階《ヒエラルキー》をつくりだす健常者中心主義的基準によってである。人はまた、自然や依存といった健常者中心主義的な尺度を通して、それ〔動物を食べること、殺すこと〕を正当化しもする。こうした言葉が示唆するのは、この世には「自然」という脱《だつ》政治化された何かが存在し、それが、どのような身体および精神が搾取《さくしゅ》可能で殺害可能であるかを決定し、より弱く依存的なものたちを自分たちの利益のために利用することを認可《にんか》するということだ。動物の商品化と殺戮《さつりく》が健常者中心主義的立場を通して正当化されるとすれば、このときヴィーガニズムは、急進的な反‐健常者中心主義的立場となる。それは、わたしたちが自分の肉体を維持する仕方に――社会的、政治的、環境的、そして何を消費するかにおいて――埋め込まれた健常者中心主義を真剣に受け止めるからだ。換言《かんげん》すれば、ヴィーガニズムは、単に食にかかわるものであるに止《とど》まらない。それは、わたしたちが何を食べ、身につけ、そして用いるかを通して健常者中心主義に挑戦するという、肉体を通した実践なのであり、動物のための正義が障害者のための正義にとっても必須《ひっす》だと捉える、ひとつの政治的立場なのだ。

けれども、もちろん食べものは重要な役割を果たす。消費のための動物の商品化は、動物の生の価値切り下げとモノ化の主要な原因のうちの一つだからだ。フェミニスト研究者のキャロル・J・アダムズが明らかにしたように、動物は比喩《ひゆ》的および物理的に食べられるモノへと変容されねばならない。[26] この商品化が、自分自身の生を経験し、欲望と感情を有する生きた存在を、わたしたちの目の前にある一塊《いっかい》の肉片や一杯の牛乳から分離することを可能にするのであり、これは、この社会を構造化する健常者中心主義によって、いっそう強固なものとなる。もちろん、コンピュータから洋服、そしてわたしたちが食べるさまざまな野菜に至るまで、わたしたちが日常生活で用いる無数のモノは、暴力と搾取を通して生産されている。だから、こう問う人もいるだろう――なぜ人間のモノ化ではなく動物のモノ化に焦点を絞《しぼ》るのかと。けれどもわたしは、この問いは多種多様な抑圧は相互に排他的ではないという事実を見落としていると思う。それらの抑圧は絡《から》まりあい、互いに連動《れんどう》している。このことは、屠殺場を目の前にするとき、あまりにも自明だ――屠殺場における動物と環境の破壊は、主に低所得層の人びとによって、すなわち階級、障害、あるいは在留《ざいりゅう》資格ゆえにそうした望ましくない職へと送り込まれる人びとの手によってなされるのだ。

わたしはここで、ヴィーガニズムを普遍的な価値として主張しているのではない。そうした議論は、複雑で重要な問題群をあまりにたやすく看過《かんか》してしまうからだ。西洋による〔植民地〕支配の遺産と、その一部をなしてきた異質な観点と世界観に対する価値切り下げが、そのほんの一例だ。そうではなくてわたしは、環境と、その環境で人間と共に生きている多様な種《しゅ》、そして人間の生ともつれあいながら自分の生を生きる個的な動物たちが、健常者中心主義および人間中心主義というレンズを通してまなざされつづける限り、障害解放はありえないという考えを、まじめに受け取るよう呼びかけているのだ。この至極多様な存在者たちを、人間が所有し、コントロールすることができる――つまりは廃棄可能で、代替《だいたい》可能で、殺害可能な――モノとして見なす、そうしたレンズを通してだ。ヴィーガニズムは、差異をまたがるモノ化と搾取に対する抵抗の、身体化された表現だ。それは、肉体を通して政治的、倫理的信念を日々の生活において生きようとする、ひとつの方途《ほうと》なのだ。

ヴィーガンになる前、わたしは自立という錯覚《さっかく》のうちで生きていた――苦労して料理や掃除をおこない、あるいはこっちのほうが多かったが、インスタント食品を食べたり外食することで、そうした仕事をなしで済ませることによって。わたしはまた、近くに住む家族やルームメイト、あるいはパートナーに、自分が食べるものの多くを頼っていた。時折わたしは、十分に食事がとれず腹ペコになった。最初に自立生活を始めた時分、わたしは数ヶ月ものあいだ栄養失調状態だった。でもわたしは、食べものを手に入れるために誰かに助けを求めるのが、恥ずかしかった。

障害者の友人とコミュニティ、そして障害をめぐるわたしの政治化のおかげで、わたしはとうとう、自分には介助者が必要なのだということに気がついた。他の州よりも、障害者や患者、高齢者の自宅介助の重要性を認めているカリフォルニアに住んでいたので、わたしはなんとか介助者を雇うための支援を受けるに至った。この介助者は、健康なヴィーガン料理をつくってくれ、また自分で手を動かしたいときのために野菜の下ごしらえまでしておいてくれた。わたしは食事の労《ろう》を省《はぶ》くため、自分にもたくさんできることがあることを発見した——いざというときには、つくりおきの健康なおやつをつまんだらいいし、米やレンズ豆は炊飯器でも安全に炊《た》ける。そして、電子レンジを身近に置く不具《かたわ》として生きていくことは、なかなか嬉《うれ》しい。けれども食事という一見単純な行為において自分自身がいろんな困難に直面してきたので、ヴィーガンやベジタリアンの食生活をすることがとても難しい人びとがいるということも、よく知っている。いかにしてわたしたち障害者は、健康な植物性の食事をまともに摂《と》ることができるようになるのだろうか——わたしたちの大半が、そもそもまともに食べることすら四苦八苦しているという状況で?

動物倫理を不具《かたわ》にするという試みは、わたしにとっていろんなことを意味する。そのなかには、わたしが述べた意味で政治的にヴィーガンであるけれども、ヴィーガン食によっては生命を維持することができない人もいるということを認めることも含まれる。これは監獄や養護施設のような、自分で食事を選ぶことができない人びとはもちろん、介助や食事の準備において他人(ときに自分が選ぶことのできない人)に頼らざるをえない障害者にも言えることだ。あるいはもしかすると、ドナ・スプリングのように、ヴィーガンの食生活を送ることが、極限的な健康上の問題のために不可能ではないにしても、きわめて困難な場合もある。わたしは、これがヴィーガニズムの社会モデル〔⬇39頁〕だと思う。それは、ヴィーガンになるための最大の難関は、たいていの場合、単に個人的なものではなく、構造的——社会的、政治的、そして経済的――でもあるということを認識することだ。

数多くの主流健康機関と高い評価を受けている無数の研究とが、圧倒的多数の人びとにとってヴィーガンの食生活は、それが自然食品にもとづく場合、安全で健康だということを確認している（ヴィーガンのドーナツや大豆ミートのホットドッグではなく）。世界保健機構、米国栄養学会、責任ある医療のための内科医師委員会、そして英国医師協会、これらすべてがこの事実を認めており、このことはとりわけ、オックスフォード・スタディやチャイナ・スタディ〔それぞれイギリスおよび中国での大規模調査をもとに、動物性食品の摂取と、心臓病や各種ガン等の慢性疾患との相関関係を明らかにした研究。チャイナ・スタディはとりわけ草分け的な研究〕によって裏づけられている。[27] 米国栄養学会が述べるように、「適切に計画されたベジタリアンの食事は、完全なベジタリアンやヴィーガンの食事も含めて、健康で、栄養的に十分であり、特定疾患の治癒《ちゆ》および予防において健康に有益である。うまく計画されたベジタリアンの食生活は、妊娠期、授乳期、幼時時、児童期、青年期を含むライフサイクルのあらゆる時期において適切であり、運動選手にとっても同様である」[28]。多くの人にとって、植物性の食生活を送ることは、動物の商品化が動物に対してのみならず人間と環境に対して及ぼす暴力を認識するだけの問題である。〔だが〕障害者を含むまた別の人びとにとっては、これはそれほど容易なことではない。

動物倫理を不具《かたわ》にすることは、食生活としてのヴィーガニズムを実践することがそう容易《たやす》くない人びとも存在するが、人間中心主義、種差別主義、そして動物に対する暴力に立ち向かう方法は、ヴィーガニズム以外にも無数にあるということの承認を意味しているのである。他の領域において動物由来の製品を避けることもできるし、動物を用いた産業の暴力性について啓発活動をおこなうこともできる。また動物解放のための運動に参加することもできるし、人間以外の動物の構造的な経済搾取に抗議することもできる。さらにはあなたがおこなっている運動に、交差的な動物解放の構想を導入することもできる。ヴィーガニズムを拡張して理解することによって、障害者のヴィーガン実践をある意味で具現《ぐげん》するドナ・スプリングのような人びとに余地を残すことが可能になる――矛盾に直面する只中《ただなか》においても動物正義に貢献しようと試みる、そのような人びとに対してだ。

動物と動物性食品を食べるのを拒《こば》むことができる人は、そうすべきだ。動物倫理とヴィーガニズムに対する批判者たちは、あまりに多く、健康上やその他の理由で、肉食が必須不可欠な人もいると主張することで、肉食を正当化する。このような議論は、他人の政治的ないし経済的苦境や深刻な健康問題を、変化にあらがうための口実として利用しているのだ。より健康な植物性の食事に対する需要を増加させ、政府に動物性食品を援助し補助金を与えるのを止《や》めるよう圧力をかけるなら、健康な植物性の食べものをあらゆる人にとって入手可能なものにすることができるだろう。これは、みずからの「善行」を自画自賛する裕福で健康な人びとについての話ではない――これは、能力とアクセスの特権にかんする問題だ。これは、わたしたちの食事の選択が他者に対してもたらす残虐行為と環境破壊に対して責任をとることの問題なのだ。

わたしはこれらの現実をはっきりと認めるので、動物活動家のなかにはわたしを、障害や病いをもつ人間の必要を、そうした人が消費している動物の必要に対して特権化していると批判する人もいるかもしれない――これは真っ当な批判だ。けれどもわたしのここでの目標は、種差別主義を実体化することにはなく、まさにいまこの瞬間、この不条理な世界で、わたしたちのなかの一部は他の人びとよりも、食の選択を通して動物搾取に立ち向かうための、より良い位置にいるということを素直に認めることなのだ。スプリングが語ったように、「わたしたちの健康増進は、過去は動物を踏み台にしてなされてきたけれども、それをつづける必要はない」▼29。ヴィーガニズムを不具《かたわ》にするという企ては、能力の違いにしたがってわたしたちが異なった速度と異なった方法で取り組むということを認めながら、動物解放と障害解放の目標に向かって歩みつづけることを意味するのだ。

17

種と能力を超えるケア

フェミニストたちは、ずっと前から相互依存の重要性を理解していた。「被扶養者」たちに対するケアが歴史的に女性、とりわけ有色人種の女性が担《にな》うべき負担にされてきたことについて批判するにせよ、正義の構想においてケアの役割が不可欠であるとするケアの倫理に注目するにせよ、フェミニストは人間（そしてしばしば人間以外の存在）を、互いに互いを拠《よ》りどころとする相互依存的な存在として理解する長い伝統をもつ。けれども、フェミニスト理論は「ケアすること」が何を意味するのかについてはたくさんの注意を払ってきたものの、「ケアされること」が何を意味するのかについては、語ることがずっと少なかった。

わたしはケアに対して複雑な関係をもつ。障害者であるわたしは、相互依存の哲学を大切なものと考え、ケアがその必須《ひっす》の構成要素だということには同意するものの、ケア――とりわけ善意や慈善《じぜん》というかたちをとったそれ――が、わたしにより自由な人生を送ることを可能にしてくれるという語りには、抵抗感があるのだ。介助されることは、息苦しいことでもある。介助者が必ずしも、相手を子ども扱いしたり、抑圧的ではなかったとしてもだ。ここで、相手にそんなふうに感じさせないことが介助者の役割であることは言《げん》を俟《ま》たない。「アクセス可能なケアによって架橋《かきょう》する」という文章で、障害学者のクリスティン・ケリーは次のように語る。「障害学は、その理論的作業において重層的抑圧の一形態としてケアを位置づける。ケアは、虐待《ぎゃくたい》、支配、物理的な、そして比喩《ひゆ》的次元における施設収容、そして行為能力《エージェンシー》の否定を内包《ないほう》するものだからだ[▼1]」。長いこと障害権の擁護《ようご》者たちは、われわれはケアされることを求めているのではないと公言してきた。その代わりにわれわれは、権利や社会サービス、そして障害者の社会関与と貢献を限定的なものにすることのない、開かれた社会を要求しているのだと。

フェミニスト障害学者をはじめとする論者たちは、このような紛糾《ふんきゅう》状態を乗り越えるため、ケアされることとケアすることの双方の価値、およびケアにまつわる抑圧的な歴史の認識に立ったケアの理論を打ち立てようと試みてきた。こうした作業は、歴史的にケアが必要と見なされてきた人びと――依存しているだとか、重荷《おもに》であるとレッテルを貼られてきた人びと――が、むしろ、どんなものをみずからの交友関係や社会、そしてそれらを含むより大きな世界に与えることができるだろうかという主題について検討する。

ケアや相互依存の理論はまた、動物擁護をめぐる対話にも姿を現す。これは動物福祉にかんする議論においてとりわけ顕著《けんちょ》だ。家畜化された動物が人間に依存しているという状況は、人間が動物をケアする責任と、人間の利益のための継続的な動物利用とのあいだで、一種の折《お》りあいをつけるために言及されることがしばしばある。

これとは対照的に、動物をめぐるフェミニスト的ケアの倫理では、動物と人間は互いに依存しあい、もつれあった関係にあり、動物たちはしばしば脆弱《ぜいじゃく》で人間に依存的であるものの、だからといって、このことは、動物たちが人間の利益や快楽のために存在することを意味しない、と考えられている。これは、キャロル・アダムズとジョセフィン・ドノヴァンが二人の共著、『動物倫理におけるフェミニスト的ケアの伝統』において、「状況的ならびに文脈的な倫理」と語るものだ。▼2 このような倫理は、「状況や問題に特有なものごとを、相手の語りに即《そく》して理解すること」を旨《むね》とし、したがって、原則にもとづいた権利理論とは袂《たもと》を分かつ。動物に対するフェミニスト的ケアの倫理はまた、理性、自律、そして自立といった資質を特権化することを避ける——これらは価値ある存在とそうでない存在とを分かつ境界線を徴《しるし》づけるために歴史的に用いられてきた属性だからだ。アダムズとドノヴァンは、動物たちとより公正な関係を築き上げるための重要な要素が、「注意を払う」ことにあると指摘する。彼女らは、そのような注意は、動物個体に対してのみならず、動物の苦痛をつくりだすシステムにも向けられる必要があると示唆する。[3]

フェミニスト的ケアの倫理という構想において、依存していることは、抑圧を受ける正当な理由にはならない――反対にこの倫理は、依存を理由に抑圧を正当化する議論に対する異議申し立てだ。アダムズとドノヴァンは説く。「なかでも家畜化された動物は、ほとんどすべての場面において生きながらえるために人間に依存する――けれどもこのような状況は、不正義に気づくための倫理をわたしたちに要求するのみだ」。[4] みずからを「声なき者たちの声」と考えながら、たくさんの動物擁護家たちが動物を、単に保護を必要とする、か弱い犠牲者と見なしてきた。けれどもフェミニスト的ケアの倫理は、わたしたちがわかちあうこの世界に参与および寄与する、不可欠な存在として家畜化された動物を捉え、かれらの行為能力に注意を払う。そのことによってこの倫理は、動物たちが依存的だという考えを複雑化する潜在《せんざい》力をもった解放的枠組みとなることができるのである。

アダムズとドノヴァンは、「他の人間が動物についてわたしたちに何を語るのかではなく、動物たちがわたしたちに何を語りかけているのか」[5] に注意を払うことの重要性を強調する。これは、決して容易《たやす》いことではない。けれども屠殺《とさつ》をまぬがれた乳牛のイヴォンヌ〔➡118頁〕、虐待され、サーカスで大暴れした象のジャネット〔➡121頁〕、そして監禁と虐待に対して巧みに抵抗してきた数多くの動物たちの姿からわかるように、動物たちは間違いなく、わたしたちに語りかけている――かれらは、自分の選好《せんこう》と欲望を声に出しているのだ〔➡117頁〕。ケアの倫理は、いかにしてわたしたちは動物たちに耳を傾けることを学べるか、そして、動物たちを声なきものと見なすことを許してしまうパターナリズム◇や幼児化を抜きにして、いかにわたしたちはこれらの動物たちに手を差し伸べ、ケアすることができるか、という問いを投げかける。似た文脈で、種を超えた共感にかんする哲学者ローリー・グルーエンの仕事は、わたしたちが動物たちに対して共感に満ちた応答をおこなうとき、その情動《じょうどう》は単にかれらの苦痛に対する同情を超えたものであると語る。それは、動物個体が何を望み、必要とし、そして伝えようとしているのかを、わたしたちが考える手助けをしてくれる資源なのだ。

グルーエンは述べる。「倫理的関係性にあるということは、他者の必要、関心、欲望、弱さ、希望、観点などを理解し、応答することができるということを部分的に含意《がんい》する。かれらがそうあるかもしれない、もしくはそうあるべき姿を、自分の観点で決めつけるのではなく、他者の視点からかれらを理解するよう試みることによってだ」[6]。このような感覚は、知的障害ゆえに言語を用いない人びとのための正義に焦点を合わせる障害理論および運動と、重要な共通点をもつ。実のところ、哲学者エヴァ・フェダー・キテイのような障害学者も、同様の内容を

◇訳註　パターナリズムとは、父親が子のためを思って子のかわりに意思決定をおこなうように、強い立場にある者が、弱い立場にある者の利益のためという名目で、その意向さえ十分に聞かずに、弱い立場の者の言動や嗜好《しこう》、生活や仕事に介入・干渉することを指す。父権主義、温情主義などと訳されることも多い。

語ったことがある。言語を用いず、知的障害がある人びとの必要と要求を理解するためには、診断にもとづいた一般化ではなく、かれらが発する音、身振り、そしてパターンを認識する位置に自分を置きながら、そのひと個人に注意を払わねばならないと、彼女は論じる。▼7 差異に対してこのように親密かつ個的な次元で留意することは、動物解放と障害解放にかんする対話を、苦痛や依存という限定的な語りから、この社会で人間と動物が共に栄えることのできる、アクセス可能かつ非差別的な空間を創出する企図《プロジェクト》にかんする、より急進的な議論へと進展させるために不可欠なステップなのだ。

障害者が依存的だということは、一般に認められている。わたしたちは、介助者に対して身体上の健康のために、政府に対してはしばしば経済上の健康のために、依存している。動物が依存的だということもまた、一般に認められている。家畜化された動物は人間に対して明らかに依存している——かれらは人間に、食事、住居、医療、そして多くの場合、出産や生殖行為においてすら依存している。非常に異なったかたちではあれ、野生動物もまた、人間に依存している——かれらは、生息地や食糧源、個体が狩猟されるか間引《まび》きされるかどうかについての、さらにはその種が将来においても生き残るべきであるかにかんする人間の決定に、依存しているのである。

自由主義者のわたしの祖母はかつて、障害者であるわたしは、自分が手に入れるあらゆるものについて感謝すべきだと語ったことがある。なぜならわたしは、「放って置かれるなら「野垂《のた》れ死に」してしまうだろう」からだ。彼女によると、「自然状態」におけるわたしの全《まった》き依存には疑いの余地がない。誰かが親切にも野いちごを、あるいは（祖母がそうしたように）肉片をわたしに分け与えてくれでもしない限り、わたしはすぐに飢え死にしてしまうことだろう。

これは優れた人格者だった祖母に文句をつけることになるのだが、彼女の基本的命題は広く社会的に受け入れられている。障害者は自然界において占めるべき場所をもたず、ただ他人の善意のおかげでやっと生きながらえることができるというこの考えは、社会に蔓延《まんえん》した考え方なのだ。けれども祖母は、いかなる人間の助けや何の道具もない場合、障害のないわたしのきょうだいたちもまた、まもなく野垂れ死にしてしまうだろうという点については、見落としていた。わたしよりは長く生き延びるかもしれないが、おそらく、かれらが力尽きるのも時間の問題だろう。

同様に、家畜化された動物たちはまったくもって依存的で、自然には適さないと理解されている。環境主義者、動物福祉家、そして動物擁護家たちはみな、家畜化された動物を悲劇的に、さらにはグロテスクなまでに依存的な存在として描き出してきた。障害者と家畜化された動物は両者とも、依存が屈辱《くつじょく》的なことであるという社会通念や、何が不自然で異常なのかにかんするこの社会のステレオタイプとの対決を迫られる存在だ——わたしたちはさまざまな仕方で、獣《けもの》として、そして重荷として提示されてきた。

依存はしばしば搾取の口実と化すが、これは依存がきわめて否定的な含意《がんい》をもつからだ——誰だって依存的にはなりたくない。けれども実のところ、わたしたちはみな、間違いなく依存的なのだ。人間は他者に依存しながらその生を開始し、そのほとんどは他者に依存して生を終える。わたしたち人間は、きれいな水、廃棄物処理、そして電気のような公共サービスのために互いに依存する。わたしたちは日々の食事をするために、とてつもなく巨大な食糧システムに依存する。自分で食糧を生産する人たちもまた、水道サービス、人間が発明したテクノロジー、そして人間の労働に依存している。みずから衣服をつくり、食糧を生産し、道具と住居をつくる最も自給自足的な人びとすら、それらをおこなうためのさらに基本的な道具やサービスにおいて、あるいは少なくとも伴侶《はんりょ》のために、他者に依存する。

アメリカは自立と自給自足がきわめて重視される社会だ。合衆国は、誰もが自立的に生きる機会をもつ国として理想化されて描かれてきた。自立はこの国で、とりわけそれが「自由」という言葉によって表現されるとき、他のすべてを凌駕《りょうが》する価値になる。このことは、障害者たちにとって、自分たちの生が即座に悲劇として考えられてしまうことを意味する。けれども、そんな見方が正しいはずがあろうか？　たくさんの障害理論家と同様、障害学者のマイケル・オリバーは、依存は相対的だと論じる。「専門家は、自立を、介助なしに洗い物をしたり、着替えをしたり、トイレに行ったり、料理をしたり、食事をとったり、といったようなこととして、すなわち自助行為の観点から見てしまう傾向にある。けれども障害者は、依存を違ったふうに定義している。ひとりで、もしくは介助なしで物事をおこなうことよりも、むしろ、自分の生活を管理し、決定していくための能力としてそれを考えているのだ」[8]。

依存をどう考えるかにかんする障害者と世間の大部分の人びととの違いは、個人の身体的自立にどれだけ重要性を付与するかにかかわっている。自立とは、個人が完全に自給自足であることよりかは、その人が自分が受けるサービス(それが電気にかんするものであれ、医療にかんするものであれ、教育、あるいは私的なことにかんすることであれ)を、みずから管理することにかかわるものだ。このことは、障害者に限らず、あらゆる人について言うことができる。

依存が好ましくない帰結をもたらすとすれば、それは、経済的な権利の剝奪《はくだつ》を通してであれ、社会的周辺化を通してであれ、あるいは施設への幽閉《ゆうへい》や社会的、文化的、建築上の障壁を通してであれ、主に人間によって引き起こされたものだ。この社会の障害者に対する扱いは、いろんな意味で、非障害者が直面する状況が単により顕著《けんちょ》に表されたものにすぎない。重要なのは、非障害者と障害者が同じくらい依存的だということではなく、自立と依存からなる二項対立そのものが誤っているということだ。たとえば、四肢麻痺《ししまひ》がある人は非障害者と同じようには身体上の自立性をもたないが、このことは必ずしも、この人を依存的な存在にするわけではない。もしこの人が、介助サービスやアクセス可能な住居、そして交通機関を利用することがきわめて困難あるいは不可能であるといった、状況を打開するためのいかなる手段も存在しない条件下に置かれたなら、彼女は最悪の場合、施設に閉じ込められ、せいぜいのところ家族やボランティアの介助者の気まぐれに委《ゆだ》ねられて生きる運命をたどるはめになるだろう。けれども、もしこの人が、介助者をみずから選べる社会サービスを利用できるならば、そして働いて生きていける環境があるならば、彼女の生は、一方的な依存というよりは、相互依存にもとづいた営《いとな》みになるだろう。この違いは、些細《ささい》に見えるかもしれない。けれども、他人に依存していて重荷であるというレッテルをいつも貼られているたくさんの障害者にとって、非障害者もまた自分たちで思うよりはずっと自立的ではなく――これはいっそう大切なのだが――わたしたちはみな実のところ相互依存的なのだということを思い起こすのは、きわめて重要なことなのだ。

その通り。もちろんあらゆる障害者が、自分のしたいことを自分で決めることができるわけではない。マイケル・ベルベはこのように語る。「自律と自己表象《ひょうしょう》は、障害者にとってすら（あるいは障害者にとってとりわけ）魅力的な理想でありつづけている」[▼9]。ベルベは、おのれの生存のあらゆる側面で他者に依存しており、身体的自立のみならず、みずからの生にかんする選択をおこなう能力をも欠く人びとが存在するという事実を指摘する。

わたしたちはみな、依存の果てしない濃淡の拡がりの、どこかの地点に存在している。依存を単に否定的なもの、あるいは不自然なものとして考えるのではなく、わたしたちの世界との関係にとって欠くことのできないものとして理解することが、目下わたしたちの前に立ちはだかる難題だ。障害者は重荷と見なされているので、わたしたちが家族、コミュニティ、そして文化に対して寄与《きよ》している部分は、大抵の場合は見落とされ、あるいは単に無視される。もしわたしたちに何か寄与できることがあると見なされることがあっても、それはピーター・シンガーが示唆したように、わたしたちが他者にインスピレーションを与え、障害を克服することにかんする教訓を提供し、慈善《じぜん》の価値を教えてくれるといったことでしかない。グリーン・マウンテン大学の役牛《えきぎゅう》、ルーとビルの物語において確認したように〔➡276頁〕、障害をもつ動物たちもまた、重荷だと思われている——かれらもまた、依存に対する人間の健常者中心主義的な考え方に影響を受けているのだ。若くて障害がない頃にルーとビルがこなせた労働は、かれらが生きる権利を正当化した。だが二匹の身体が衰えたとき大学の農場が断乎として語ったのは、ここはアニマル・サンクチュアリ〔➡85頁〕ではないということであった。

家畜化された動物は、みずから食い扶持《ぶち》を稼《かせ》ぐ必要のある重荷としてのみならず、「不自然」なものとして、人間によって創造された環境破壊的な存在としても描かれる。一九四八年に自然保護論者で環境主義者のアルド・レオポルドは、エコロジーの倫理に向けた価値のシフトは「不自然にも人間によって飼い馴らされ、閉じ込められたものたちを、自然かつ野生で自由なものたちの見地から再評価してこそ成し遂げられる」[10]かもしれないと記した。不自然で飼い馴らされた動物たちとは対照的に、野生で自律的な動物たちを礼讃《らいさん》するレオポルドの語りは、環境主義の古典的な構想において強い影響力を誇ってきた。さまざまな環境主義者や哲学者、そして動物福祉家たちによって支持されてきたこの見解は、最も極端な場合、家畜化された動物を人工的かつ愚鈍《ぐどん》な存在として、あるいは科学ライターのステファン・ブディアンスキー〔➡285頁〕

がそうしたように、かれらを「自然」かつ「野生」である同類の「退行した」類似物として描き出す。環境主義者のジョン・ミューアすら、家畜化された動物への軽蔑を露《あら》わにした。かれは、「大胆で上品であり生気で燃えたぎっている」自律的な野生の山羊《やぎ》を讃美《さんび》する一方、家畜化された山羊を「半分しか生きていない」[11]と言い放ったのだ。これは、障害者が不完全だとか、障害をもつことは「半分だけ人間」[12]だというジェリー・ルイス〔➡323頁〕の有名な言葉と驚くほどそっくりだ。

　これらの見解は、野生動物とは異なり、家畜化された動物はもはや自然には属さず、自主的でも自律的でもないという考えにもとづく。家畜化を通して、もはやかれらは人間の文化およびテクノロジーの延長と化してしまった。人間によって造られ、人間による利用を超えた次元における生態的地位を喪失した家畜化された動物たちは、野生には適さないようになり、世話を見てくれる人間なしでは生きることすらできなくなってしまった、というわけだ。

　家畜化された動物の依存と不自然さは、人がかれらの「愚鈍さ」と考える特徴のかずかずとともに言及されることが多い――あたかもこれらの動物たちが「野生で」自活できないという事実が、そのような愚鈍さを裏づけるかのように、だ。たとえば、哲学者であり環境主義者であるJ・ベアード・キャリコットは、野生動物を讃美しながら、家畜化された動物についてはこのように語る――かれらは「従順で、扱いやすく、愚《おろ》かで、人間に依存するように育てあげられた。かれらが自由だと示唆するのはナンセンスだ。それは、誇張を恐れずに言えば、論理的に不可能だ[13]」。これらの動物たちは人間によって生み出され、人間に依存せずしては生きてはいけないのだから、自由に生きるには愚かすぎる――その解放を求めるなど無意味であるとキャリコットは語るのだ。

こうした議論は健常者中心主義的であり、正当なものでもない。家畜化された農場動物〔↓67頁〕がいかなる精神的刺激もない環境で数世代にわたって生かされてきたことを考慮するなら、かれらの高い知能は、いっそう大きく目を瞠《みは》るものとして感じられる。どのような基準でこれら動物たちの認知能力を判断するのが適切なのだろうか？　仮に動物たちの知能が確かに低かったとしても、ある個体群の解放を「依存的」で「愚か」だという理由で「無意味」だとする考えには、身の毛がよだつ思いがする。キャリコットは、家畜化された動物をモノと比べることまでしている。彼は、「動物解放家たちのなかには、工場式畜産において、鶏や子牛の「自然行動」が残酷なまでに抑制されていると苦言を呈《てい》する者たちもいるが……ここには、どこかひどく辻褄《つじつま》の合わないところがある。それは、テーブルや椅子の自然行動について語るのと同じくらい意味のないことだ[14]」と言い立てるのだ。

家畜化された動物が「不自然」だという想定から、畜産をはじめとする動物を利用した産業によって引き起こされた環境破壊と動物たち自身とを混同するような、そんな論者たちまで続出するようになった。彼らは、家畜化された動物たちは環境に破壊的影響を及ぼし、野生動物の生息地を含む自然界と反目《はんもく》すると論じるのだ。畜産と人口過多が巨大な規模の環境破壊の原因であることは疑いの余地がないものの――これはわたしたちが直面している最も深刻な環境問題だ――これらの問題は、人間が動物たちを持続不可能な環境において飼育してきたがゆえに生み出されたのであり、このことを思い起こすことはきわめて重要だ。家畜化された動物には責任はなく、人間がおこなった選択のスケープゴートにされているだけだ。もう一つ、キャリコットの言葉を考えてみよう――「土地の倫理という観点から考えるとき、牛や羊、あるいは豚の群れは、未舗装地《みほそうち》を走る四輪車の一団と同じくらい、あるいはそれにも増して風景を台無しにする[15]」。

依存的な障害者たちが電動車椅子で散歩やハイキングに出かけるのを見て、キャリコットがどんな言葉を発するか、聞いてみたいものだ。環境運動内部の健常者中心主義にかんする研究で、アリソン・ケイファーは、いかに自然をめぐる語りが「自然」なるものを無媒介に経験できる人びとにのみ暗《あん》に開かれているかを明らかにしている。ケイファーによると、「非常に特殊な肉体的経験が、環境問題に従事するための必須要件（として提示されている）……砂漠を知ることは、砂漠を歩くこと、そしてテクノロジーの媒介なしでそうすることを必要とするのだ。そのような想定において、移動が限られている身体が環境実践にかかわることは不可能だ。直立歩行以外のあらゆる様態《ようたい》は不十分とされ、さらにはその資格が疑われる。歩くことによって、わたしたちは人間になると同時に、自然と一体になるというわけだ[16]」〔〔 〕内はテイラーによる補筆・挿入〕。家畜化された動物たちもまた〔自然との分離が〕疑われる。人間の介入によって、いつもすでに汚染されているこの動物たちは、決して自然と媒介なしで交流することはできないからだ。自立的でも野生でもないこれらの動物たちは、自然を害するテクノロジーと同一視される。

　家畜化された動物を不自然かつ不自由で依存的だと軽蔑するこれらの議論からすっかり省略されているのは、家畜化が動物たちにもたらした数量化不可能なまでの暴力だ。家畜化は、想像を絶する数の動物たちに対する屠殺、商品化、搾取、そして構造的虐待を引き起こした。作家スー・ドナルドソンと哲学者ウィル・キムリッカは次のように語っている。「多くの動物擁護家にとって、（家畜化は）取り返しのつかない不正義である。人間が家畜化された動物を維持しつづける世界は、正義に適《かな》った世界では断じてありえない」[17]〔（）内はテイラー〕。

　家畜化が本質的な暴力だと考える多くの動物擁護家たちが、動物にとって最善の道は、人間から完全に離れ、人間との関係をいっさい断《た》って生きることだ、と論じるのはよくあることだ。けれども、家畜化された動物はみずからの生存において人間に依存せねばならず、人間社会から分離されて生きるのは不可能なので、多くの活動家は、家畜化された動物はそもそも存在しないほうがましだと論じる。

　動物廃絶主義者◇は、情感ある動物は所有されたり、搾取されたり、あるいは人間の目的のために殺されたりしない権利をもつと主張する。哲学者トム・レーガンが述べるように、これらの人びとは「より大きな檻《おり》ではなく、空っぽの檻」を要求するのだ。そしてその幾人かは、家畜化は人間によってあまりにも搾取されやすい脆弱《ぜいじゃく》な存在をつくりあげてしまったがために、家畜化された動物を繁殖させるのをやめ、絶滅するに任せることが唯一の倫理的解決策であると述べる。絶滅を肯定する廃絶主義的議論の背後にある推論は、一面では単純極《きわ》まるものだ――もしわれわれが家畜化された動物たちをこの世に送り出すことをやめるなら、人間がこれらの動物たちを搾取し、苦しめることはできない。これは、テンプル・グランディン〔➡263・294頁〕とほぼ裏返しの議論だ。動物がこの世に存在しつづけることは、人間が動物を利用し、殺しつづけることを十分に正当化するとグランディンが考えるのに対して、多くの動物活動家は、家畜化された動物の苦痛と搾取は、動物の絶滅を支持する十分正当な理由になると考えるのだから。これらの動物擁護家たちは、現在生きている動物たちについては、天寿《てんじゅ》を全《まっと》うするまで共感と尊厳をもって処遇《しょぐう》する重い責任が人間にあると信じ、またこれらの動物を毎年何百万匹も繁殖させるのを止《や》める責任があるとも考える――結局のところ、これほど多数の動物が存在するに至ったのは、人間が繁殖させたからにすぎないのだ。それでもなお、ある地点においては、残った動物たちを避妊させたり、自由に繁殖させたりしないような決定がなされねばならないと考える。

なぜ絶滅が最も妥当な結論であるかのように思えるのかは理解できる――つまるところ、わたしたちはしでかしてしまったわけなのに、どうしてわたしたちがケアを提供する存在として動物たちから信頼されうるだろうか？　それでもなお、わたしにとって絶滅論はまことに受け入れ難い。この議論が、依存や自然さ、そして生の質《クオリティ・オブ・ライフ》にかんする一定の想定にいかにもとづいているかを考えるときはとりわけそうだ。動物擁護家で弁護士のゲイリー・フランシオンによる次のような言葉を考えてみよう。

家畜化された動物はわれわれの世界、あるいは人間以外の存在からなる世界における真の一員でも、完全な一員でもない。これらの動物たちは、永劫《えいごう》に脆弱性《ぜいじゃくせい》という地獄において存在し、われわれにすべてにおいて依存的で、自分たちがちっとも把握できない環境から痛めつけられるリスクに晒《さら》されている。われわれは、従順で卑屈な性格に、そしてみずからにとっては有害だがわれわれには快感を与えてくれるような特徴のかずかずを獲得するために、これらの動物たちを繁殖させた。われわれはある意味では家畜化された動物を幸せにすることができるかもしれないが、その関係は決して「自然」でも、「正常」でもない。われわれがいかにこの動物たちを厚遇《こうぐう》しようとも、かれらは決して

◇訳註　「動物廃絶主義者（animal abolitionists）」は、動物の権利運動の一流派。従来の動物の権利運動が、企業への働きかけを重視した運動のなかで、動物福祉を推進するようになったことに対する批判から生まれたアプローチである。動物福祉が動物の産業的規模における利用および搾取そのものは不問に付すのに対し、いかなる動物の産業的利用をも容認せず、それらはみな廃絶すべきと主張する立場である。ここで言及されているゲイリー・フランシオンを主唱者として擁《よう》する。

われわれの世界には属してはいないのだ。[19]

フランシオンの議論は、奇妙なくらいにヒュー・ファーンリー・ウィッティングストール〔↓284頁〕による先の言明に似ている——二人が到達しようとしている結論は相反するにもかかわらずだ。ファーンリー・ウィッティングストールは、家畜化された動物は人間に依存しているので、人間は動物を利用してもよいと論じた。人間が動物に責任を負うためだ。家畜化された動物の依存と脆弱性が、動物にかんする議論の両サイドにいる人びとをひどく不安にさせているということは、明らかだと思われる。依存的な人間であることは本来よくないことで、自然に反することですらあるという健常者中心主義的想定が、種《しゅ》の境界線を超えてまで作動しているというわけだが、このことは、いかに健常者中心主義が動物の生にかんするわたしたちの考え方に影響を及ぼしているかをあらためて明らかにする。

これらの語りにおいて、野生動物は自律的で、自主的で、自然な主体として理想化される——これらは長く西洋の哲学者たちによって崇《あが》められてきた資質だ。対照的に、家畜化された動物たちは憐《あわ》れむべき存在として見なされる。障害に対する「死んだほうがマシ」という語りと対応するかのように、家畜化された動物たちは「絶滅したほうがマシ」だと語られるのだ。けれども動物擁護家のドナルドソンとキムリッカが主張するように、「家畜化された動物に対するこのような理解の仕方はみな見当違いであり、実のところ道徳的に倒錯《とうさく》している」[20]。

人が障害にかんして下《くだ》す生の質の判断が、多くの場合、まったくの誤りだということについてはすでに確認してきたが、このように、どのような生が生きるに値《あたい》するかをめぐってなされる想定のかずかずに疑問をぶつけることは重要だ。実際、優生学〔⬇29頁〕の歴史と遺産を考えることなくして絶滅論を検討するのは、わたしにとって不可能だ。歴史家のチャールズ・パターソンが明らかにするように、初期の優生学者は、動物の品種を「より優れた」特徴をもつよう操作することができるということにインスピレーションを受けていた。二〇世紀の初頭、チャールズ・B・ダヴェンポート――アメリカ優生学運動の主導者にして、優生学と遺伝学と育種《ブリーディング》にかんする知識を探求するために身を粉にした全米育種家協会の会員――は、優生学を、「より優れた育種によって人間種を改良する科学」と言い表した。ダヴェンポートは、「人びとの遺伝上の歴史の重要性を強調し、家畜育種家が「仔馬や仔牛を得るために血統のわからない種雄《たねおす》」を利用することがないのと同様に、女性が「その生物学上および家系上の来歴《らいれき》を知ることなしに」男性を受け入れることがなくなるような時代の到来を期待した[21]」。

アメリカ優生学運動は、遺伝子プール〔⬇73頁〕から「望ましくない」とされる形質を取り除くことによって、人口の遺伝的構成を改良することを目標としていた。このようなさまざまな形質は決まって、障害、人種、そして階級と結びつけられていた。けれどもわたしたちが動物たちにしてきたことは、〔このような近代的優生学の誕生以前から〕ずっと一種の優生学的実践であった。ドナルドソンとキムリッカが述べるように、「家畜化の歴史における圧倒的な方向性は、動物たち自身の利益を顧《かえり》みることなく、人間への依存と人間にとっての有用性を増すように、動物自身の特定の形質を改良しようとするものであった」。[22] わたしたちはこれらの動物を選択的に繁殖させることで、かれらをより良い商品、より良い標本へとつくり変えてきたのだ。人間を対象にした優生学において、改良が「望ましくない」特徴を人間から取り除くことを意味した一方、動物の育種家たちは多くの場合、障害や畸形《きけい》として容易く分類されうるまでに特定の形質を強化することによって改良を追求した。

家畜化された動物たちはいまやこの社会で、わたしたちと共に生きている。それなのにわたしたちは、さらに大きな強制力をこれら動物たちの個的な生に行使することを、本気で望んでいるのだろうか――家畜化された動物たちの生は野生動物よりも生きていく価値が小さいという前提に立って、かれらを絶滅へと至らせるために？　家畜化という過《あやま》ちに対する解決策を、家畜化によってわたしたちが害した当の個体群を消滅させることへ求める発想に、わたしはひどく心がかき乱される。その代わりにわたしは、このような不正義をそもそものはじめにつくりあげた搾《さく》取《しゅ》的なシステムを、わたしたちはいかにして解体することができるだろうかと問うてみたい。この問いには、脆弱《ぜいじゃく》で依存的な存在の生は、そうでない場合よりも価値が小さく、生きがいが少なく、また楽しいものでもないという考えに対する批判が含まれる。わたしたち人間は、家畜化された動物たちに対して途方もなく残酷な仕方で遇《ぐう》してきたのだから、同じくらい、とてつもなく複雑でニュアンスに富んだ解決策をひねりだすことができるよう、力を尽くす必要があるのだ。

障害について言っておくと、わたしは急激に成長する筋肉の重みで骨折してしまう動物たちや、乳の過剰な生産のために骨折しやすく、感染病や跛行《はこう》〔➡68頁〕に罹患《りかん》しやすい動物たちを持続的に繁殖させ、個体数を増加させねばならないと論じているわけではない。繁殖と搾取を通してわたしたちが生み出した倫理的問題のかずかずを解きほどくことを試みる前に、わたしたちは、異なる動物たちに対するわたしたちの責任にかんして、たくさんの複雑な問いを提起せねばならない。また、異なる種の動物たちにとって障害が何を意味するのか、そして異なる動物たちがいかに障害とかかわりあうのかについて、さらなる検討を重ねる必要がある。端的に言って、家畜化と繁殖にかんする限り、依存や障害について、より思慮に満ちた対話がなされる必要がある——単にこれらの概念を絶滅あるいは搾取を正当化するために用いるのではなくしてだ。

夕食を急《せ》かして餌皿《えさざら》を前足でたたく犬を鋭くも例に挙げながら、ドナルドソンとキムリッカはこう語る。「依存は尊厳《そんげん》の喪失を本来的にともなうわけではないものの、われわれの応答の仕方次第で、確かにそうなりかねない」。そしてかれらはこうつづける。「もしわれわれが依存をある種の弱さとして軽蔑《けいべつ》するならば、その場合は、犬が餌皿をひっかくとき……われわれはそこに機嫌取《きげんと》りや奴隷根性を見てしまうだろう。けれども、もしわれわれが依存を本質的に品位を欠くこととして考えることがないならば、われわれは犬を、自分が何を望んでおり、それを得るためにいかに訴えかければいいのかを知る能力をもつ個体として、すなわち行為能力《エージェンシー》、選好、そして選択をおこなう潜在力《せんざいりょく》をもった存在として、考えることになるだろう[23]」。人間のケアに動物たちが依存しているという事実は、必ずしも否定的に捉えられねばならないのだろうか？　さらには、人間による搾取を正当化する理由として？　家畜化された動物たちの価値を認めながら、人間がこれらの動物たちと関係をもつことが可能だろうか――わたしたちが相互利益という単純計算を超えて共に進化してきた、これらの動物たちと？

　動物たちを倫理的にケアするということは、自分が受けているケアについて、そしてどんなケアを受けたいのかについて、何を動物たちがわたしたちに語りかけているのかを聴きとろうと耳を傾けることを意味する。ローリー・グルーエンが示唆するように、動物たちの必要と要求を把握するためには、動物たちに共感し、応答しているわたしたち自身の感覚に積極的に注意を払うのみならず、個々の動物の性格と、特定の動物種に典型的な行動について学ぶことに尽力《じんりょく》する必要がある。もしわたしたちが、より懸命《けんめい》に動物たちの声を聞きとろうと努めるなら、その試みは、動物擁護家が動物についてしばしば抱く動物像、すなわち、単に人間に保護されるのを待つ「声なき」存在として動物を子ども扱いするイメージに対するたたかいとなるのではなかろうか？　挑戦をつづけていくことで、家畜化された動物たちの未来についてのわたしたちのヴィジョンは、異なるものへと生成していくのではないだろうか？　ジョセフィン・ドノヴァンが語るように、「重要なのは……（人間および人間以外の）母親たちが子どもの世話をするように動物を世話するかどうかではなく、動物たちに耳を傾け、その感情を気にかけ、かれらがわたしたちに語りかけていることを真剣に受けとめること、すなわち動物たちを思い遣《や》ることなのだ」▼24〔〔〕内はテイラー〕。

家畜化された動物たちがわたしたち人間に依存しているということは、人間が動物を単に人間との交流から解き放ち、放任することはできないということを意味する。けれども実のところ、わたしたちはどの動物（人間如何《いかん》にかかわらず）に対しても、そうすることはできないのだ。なぜなら、わたしたちはみなこの環境において、絶えず互いに影響を及ぼしあい、互いに依存しあっているからであり、それは、ときにぞっとするほど親密な仕方でそうだからだ。もしかすると、人が依存に対してかくも居心地《いごこち》の悪い思いをするのは、それが親密性を要求するからなのかもしれない。家畜化された動物やさまざまな障害者たちと一緒にいると、否応なしにかかわりあい、交流することが求められる。ここに、自立という幻想が入り込む余地はない。この脆弱性《ぜいじゃくせい》は、ときに恐ろしい強制の場面をつくりだすのであるが、それはまた、これまでにない仕方で存在し、支えあい、気持ちを通わせることを、すなわち能力や種《しゅ》の差異を超えて意味を創り出すことを可能にする潜在力をも宿《やど》している。

家畜化された動物の絶滅を支持する議論も、この動物たちを搾取《さくしゅ》しつづけることを肯定する議論も十分ではないならば、わたしたちにはいったい、どのような議論が残されているのだろうか？　障害解放という構想を通して家畜化された動物の依存を検討することによって、動物搾取という問題への新たな解決策が浮上し、それによって家畜化された動物とわたしたちとの関係における第三の道が拓《ひら》かれるかもしれない。搾取しつづけたり、絶滅へと追いやるかわりに、わたしたちは、家畜化された動物たちへの責任を自覚しはじめるかもしれない——わたしたちが共に進化し、またわたしたちがその存在を生み出す一助となった、これらの動物たちに。わたしたちは屠殺をともなわないかたちで、家畜化された動物たちが人間の生と世界に寄与《きよ》する仕方を、真剣に考えるかもしれない。わたしたちは、人間と動物の相互的な依存、脆弱性、そして、生きようとする衝動を認めるかもしれない。わたしたちはまた、他者からのケアが必要なものたちが、自分たちの生、感情、そしてみずからが受けているケアについて何を伝えようとしているのか、耳を傾けはじめるかもしれない。ドナルドソンとキムリッカが示唆するように、わたしたちは、自分がみな、わかちあわれたコミュニティの市民なのだということに、気づくかもしれない。

善かれ悪しかれ、家畜化された動物種とわたしたち人間の共進化《きょう》によって、環境的にも情動《じょうどう》的にも人間と深くもつれあった動物たちが生み出された。これらの動物たちは、わたしたちに自分もまた自然の一部だということを思い起こさせてくれるが、かれらはまた同時に、非道《ひどう》きわまりない仕方で他者を支配し、搾取することが人間にはできるということをも想起させる——人間が圧倒的に多くの場合、依存的で脆弱だとみずからが見なしたものたちの上に君臨《くんりん》してきたということを。家畜化された動物たちへの正当な処遇《しょぐう》はいま、これら動物たちの依存と相互依存を、そしてそのことのまったき自然さを尊重することをも意味する——かれらもまた、わたしたち人間と同じように、この惑星の上でみずからの生をまっとうする権利をもつ、唯一《ゆいいつ》無二《むに》の存在なのである。

18 サービス・ドッグ

動物救助団体オール・ファー・ラブが、ベイカーズフィールドのシェルターで最初にベイリーを発見したとき、かれは「安楽殺」される直前の状況にあった。オール・ファー・ラブの職員がベイリーについて尋ねると、シェルターの職員は、かれを気にかけるな、と語ったという――ベイリーは、「厄介者《やっかいもの》」だった。ひとまず、オール・ファー・ラブはベイリーを引き取ることにした。

移《うつ》り気《ぎ》でこだわりが強く、頑固で、近所のボールを盗む常習犯でもあったベイリーは、確かに厄介者だ。けれどもかれはまた、律儀《りちぎ》な友人でもある――わたしたちがはじめて出会ってからの一年かそこらのあいだ、喫茶店やレストラン、公共交通機関や食料品店に至るまで、ベイリーはどこにでも、わたしについて来た。そして、介助犬《サービス・ドッグ》◇のタグを見せびらかしては、(時折）実際にそれらしきこともした。

わたしがジョージアからカリフォルニアに越してくる一、二年前、わたしは介助犬制度に申し込んだ。わたしが申し込んだ団体は、障害者に身体介助および伴侶《はんりょ》となる存在を提供するために、主にラブラドールやゴールデン・レトリバーを繁殖、育成、訓練していた――これは必然的に時間のかかるプロセスだ。救助された捨て犬は、そのなかのごく一部にすぎない。五年後、ようやく犬を提供される頃には、わたしはシェルターから捨て犬を引き取ろうと堅く決心するようになっていた。全米のシェルターやパウンド〔野良になった動物が、主に動物救助団体に引き取られる前に収容される施設〕では、日々、数千もの動物たちが安楽殺に直面しているからだ。全米人道協会によると、アメリカでは毎年二七〇万匹にのぼる健康な犬や猫が殺されている――これは一一秒に一匹の割合だ（病気や障害をもつ動物たちについては統計には何も載《の》っていない）。動物を繁殖させることは、この問題を悪化させる――新たに生まれてくる動物たちによって、シェルターにすでに存在する無数の動物たちを引き取る家庭が減ってしまうからだ。このような問題を心に留《と》めていたわたしは、訓練された介助犬を辞退して、ベイリーと出会うことになったというわけだ。▼1

◇訳註　障害者介助のために利用される犬を示すのが明らかであるときは通常の訳語、「介助犬」を用いるが、この語がそうした定義を超えて伴侶性をも含むより広い意味をもつものとして表現されている箇所もある。そのため、こうした場合は適宜《てきぎ》に原文を尊重し、カタカナで表記した。

ベイリーは、大きくてとろんとした褐色《かっしょく》の瞳《ひとみ》と、ずば抜けて表現力のある眉毛、分厚い口ひげ、とびきり大きなオフホワイトの足をもっている。かれの分厚くて大部分が黒色の被毛《ひもう》は、明らかに雪の降る季節に備えたものだ――カットしてやらないと、その毛は地面に届くほど長く伸びる。二二ポンド〔約一〇キロ〕の体重があるかれのトレードマークは、見事な毛皮と、ラサ・アプソ〔チベット原産の愛玩犬〕のように垂《た》れ下がった尻尾《しっぽ》だ。けれどもわたしは、かれの家系図のどこかにはダックスフンドも混じっているという読みに、それなりの金額を賭《か》けてもいい。ベイリーの足はとても短く、その胴体はウインナー・ドッグ〔ダックスフンドの米国での呼称〕のように、いびつに長いからだ。あなたがこの描写を読んだ時点でもうすでに、ベイリーがみんなが思い描く典型的な介助犬でないことは明らかだろう。何かをつまみあげたり、スイッチを入れたり切ったりするといった、わたしに必要な身体介助にとって、かれのからだのかたちは、まったくもって実用的ではないからだ。自分だけの介助犬を訓練したい人びとのために書かれたある本を買っておいて、結局読まないでいるのだが、この本のなかではこのことはおそらく、一番目のルールだ――あなたの目を覗《のぞ》き込むおかしな格好をした犬は、決して引き取るな。

ベイリーを訓練するのはお手のものだったと言えば、嘘《うそ》になるだろう。実のところ、わたしがベイリーから学んだのは、種《しゅ》を超えたコミュニケーションは、それが犬と人間という比較的相性《あいしょう》の良い存在のあいだであったとしても、決して単純な技《わざ》ではないということであった。犬の訓練士は、犬の訓練が実際は人間の訓練と異なるところはないということを教えてくれる最初の人びとだ――その仕事の大半を占めるのは、どうすればあなたの必要と要望を犬に対して伝えることができ、また犬の必要と要望をどうすれば正確に解釈できるようになるかを学ぶことに費やされる。あいにく、わたしにとって、こうした作業はたやすいものではなかったし、ベイリーにとっても同様だった。

わたしが直面した難題の一つは、ベイリーが長年にわたって抱えてきた知られざるトラウマに取り組むことだった――最悪の場合、それは深刻な分離不安というかたちになって現れた。ほとんどの捨て犬と同じように、ベイリーがどこからやって来たのかは謎につつまれている。けれどもベイリーがわたしたちのもとにやって来る前の二年半のあいだ、かれが波乱万丈な経験をしてきたということには、疑いの余地がない。それは、シェルターでベイリーを撮《と》った写真を見ればわかる。ケージの後方でうずくまっているかれの長い毛には、葉っぱや棒きれ、その他もろもろがみすぼらしく絡《から》まっており、その姿は、まるで沼に棲《す》む、怯《おび》えきった生きもののようだ。床に落ちた鍵を拾《ひろ》うように訓練するなどもってのほか、もう二度と見棄てられはしないのだと信じることを教えることがまず、すでにたいへん困難な仕事だった。

ものを落としたときにベイリーが拾ってくれるように訓練するよう、まずは自分自身を訓練することができなかったわたしの無能さ（そして灯《あか》りのスイッチに届かないかれの身体的無能さ）にもかかわらず、ベイリーは、確かにわたしに予期もしなかったサービスを提供してくれるようになった――かれは、わたしと外部世界を繋《つな》ぐ媒介者になってくれたのだ。逆説的にも、ベイリーとわたしがこの世界で共に移動するとき、わたしは唐突《とうとつ》に、驚くくらいの孤独を感じる。ベイリーが、かつてはわたしに向けられていた注意の多くを引き寄せるからだ——凝視《ぎょうし》、居心地の悪い眼差《まなざ》し、気まずい質問を、だ。けれどもそうして注意の視線がベイリーに向くと、バツの悪い感じは好意へと変わる。介助犬が必ずと言っていいほど障害者の公的空間へのアクセスを拒絶する方便《ほうべん》に使われてきた歴史を考えると、逆〔好意が不快感へと変わること〕のケースが事実であることも間違いないだろうが、それでもわたしは他の障害者からも似たような感覚を聞いたことがある——サービス・アニマルが提供することのできる最も力強いサービスのひとつは、人間伴侶と健常者中心主義的世界とを媒介する、ある種の社会的安らぎなのだ。

何年も生活を共にするなかで、ベイリーとわたしはまた、互いについて、少なくとも何より大切ないくつかの事柄について理解するようになった。かれは、人間の感情を読み取る術《すべ》を知っている——わたしやデイヴィッドが怒っていたり、心配そうにしていると、ベイリーはただちに姿を現しては、わたしたちの手を舐《な》めたり、わたしたちに自分のからだをもたれかけたりする。そしてわたしたちもまた、ベイリーの感情の読み方を知っている——かれが説得力なくも支配的になろうとするとき、尻尾をぴんと立たせて大きく見せようとすること、神経質になっているときにはわたしを見上げ、からだ全体をわたしの車椅子のフットレストに収めようと力を尽くしてからだを丸めること、あるいは家族で散歩に出かけるとき、心配そうに後ろを振り向いては誰かが置いてけぼりになっていないか、歩道に気を配ること。

デイヴィッドとわたしはまた、ベイリーがいつ痛みを訴えているかが分かる。多くの品種と同様、ラサ・アプソとダックスフンドも、その品種と関連がある特定の疾患《しっかん》や障害をもちやすい。ブルドッグは心臓病や心臓発作、呼吸困難を患《わずら》いやすく、ダルメシアンは遺伝的難聴《なんちょう》にかかりやすい。▼2 ベイリーのように短い足と長い胴体をもつ犬は、膝蓋骨《しつがいこつ》に問題をかかえることが多く、脊髄《せきずい》損傷や椎間板《ついかんばん》ヘルニアに罹《かか》りやすい――最後のものはベイリーが診断された病気だ。

痛みのなかにいるときのベイリーを見たことがない人の多くは、どうしてかれが痛いと分かるのかとわたしに聞くが、わたしにしてみれば、むしろ気づかないほうが不可能だ。ベイリーのからだは、ちょうどわたしのからだがひどく痛むときと同じように反応する――筋肉はこわばり、できる限りじっとしていようとし、泣き叫び、くつろいでいることができず、誰にも触ってほしくなさそうである。

数年前、ベイリーは突然に、後ろ足のコントロールを失いはじめた。かれは一晩中家のまわりをぐるぐる歩いていたかと思うと急に走りはじめ、最終的には、足がほとんど麻痺《まひ》してしまった。夕方にわたしたちがかれを外科医に連れて行った頃には、かれは完全に後ろ足を引きずった状態だった。わたしが最初に心配したのは、ベイリーが生き延びてくれないかもしれないということだった。けれども、かれが死んでしまうという恐怖が幸いにも過ぎ去ったのち、わたしは気づいた――サービス・ドッグのベイリーが、いまやかれ自身の身体に障害をもつようになったのだ。

ベイリーは次の日に緊急手術をした。わたしたちは、ベイリーを救助した団体がなんとか医療費の大部分を削減させることができたので、きわめて運が良かった。そうでなければ、わたしたちには、治療費を捻出《ねんしゅつ》することは到底できなかっただろう。ついにベイリーを家に連れて帰ったとき、かれはいまだに後ろ足を使えず、腸と膀胱《ぼうこう》の自己調節機能を失ったままだった。出かける必要があると、デイヴィッドはベイリーを抱えるか、わたしのスカーフで作ったつり包帯のような器具を後ろ足の下に着用して歩かせた。ほとんどの場合、ベイリーはすべてについて驚くほど無頓着《むとんちゃく》で、ただ、かれのお気に入りのおしっこスポットになんとか歩《ほ》を進めたり（その様子は、つり包帯のせいで古風な芝刈り機のようだった）、誰でも近くにいる人に近寄っては引《ひ》っ掻《か》いたりした。けれどもわたしたちがベイリーをひとりにしようとしたり、大きな犬が近づいてくると、かれは再び不安になった。そしていまや自分が前よりも弱くなったことにはっきり気づいているために、この不安はより大きなものになった。

わたしと一緒に外出する時間は、手術のあとではずっと短くなった。長く歩くと背中の痛みがぶり返すようだったが、ベイリーが疲れたときにかれを持ち上げてやれるほど、わたしの腕は強くはない。けれどもいちばん大切なことは、ベイリーがまだわたしたちと一緒にいるということだ。かれは、よくやっているけれども、これからはずっと不自由な足で闊歩《かっぽ》することになるだろうし、他の犬よりものろまで、走ろうとするならいつでも、あたかも後軀《こうく》だけほかの運転者がいるかのように見えるだろう。かれはまた、別の椎間板《ついかんばん》ヘルニアにかかるリスクをこれからずっと抱えることだろう。手術以降、ベイリーは軽度の異変を数え切れないくらい経《へ》てきたが、幸いにも、わたしたちはこれに投薬とケアで対処することができた。いくつもの世代にわたる人間の介入の果てに、かれの背は単純に、からだの大きさに比して長すぎるのだ。

ベイリーがわたしやデイヴィッドと一緒に暮らしはじめてから五年もの月日が経《た》った今日、わたしが文章を書いているこの瞬間にも、わたしたちはいまも一緒だ。かれはわたしのかたわらで、机の下にあったブランケットでみずからこしらえた寝床《ねどこ》に横になり、わたしが知るどんな人間よりも大きな音を立てて、いびきをかいている。ベイリーがわたしと一緒に街を散歩することはもうほとんどないけれど、かれはわたしがこの本を書くために費やした永遠につづくかのような時間のあいだ、わたしのかけがえのない伴侶《はんりょ》でいてくれた。わたしはベイリーが、わたしたちとの生活へとたどり着いてくれたことに、これ以上なく感謝しているけれど、わたしたちの関係のアイロニーは失われてはいない――わたしは最初、生活を楽にしようと思って犬を飼うことを思い立ったのに、その代わり、わたしは障害のある犬と暮らしを共にするようになったのだから。デイヴィッドとわたしは、疑いようもなく、ベイリーのサービス・ヒューマンだ。

ベイリーはいまなお、わたしのサービス・ドッグだ。ベイリーはいつ何時《なんどき》も、わたしの感情や要求、そしてわたしがいる場所に注意していて、かれはそこにいるだけで、毎日散歩に出かけるときに、わたしとわたしが出会う健常者中心主義の緩衝材《かんしょうざい》になってくれる。そしてわたしはベイリーのサービス・ヒューマンであることを思い切り快《こころよ》く受け容れる。わたしはかれの薬をピーナッツバターで包んでやり、かれが階段を上り下りしないようにし(かれは臭うエレベーターがお気に入りの、わたしが知るなかで唯一の伴侶だ)、そして、かれが不安のなかにいたり、からだに痛みの症状があるときは、手助けしようと試みる。けれども、いつかまたベイリーに別の椎間板ヘルニアが生じ、ひどい苦痛が襲いかかり、わたしの介助者としての力の限界が露呈《ろてい》することになるのではないかと、ひどく不安につつまれることもある。わたしは、かれの脊椎骨を何個か取り除くことができたらと、あるいはその背骨を粉々にしてくれる魔法の機械があったならと、つぶやいたりもする——そして、わたしはふと気づくのだ。わたしはかれを治癒《ちゆ》してやりたいのだと。

けれども大部分、不具《かたわ》で、依存的で、効率が悪く、無能な人間が、効率が悪くて依存的な不具の犬を支え、また同時に、支えられているということには、ある意味適切で、実のところ、うつくしい何かがある——傷つきやすく、種を異にした二匹の相互依存的な存在が、相手に必要なものが何なのかを理解しようと手さぐりしている姿には。ぎこちなく、そして不完全に、わたしたちは、互いに互いの、世話をみる。

謝辞

二〇一〇年に『荷を引く獣たち』の作業に取り組み始めたころ、どこからどう始めたらよいものか、わたしにはまったく見当がつかなかった。大学院を卒業したばかりの一人の視覚芸術家にとって、ノンフィクションの本を書くことは、まったくもってミステリアスな過程であった。けれどもわたしには、自分、そしてこのプロジェクトを信じてくれたかずかずの友人や家族、そして師がいた。かれらの途方もないサポートがなかったならば、この本は決して書かれることがなかっただろう。

ニュープレスの寛大なサポートに心から感謝しており、この本を生み出すのにたずさわったすべての人びとへの恩義は尽きない。とりわけ、サラ・ファンから手引きと知恵を授かることができたのは、僥倖《ぎょうこう》だった。サラの『荷を引く獣たち』への信念と献身、そしてわたしがこの本で成し遂げたいことに対する深い理解は、計り知れないほど貴重なものだということがわかった。ジェッド・ビックマンもまた、本の最終段階で、堅実な助言と、非常に重要な支援をしてくれた。このプロジェクトを実現するための手助けをしてくれたすべての編集者とスタッフに深い感謝を捧げる。

『荷を引く獣たち』の執筆初期から揺るぎない励ましを与えつづけてくれたエイミー・ショルダーにもまた、限りなく感謝している。エイミーの手による最初の編集と提案は、長い執筆過程においても残りつづけ、おかげでわたしはずっとましな書き手になった。ジーナン・パナシュとサム・フーバーにも感謝する。

この本のアイデアは、わたしがカリフォルニア大学バークレー校の芸術実践科にいた頃に生まれた。在学中にわたしのもとに現れた友人と師のコミュニティに対する感謝は、言葉では表しがたい。なかでも、キャサリン・シャーウッドとスーザン・シュベイクには、とりわけ感謝の気持ちをもっている。二人の支援と愛情あふれる指導は、実にかけがえのないものだった。

わたしはまた、ニューヨーク大学社会文化分析科やより広い大学のコミュニティで、さらに異なる類《たぐ》いの友人と師に出会えて、たいへん幸運だった。この学科は、博士課程の学生としてのみならず、作家として、活動家として、そして新米《しんまい》の母親としてのわたしをサポートしてくれた。このように思いやりに溢れ、真に政治的意識をもったプログラムに在籍することになって、有難いかぎりだ。ニューヨーク大学でわたしが学んだすべての人びとに感謝を捧げる。

『荷を引く獣たち』の文章と、解読可能な、あるいは解読不可能なさまざまな段階において勇敢にも立ち向かってくれた、ジーン・スチュワート、マーガレット・プライス、ベサニー・スティーブンス、ローリー・グルーエン、そしてロバート・ジョーンズに負う恩義は、一生ものだ。かれらはみな、まことに思慮深い分析と不可欠な批判を与えてくれた。果敢《かかん》にもこのプロジェクト全体に目を通してくれた人びとにわたしが言えることといえばただ、ありがとうという言葉だけだ。グレッグ・ヨウマンス、アリソン・ケイファー、姉のアストラ、そして両親のマリアとウィル――あなたたちが『荷を引く獣たち』に投じてくれた提案、批判、激励《げきれい》、そして信念こそ、この本を生み出したのだ。わたしは、言葉では言い表せないほど感謝している。長年にわたってこのプロジェクトに無数の応援を送ってくれ、推敲《すいこう》を読み、鷹揚《おうよう》な言葉で応援してくれたキャロル・アダムズとレベッカ・ソルニットにも、非常に深く感謝している。

『荷を引く獣たち』のために思索と物語を分かちあってくれた、あらゆる人びとに恩を負っている。マイケル・ベルベ、スーザン・シュベイク、ドーン・プリンス・ヒュージ、ハロルド・ブラスウェル、そしてダニエル・サロモンに、心からの感謝を捧げる。とりわけピーター・シンガーには、快《こころよ》くインタビューに応じてくれたことに感謝している。『荷を引く獣たち』の初期段階では、数十人もの友人、そして初めて会う人びとがインタビュー用紙を埋めてくれ、あるいは障害と動物権について議論するために腰を下ろして話をしてくれた。本の最終稿に反映されはしなかったけれども、これらの経験はすべて、プロジェクトとわたしの考えを深い次元でかたちづくった。インタビューをやりとげるためにニューヨーク州北部まで車を運転してくれたイブ・ラリス・コーヘンにも感謝する。また、土壇場《どたんば》でさまざまなイメージを使用できるよう取り計らってくれたデニス・ウォルトン、マイク・アーヴィン、そしてイーサン・パーソフ、そして参考文献にかんして手伝ってくれたマリサ・ヘルナンデスにも非常に感謝している。

プロジェクトの初期にサポートをしてくれた〈文化と動物基金〉に感謝している――この基金からの助成金によって、早い段階からこの本に弾《はず》みがついた。また、数年にわたってこの作業を学会や教室で分かちあうことができた多くの機会にも、とても有難く思う。これらの催《もよお》しでわたしが得たフィードバックの影響は、ページのいたるところで、はっきりと見てとれる。

また、光栄にも『荷を引く獣たち』のいくつかの章が、いろんな場所に掲載された。第13章を二〇一三年の「アメリカン・クウォータリー」特別号、「種／人種／性」に載《の》せてくれたことについて、クレア・ジーン・キムとカーラ・フレッチェロに感謝する。また第17章の一部を論文集の『エコフェミニズム――他の動物たちと地球とのフェミニスト的な交差』に載せてくれたことに、キャロル・アダムズとローリー・グルーエンに感謝する。さらに、第3章の一部を「批判的動物研究誌」の特別号、「エコ－アビリティ――地球、動物、そして障害の交差性」に載せてくれたことについて、ジュディ・K・C・ベントレー、キム・ソッカ、そしてJL・シャッツに感謝している。そしてわたしの仕事を「エコ批評の交差路で」特別号に収録してくれたことに、「キ・パルレ（Qui Parle）」とカトリーナ・ドッドソンに感謝する。第9章と第17章の一部は上に挙げた媒体に掲載されたものであり、許可のもとに再掲する。

『荷を引く獣たち』がここに存在するのは、非凡な家族のおかげだ——ここには、わたしが故郷《ホーム》と呼ぶ、美しい不具者《かたわ》たちのコミュニティも含まれている。この本で展開されたアイデアは、これら輝かしい人たちによってかたちづくられてきたものなのであり、この事実は永久に消え失せない。わたしがラディカルな不具になったのは、ほとんどベサニー・スティーブンスとアリソン・ケイファーのせいだ。彼女たちがいなければ、わたしは救いようもなく面白くも賢くもない人になっただろうし、わたしの本はさらにひどいものになっただろう。レオニー・ムーアは障害者の作家グループを開始したが、これは、遠く離れていても、書くというしばしばあまりにも孤独な実践において、わたしに連帯感を与えてくれるものだった。ジーン・スチュワートは、わたしが行き詰まったときはいつでも、自宅のポーチと、ワイン、ピタパン、そして強靭《きょうじん》な正義感で助けになってくれた。マーガレット・プライスは、書くことが単調で慎《つつ》ましやかな行いであることを知っていたので、励ましの言葉とともに、テクストと格闘しながらわたしがお腹が空いたりしないよう、ポップコーン・メーカーを贈ってくれた。この上なく名残惜《なごりお》しくも故人となったポール・ロングモアは、ものを書くことについての助言で、毎日何かしら書きつづけていれば、ある時点で一冊の本を書いたことに気づくだろうと語ってくれた。あなたたちすべてをここで挙げるには、ずっと多くのページが必要になるだろう——ごめんなさい、そう努めたのだけれど——でも、わたしが一緒にダンスを踊り、一緒に逮捕され、抗議をし、アート作品をつくり、学び、格闘し、笑ったすべての人へ――ありがとうございました。わたしはまた、これまで一二年のあいだ学ばせてもらってきた障害者団体と活動家グループにも深く負っている――ADAPT、CUIDO、Sins Invalid　そしてとりわけ障害学学会。

ウォラス一家は、わたしに限りない愛と友情を表してくれ、いつも本はどうなっているのかと尋ねては手助けしようとしてくれた。ジュリア、ローラ、エヴァン、レイチェル、クリス、ジェレミー、そしてフランシーへ――ありがとうございました。わたしはあなたたちの冒険に加われて、とてもうれしいです。

テイラー一家へ。わたしはこの本が、あのおかしなヒッピーの子どもたちを――毛皮会社に嫌がらせの電話をしたり、マクドナルドで食べないように訴える歌をうたったりした――誇りに思わせるものだと思いたい。ひょっとすると、K.A.R.A〔Kids for Animal Rights and the Environment、テイラーの姉のアストラが発行していた雑誌〕で読んだ人もいるかもしれない！　愛するアレックス、ナイ、そしてアストラへ。動物の問題、そしてありとあらゆる話題について月の下で議論した年月を、ありがとう。わたしはいつもあなたたちみんなから学んでいます。両親のマリアとウィルに対する感謝は尽きることがない。この本は、わたしたち家族が生み出したものに違いない！　それは、この本が奇妙だから、そしてこの本が情熱的な動物解放のメッセージをもっているからだけではない。それはこの本が、わたしの心の底から、そして正義感からやってきたプロジェクトだからだ――これは、あなたたち二人が、どんなプロジェクトもそこにもとづくべきだと教えてくれたものにほかならない。

『荷を引く獣たち』への最も重要な貢献者ふたりは、いまだこの本を読んではいない。伴侶犬のベイリーは、この本を執筆する最初の段階から一緒だった。わたしの生き方と動物にかんする考え方におけるかれの重要性は、すべてのページを通して明らかだ。わたしはベイリーに、たくさんのことをわたしたちに贈ってくれて、そしてこれほどまで熱烈にわたしたちを愛してくれることに、とても感謝している。

本の最終的な編集段階で、レオノラ・フェニックスが生まれた。彼女はいまだ本を読んではいないものの、最終的な編集過程にかなり貢献してくれた。それが睡眠不足のためであれ、新しく母親になったことによるホルモン変化のためであれ、あるいは彼女がわたしに日々もたらしてくれる喜びのためであれ、本にかんする多くの事柄が、どうしたものかクリアになっていった――いつも悩みの種だった部分はカットされ、新しい文章が付け加えられた。そして、手を焼いていた未完成部分は、前よりはマシなものになった。わたしは彼女がわたしたちの生の一部になってくれたことがうれしくて堪《たま》らず、自分が新たな母親になったことに、言葉では言い表せないくらい感謝している。わたしはまた、母のマリアとフランシーに、わたしが編集を終えることができるよう、何度も家に手伝いに来てくれたことに、ほんとうに感謝している。

最後に、誰も『荷を引く獣たち』を、これほどまで徹底的かつ思慮深く、そして何度も繰り返し読みはしなかった――デイヴィッド・ウォレスほどに。デイヴィッドは間違いなく、この本を繰り返し、ときにはわたしに声に出して読んでくれたことについて、賞を受けるに値する

——わたしが彼にそうしてほしいと頼みつづけたという事実が、デイヴィッドが本の執筆にかんしてどれだけ不可欠な存在であったかの証拠だ。本のアイデアに対するデイヴィッドの紛《まご》うことなき情熱と、わたしが本を書き終えることへの堅い信念は、ともに決して揺らぐことはなく、このことがわたしに、数年間にわたって取り組みつづけるためのスタミナと自信を与えてくれた。彼の考えと想いがなければ、この本はいまここに存在してはいないだろう——ありがとう、デイヴィッド。このプロジェクトに、こんなにもたくさんのことを贈ってくれて。

註

プロローグ

▶1 United Poultry Concerns, "Chickens," accessed October 26, 2013, http://www.upc-online.org/chickens/chickensbro.html.

▶2 United Poultry Concerns, "Chickens."

1

▶1 Fiona Campbell, *Contours of Ableism* (New York: Palgrave Macmillan, 2009), 17.

2

▶1 World Health Organization, "Summary: World Report on Disability," 2011, http://whqlibdoc.who.int/hq/2011/WHO_NMH_VIP_11.01_eng.pdf.

▶2 United Nations, "Some Facts About Persons with Disabilities," fact sheet, 2006, 2013, http://www.un.org/disabilities/convention/facts.shtml.

▶3 Fiona Campbell, *Contours of Ableism* (New York: Palgrave Macmillan, 2009), 22.

▶4 Ellen Samuels, *Fantasies of Identification: Disability, Gender, Race* (New York: New York University Press, 2014) を参照せよ。

▶5 Samuels, *Fantasies of Identification*, 2.

▶6 Kim Nielsen, *A Disability History of the United States* (Boston: Beacon Press, 2012) を参照せよ。

▶7 "Differently Abled–Disability Language on My Mind," *Cripwheels* (blog), accessed October 19, 2013, http://cripwheels.blogspot.com/2011/01/differently-abled-disability-language.html.

▶8 Michael Bérubé 以下の本への序文 *Claiming Disability: Knowledge and Identity*, by Simi Linton (New York: New York University Press, 1998), viii.

▶ 9 Alison Kafer, "Compulsory Bodies: Reflections on Heterosexuality and Able-bodiedness," *Journal of Women's History* 15, no. 3 (2003): 78.

▶ 10 ADAPTについてのさらなる情報については、かれらのウェブサイトを訪問してほしい。http://www.adapt.org. (accessed September 10, 2013)

▶ 11 Centers for Medicare Services, CMS 2012 Nursing Home Action Plan (Baltimore, MD: Centers for Medicare Services, 2012), ii, accessed October 26, 2013, http://www.cms.gov/Medicare/ProviderEnrollmentandCertification/CertificationandComplianc/downloads/nursinghomedatacompendium_508.pdf; and North Carolina Department of Health and Human Services, ICF/MR Branch Newsletter, October 2002, http://www.ncdhhs.gov/dhsr/mhlcs/pdf/icfnewsletter /icfmroctnewsltr.pdf.

▶ 12 Toshio Meronek, "Disability Advocates, Nursing Home Industry Battle for Health Care Dollars for Aging, Disabled," Truthout, April 28, 2013, http://www.truth-out.org/news/item/15985-disability-advocates-nursing-home-industry-battle-for-health-care-dollars-for-aging-disabled.

▶ 13 Centers for Disease Control and Prevention, "Nursing Home Care," http://www.cdc.gov/nchs/fastats/nursingh.html; Centers for Medicare Services, Nursing Home Compendium 2012 Edition (Centers for Medicare Services, 2012), 153, http://www.cms.gov/Medicare/Provider-EnrollmentandCertification/CertificationandComplianc/downloads/nursinghomedatacompendium_508.pdf.

▶ 14 Genworth, "Genworth 2013 Cost of Care Survey," 5, https://www.genworth.com/dam/Americas/US/PDFs/Consumer/corporate/130568_032213_Cost%20of%20Care_Final_nonsecure.pdf.

▶ 15 National Center on Elder Abuse, "Abuse of Residents of Long Term Care Facilities," fact sheet, 2010, http://www.ncea.aoa.gov/Resources/Publication/docs/NCEA_LTCF_ResearchBrief_2013.pdf.

▶ 16 SCAN Foundation, "Fact Sheet: Summary of the California 2011-2012 Enacted Budget: Impact on Older Adults and People with Disabilities," July 2011, http://www.udwa.org/pdf_docs/2011/Scan_Foundation_Budget_TSF-FactSheet-21.

pdf.

▶17 Rosemarie Garland-Thomson, "From Wonder to Error-A Genealogy of Freak Discourse in Modernity," introduction to *Freakery: Cultural Spectacles of the Extraordinary Body*, ed. Rosemarie Garland Thomson (New York: New York University Press, 1996), 4.

▶18 Michael Oliver, *The Politics of Disablement: A Sociological Approach* (New York: St. Martin's Press, 1990) を参照せよ。

▶19 Margaret Price, *Mad at School* (Ann Arbor: University of Michigan Press, 2014), 134.

▶20 Mia Mingus, "Changing the Framework: Disability Justice: How Our Communities Can Move Beyond Access to Wholeness," *Resist*, December 2010, http://www.resistinc.org/newsletters/articles/changing-framework-disability-justice.

▶21 World Health Organization, "Disabilities and Rehabilitation," accessed September 10, 2013, http://www.who.int/disabilities/media/events/idpdinfo031209/en.

▶22 United Nations Enable, "Convention of the Rights of Persons with Disabilities," accessed September 10, 2013, http://www.un.org/disabilities/convention/facts.shtml.

▶23 Shaun Heasley, "More Than 1 in 4 With Disabilities Living in Poverty," *Disability Scoop*, September 14, 2011, accessed September 10, 2013, http://www.disabilityscoop.com/2011/09/14/more-1-in-4-poverty/13952.

▶24 World Bank, "Poverty and Disability," accessed October 19, 2013, http://web.worldbank.org /WBSITE/EXTERNAL/TOPICS/EXTSOCIALPROTECTION/EXTDISABILITY/0,,contentMDK:20193783~menuPK:419389~pagePK:148956~piPK:216618~theSitePK:282699,00.html.

▶25 United Nations Enable, "Disability and Employment Fact Sheet 1: Employment of Persons with Disabilities: Fact Sheet 1," accessed September 10, 2013, http://www.un.org/disabilities/default.asp?id=255.

▶26 U.S. Department of Labor, Bureau of Labor Statistics, "Persons with a Disability: Labor Force Characteristics-2009," U.S. Department of Labor, August 25, 2010, http://www.bls.gov/news.release/archives/disabl_08252010.pdf.

▶27 Tom Harkin, "Disability Employment: Are We at the Tipping Point?," *Huffington Post*, July 16, 2012, http://www.

huffingtonpost.com/sen-tom-harkin/disability-employment-are_b_1677380.html.

▶28 Marta Russell and Jean Stewart, “Disablement, Prison, and Historical Segregation,” *Monthly Review* 53, no.3 (2009), http://monthlyreview.org/2001/07/01/disablement-prison-and-historical-segregation.

▶29 Mark Sherry, *Disability Hate Crimes: Does Anyone Really Hate Disabled People?* (Surrey, UK: Ashgate Publishing Limited, 2010), 15.

▶30 Paul K. Longmore and Lauri Umansky, introduction to *The New Disability History: American Perspectives* (New York: New York University Press, 2001), 7.

▶31 Douglas C. Baynton, “Disability and the Justification of Inequality in American History,” in Longmore and Umansky, *New Disability History*, 52.

▶32 Deborah Stone, *The Disabled State: Health, Society Policy* (Philadelphia: Temple University Press, 1984). Ravi Malhotra and Marta Russell, “Capitalism and Disability,” *Socialist Registrare* 38 (2002): 211-28; Nirmala Erevelles, *Disability and Difference in Global Contexts: Enabling a Transformative Body Politic* (New York: Palgrave Macmillan, 2011) も参照せよ。

▶33 Susan M. Schweik, *The Ugly Laws: Disability in Public* (New York: New York University Press, 2009) を参照せよ。

▶34 Samuels, *Fantasies of Identification* を参照せよ。

▶35 Erevelles, *Disability and Difference in Global Contexts*, 68-71.

▶36 Erevelles, *Disability and Difference in Global Contexts*, 68-71.

▶37 Steven A. Gelb “Darwin’s Use of Intellectual Disability in The Descent of Man,” *Disability Studies Quarterly* 28, no.2 (December 5, 2008), http://dsq-sds.org/article/view/96.

▶38 Londa L. Schiebinger, *Nature’s Body: Gender in the Making of Modern Science* (New Brunswick, NJ: Rutgers University Press, 1993) を参照せよ。

▶39 Michelle Jarman, “Coming Up from Underground: Uneasy Dialogues at the Intersections of Race, Mental Illness, and Disability Studies,” in *Blackness and Disability: Critical Examinations and Cultural Interventions*, ed. Christopher M. Bell,

(East Lansing: Michigan State University Press, 2011), 10.

▼40 Mingus, "Changing the Framework."

3

▼1 Scott McBurney, "Congenital Limb Deformity in a Red Fox," Canadian Cooperative Wildlife Health Centre 6, no.1 (1999), 9-10.

▼2 "My Bionic Pet: Nature (VIDEO)," *Nature*, April 9, 2014, http://www.pbs.org/wnet/nature/my-bionic-pet-my-bionic-pet/8696.

▼3 Frans De Waal, *Good Natured: On the Origins of Right and Wrong in Humans and Other Animals* (Cambridge, MA: Harvard University Press, 1996), 44.（フランス・ドゥ・ヴァール著、西田利貞／藤井留美訳、『利己的なサル、他人を思いやるサル —— モラルはなぜ生まれたのか』、草思社、一九九八年、七九－八〇頁）

▼4 "Chris P. Bacon, Disabled Pig, Charms with Tiny Wheelchair After Escaping Death (VIDEO)," *Huffington Post*, February 5, 2013, http://www.huffingtonpost.com/2013/02/05/chris-p-bacon-disabled-pig-wheelchair_n_2626078.html.

▼5 "Mozu the Snow Monkey: Nature," directed by Nigel Cole (1989; Toronto, ON: E1 Entertainment, 1989), DVD.

▼6 Jeffrey Moussaieff Masson, *The Pig Who Sang to the Moon: The Emotional World of Farm Animals* (New York: Ballantine Books, 2003), 82.（ジェフリー・M・マッソン著、村田綾子訳、『豚は月夜に歌う —— 家畜の感情世界』、バジリコ、二〇〇五年、一〇四頁）

▼7 Marc Bekoff, *The Emotional Lives of Animals: A Leading Scientist Explores Animal Joy, Sorrow, and Empathy and Why They Matter* (Novato, CA: New World Library, 2008), 3.（マーク・ベコフ著、高橋洋訳、『動物たちの心の科学 —— 仲間に尽くすイヌ、喪に服すゾウ、フェアプレイ精神を貫くコヨーテ』、青土社、二〇一四年、二九頁）

▼8 "Cute Alert: Goose Looks After Blind Dog," *Metro*, April 21, 2011, http://metro.co.uk/2011/04/21/buttons-the-gooselooks-after-baks-the-blind-dog-652701.

▼9 De Waal, *Good Natured*, 48.（『利己的なサル、他人を思いやるサル』、八五頁）

▼10 *Ibid.*（同書、八五頁）

▼11 *Ibid.*, 52.（同書、九一頁）

▼12 *Ibid.*, 48.（同書、九一頁）

▼13 *Ibid.*（同書、八五頁）

▼14 PETA, "Factory Farming: Cruelty to Animals," accessed October 19, 2013, http://www.peta.org/issues/animals-used-for-food/factory-farming.aspx.

▼15 United Poultry Concerns, "Debeaking," fact sheet, accessed October 19, 2013, http://www.upc-online.org/merchandise/debeak_factsheet.html.

▼16 Masson, *Pig Who Sang to the Moon*, 67.（『豚は月夜に歌う』、八五頁）

▼17 Karen Davis, "The Battery Hen: Her Life Is Not for the Birds," United Poultry Concerns, accessed July 17, 2013, http://www.upc-online.org/batthen.html.

▼18 Masson, *Pig Who Sang to the Moon*, 67-68.（『豚は月夜に歌う』、八五頁）「ブリストル大学獣医学部のジョン・ウェブスター教授のように、こうした実態を公表した学者たちは、ただの推論にすぎないとか、さらには擬《ぎ》人《じん》化していると非難を浴びせられてきた」。より近年の研究は、これら科学者たちの発見を裏づけるものである。通常の飼料と抗《こう》炎症剤および鎮痛剤が入った飼料が選択できる場合、「びっこの（lame）」雌鶏たちは後者を選ぶことから、研究者たちは「びっこのブロイラーは苦痛を感じていて、痛みに苦しんでいるからこそ軽減を求める」と結論づけた。C.A. Weeks, *et al.*, "The Behaviour of Broiler Chickens and Its Modification by Lameness," *Applied Animal Behaviour Science* 67 (2000): 111-125.

▼19 Masson, *Pig Who Sang to the Moon*, 151.（『豚は月夜に歌う』、一九一－一九二頁）

▼20 Humane Society of the United States, *An HSUS Report: The Welfare of Cows in the Dairy Industry* (Washington, D.C.:

Humane Society of the United States, 2009), http://www.humanesociety.org/assets/pdfs/farm/hsus-the-welfare-of-cows-in-the-dairy-industry.pdf. ［訳註 HSUS : the Humane Society of the United States］

▶ 21 Vegetarian Society, “Cattle: Fact Sheet,” accessed October 24, 2013, https://www.vegsoc.org/sslpage.aspx?pid=561.

▶ 22 Armelle Casau, “When Pigs Stress Out,” *New York Times*, October 7, 2003, http://www.nytimes.com/2003/10/07/science/when-pigs-stress-out.html.

▶ 23 Gail Eisnitz, *Slaughterhouse: The Shocking Story of Greed, Neglect, and Inhumane Treatment Inside the U.S. Meat Industry* (Amherst, NY: Prometheus Books, 2006), 82.

▶ 24 Eisnitz, *Slaughterhouse*, 100.

▶ 25 Laura Entis, “Will the Worst Bird Flu Outbreak in US History Finally Make Us Reconsider Factory Farming Chicken?,” July 14, 2015, accessed November 12, 2015, http://www.theguardian.com/vital-signs/2015/jul/14/bird-flu-devastation-highlights-unsustainability-of-commercial-chicken-farming.

▶ 26 Robert Uhlig, “10 Million Animals Were Slaughtered in Foot and Mouth Cull,” *The Telegraph*, January 23, 2002, http://www.telegraph.co.uk/news/uknews/1382356/10-million-animals-were-slaughtered-in -foot -and-mouth-cull.html.

▶ 27 Matthew Scully, *Dominion: The Power of Man, the Suffering of Animals, and the Call to Mercy* (New York: St. Martin's Press, 2003), ix-x.

▶ 28 Entis, “Worst Bird Flu Outbreak.”

▶ 29 Jim Wappes, “Report Finds $1.2 Billion in Iowa Avian Flu Damage,” *Center for Infectious Disease Research and Policy*, August 18, 2015, accessed November 12, 2015, http://www.cidrap.umn.edu/news-perspective/2015/08/report-finds-12-billion-iowa-avian-flu-damage.

▶ 30 Swift & Company, *Easy Does It*, reprinted by Ethan Persoff, “Comics with Problems #24? D-Doh-D-Don't Bruise That Pig!,” accessed January 14, 2013, http://www.ep.tc/problems/24.

▶ 31 *Ibid.*

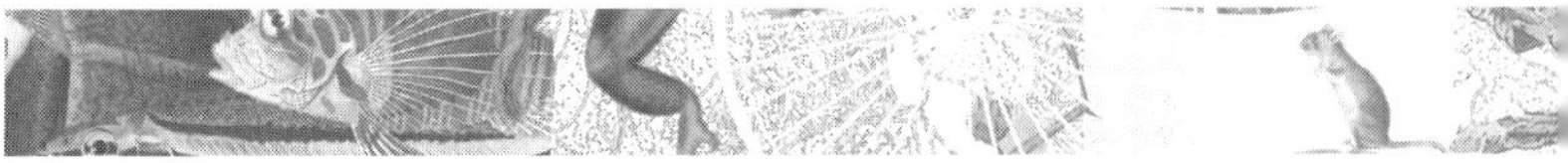

▼32 Humane Society of the United States, "Rampant Animal Cruelty at California Slaughter Plant," January 30, 2008, http://www.humanesociety.org/news/news/2008/01/undercover_investigation_013008.html.

▼33 Mercy for Animals, "Auction Atrocities: California Livestock Market Abuse Exposed," accessed July 17, 2013, http://www.mercyforanimals.org/auction/video.aspx.

▼34 Vegan Outreach, "How Does Drinking Milk Hurt Cows?," accessed January 14, 2013, http://www.veganoutreach.org/dairy.

▼35 "Downer Cow Ban Initially Rejected by USDA Finally Passed," *Examiner.com*, March 15, 2009, http://www.examiner.com/article/downer-cow-ban-intially-rejected-by-usda-finally-passed.

▼36 Animal Welfare Institute, "Legal Protections for Nonambulatory (or 'Downed') Animals," accessed January 14, 2013, http://awionline.org/sites/default/files/uploads/documents/falawsrelatedtononambulatoryanimals-020612.pdf.

▼37 Animal Welfare Institute, "Legal Protections for Nonambulatory (or 'Downed') Animals."

▼38 Anna Bassett, "Technical Advice Fact Sheet No.1: Welfare and Belgian Blue Cattle," Animal Welfare Approved, 2009, http://www.animalwelfareapproved.org/wp-content/uploads/2009/08/TAFS-1-Welfare-and-Belgian-Blue-Cattle-9-22-09.pdf.

▼39 Kim Severson, "An Unlikely Way to Save a Species: Serve it for Dinner," *New York Times*, April 30, 2008, http://www.nytimes.com/2008/04/30/dining/30come.html.

▼40 Humane Society of the United States, "Warning: Anti-Fur Brochure," 2000, https://web.archive.org/web/20081203133831/http://files.hsus.org/webfiles/PDF/AntiFurWarningBro_2000.pdf.

▼41 PETA [People for the Ethical Treatment of Animals], "Ailing Elephants Forced to Perform," September 22, 2010, http://www.peta.org/b/thepetafiles/archive/2010/09/22/ailing-elephants-forced-to-perform.aspx. 二〇一五年三月、リンリン・ブラザーズとバーナム&ベイリーは、動物福祉法に言及しながら二〇一八年までには象を使用した公演を廃止すると唐突に発表した。この発表はアメリカ農務部が動物福祉法違反の嫌疑でフェルド・エ

ンターテイメント（リンリン・ブラザーズの母会社）を控訴してからすぐにおこなわれた。二〇一一年に二七万ドルで合意がなされたのだが（これによって会社は過《あやま》ちを認めることを免れた）、これは動物福祉法四〇年の歴史上で最も高くついた合意であった。「マザー・ジョーンズ」紙〔サンフランシスコに拠点を置く非営利の報道機関。読者の支援によって運営され、インターネットを中心にニュースを配信している〕による一年に及ぶ調査によると、リンリン・ブラザーズと公演していた象たちは、「ブルフックによってむち打たれ、自分の排泄物でいっぱいの汽車に閉じ込められ、その生の大部分を同じ場所に鎖で繋《つな》がれていた」。動物擁護家たちの粘り強い努力のおかげで、数多くの都市がブルフックの使用を禁じるほどに世論が変わった。しかし虎、ライオン、熊、その他の動物を使用した公演がすぐになくなる兆《きざ》しはない〔リンリン・ブラザーズとバーナム&ベイリーサーカス団は象の公演を廃止したのち、観客減少を理由として二〇一七年五月二一日の最終公演ののち解散した〕。James Gerkin, "Ringling Bros. Circus To Phase Out Elephant Acts" *The Huffington Post*, March 5, 2015, http://www.huffingtonpost.com/2015/03/05/ringling-bros-elephants_n_6807340.html および Deborah Nelson, "The Cruelest Show on Earth," *Mother Jones*, November / December 2011 issue, http://www.motherjones.com/environment/2011/10/ringling-bros-elephant-abuse を参照せよ。

▼42 Dawn Prince-Hughes, *Songs of the Gorilla Nation* (New York: Three Rivers Press, 2005), 37.

▼43 Laura Smith, "Zoos Drive Animals Crazy," *Slate*, June 2014, accessed November 2015, http://www.slate.com/blogs/wild_things/2014/06/20/animal_madness_zoochosis_stereotypic_behavior_and_problems_with_zoos.html.

▼44 Laurel Braitman. *Animal Madness: How Anxious Dogs, Compulsive Parrots, and Elephants in Recovery Help Us Understand Ourselves* (New York: Simon and Schuster, 2014), 199.

▼45 Smith, "Zoos Drive Animals Crazy."

▼46 Jenny Brown 著者とのメールを通した対話 December 1, 2012.

▼47 Fernanda Santos, "A Rescued Goat Gets a Chance for a Normal Life," *New York Times*, May 1, 2008, http://www.nytimes.com/2008/05/01/nyregion/01goat.html.

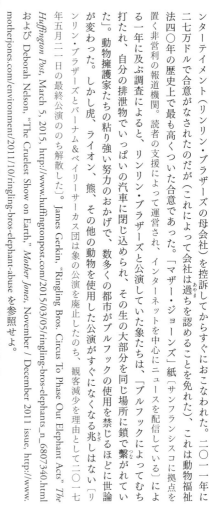

4

▼1 Roger Fouts, *Next of Kin: What Chimpanzees Have Taught Me About Who We Are* (New York, New York: William Morrow and Company, 1997), 145.（ロジャー・ファウツ／スティーヴン・タケル・ミルズ著、高崎浩幸／高崎和美訳、『限りなく人類に近い隣人が教えてくれたこと』、角川書店、二〇〇〇年、一六五頁）

▼2 Fouts, *Next of Kin*, 133.（同書、一五一頁）

▼3 *Ibid.*（同書、一五一頁）

▼4 *Ibid.*, 134-35, 142.（同書、一五二－一五四頁、一六一頁）

▼5 *Ibid.*, 355.（同書、三八七頁）

▼6 *Ibid.*, 133, 134（同書、一五一－一五三頁）

▼7 *Ibid.*, 248.（同書、二七二－二七三頁）

▼8 *Ibid.*, 283, 284.（同書、三一〇－三一一頁）

▼9 *Project Nim Chimpsky*, directed by. James Marsh (2011; Los Angeles, CA: Roadside Attractions, 2011), DVD.

▼10 Fouts, *Next of Kin*, 285-86.（同書、三一二－三一四頁）

▼11 *Ibid.*, 284.（同書、三一一頁）

▼12 *Ibid.*, 354.（同書、三八六頁）

▼13 Margret A. Winzer, *The History of Special Education: From Isolation to Integration* (Washington, D.C.: Gallaudet University Press, 1993), 18.

▼14 Gallaudet University, "The Abbe Charles Michel de l'Epee," accessed November, 2015, http://giving.gallaudet.edu/HOF/pastinductees/the-abbe-charles-michel-de-lepee.

▼15 Douglas C. Baynton, "'Savages and Deaf-Mutes': Evolutionary Theory and the Campaign Against Sign Language in the Nineteenth Century," in *Deaf History Unveiled: Interpretations from the New Scholarship*, ed. John Vickrey Van Cleve (Washington, D.C.: Gallaudet University Press, 1993).

▶ 16 Baynton, "'Savages and Deaf-Mutes,'" 93.

▶ 17 *American Annals of the Deaf*, ed. Edward Allen Fay (Washington, D.C.: Conference of Superintendents and Principals of American Schools for the Deaf, 1910), 179; Carol Padden, *Deaf in America: Voices from a Culture* (Cambridge, MA: Harvard University Press), 52.

▶ 18 Baynton, "'Savages and Deaf-Mutes,'" 52.

▶ 19 *Ibid.*, 53:「そして、ある口話法の教師は、一八九七年に「これらの手話は言語というよりかは感情を表現する犬の尻尾や耳の動きと呼ばれるにふさわしい」と結論づけた」。

▶ 20 Diane L. Beers, *For the Prevention of Cruelty: The History and Legacy of Animal Rights Activism* (Athens: Ohio University Press, 2006), 29.

▶ 21 Henry Childs Merwin, *Dogs and Men* (New York: Houghton Mifflin, 1910), 42.

▶ 22 Baynton, "'Savages and Deaf-Mutes.'"

▶ 23 Margalit Fox, *Talking Hands: What Sign Language Reveals About the Mind* (New York: Simon & Schuster, 2007), 36.

▶ 24 Nicholas Mirzoeff, "The Silent Mind: Learning from Deafness," *History Today*, July 1992, 24.

▶ 25 Hess, Elizabeth, *Nim Chimpsky: The Chimp Who Would Be Human* (New York: Bantam Books, 2008), 18.

▶ 26 *The Cove*, directed by Louie Psihoyos (Santa Monica, CA: Lions Gate Entertainment, 2009), DVD.

▶ 27 George Johnson, "Chimp Talk Debate: Is It Really Language?," *New York Times*, June 6, 1995, accessed October 12, 2013, http://www.nytimes.com/1995/06/06/science/chimp-talk-debate-is-it-really-language.html.

▶ 28 Mel Y. Chen, *Animacies: Biopolitics, Racial Mattering, and Queer Affect* (Durham, NC: Duke University Press, 2012); Chen, *Animacies*, 91.

▶ 29 Chen, *Animacies*, 91.

5

1 Daniel Salomon, "From Marginal Cases Linked Oppressions: Reframing the Conflict Between the Autistic Pride and Animal Rights Movements," *Journal for Critical Animal Studies* 8, no.1 (2010): 48.

2 Harold Braswell 著者との議論 May 5, 2011.

3 Marc Bekoff, *The Animal Manifesto: Six Reasons for Expanding Our Compassion Footprint* (Novato, CA: New World Library, 2010), 27.

4 PETA, "Got Autism? Learn About the Link Between Dairy Products and the Disorder," accessed November 12, 2014, http://www.peta.org/features/got-autism-learn-link-dairy-products-disease.

5 Rory Freedman and Kim Barnouin, *Skinny Bitch* (Philadelphia: Running Press, 2005).（ロリー・フリードマン／キム・バーノウィン著、ウイアー美由紀訳、『スキニービッチ――世界最新最強！オーガニックダイエット』、ディスカヴァー・トゥエンティワン、二〇一八年）

6 Breeze Harper, "Situating Racialization, Racisms, and Anti-Racisms: Critical Race Feminist and Socio-spatial Spatial Epistemological Analysis of Vegan Consciousness in the USA" (PhD diss. In progress, University of California, Davis), 23.

7 Ella Wheeler Wilcox, "The Voice of the Voiceless," quoted in *For the Prevention of Cruelty: The History and Legacy of Animal Rights Activism* by Diane L. Beers (Athens: Ohio University Press, 2006), 59.

8 The 2004 Sydney Peace Prize lecture delivered by Arundhati Roy at the Seymour Theatre Centre, University of Sydney, November 4, 2004.

9 Stephen Drake, "Connecting Disability Rights and Animal Rights: A Really Bad Idea," *Not Dead Yet*, October 11, 2010, http://www.notdeadyet.org/2010/10/connecting-disability-rights-and-animal.html.

10 Michael Pollan, *The Omnivore's Dilemma: A Natural History of Four Meals* (New York: Penguin Group, 2009), 315.（マ

イケル・ポーラン著、ラッセル秀子訳、『雑食動物のジレンマ――ある4つの食事の自然史』、東洋経済新報社、二〇〇九年、一二五－一二七頁)

▼11 Alexandra Topping, "Yvonne the Cow Is Caught After Three Months on the Run," *The Guardian*, September 2, 2011, http://www.theguardian.com/world/2011/sep/02/yvonne-cow-caught-threemonths.

▼12 Jeffrey St. Clair, "Let Us Now Praise Infamous Animals," foreword to *Fear of the Animal Planet: the Hidden History of Animal Resistance* by Jason Hribal (Oakland, CA: AK Press, 2010), 16.

▼13 Mel Y. Chen, *Animacies: Biopolitics, Racial Mattering, and Queer Affect* (Durham, N.C.: Duke University Press, 2012), 115-121.

▼14 Eugene Linden, "Can Animals Think?" *Time Magazine*, August 29, 1999, http://content.time.com/time/magazine/article/0,9171,30198,00.html.

▼15 Hribal, *Fear of the Animal Planet*, 116.

▼16 *Ibid.*, 93.

▼17 *Ibid.*, 25.

▼18 St. Clair, "Let Us Now Praise Infamous Animals," 16.

▼19 "I Am Scared and Don't Want to Die," YouTube, uploaded May 29, 2009, https://www.youtube.com/watch?v=LUkHkyy4uqw.

▼20 Daniel Salomon, "From Marginal Cases Linked Oppressions: Reframing the Conflict Between the Autistic Pride and Animal Rights Movements," *Journal for Critical Animal Studies* 8, no.1 (2010): 2.

▼21 Lori Gruen, *Ethics and Animals an Introduction* (New York: Cambridge University Press, 2011), 57を参照せよ。(ローリー・グルーエン著、河島基弘訳、『動物倫理入門』、大月書店、二〇一五年、五八－六二頁)

▼22 Peter Singer, *Animal Liberation: A New Ethics for Our Treatment of Animals*, 2nd ed. (1975; New York: New York Review of Books, 2009), 237. (ピーター・シンガー著、戸田清訳、『動物の解放』、技術と人間、一九八八年／同著、

戸田清訳、『動物の解放』、改訂版、人文書院、二〇一一年、二〇一頁）

▶ 23 Salomon, "From Marginal Cases Linked Oppressions," 52.

▶ 24 Licia Carlson and Eva Feder Kittay, *Cognitive Disability and Its Challenge to Moral Philosophy* (West Sussex, UK: John Wiley & Sons, 2010), 318.

▶ 25 Pollan, *Omnivore's Dilemma*, 312.（『雑食動物のジレンマ』、一一三頁）

▶ 26 Cathryn Bailey, "On the Backs of Animals: The Valorization of Reason in Contemporary Animal Ethics," in *The Feminist Care Tradition in Animal Ethics: A Reader*, ed. Josephine Donovan and Carol J. Adams (New York: Columbia University Press, 2007), 346.

▶ 27 Margaret Price, *Mad at School: Rhetorics of Mental Disability and Academic Life* (Ann Arbor: University of Michigan Press, 2011), 9.

▶ 28 Price, *Mad at School*, 26.

▶ 29 Bailey, "On the Backs of Animals," 345.

▶ 30 Peter Singer, *Rethinking Life and Death: The Collapse of Our Traditional Values* (New York: St. Martin's Griffin, 1994), 213.（ピーター・シンガー著、樫則章訳、『生と死の倫理』、昭和堂、一九九八年、二六三頁）

▶ 31 Michael Bérubé, "Equality, Freedom, and/or Justice for All: A Response to Martha Nussbaum," in *Cognitive Disability and Its Challenge to Moral Philosophy*, ed. Eva Feder Kittay (Hoboken, NJ: John Wiley & Sons, 2010), 106.

▶ 32 Rachel Adams, "Didn't You Get Tested?," *Salon*, April 28, 2013, http://www.salon.com/2013/04/28/all_the_ways_you_judge_my_son.

▶ 33 G.L. Krahn, L. Hammond, and A. Turner, "A Cascade of Disparities: Health and Health Care Access for People with Intellectual Disabilities," *Mental Retardation and Developmental Disabilities Research Reviews* 12, no.1 (2006): 70-82, http://www.ncbi.nlm.nih.gov/pubmed/16435327.

▶ 34 Susan Donaldson James, "Mom Says Mentally Impaired Tot Heartlessly Denied Transplant," *ABC News*, January 17,

2012, http://gma.yahoo.com/mom-says-tot-mental-delays-heartlesslydenied-transplant-160808540-abc-news.html.

▶ 35 Charles Camosy, "Amelia Rivera and Medical Morality," *Washington Post*, January 18, 2012, http://www.washingtonpost.com/blogs/guest-voices/post/amelia-rivera-and-medical-morality/2012/01/18/gIQA1ZxE8P_blog.html.

▶ 36 Jenna Glatzer, "A Genetic Death Sentence," *Salon*, December 8, 2000, accessed October 13, 2013, http://www.salon.com/2000/12/08/heart_transplant.

▶ 37 Hugh Raffles, "Jews, Lice, and History," *Public Culture* 19, no.3 (October 1, 2007): 525.

▶ 38 Ellie Turner, "Steakin' Claim for Freedom," *NT News*, September 4, 2011, http://www.ntnews.com.au/article/2011/09/04/257941_ntnews.html.

▶ 39 Louis Leakey ジェーン・グダールへの電報 1960.

▶ 40 Ker Than, "First Pictures: Wild Fish Uses Tools," *National Geographic*, July, 2011, http://news.nationalgeographic.com/news/2011/07/pictures/110713-tool-using-fish-science-tuskfishaustralia-use-tools.

▶ 41 David Derbyshire, "Magpies Grieve for Their Dead," *Daily Mail*, October 25, 2009, http://www.dailymail.co.uk/sciencetech/article-1221754/Magpies-grieve-dead-turn-funerals.html.

▶ 42 "Prairie Dogs' Language Decoded by Scientists," *CBC News*, June 21, 2013, http://www.cbc.ca/news/technology/story/2013/06/21/science-prairie-dog-language-decoded.html.

▶ 43 Bijal P. Trivedi, "Sheep Are Highly Adept at Recognizing Faces, Study Shows," *National Geographic*, November 7, 2001, http://news.nationalgeographic.com/news/2001/11/1107_TVsheep.html.

▶ 44 F. Range *et al.*, "Visual Categorization of Natural Stimuli by Domestic Dogs," *Animal Cognition* 11, no.2 (2008)

▶ 45 Marc Bekoff and Jessica Pierce, *Wild Justice: the Moral Lives of Animals* (Chicago: University of Chicago Press, 2009).

▶ 46 Bekoff and Pierce, *Wild Justice*, x.

▶ 47 Barry Sanders, *Sudden Glory: Laughter as Subversive History* (Boston: Beacon Press, 1995), 3; Mary Bates, "Tickling Rats for Science," *Wired*, September 9, 2013, http://www.wired.com/wiredscience/2013/09/tickling-rats-for-science.

▶48 Peter Singer and Jim Mason, *The Ethics of What We Eat: Why Our Food Choices Matter* (Melbourne, Victoria: Text Publishing Company, 2006), 131.

▶49 Michael Hopkin, "Fish 'Personalities' Shaped by Life Experience," *Nature*, November 22, 2006, http://www.nature.com/news/2006/061120/full/news061120-5.html.

▶50 Fishcount, Humane Slaughter, accessed November, 2015, http://fishcount.org.uk/fish-welfare-in-commercial-fishing/humane-slaughter.

▶51 Safran Foer, *Eating Animals* (New York: Little, Brown, 2009), 193.（ジョナサン・サフラン・フォア著、黒川由美訳、『イーティング・アニマル――アメリカ工場式畜産の難題（ジレンマ）』、東洋書林、二〇一一年、二一八頁）

▶52 Radhika Sanghani, "Chickens 'Cleverer Than Toddlers,' " *Telegraph*, June 19, 2013, http://www.telegraph.co.uk/science/science-news/10129124/Chickens-cleverer-thantoddlers.html; "The Hidden Lives of Chickens," *PETA*, accessed October 24, 2013, http://www.peta.org/issues/animals-used-for-food/hidden-lives-of-chickens.aspx.

▶53 PETA, "Hidden Lives of Chickens."

▶54 Fiona Macrae, "Can Chickens REALLY Be Cleverer Than a Toddler?," *Daily Mail Online*, June 18, 2013, accessed October 13, 2013, http://www.dailymail.co.uk/sciencetech/article-2344198/Chickens-smarter-human-toddlers-Studies-suggest-animals-master-numeracy-basicengineering.html.

▶55 Maggie Koerth-Baker, "Kids (and Animals) Who Fail Classic Mirror Tests May Still Have a Sense of Self," *Scientific American*, November 29, 2010, http://www.scientificamerican.com/article.cfm?id=kids-and-animals-who-fail-classic-mirror.

▶56 Koerth-Baker, "Kids and Animals."

▶57 Michael Bérubé 著者との対話 September 1, 2011.

▶58 Lori Gruen, "Entangled Empathy: An Alternate Approach to Animal Ethics," in *The Politics of Species*, ed. Raymond

Corbey (New York: Cambridge University Press, 2013), 224.

▶ 59 Christopher Cox, "Consider the Oyster: Why Even Strict Vegans Should Feel Comfortable Eating Oysters by the Boatload," *Slate*, April 7, 2010, http://www.slate.com/articles/life/food/2010/04/consider_the_oyster.html.

▶ 60 Marc Bekoff, "Vegans Shouldn't Eat Oysters, and If You Do You're Not Vegan, So ..." *Huffington Post*, 2010, http://www.huffingtonpost.com/marc-bekoff/vegans-shouldnt-eat-oyste_b_605786.html.

▶ 61 Michael Pollan, "The Intelligent Plant: Scientists Debate a New Way of Understanding Flora," *New Yorker*, December 23, 2013, http://www.newyorker.com/magazine/2013/12/23/the-intelligent-plant. 最終的に、植物もまた苦痛を感じ、みずからの生を経験するということがわかり、それゆえ植物を使用し食べることへの道徳的問題が明らかになったとしても、これはなおも、動物を殺し、食べることを支持する論にはなりえない。ほとんどの人が動物性食品なしでも元気で健康的な生活を送ることができる一方、植物をも食べずして生き残ることができる人は一人もいないだろうからだ。もしわたしたちの目標が植物への害を減らすことだとしても、畜産業からの動物を食べることは解決策にはならないだろう。肉へと転換されるために、この動物たちは膨大な量の植物を日々食べねばならないためだ。動物の肉と、排泄物／分泌物によって養うことができるよりずっと多くの人びとを養うことのできる植物の量を、だ。

6

▶ 1 Franz Kafka, "A Report to an Academy," Kafka Project, accessed October 13, 2013, http://www.kafka.org/index.php?aid=161.（カフカ著、丘沢静也訳、『変身／掟の前で 他2編』、光文社、二〇〇七年、一四七頁）

▶ 2 Harriet Ritvo, "On the Animal Turn," *Daedalus* 136 (Fall 2007), 119.

▶ 3 Edward Tyson, *Orang-Outang, sive Homo-Sylvestris; or, The Anatomy of a Pygmie, Compared with That of a Monkey, an Ape, and a Man* (London: n.p., 1699), fig 1.

▼4 Londa L. Schiebinger, *Nature's Body: Gender in the Making of Modern Science* (New Brunswick, NJ: Rutgers University Press, 1993), 5.

▼5 Schiebinger, *Nature's Body*, 84.

▼6 Susan Crane, *Animal Encounters: Contacts and Concepts in Medieval Britain* (Philadelphia: University of Pennsylvania Press, 2012), 49.

▼7 Edward Long, *History of Jamaica, volume II: Reflections on Its Situation, Settlements, Inhabitants, Climate, Products, Commerce, Laws and Government* (Montreal: McGill-Queen's University Press, 2003), 278, 279.

▼8 Jennifer Morgan, *Laboring Women: Reproduction and Gender in New World Slavery* (Philadelphia: University of Pennsylvania Press, 2011), 168.

▼9 Steven A Gelb, "Darwin's Use of Intellectual Disability in *The Descent of Man*," *Disability Studies Quarterly* 28, no.2, December 5, 2008, http://dsq-sds.org/article/view/96.

▼10 Matt Cartmill and David Pilbeam. "One Hundred Years of Paleoanthropology." *American Scientist* 74 (1986): 410-20 を参照せよ。

▼11 Jacques Derrida and David Wills. "The Animal That Therefore I Am (More to Follow)," *Critical Inquiry* 28, no.2 (2002): 392（ジャック・デリダ著、「動物を追う、ゆえに私は（動物で）ある（続く）」、『動物を追う、ゆえに私は（動物で）ある』所収、マリ＝ルイーズ・マレ編、鵜飼哲訳、筑摩書房、二〇一四年、五一－五三頁）

▼12 Schiebinger, *Nature's Body*, 45.

▼13 Chen, *Animacies*, 4.

▼14 Schiebinger, *Nature's Body*, 81.

▼15 Schiebinger, *Nature's Body*, 78.

▼16 たとえば Jennifer Morgan, " 'Some Could Suckle over Their Shoulder': Male Travelers, Female Bodies, and the Gendering of Racial Ideology, 1500-1770," *William and Mary Quarterly*: 54, no.1 (January 1997): 167-92 を参照せよ。

▶17 Schiebinger, *Nature's Body*, 55.

▶18 Meg Mcsherry Breslin, "Anna Stonum, 40, Activist for Disabled," *Chicago Tribune*, February, 1999, http://articles.chicagotribune.com/1999-02-13/news/9902130089_1_disability-rights-accessiblepublic-transit-accessible-public-transportation.

▶19 Liat Ben-Moshe, and Justin J.W. Powell, "Sign of Our Times? Revis(it)ing the International Symbol of Access," *Disability & Society* 22, no.5 (August 2007): 492.

▶20 Ben-Moshe and Powell, "Sign of Our Times?" 501.

7

▶1 Roger Fouts, *Next of Kin: What Chimpanzees Have Taught Me About Who We Are* (New York: William Morrow, 1997), 355.（ロジャー・ファウツ／スティーヴン・タケル・ミルズ著、『限りなく人類に近い隣人が教えてくれたこと』、前掲、三八六－三八八頁）

▶2 Fouts, *Next of Kin*, 202.（同書、二二四頁）

9

▶1 Rosemarie Garland-Thomson, *Extraordinary Bodies: Figuring Physical Disability in American Culture and Literature* (New York: Columbia University Press, 1997), 72-74, 77.

▶2 Garland-Thomson, *Extraordinary Bodies*, 77.

▶3 "World's 'Ugliest Woman' Julia Pastrana Buried 153 Years On," BBC News, February 13, 2013, http://www.bbc.co.uk/news/world-latin-america-21440400.

▶4 Licia Carlson, "Philosophers of Intellectual Disability," in *Cognitive Disability and Its Challenge to Moral Philosophy*, ed.

Licia Carlson and Eva Feder Kittay (Chichester, West Sussex: John Wiley & Sons, 2010), 323.

▶ 5 National Council on Disability, "Forty Years After the Willowbrook Consent Decree, NCD Celebrates How Far We've Come," accessed November 15, 2015, https://www.ncd.gov/newsroom/05042015.

▶ 6 Dan Barry, "The 'Boys' in the Bunkhouse," *New York Times*, March 8, 2014, http://www.nytimes.com/interactive/2014/03/09/us/the-boys-in-the-bunkhouse.html.

▶ 7 D.L. Adams and Kimberly Socha, "Shocking into Submission: Suppressive Practices and Use of Behavior Modification on Nonhuman Animals, People with Disabilities, and the Environment," in *Earth, Animal, and Disability Liberation: Eco-Ability and Inclusive Education*, ed. Anthony J. Nocella II, Judy K.C. Bentley, and Janet M. Duncan (New York, NY: Peter Lang Publishing, 2012), 1.

▶ 8 Susan M. Schweik, *The Ugly Laws: Disability in Public* (New York: New York University Press, 2009), 97, 99, 100.

▶ 9 Mel Y. Chen, *Animacies: Biopolitics, Racial Mattering, and Queer Affect* (Durham, NC: Duke University Press, 2012), 95.

▶ 10 Cary Wolfe, *Animal Rites: American Culture, the Discourse of Species, and Posthumanist Theory* (Chicago: University of Chicago Press, 2003), 8.

▶ 11 Schweik, *The Ugly Laws*, 314.

▶ 12 Diane L. Beers, *For the Prevention of Cruelty: The History and Legacy of Animal Rights Activism* (Athens: Ohio University Press, 2006), 80.

▶ 13 Eric Baratay, and Elisabeth Hardouin-Fugier, *Zoo: A History of Zoological Gardens in the West* (London: Reaktion Books, 2003), 110.

▶ 14 Baratay, *Zoo*, 117-118.

▶ 15 Licia Carlson, *The Faces of Intellectual Disability: Philosophical Reflections* (Bloomington, IN: Indiana University Press, 2010), 161.

10

▼1 J. Tithonus Pednaud, "Percilla—The Monkey Girl," *Human Marvels*, accessed April 13, 2015, http://www.thehumanmarvels.com/percilla-the-monkey-girl.

▼2 *Sideshow-Alive on the Inside*, dir Lynn Dougherty (1999; 2005), DVD.

▼3 Robert Bogdan, *Freak Show: Presenting Human Oddities for Amusement and Profit* (Chicago: University of Chicago Press, 1988), 1, 279-81.

▼4 Bogdan, *Freak Show*, 280.

▼5 Robert Bogdan 著者との対話 June 5, 2013.

▼6 Petra Kuppers, *Disability and Contemporary Performance: Bodies on the Edge* (London: Routledge, 2004), 20.

▼7 Rachel Adams, *Sideshow U.S.A.: Freaks and the American Cultural Imagination* (Chicago: University of Chicago Press, 2001), 42.

▼8 レラが飼い犬のゾラを描いた最近の作品、「ゾラ —— わたしの理解」（30"×50"）は、紙とマイラー〔ポリエステルフィルムの一種〕上に描かれたミクストメディア作品であり、ゾラが死んでから一年後の二〇一〇年に制作された。このイメージは、年老いて死期を近くするゾラと共にいるレラの自画像だ。女性の指は犬の毛にからまっているが、彼女が犬の背に顔を埋めるので、髪の毛はまるで赤い滝のようだ。犬のからだは横から見たときの姿であり、女性はその後ろでひざまずいている。彼女は犬のお腹の下で腕を伸ばし、しっかりと、けれども見るからに優しく犬を抱く。犬は上方を眺めているが、一方の目は視力の喪失のために曇っており、口を広げて舌と歯を見せるのだが、満足感、いや至福感とすら呼べるものに満ちた表情 —— わたしたち人間に非常に馴染《なじ》み深い、そんな表情 —— を浮かべている。しっぽは垂《た》れてはいるものの、いつでもまた振りはじめるかに見える —— それはまるで、犬が、何か楽しいことが起きるのを感

知するが、尻尾がそんな期待を裏切る直前の瞬間を捉えたイメージのようだ。犬の喜びは、人間の寂寥《せきりょう》感と対比される。

▼9 Laura Swanson, *Homemade Bull*, 2011. 雄牛のからだはギャラリーの観客たちを見下ろすように高くそびえ、二つの白い牙は前方へと突き出している。雄牛の肩は広く大きなアーチ型の曲線を描く。尻尾はうなだれたチューリップのように、上方へ向かってぎこちなく立つかと思うと、急にくるりと垂れ下がる。筋肉質の雄牛には、ピンで固定されて縫《ぬ》われた、灰色の動く巨大なブランケットでつくられた隠れ場がある。ブランケットのところどころは、ほどけており、あたかも髪の毛や毛皮のような印象を与える。雄牛のひたいは非常に広いのだが、まるでそれは目があるであろう場所めがけて前方へと転がりだすかのようだ。その代わり、雄牛の顔に並ぶ二つの巨大な鼻の穴が、まっすぐで落ち着いたまなざしの印象を与える。

ギャラリーの観客たちは、雄牛に近づき、顔を鼻の穴の真ん前へと近づけて眺め入る。それは遠くから見ると、雄牛の鼻に顔を深くすり寄せ、この生きものに親密な口づけをしているかのようだ。実際のところは、観客たちは緑色の花模様の壁紙で覆《おお》われた部屋を見入っている——そのなかにはいくつかの本の山、ベッドと、孔雀《くじゃく》の刺繍《ししゅう》が入った枕、壁のポスター、植木鉢の植物、ラジオ、そして大きな鏡がある。壁には張り子でつくられた山羊の頭まである。雄牛の鼻の穴は、一種の張り出し窓だ。本のなかには、フランツ・ファノンの『地に呪われたる者』や、アーヴィング・ゴフマンの『スティグマの社会学』もある。雄牛は不恰好《ぶかっこう》でぎこちなく、そして作品名が表しているように、「自家製」だ。雄牛はまた、人びとをして近寄らねばと感じさせる存在感を湛《たた》えている。

雄牛のアイデンティティについてスワンソンは必ずしも語ってはいないものの、雄牛は一種の避難所だ。スワンソンの他には、誰も雄牛のなかへと入り込むことはできないからだ。アーティストによると、雄牛は「批判理論を読むための」場所だ。本の題名からは、スワンソンがどんな理論を読んでいるのか察することができる——彼女は、アイデンティティと抑圧を振り解こうとしているのだ。

▼10 Cary Wolfe, *What Is Posthumanism?* (Minneapolis: University of Minnesota Press, 2010).

11

▼1　Wes Ishmael, "Dealing with Curly Calf," *BEEF*, December 1, 2008, accessed October 13, 2013. http://beefmagazine.com/genetics/1201-curly-calf-issue.

12

▼1　Peter Singer, *Animal Liberation: A New Ethics for Our Treatment of Animals*, 2nd ed. (1975; New York: New York Review of Books, 2009).（ピーター・シンガー著、『動物の解放』、前掲、一九八八年。同著、『動物の解放』、改訂版、前掲、二〇一一年）

▼2　Stephen Drake, "Connecting Disability Rights and Animal Rights: A Really Bad Idea," Not Dead Yet, October 11, 2010, accessed October 13, 2013, http://www.notdeadyet.org/2010/10/connecting-disability-rights-and-animal.html.

▼3　Eunjung Kim, "Why Do Dolls Die? The Power of Passivity and the Embodied Interplay Between Disability and Sex Dolls," *Review of Education, Pedagogy, and Cultural Studies* 34 (2012): 94.

▼4　Singer, *Animal Liberation*, 191-92.（『動物の解放』、二〇一頁）シンガーが、あらゆる人間の乳児が完全な人格ではないと考えている点に留意するのは重要だ。乳児は、児童と成年がもつ自我の連続性を、いまだ有していないと考えられているためだ。シンガーは、乳児はなおも利害関係（痛みを避けるといった）をもつという点には同意するものの、児童や成年がもつのと同じような、生きつづけることにかんする利害関係はもっていないと考える。

　シンガーは、確かに滅多に問われることのない、価値ある問いを投げかける。「もし社会が重度に損傷を負った乳児が生きねばならないと決めるなら、かれらに十分なケアを与えるという課題を引き受ける準備が、この社会にはできているのか？」 ヘルガ・クーゼとの共著、『赤ん坊は生きるべきか？ 障害をもつ乳児の問題』*Should the Baby Live? The Problem of Handicapped Infants* (New York: Oxford University Press, 1985) で、シンガーとクーゼは、過密状態で職員不足のことが多い施設の不十分さについて、そして代替的ケアのための政府資金の不足について語っている。これは重要な点だ――もしわたしたちが障害をもつ乳児が生き残るべきだということに賛同するなら、わたしたちはいかにしてこの社会をかれらにとってより良い場所としてつくりあげることができるか？ シンガーは、障害者のための福祉改善を支持するものの、必要なケアがいかにしてより良いかたちでおこなわれうるかにかんする例を見つけようとはせずに、嬰児《えいじ》殺害を解決策として指摘してしまうのだ。

▼5 Julia Driver, "The History of Utilitarianism," in The Stanford Encyclopedia of Philosophy, edited by Edward N. Zalta, winter 2014, Accessed November 13, 2015, http://plato.stanford.edu/archives/win2014/entries/utilitarianism-history.

▼6 Singer, *Animal Liberation*, 2.（『動物の解放』、一三頁）

▼7 *Ibid*., 4-5.（同書、一五－一六頁）

▼8 Peter Singer, *Writings on an Ethical Life* (New York: Harper Collins, 2001), 192.

▼9 Singer, *Animal Liberation*, 9.（『動物の解放』、一九頁）

▼10 Steven Best, "Philosophy Under Fire: The Peter Singer Controversy," Dr. Steven Best's website, accessed October 13, 2013, http://www.drstevebest.org/PhilosophyUnderFire.htm.

▼11 人格は、哲学者たちのなかでも論争的な主題だ。日常的にはこの単語は、おおよそ「人間（human being）」と同義の言葉として理解されるが、これは哲学的用法とは異なる。哲学者のローリー・グルーエンは、哲学伝統において「「人格」という概念は誰かの価値や重要さ（worth）を、そして誰が「権利」をもち、誰が倫理的義務と責務の主体であるのかを特定するために用いられる」と述べている。Lori Gruen, "Entangled Empathy: An Alternate Approach to Animal Ethics," in *The Politics of Species*, ed. Raymond Corbey (New York: Cambridge University Press, 2013), 57.

▼12 シンガーは功利主義者なので、苦痛が最小化されるだろう結果を探し出す過程で、さまざまな要因を検討する —— 生みの親の感情、他の親が子どもを養子にしたいと思う可能性、乳児を延命させるために費やされた資源や時間が、そのためでなければいかに使われえたか、〔嬰児殺害の後〕両親がもう一度妊娠することを選ぶなら「代わりの（replacement）」赤ん坊が両親により多くの幸せをもたらすことができるかどうか、そしてもちろん、成長する過程で乳児が享受《きょうじゅ》するであろう生の質。Peter Singer, *Practical Ethics* (New York: Cambridge University Press, 2011), 186.（ピーター・シンガー著、山内友三郎／塚崎智監訳、『実践の倫理』、昭和堂、一九九九年、二〇一–二〇三頁）

▼13 Michael Pollan, *The Omnivore's Dilemma: A Natural History of Four Meals* (New York: Penguin, 2009), 327.（マイケル・ポーラン著、『雑食動物のジレンマ』、前掲、一四二頁）

▼14 Singer, *Practical Ethics*, 102.（『実践の倫理』〔該当箇所は邦訳に不在〕）

▼15 Licia Carlson, *The Faces of Intellectual Disability: Philosophical Reflections* (Bloomington: Indiana University Press, 2009), 10-11.

▼16 Harriet McBryde Johnson, "Unspeakable Conversations," *New York Times Magazine*, February 16, 2003, accessed October 13, 2013, http://www.nytimes.com/2003/02/16/magazine/unspeakable-conversations.html.

▼17 Kim, "Why Do Dolls Die?," 95.

▼18 Gary Francione, Introduction to Animal Rights: Your Child or the Dog? (Philadelphia: Temple University Press, 2000), 138.（ゲイリー・L・フランシオン著、井上太一訳、『動物の権利入門 —— わが子を救うか、犬を救うか』、緑風出版、二〇一八年、二三三頁）

▼19 Anne McDonald, "Crip Time," Anne McDonald Centre, accessed October 14, 2013, http://www.annemcdonaldcentre.org.au/crip-time.

▼20 Johnson, "Unspeakable Conversations."

▼21 Peter Singer 著者との議論 April 17, 2012.

▶ 22 Alison Kafer, *Feminist, Queer, Crip* (Bloomington, IN: Indiana University Press, 2013), 43.

▶ 23 Neil Marcus, *Storm Reading*, play in collaboration with Rod Lathim, Roger Marcus, and Access Theater, 1996. この演劇は以下で論じられている。“Occupying Disability: An Introduction,” in *Occupying Disability: Critical Approaches to Community,* Justice, and Decolonizing Disability, ed. Pamela Block, Devva Kasnitz, Akemi Nishida, and Nick Pollard (New York: Springer, 2015).

▶ 24 Robert McRuer, *Crip Theory: Cultural Signs of Queerness and Disability* (New York: NYU Press, 2006), 207.

▶ 25 Biklen, Sari Knopp, and Charles R. Moseley. “ ‘Are You Retarded?’ ‘No, I’m Catholic’ Qualitative Methods in the Study of People with Severe Handicaps,” *Journal of the Association for Persons with Severe Handicaps* (JASH) 13, no.3 (September 1, 1988): 160. デイヴィッド・グードにかんする情報については “David Goode: World Without Words,” Temple Press, accessed July 20, 2016, http://www.temple.edu/tempress/titles/1022_reg.html. を参照せよ。この話をわたしに教えてくれたスーザン・シュベイクに感謝する。

▶ 26 Kafer, *Feminist, Queer, Crip*, 2.

▶ 27 Johnson, “Unspeakable Conversations.”

▶ 28 Peter Singer, *Writings on an Ethical Life* (New York: HarperCollins, 2001), xvii.

▶ 29 Johnson, “Unspeakable Conversations.”

▶ 30 Best, “Philosophy Under Fire.”

▶ 31 *Ibid.*

▶ 32 Fiona Campbell, *Contours of Ableism* (New York: Palgrave Macmillan, 2009), 166.

▶ 33 Kafer, *Feminist, Queer, Crip*, 27.

▶ 34 *Ibid.*, 3.

▶ 35 Eli Claire, *Exile and Pride* (Cambridge, MA: South End Press, 1999), 7.

▶ 36 Susan Schweik 著者との議論 June 26, 2012.

▼37 Paul Longmore, "The Second Phase: From Disability Rights to Disability Culture," in *Disability: The Social, Political and Ethical Debate*, ed. Robert M. Baird, Stuart E. Rosenbaum, and S. Kay Toombs (Amherst, NY: Prometheus Books, 2009), 147.

▼38 Gary L. Francione, *Introduction to Animal Rights: Your Child or the Dog?* (Philadelphia: Temple University Press, 2010), 142（『動物の権利入門』、前掲、二三八－二三九頁）

▼39 Lori Gruen, "Samuel Dubose, Cecil the Lion and the Ethics of Avowal: Protesting Against One Injustice Doesn't Mean You Privilege It over Another," *Aljazeera America*, July 31, 2015, http://america.aljazeera.com/opinions/2015/7/samuel-dubose-cecil-the-lion-and-the-ethics-of-avowal.html.

▼40 二〇一五年度のギャロップの世論調査によると、六二％のアメリカ人が、動物は一定の保護を受けるべきではあるが、なおも人間の利益目的に利用されうると回答している。さらに驚くべきことに、三二％のアメリカ人が、動物は人びとと同じ権利を付与されるべきだと信じている（これは二五％であった二〇〇八年から大きく上昇している）。Rebecca Riffkin, "In U.S., More Say Animals Should Have Same Rights as People," Gallup, May 18, 2015, accessed August 5, 2015,

▼41 Johnson, "Unspeakable Conversations."

13

▼1 The Feral Share art event, Headlands Center for the Arts, Sausalito, CA, September 19, 2010.

▼2 Michael Pollan, *The Omnivore's Dilemma: A Natural History of Four Meals* (New York: Penguin, 2009), 313.（マイケル・ポーラン著、『雑食動物のジレンマ』、前掲、一二四頁）

▼3 Jonathan Safran Foer, *Eating Animals* (New York: Little, Brown, 2009), 32.（ジョナサン・サフラン・フォア著、『イーティング・アニマル』、前掲、三六頁）

▼4 Alicia Harvie and Timothy A. Wise, "Sweetening the Pot: Implicit Subsidies to Corn Sweeteners and the U.S. Obesity Epidemic," Global Development and Environment Institute Policy Brief No. 9, February 1, 2009, Tufts University, http://grist.files.wordpress.com/2009/02/pb09-01sweeteningpotfeb09.pdf.

▼5 Bob Torres and Jenna Torres, *Vegan Freak: Being Vegan in a Non-Vegan World* (Colton, NY: Tofu Hound Press, 2005).

▼6 Diane Beers, *For the Prevention of Cruelty: The History and Legacy of Animal Rights Activism in the United States* (Athens, OH: Swallow Press, 2006), 16.

▼7 Lori Gruen, Breeze Harper, and Carol J. Adams, "What's Wrong with Only White Men Judging a Contest Defending Meat-Eating?," Carol J. Adams's website, March 24, 2012, http://caroljadams.blogspot.com/2012/03/whats-wrong-with-only-white-men-judging.html.

▼8 Pollan, *Omnivore's Dilemma*, 314.（『雑食動物のジレンマ』、一二四頁）

▼9 Safran Foer, *Eating Animals*, 55.（『イーティング・アニマル』、六二頁）

▼10 Eva Feder Kittay and Licia Carlson, eds., *Cognitive Disability and Its Challenge to Moral Philosophy* (Hoboken, NJ: John Wiley & Sons, 2010), 318.

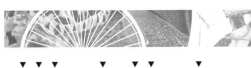

14

▼1 Temple Grandin and Catherine Johnson, *Animals Make Us Human: Creating the Best Life for Animals* (Boston: Houghton Mifflin Harcourt, 2009), 297.（テンプル・グランディン／キャサリン・ジョンソン著、中尾ゆかり訳、『動物が幸せを感じるとき』、ＮＨＫ出版、二〇一一年、三四九－三五〇頁）

▼2 Slow Food USA, "Ark of Taste in the USA," accessed October 14, 2013, http://www.slowfoodusa.org/ark-of-taste-in-the-usa.

▼3 Allison Aubrey, "Heritage Turkeys: To Save Them, We Must Eat Them," The *Salt* (blog), NPR, November 23, 2011, http://www.npr.org/blogs/thesalt/2011/11/23/142703528/heritage-turkeys-to-save-them-we-must-eatthem.

▼4 Slow Food USA, "Ark of Taste in the USA."

▼5 Jonathan Safran Foer, *Eating Animals* (New York: Little, Brown, 2009), 203.（ジョナサン・サフラン・フォア著、『イーティング・アニマル』、前掲、二三三頁）

▼6 Michael Pollan, *Omnivore's Dilemma: A Natural History of Four Meals* (New York: Penguin, 2009), 322.（『雑食動物のジレンマ』、前掲、二三二－二三三頁、二三五頁）

▼7 Hugh Fearnley-Whittingstall, *The River Cottage Meat Book* (Berkeley, CA: Ten Speed Press, 2007), 18.

▼8 Madeline Ostrander, "Joel Salatin: How to Eat Animals and Respect Them, Too," *Yes!*, March 27, 2011, http://www.yesmagazine.org/issues/can-animals-save-us/joel-salatin-how-to-eat-meat-andrespect-it-too.

▼9 Pollan, *Omnivore's Dilemma*, 320.（『雑食動物のジレンマ』、二三三頁）

▼10 Alison Kafer, *Feminist, Queer, Crip* (Bloomington, IN: Indiana University Press, 2013), 131.

▼11 Pollan, *Omnivore's Dilemma*, 310.（『雑食動物のジレンマ』、二一九頁）

▼12 John Stuart Mill, *Three Essays on Religion* (New York: Holt, 1878), 31.（J・S・ミル著、ヘレン・テイラー編、大久保正健訳、『宗教をめぐる三つのエッセイ』、勁草書房、二〇一一年、二六頁）

▼13 Marc Bekoff and Jessica Pierce, *Wild Justice: the Moral Lives of Animals* (Chicago: University of Chicago Press, 2009), vii.

▼14 Jenny Brown, *The Lucky Ones: My Passionate Fight for Farm Animals* (New York: Penguin, 2012), 208-9.

▼15 Jess Bidgood, "Oxen's Fate Is Embattled as the Abattoir Awaits," *New York Times*, October 28, 2012, http://www.nytimes.com/2012/10/29/usoxens-possible-slaughter-prompts-fightinvermont.html.

▼16 Jess Bidgood, "A Casualty amid Battle to Save College Oxen," *New York Times*, November 12, 2012, http://www.nytimes.com/2012/11/13/us/vermont-college-euthanizes-one-ox-sparesanother.html.

▼17 Marti Kheel, *Nature Ethics: An Ecofeminist Perspective* (Lanham, MD: Rowman & Littlefield, 2008), 141.

▼18 Martha Nussbaum, *Frontiers of Justice: Disability, Nationality, Species Membership* (Cambridge, MA: Harvard University

Press, 2006), 3.（マーサ・C・ヌスバウム著、神島裕子訳、『正義のフロンティア——障碍者・外国人・動物という境界を越えて』、法政大学出版局、二〇一二年、七頁）

▼19 Martha Nussbaum, "Justice," in *Examined Life: Excursions with Contemporary Thinkers*, ed. Astra Taylor (New York: New Press, 2009), 118.

▼20 Stephen Budiansky, *The Covenant of the Wild: Why Animals Chose Domestication* (New Haven, CT: Yale University Press, 1999) を参照せよ。

▼21 Pollan, *Omnivore's Dilemma*, 120.（『雑食動物のジレンマ』、一二三頁）

▼22 Fearnley-Whittingstall, *River Cottage Meat Book*, 25.

▼23 これらの著者たちは、農場動物なしに、われわれが持続可能な食糧を十分得ることはできないと示唆する。堆肥は土壌の肥沃度《ひよくど》を維持するために必要なので、われわれは野菜や穀物を育てるために畜産に頼らねばならない、というわけだ。この議論は明白な点を見落としている——動物たちは排泄物のために殺される必要はないということだ。それどころか、家畜化された動物が穀物および土壌にもたらす好ましい影響は、すべて動物たちが生きているあいだに生じる。血や骨、羽、その他の死んだ動物の身体部位を堆肥《たいひ》として使うという一般的な実践すら、屠殺ではなく動物の死という単純な不可避性に依《よ》るものだ。そして動物たちは、利益のために殺されずとも自然に死ぬのだ。屠殺は、植物ベースの農業をするのに不可欠な構成要素ではない。農家が動物を育てるのに関心を見出すのは、おおよそ動物性製品からの利益のためだが、動物を殺すことは農法にとって、そしてより重要なことに、家畜化された種とわたしたちの関係にとって、必要なことではない。

　ヴィーガン・オーガニック（あるいは「ヴィーガニック（Veganic）」）農法もまた、ひとつの選択肢かもしれない。イギリスは「家畜なしの」農法のための認証過程を持っているが、これは人工化学製品、家畜肥料、動物の死骸を排除する耕作システムだ。アメリカの多くの農家はこのような農法をすでに実践している。穀物を輪作し、「緑の肥料」（基本的には根こそぎにされた被覆《ひふく》作物。これは土に戻されて土壌を豊かにするために特別に栽培される）を用いることによってだ。このような農法が大規模に実践可能であろうとなかろうと、なぜそもそもこのことについてこれほどに研究がなされていないのだろうか？　持続可能な農業に対する広範な関心が生じつづけていることを考えるとなおさらだ。

持続可能なヴィーガン農業の可能性について、あまりに多くの人びとが想像力を欠いている。人びとは制約的な状況下で無数の仕方でなんとか食糧を生産してきた。動物由来の物質（血や肥料のような）に依存せず、農場動物への害を最小化する（かれらはしばしば農業の過程で死ぬ）農法を開発することが人間の優先事項であったことはかつてから決してなかったという事実は、持続可能なヴィーガン農業の実現可能性よりかは、動物に対する人間支配のパラダイムについて、より多くのことを教えてくれる。

▼24 Fearnley-Whittingstall, *River Cottage Meat Book*, 16.

▼25 Budiansky, *The Covenant of the Wild*, 122-123.

▼26 Kafer, *Feminist, Queer, Crip*, 130.

▼27 James McWilliams, "Patriarchal Plots of Power," James McWilliams's website, October 29, 2012, http://james-mcwilliams.com/?p=2549.

▼28 Emily Matchar, "Is Michael Pollan a Sexist Pig?," *Salon*, April 27, 2013, http://www.salon.com/2013/04/28/is_michael_pollan_a_sexist_pig.

▼29 Kim Q. Hall, "Talk: Toward a Queer Crip Feminist Politics of Food," April 22, 2012, Interdisciplinary Humanities Center, University of California, Santa Barbara, CA.

▼30 Michael Pollan, *Food Rules: An Eater's Manual* (New York: Penguin, 2009), 20.（マイケル・ポーラン著、ラッセル秀子訳、『フード・ルール――人と地球にやさしいシンプルな食習慣64』、東洋経済新報社、二〇一〇年、五〇頁）

▼31 Nikki Henderson, "Food, Justice and Sustainability," panel discussion, Oakland, CA, January 26, 2012.

▼32 フード・エンパワメント・プロジェクトは二〇〇六年にローレン・オネラスによって設立された非営利団

体である。以下を参照のこと。"About F.E.P.," http://www.foodispower.org/about-f-e-p.

▼33 Pollan, *Omnivore's Dilemma*, 331.（『雑食動物のジレンマ』、一四七頁）

▼34 Temple Grandin.com, "About Temple Grandin," accessed November 15, 2015, http://www.templegrandin.com.

▼35 Temple Grandin, *Thinking in Pictures: My Life with Autism* (New York: Vintage Books, 2006), 24.（テンプル・グランディン著、カニングハム久子訳、『自閉症の才能開発』、学習研究社、一九九七年、四六－四七頁）

▼36 Jim Sinclair, "If You Love Something, You Don't Kill It," response to Temple Grandin, AR-News Google group, February 7, 2010, https://groups.google.com/forum/#!msg/ar-news/EawJhTvbGck/acJC81KPSAJ.

▼37 Nicolette Hahn Niman, *Righteous Porkchop: Finding a Life and Good Food Beyond Factory Farms* (New York: Collins Living: 2009), 168-69.

15

▼1 Henning Steinfeld *et al.*, *Livestock's Long Shadow: Environmental Issues and Options* (Rome: Food and Agriculture Organization of the United Nations, 2006), accessed October 14, 2013, http://www.fao.org/docrep/010/a0701e/a0701e00.HTM.

▼2 Robert Goodland and Jeff Anhang, "Livestock and Climate Change," World Watch Institute report, November-December 2009, 11, http://www.worldwatch.org/files/pdf/Livestock%20and%20Climate%20Change.pdf.

▼3 Drew T. Shindell, Greg Faluvegi, Dorothy M. Koch, Gavin A. Schmidt, Nadine Unger, and Susanne E. Bauer, "Improved Attribution of Climate Forcing to Emissions," *Science* 326, no.5953 (October 30, 2009): 716-18, doi:10.1126/science.1174760.

▼4 Goodland and Anhang, "Livestock and Climate Change," 13.

▼5 Christopher L. Weber and H. Scott Matthews, "Food-Miles and the Relative Climate Impacts of Food Choices in the

United States," *Environmental Science and Technology* 42 (2008): 3512-13.

▶ 6 U.S. Department of Agriculture, 2002 *Census of Agriculture*, June 2004.

▶ 7 In Vitro Meat Consortium, "In Vitro Meat Consortium Preliminary Economics Study Project 2907," March 2008, http://invitromeat.org/images/Papers/invitro%20meat%20economics%20study%20v5%20%20march%2008.pdf.

▶ 8 Steinfeld et al., *Livestock's Long Shadow*, xx.

▶ 9 Vaclav Smil, "Harvesting the Biosphere: The Human Impact," *Population and Development Review* 37(4): 613-36. The proportions are of mass measures in dry weight.

▶ 10 Jonathan Safran Foer, *Eating Animals* (New York: Little, Brown, 2009), 32. （ジョナサン・サフラン・フォア著、『イーティング・アニマル』、前掲、三七頁）

▶ 11 Sergio Margulis, "Causes of Deforestation of the Brazilian Amazon," Washington, D.C.: World Bank, 2004, https://openknowledge.worldbank.org/handle/10986/15060.

▶ 12 Mario Herrero, Petr Havlík, Hugo Valin, An Notenbaert, Mariana C. Rufino, Philip K. Thornton, Michael Blümmel, Franz Weiss, Delia Grace, and Michael Obersteiner, "Biomass Use, Production, Feed Efficiencies, and Greenhouse Gas Emissions from Global Livestock Systems *PNAS* 110 no.52 (2013): 20888-93, doi:10.1073 / pnas.1308149110.

▶ 13 Goodland and Ahang, "Livestock and Climate Change," 12.

▶ 14 Boris Worm et al., "Impacts of Biodiversity Loss on the Ocean Ecosystem Services," *Science* 314 (2006): 790.

▶ 15 R. Sansoucy, "Livestock—A Driving Force for Food Security and Sustainable Development," *World Animal Review* 88, no. 1 (1997), http://www.fao.org/docrep/v8180t/v8180t07.htm; Anup Shah, "Beef," *Global Issues*, accessed November 2015, http://www.globalissues.org/article/240/beef.

▶ 16 Nirmala Erevelles, "The Color of Violence: Reflecting on Gender, Race, and Disability in Wartime," in *Feminist Disability Studies,* ed. Kim Q. Hall (Bloomington, IN: Indiana University Press, 2011), 119-120.

▶ 17 David Wallinga, "Concentrated Animal Feeding Operations: Health Risks from Air Pollution," Institute for Agriculture and Trade Policy, November 2, 2004, http://www.iatp.org/files/421_2_37388.pdf, quoted in Food Empowerment Project, "Environmental Justice," http://www.foodispower.org/environmental-racism.

▶18 Food Empowerment Project, "Environmental Justice," *Food Empowerment Project*, accessed October 15, 2013, http://www.foodispower.org/environmental-racism.

▶19 Safran Foer, *Eating Animals*, p.256. (『イーティング・アニマル』、二九五頁)

▶20 Stacy Finz, "Niman Ranch Founder Challenges New Owners," *San Francisco Chronicle*, February 22, 2009, accessed October 15, 2013, http://www.sfgate.com/news/article/Niman-Ranch-founder-challenges-new-owners-3249982.php.

▶21 Lindsey Wilkes-Edrington, "Farm Worker Conditions Likened to Modern Slavery," *Huffington Post* video, February 1, 2013, accessed October 20, 2013, http://www.huffingtonpost.com/2013/02/01/farm-worker-conditions-modern-slaveryvideo_n_2593772.html.

▶22 Centers for Disease Control and Preventions, "Agriculture," accessed October 20, 2013, http://www.cdc.gov/niosh/topics/agriculture; Centers for Disease Control and Prevention, "Pesticide Illness & Injury Surveillance," accessed October 15, 2013, http://www.cdc.gov/niosh/topics/pesticides.

▶23 "About F.E.P.," http://www.foodispower.org/about-f-e-p; Food Empowerment Project, "Produce Workers," accessed October 15, 2013, http://www.foodispower.org/produce-workersを参照せよ。

▶24 Michele Ver Ploeg, "Access to Affordable and Nutritious Food: Measuring and Understanding Food Deserts and Their Consequences," U.S. Department of Agriculture report to Congress, 2009, 35.

▶25 Kimberly Morland *et al.*, "Neighborhood Characteristics Associated with the Location of Food Stores and Food Service Places," *American Journal of Preventative Medicine* 22, no. 1 (2002): 23, 26. 厳密に言って何が健康だと考えられており、それが誰のためなのかにかんする理解を確立することは、食正義をめぐるもう一つの難問だ。数十年にわたって、米国農務省は、あらゆる人が一日に二度から三度にかけて乳製品を摂《と》るべきだと明言することで、牛乳および乳製品の摂取を奨励してきた。だが、フード・エンパワメント・プロジェクトはこのように報告する。「九五％のアジア人、六〇－八〇％のアフリカ系アメリカ人とアシュケナージ系ユダヤ人、八〇－一〇〇％のアメリカ原住民、そして五〇－八〇％のラテン系アメリカ人がラクトース不耐性である一方、北ヨーロッパに祖先をもつ人のほとんどがラクトース耐性をもつ」(U.S. Department of Health and Human Services, “Lactose Intolerance: Information for Health Care Providers,” NIH no. 05-5305B, accessed October 15, 2013, http://www.nichd.nih.gov/publications/pubs/Documents/NICHD_MM_Lactose_FS_rev.pdf.)。A・ブリーズ・ハーパーやジョン・ロビンスのような研究者が明らかにしているように、乳製品を選好するこのようなバイアスは、栄養学を通して制度化された人種主義の一種であり、多くの人びとを、吐き気、腹痛、痙攣《けいれん》、下痢、腹部膨脹感、鼓腸《こちょう》のような症状で苦しませる。乳製品の代替品へのアクセスが少ない地域ではとりわけそうだ。フード・エンパワメント・プロジェクトによる研究は次のように報告している。「低所得層地域の小売店立地エリアで乳製品の代替品が入手可能なのは約三％だが、このような地域には、民族的マイノリティが比較的多く住む。対照的に、高所得層の住む地域の二三％において乳製品の代替品が手に入る」。Food Empowerment Project, “Food Deserts,” accessed October 15, 2013, http://www.foodispower.org/food-deserts.

▼26 Food Empowerment Project, “Dietary Diseases,” accessed October 26, 2013, http://www.foodispower.org/dietary-diseases.

▼27 World Health Organization, “Q&A on the Carcinogenicity of the Consumption of Red Neat and Processed Meat,” October 2015, http://www.who.int/features/qa/cancer-red-meat/en.

▼28 U.S. Government Accountability Office (hereafter GAO), *Workplace Safety and Health: Safety in the Meat and Poultry Industry, while Improving, Could Be Further Strengthened* (Washington, D.C.: U.S. GAO 2005), 3, 9, http://www.gao.gov/new.items/d0596.pdf, cited in Food Empowerment Project, “Slaughterhouse Workers,” accessed October 15, 2013, http://www.foodispower.org/slaughterhouse-workers.

▼29 Ryan J. Foley, “Jury Awards $240 Million to 32 Mentally Disabled Iowa Turkey Plant Workers for Years of Abuse,” *Huffington Post*, May 1, 2013, http://www.huffingtonpost.ca/2013/05/01/jury-awards-240-million-_n_3194042.html.

▼30 Dan Barry, “The ‘Boys’ in the Bunkhouse: Toil, Abuse and Endurance in the Heartland,” *New York Times*, March 2014, http://www.nytimes.com/interactive/2014/03/09/us/the-boys-in-the-bunkhouse.html.

▶ 31 Eric Schlosser, "The Chain Never Stops: Thousands of Meatpacking Workers Suffer Crippling Injuries Each Year. A Special Report from Inside the Nation's Slaughterhouses," *Mother Jones*, July 2001 http://www.motherjones.com/politics/2001/07/dangerous-meatpacking-jobs-eric-schlosser.

▶ 32 GAO, *Workplace Safety and Health*, 7.

▶ 33 Schlosser, "Chain Never Stops."

▶ 34 Gail Eisnitz, *Slaughterhouse: The Shocking Story of Greed, Neglect, and Inhumane Treatment Inside the U.S. Meat Industry* (Amherst, NY: PrometheusBooks, 2006), 271-72.

▶ 35 Eisnitz, *Slaughterhouse*, 273.

▶ 36 Schlosser, "The Chain Never Stops."

▶ 37 Lance Compa, *Blood, Sweat, and Fear: Workers' Rights in U.S. Meat and Poultry Plants* (New York: Human Rights Watch, 2005), 6, http://www.hrw.org/node/11869/section/5, quoted in Food Empowerment Project, "Slaughterhouse Workers."

▶ 38 Compa, *Blood, Sweat, and Fear*, 6; Eisnitz, *Slaughterhouse*, 274.

▶ 39 Toxics Steering Group, "Concentrated Animal Feedlot Operations (CAFOs) Chemicals Associated with Air Emissions," Michigan Department of Environmental Quality, May 10, 2006, http://www.michigan.gov/documents/CAFOs-Chemicals_Associated_with_Air_Emissions_5-10-06_158862_7.pdf, cited in Food Empowerment Project, "Factory Farm Workers," accessed October 15, 2013, http://www.foodispower.org/factory-farm-workers.

▶ 40 "Livestock Confinement Dusts and Gases," Iowa State University report, 1992, 4, http://nasdonline.org/static_content/documents/1627/d001501.pdf, cited in Food Empowerment Project, "Factory Farm Workers."

▶ 41 "Whistleblower on the Kill Floor: Interview with Virgil Butler and Laura Alexander," *SATYA*, February 2006, http://www.satyamag.com/feb06/butler.html.

▶ 42 Jennifer Dillard, "A Slaughterhouse Nightmare: Psychological Harm Suffered by Slaughterhouse Employees and the

Possibility of Redress Through Legal Reform," *Georgetown Journal on Poverty Law & Policy*, September 24, 2007, accessed October 15, 2013, http://papers.ssrn.com/sol3/papers.cfm?abstract_id=1016401, cited in Food Empowerment Project, "Slaughterhouse Workers."

43 "Whistleblower on the Kill Floor."

44 Compa, *Blood, Sweat, and Fear*, 6.

45 "No Relief: Denial of Bathroom Breaks in the Poultry Industry," accessed May 25, 2016, https://www.oxfamamerica.org/static/media/files/No_Relief_Embargo.pdf.

46 Schlosser, "Chain Never Stops."

47 Eisnitz, *Slaughterhouse*, 274-75.

48 Peter Singer, *Writings on an Ethical Life* (New York: HarperCollins, 2001), 192.

49 Erevelles, *Disability and Difference*, 29.

50 Eli Clare, *Brilliant Imperfection: Grappling with Cure*, unpublished manuscript, Duke University Press, 2017.

16

1 Dennis Walton, personal communication with author, October 16, 2013; *Courage in Life and Politics: The Dona Spring Story*, directed by Lindsay Vurick and Valerie Trost, YouTube, uploaded January 17, 2009, https://www.youtube.com/watch?v=XwNthNhXDtA.

2 Vurick, *Courage in Life and Politics*.

3 John Selawsky, "The Party Loses One of Its Finest Members, Dona Spring, 1953-2008," *Green Pages* 12, no. 2 (Fall 2008): 2, http://gp.org/greenpages-blog/pdf/GreenPages-Fall-08.pdf.

4 Joan Clair, "Dona Spring: An Act of Kindness," accessed October 15, 2013, http://www.donaspring.com/JoanClair

ArticleDonaS.htm.

▶ 5 "AMA Animal Research Action Plan," June 1989, 5, http://issuu.com/conflictgypsy/docs/amaactionplan?e=3660395/3662139.

▶ 6 Deborah Blum, *The Monkey Wars* (Oxford: Oxford University Press, 1994), 145.（デボラ・ブラム著、寺西のぶ子訳、『なぜサルを殺すのか』、白揚社、二〇〇一年、二〇九－二一〇頁）

▶ 7 "AMA Animal Research Action Plan," 2.

▶ 8 F. Barbara Orlans, *In the Name of Science: Issues in Responsible Animal Experimentation* (New York: Oxford University Press, 1993), 47.

▶ 9 *Ibid.*

▶ 10 *Ibid.*, 47-48.

▶ 11 *Ibid.*, 49.

▶ 12 "AMA Animal Research Action Plan," 6.

▶ 13 Orlans, *In the Name of Science*, 48.

▶ 14 *Ibid.* See also PETA, "Pound Seizure: The Shame of Shelters," accessed April 7, 2015, http://www.peta.org/issues/Companion-Animals/pound-seizure-the-shame-of-shelters.aspx.

▶ 15 "Jerry's Orphans Protest the MDA Telethon," Kids Are All Right website, accessed April 7, 2015, http://www.thekidsareallright.org/story.html.

▶ 16 Joseph Shapiro, *No Pity: People with Disabilities Forging a New Civil Rights Movement* (New York: Three Rivers Press, 1994) を参照せよ。

▶ 17 U.S. Department of Agriculture, Animal and Plant Health Inspection Service, "Annual Report Animal Usage by Fiscal Year," November 28, 2014, http://swemgovdocs.blogs.wm.edu/2011/11/09/annual-report-animal-usage-by-fiscal-year.

▶ 18 Gary Francione, *Introduction to Animal Rights: Your Child or the Dog?* (Philadelphia: Temple University Press, 2000),

34.（ゲイリー・L・フランシオン著、『動物の権利入門』、前掲、九五頁）

▼19 *Ibid.*, 56-58. "Questions and Answers About Biomedical Research"; and National Agriculture Library, "Animal Welfare Act," U.S. Department of Agriculture, accessed October 25, 2013, http://awic.nal.usda.gov/government-and-professional-resources/federal-laws/animal-welfareact も参照せよ。

▼20 Francione, *Introduction to Animal Rights,* 36-49.（『動物の権利入門』、九六－一一三頁）

▼21 Daniel G. Hackam, and Donald A. Redelmeier, "Translation of Research Evidence from Animals to Human," *Journal of the American Medical Association* 296 (2006): 1731-32.

▼22 Jarrod Bailey, "An Assessment of the Role of Chimpanzees in AIDS Vaccine Research," *Alternatives to Laboratory Animals* 36 (2008): 381-428. C. Ray Greek, *Sacred Cows and Golden Geese: The Human Cost of Experiments on Animals* (New York: Continuum, 2000) も参照せよ。

▼23 Junhee Seok *et al.*, "Genomic Responses in Mouse Models Poorly Mimic Human Inflammatory Diseases," *Proceedings of the National Academy of Sciences* 110 (2013): 3507-12. Johns Hopkins Center for Alternatives to Animal Testing, "About Us: Center for Alternatives to Animal Testing," accessed October 25, 2013, http://caat.jhsph.edu/about/index.html も参照せよ。

▼24 Vurick, *Courage in Life and Politics.*

▼25 Clair, "Dona Spring."

▼26 Carol J. Adams, *The Sexual Politics of Meat: A Feminist-Vegetarian Critical Theory* (New York: Bloomsbury Publishing USA, 2015), 21-24.

▼27 Food and Agricultural Organization of the United Nations and World Health Organization, "Chapter 2. Food-Based Approaches to Meeting Vitamin and Mineral Needs," in *Human Vitamin and Mineral Requirements* (Rome: FAO Food and Nutrition Division, 2001), http://www.fao.org/docrep/004/Y2809E/y2809e08.htm#bm08; "Position of the American Dietetic Association: Vegetarian Diets," *Journal of the American Dietetic Association* 109, no.7 (2009): 1266; Physicians

Committee for Responsible Medicine, "Vegetarian Foods: Powerful for Health," http://www.pcrm.org/health/diets/vegdiets/vegetarian-foods-powerful-for-health; British Medical Association, "Diet, Nutrition & Health," report, 1986, 49; Paul N. Appleby *et al.*, "The Oxford Vegetarian Study: An Overview," supplement, *American Journal of Clinical Nutrition* 70 (1999): 525S-31S, http://ajcn.nutrition.org/content/70/3/525s.full.pdf; T. Colin Campbell, *The China Study: The Most Comprehensive Study of Nutrition Ever Conducted and the Startling Implications for Diet, Weight Loss and Long-Term Health* (Dallas, TX: BenBella Books, 2006).

▶28 Winston J. Craig, Ann Reed Mangels, and American Dietetic Association, "Position of the American Dietetic Association: Vegetarian Diets," *Journal of the American Dietetic Association* 109, no.7 (July 2009): 1266-82.

▶29 Vurick, *Courage in Life and Politics.*

17

▶1 Christine Kelly, "Building Bridges with Accessible Care: Disability Studies, Feminist Care, Scholarship, and Beyond, *Hypatia* 28, no.4 (2012): 3, doi:10.1111 / j.1527-2001.2012.01310.x.

▶2 Carol Adams and Josephine Donovan, *The Feminist Care Tradition in Animal Ethics* (New York: Columbia University Press, 2007), 3.

▶3 *Ibid.*, 3.

▶4 *Ibid.*, 6.

▶5 *Ibid.*, 4.

▶6 Lori Gruen, "Entangled Empathy: An Alternate Approach to Animal Ethics," in *The Politics of Species*, ed. Raymond Corbey (New York: Cambridge University Press, 2013), 224.

▶7 Eva Feder Kittay, "The Personal Is Philosophical Is Political," in *Cognitive Disability and Its Challenge to Moral Philosophy*, ed. Eva Feder Kittay (Hoboken, NJ: John Wiley & Sons, 2010), 405-407.

▼8 Michael Oliver, *The Politics of Disablement: A Sociological Approach* (New York: St. Martin's Press, 1990), 91.（マイケル・オリバー著、三島亜紀子ほか訳、『障害の政治――イギリス障害学の原点』、明石書店、二〇〇六年、一六六頁）

▼9 Michael Bérubé, "Equality, Freedom, and/or Justice for All: A Response to Martha Nussbaum," in *Cognitive Disability and Its Challenge to Moral Philosophy*, ed. Eva Feder Kittay (Hoboken, NJ: John Wiley & Sons, 2010), 102.

▼10 Aldo Leopold, *A Sand County Almanac* (New York: Oxford University Press, 1949), ix.（アルド・レオポルド著、新島義昭訳、『野生のうたがきこえる』、講談社、一九九七年、六頁）

▼11 Marti Kheel, *Nature Ethics: An Ecofeminist Perspective* (Lanham, MD: Rowman & Littlefield, 2008), 5; John Muir, "The Wild Sheep of California," *Overland Monthly* 12 (1874): 359.

▼12 Jerry Lewis, "What if I Had Muscular Dystrophy?" *Parade*, September 2, 1990.

▼13 J. Baird Callicott, *In Defense of the Land Ethic: Essays in Environmental Philosophy* (Albany: State University of New York Press, 1989), 30.

▼14 Callicott, *In Defense of the Land Ethic*, 30.

▼15 *Ibid.*

▼16 Alison Kafer, *Feminist, Queer, Crip* (Bloomington: Indiana University Press, 2013), 132.

▼17 Sue Donaldson and Will Kymlicka, *Zoopolis: A Political Theory of Animal Rights* (New York: Oxford University Press, 2011), 83.（スー・ドナルドソン／ウィル・キムリッカ著、青木人志・成廣孝監訳、今泉友子・岩垣真人・打越綾子・浦山聖子・本庄萌訳、『人と動物の政治共同体――「動物の権利」の政治理論』、向学社、二〇一六年、一〇五頁）

▼18 Tom Regan, *Empty Cages: Facing the Challenge of Animal Rights* (Lanham, MD: Rowman & Littlefield Publishers, 2004), 10.

▶ 19 Gary L. Francione, " 'Pets': The Inherent Problems of Domestication," *Animal Rights: The Abolitionist Approach* (blog), 2012, accessed October 18, 2013, http://www.abolitionistapproach.com/pets-the-inherent-problems-of-domestication.

▶ 20 Donaldson and Kymlicka, *Zoopolis*, 83. (『人と動物の政治共同体』、一一八頁)

▶ 21 Charles Patterson, *Eternal Treblinka: Our Treatment of Animals and the Holocaust* (New York: Lantern Books, 2002), 83. (チャールズ・パターソン著、戸田清訳、『永遠の絶滅収容所 —— 動物虐待とホロコースト』、緑風出版、二〇〇七年、一二九頁)

▶ 22 Donaldson and Kymlicka, *Zoopolis*, 75. (『人と動物の政治共同体』、一〇八頁)

▶ 23 *Ibid.*, 84. (同書、一一九頁)

▶ 24 Josephine Donovan, "Feminism and the Treatment of Animals: From Care to Dialogue," *Signs* 31, no. 2 (2006): 305.

18

▶ 1 Humane Society of the United States, "Pet Overpopulation," accessed October 26, 2013, http://www.humanesociety.org/issues/pet_overpopulation/; http://www.humanesociety.org/issues/pet_overpopulation.

▶ 2 "Genetic Welfare Problems of Companion Animals—Deafness," Universities Federation for Animal Welfare, accessed October 26, 2013, http://www.ufaw.org.uk/DEAFNESSDALMATION.php.

訳者あとがき

本書はSunaura Taylor, *Beasts of Burden: Animal and Disability Liberation*, New Press, 2017. の全訳です。副題にある通り、本書で著者が目指すのは、動物と障害（者）の解放であり、本書の主張もまた、障害の解放は動物の解放と切り離せないということです（なお、副題の直訳は「障害解放」ですが、「障害」だけでは意味がつかみにくく、また出版社からの希望もあって「障害者の解放」としました。「障害者」という言葉には「動物」を含むあらゆる存在者たちの受け容れが込められていることを、どうか想起してください）。

ですが、テイラーは作家であるとともに画家でもあり、この主題を扱う仕方は、解放の基盤を理論的に明らかにするといった手つきではまったくありません。自身も障害をもつテイラーは、みずからの個人的な体験、さまざまな人びとへのインタビュー、歴史記述、社会・人文学理論、動物行動学をはじめとする科学的研究――こうしたものを縦横無尽に結びつけながら、障害と動物をめぐる問いを丹念に紡《つむ》ぎあげます。

あきらかにこの本がなそうとしていることは、いまある問いに対する答えを性急に提示することではありません。むしろ、読者の胸にわだかまっていた感覚を刺激しながら、問いをさらに増殖させることにあるのです。テイラーは、ためらうことなく言い切ります。「わたしがこの本を通して「動物」について論じるとき、何を、そして誰のことを意味しているのかという、一見して単純な問いすらも、わたしにとっては答えるのが不可能な問題だ」（148頁）。障害と動物、あるいはその交差性（41頁）を支柱としているとはいえ、このテーマに接近するときのテイラーの仕方は（目次を一瞥《いちべつ》すればわかるように）きわめて多様です。この本――読書体験というひとつの旅――を通して、何かしら自分自身の経験から共鳴する言葉と出会い、何らかの問いをもち帰っていただければ、訳者としてこの上なくうれしく思います。

それでも、いくつか手短に、本書を読みすすめていくための補助線を引いておきましょう。

テイラーは一方では障害運動に対して動物を擁護する立場から、他方では動物の権利運動に対して障害擁護の立場から語りかけるのですが、この本の中心的な試みのひとつは、このように要約できるかもしれません――障害理論や運動の観点から、既存の動物倫理および運動を批判して「不具《かたわ》（crip）」にしながら、障害運動と理論の可能性をも拡張すること。

まず動物運動について考えてみると、たとえばテイラーは、米国における動物運動の潮流が障害のメタファーを都合よく利用する身振りを批判します。〈動物の倫理的扱いを求める人びとの会〉は、「牛乳、飲んだ?」という酪農産業の広告コピーをもじって、「自閉症になった?」というキャンペーンを始めましたが、これはその最たるものです（112頁）。人びとに広く行き渡った障害への恐怖や偏見を利用して、動物の権利という大義を広めようとしているからです。また、動物運動はこれまで動物のことを単なる犠牲者として描き、「声なきもののための声」にならんとしてきましたが、このようなパターナリズム的（341頁）な語りこそ、障害運動・理論がずっとあらがってきたものです。ここで看《かん》過《か》されているのは、動物たちは絶えず声をあげてきたという事実、すなわち動物たちの行為能力にほかなりません。他方、障害運動がおおむね動物の問題に対して無関心であったことについても、テイラーは疑問を呈します。動物運動との連帯を鼻で笑う活動家の姿は本書でも散見されますが、それがいちばんよくわかるのは、ピーター・シンガーと「ニューヨークタイムズ」紙上で対談したハリエット・マクブライド・ジョンソンが、車椅子に羊皮を敷いてやって来たというエピソードでしょう。

このような齟齬《そご》を前にして、テイラーは、障害運動があらがいたたかう健常者中心主義が、身体的・精神的能力を基準とした価値の位階《ヒエラルキー》を生み出すことを通して、人間の身体のみならず人間以外の動物の身体をも貶《おとし》めるあり方を指摘します。さらには、健常者中心主義、とりわけ人間（テイラーが語る米国の文脈では、異性愛で非障害者のミドルクラス以上の白人男性）がもつとされる理性に価値を置く定型発達主義（109頁）を維持する身振りは、「動物」というカテゴリー内部で位階を作り上げることに等しく、もうひとつの種差別主義を生み出していると批判します。こうしてテイラーは、障害理論に依拠しながら動物をめぐる既存の言論に異議を唱えると同時に、障害理論を人間以外の動物の身体をも含むかたちへと拡張させていくことを目指すのです。

さらに障害理論を通した批判の矛先《ほこさき》は、動物の権利運動を超え、持続可能性を謳《うた》う食肉生産運動へ、そして環境運動へと広がっていきます。日本ではいまだに耳慣れないかもしれませんが、工場式畜産下での動物たちの悲惨な生、そして工場式畜産の地球温暖化への影響が広く知られるようになった結果、米国では、「動物福祉」はもちろん、「持続可能」あるいは「人道的」と銘《めい》うたれた食肉を消費するおこないが、「倫理的」で「クール」なこととして受け入れられるようになっています。ですが、「倫理的」とされるこのようなラベルの裏側にある健常者中心主義を、テイラーは決して見逃しません。家畜化された動物の人間への依存を理由にその殺害を正当化する「人道的」畜産農家のウィッティングストールから(284頁)、独立的な野生動物の美を称賛しながら、依存的な飼いならされた動物たちを嘲笑《ちょうしょう》し、かれらをモノ――なんと、椅子!――に喩《たと》えることまでする、著名な環境思想家のキャリコットに至るまで(349頁)――みな等しく、依存的な身体に対する抑圧を自然なものとして前提しているのです。そして、依存的な身体の否定という点では、事物という、動物の現在における法的地位そのものを廃止し、動物に対する搾取を廃絶すべきだという急進的動物擁護論を展開する廃絶主義者(abolitionist)の中心的人物たるフランシオンもまた、この流れに与《くみ》してしまいます(353頁)。疑いの余地なく、問題なのは「自然」という言説そのものだと言えます。依存的な身体を「当然に/自然に(naturally)」否定されるべきとする考え方、そして感じ方こそ、テイラーが異議を唱えるものなのです。

こうして、障害理論によって育まれた観点を通して動物・環境運動をめぐる言説に対する批判を先鋭化させる一方、テイラーはそれとはやや異なるテンポとリズムをもって、障害や障害運動をめぐる歴史を発掘することにも手をつけます。そうして、障害と動物の問題が深い次元で結びついている地点を掘り起こそうとするのです。

たとえばテイラーは、畸形《きけい》を見世物にしたフリークショー(81頁)やその演者たちに照明をあてます。かれらが被《こうむ》った動物化がいかに残酷なものであったかは言うまでもありません。けれども、否応なく動物性が刻み込まれたフリークたちの歴史は、みずからを肯定する際に、いかにして動物をも肯定的な存在として受け容れるか、という問いを提起する挑戦でもあります。ここでテイラーが導き出すひとつの真理とは、「動物性は人間性にとって必要不可欠」だということです(199頁)。テイラーはまた、動物実験に自身の利害関係がもっとも関係しているはずの障害者の立場から動物実験に反対する運動家グループが、かつて存在していたことも紹介しています（318頁）。障害者は社会的に動物化されてきたために、障害をめぐる運動も、動物と自身を切り離す仕方で、すなわち、みずからの人間性を主張する仕方で展開されることがほとんどでした。でも、それが唯一の道なのだろうか？——このようにテイラーは問いかけます。むしろ、この矛盾と衝突の場こそ、運動をいっそう深化させるまたとない機会かもしれないと、彼女は示唆するのです。

　これら多様で、拡散しつつも重なりあう論点が、互いに影響を受けながら織り上げられるテクストが収斂《しゅうれん》していく先は、一種の相互依存の倫理、あるいは生きることそのものを考える営みとしての哲学です。かつてフェミニストたちは、既存の倫理学が省みることのなかったケアという営みに着目し、ケアの倫理を唱えました。公平性や普遍性を重視する規範倫理学が「何が正しいか」と問うのに対して、弱者への責任を重視するケアの倫理が向かい合うのは「いかに応答するか」という問いです。ですが、そこで焦点が置かれていたのがケアをおこなう側であったなら、テイラーがいま光をあてようとするのは、ケアを受ける側の視点です。そして、このときはじめて浮かび上がるのが、「できない」ものたちが、互いに支えあう姿なのです——伴侶犬のベイリーとの出会いから現在に至るまでの暮らしが綴《つづ》られた最後の章は、この倫理がどんなかたちをとりうるのかを教えてくれるでしょう。琴線《きんせん》に触れるテイラーの語りは、どうか本書のなかでお確かめくださることを願います。

　では、これらのテイラーの問いにいかに応答し、あるいは問いをさらに繋《つな》ぎ、開いていくのか——翻訳を通してテイラーの語りと少なくない時間を共にした一人の読者として、いささか僭越《せんえつ》ですが、

わたし（たち）にできることのいくつかの提案を、ここに記しておきたいと思います。

脱搾取（ヴィーガニズム）の実践

まず、生活を少しずつ見直してみるのはどうでしょうか——動物や自然に対する暴力にできるだけ加担しないかたちに、です。「脱《だつ》搾取」という言葉は、高級志向で消費主義的なイメージもある「ヴィーガニズム」という言葉を日本語で表現する際、おそらくはその本質的な部分がよりうまく伝わるよう、翻訳家の井上太一さんが提案している言葉です。テイラーによる本書でも述べられている通り、畜産は無数の動物たちの苦しみを生み出すのはもちろん、森林破壊や地球温暖化に甚大《じんだい》な影響を及ぼし（第15章）、新型ウイルスの「格別な培養器」（72頁）にもなっています。肉や卵、牛乳といった動物性食品の消費を減らし、野菜や豆、穀物中心の食生活へと少しずつ変えていく暮らしは、こうした問題に対する確実な応答・実践になりうるでしょう。

もちろん、動物や自然に破壊的影響を及ぼす人間の営みは、畜産業に限られません。日本を筆頭とした国々と企業による現在の産業的漁業は海洋の砂漠化を拡げており、また、いまやほとんどあらゆる食品に使われているパーム油（単に「植物油脂」と記載されていることが大半です）の原料のアブラヤシは、生物多様性に溢れた東南アジアの森林を切り拓《ひら》いてできたプランテーション農園からやってきます。わたしたちが何気なく使っては捨てるプラスチックによる海洋汚染の問題も、やはり深刻です。

知れば知るほど新たな問題が現われてきます。ですが、問題は一かゼロ、白か黒ではありません。この社会に生きている以上、あらゆる搾取から手を引くことはできずとも、できるところから、少しずつでも脱搾取的に暮らしを変化させていくことはできるはずです。その一つひとつの試みが世界を変え、動物や自然との繋がりを回復することで、自分自身をも変える大きな力になると思います。

マルチイシュー（複数争点）の政治としての脱搾取実践

マルチイシューというのは文字通り、争点が複数あるということを意味していて、さまざまな政治的問題を別々に切り離されたものとしてではなく、同時に考えようという志向性を表現しています。まず、ヴィーガニズムを単なる健康法やダイエット、ファッションなどと関連づける向きもありますが、この場合、争点は限りなくゼロに近いと言えるでしょう。もしかすると日本では最も一般的かもしれないこのような見方は、消費主義や資本主義と相性がばっちりです。他方で、この風潮を批判しながら、まず第一に動物への搾取をできる限り減らし、そして動物への共感を示す実践として、ヴィーガニズムを理解しようとしている人もいるはずです。ヴィーガニズムは動物擁護という政治および思想にもとづくべきだという考え方です。

後者はもちろん真っ当な主張です。ですが、この理解と試みは、出発地点ではあれ、最終目的地ではないはずです。というのも、脱搾取の実践を動物擁護というシングルイシュー（単一争点）で規定するとき、他の争点に対して盲目になってしまう危うさがあるからです。このことは、このあとがきでも先に述べたように、動物擁護のためのヴィーガニズムのキャンペーンが恐怖を煽《あお》る比喩として障害を用いる場合について言えますし（112頁）、あるいは日本の文脈ですと、たとえば犬食反対に嫌韓意識が利用されうることを思い出してもいいかもしれません。ヴィーガニズムを動物擁護という単一争点で定義づけるとき、その一面的な姿勢は、争点ゼロの健康至上主義のヴィーガニズム定義とも呼応しながら、他の抑圧や差別に目をつぶって加担してしまう恐れがあるのです。

これに対して、脱搾取実践をマルチイシューの政治によって枠づける試みは、本書でテイラーがヴィーガニズムを動物擁護だけではない仕方で位置づけようとする語りにおいて、輪郭を現わします。すなわち、彼女がヴィーガニズムを、「わたしたちが何を食べ、身につけ、そして用いるかを通して健常者中心主義に挑む、肉体を通した実践」として、そして「動物のための正義が障害者のための正義にとっても必須だと捉えるひとつの政治的立場」としても枠づけようとしたときに、姿を浮かび上がらせます(330頁)。テイラーはここで、動物の解放と障害者の解放が結びついているということを、脱搾取の実践によって体現することができると語るのです。

脱搾取の実践を動物擁護以外の政治的課題との繋《つな》がりにおいても位置づけようとするこうした試みに、これからの動物の権利運動をより多様なものとし、さらに多くの対話へと開いていくための、ひとつの鍵があるように思います。そして、テイラーはここで、健常者中心主義にあらがうひとつのたたかいとしてヴィーガニズムを再定義しましたが、彼女も本書のいたるところで訴えかけるように、あらゆる抑圧は実際のところ、繋がっています。そうである以上、他のさまざまな抑圧との関係において動物抑圧を考え、脱搾取の実践を動物問題への解法へと還元しないことが、重要であるはずです。脱搾取あるいはヴィーガンの実践をマルチイシューの政治として積極的に枠づけていくこと——これは、動物という問題から「遠い」と思われることの多い障害者や人種的マイノリティ、お金がない人など(第14章)、さまざまな少数性を抱えた人びとにも、日々の実践を開いていく挑戦なのです。

「できる」主義からの脱出

最後に、上に述べたような、けれどもそれに限られないさまざまな実践を生み出す、微細な感覚や情動の次元についても考えておきたいと思います――ここでもひとつの確かな実践が可能だということを提案するためです。それは、この本の核心でもある「ableism（エイブリズム）」批判です。

これを本書では「健常者中心主義」と訳しました（25頁）。ですが、「able（〜ができる）」と「ism（主義）」を合わせたこの「できる」主義は、狭義《きょうぎ》の障害者差別主義という文脈のみならず、誰もが巻き込まれている状況をも表しています。「できる」主義は、「できる」に達することができない存在としての「障害者」というカテゴリーを生み出し、なかでも「重度」とされる人びとを施設に閉じ込めながら、それ以外の人びとを、すなわち「軽度障害」をもつとされる人びと、公的に障害は認められはしないものの社会生活においてさまざまな困難を抱える人びと、そしてもちろん「障害者」でないとされ、みずからもそう考える人びとを、容赦なくさまざまな競争へと駆り立てます。こうして「できる」主義は、障害者差別を中核に据えながら、実のところ、あらゆる人びとを追い立てるのです。

そして、この「できる」主義が支配した社会で誰もが感じさせられるのが、劣等感や自己卑下の感覚です。人びとはここで、恒常的に他人との比較を強制されるため、自尊心の剝奪《はくだつ》はデフォルトだと言ってよいほどです。そしてこの「できない」という感覚がつのると、一種の自己放棄に陥ることもあるでしょう。もしかすると、こうして植えつけられた無力感が、逆説的にも、現実なんて変わるはずがない、さらには変わるべきではないという独断へと、姿を変えることすらあるかもしれません。

こうして「できる」主義が果てしない競争と比較を人びとに強い、その結果として「できない」という意識を植えつけるなら、これに対する批判のひとつのかたちが、「できない」ことにはまったく根拠がないということを暴くというものです。わたしたちは学校教育でいつも自分の「できない」部分に注目するよう叩き込まれますが、そもそも朝起きてご飯を食べることからして、「できて当然」のことではありません——そんなこと、この世の中にひとつもないのです（こう考えると、「ableism」は「できて当然」主義とも呼べるかもしれません）。これは障害があろうとなかろうと、障害が軽かろうと重かろうと同じことで、実際は、わたしたちには山ほど「できる」ことがあり、それらを日々、見事にこなしながら生きているのです。

こうして、「できる」主義への批判のひとつのかたちが、「できない」という根拠はないと反駁《はんばく》することであるなら、ここで批判のもうひとつの方法を考えてみたいと思います。それが、「できなくてもいい」というものです。確かに、生産力至上主義で障害者差別主義的なこの社会が次々に課してくる無数のタスクを、現実として「できない」場合は多いのですから。でも、あたかも失われた分を補償しようとして、急いで何かしらのプライド（「けれども〜はできる！」）を持ち出す必要はありません。むしろ、「できない」こと、その否定性にすらあえて留まり、それを肯定するのでも否定するのでもなく、受け容れること——このときはじめて、「できない」ものたちが敵対しあうのではなく（これは「できる」主義を内面化しているときに起きがちなことでしょう）、互いに目を遣《や》り、あるいは手を差し伸べることすら可能になるのではないかと思います。

テイラーは語ります。「大部分、不具《かたわ》で、依存的で、効率が悪く、無能な人間が、効率が悪くて依存的な不具の犬を支え、また同時に、支えられているということには、ある意味適切で、実のところ、うつくしい何かがある——傷つきやすく、種を異にした二匹の相互依存的な存在が、相手に必要なものが何なのか理解しようと手さぐりしている姿には」（370頁）。「うつくしい」という美学的言葉が添えられていますが、「できない」ものたちが互いの差異を理解しようと試行錯誤しながら支え合う姿に、

「相互依存」という言葉で表されるひとつの倫理的関係性が表れていることは、言うまでもありません。「できない」ことを引き受けることで、この上なく厄介でいてかけがえのない、「共に」生きる世界が可能になるのです。

人間であったりなかったりするわたしたちは、「できない」はずがないのと同時に、また別に「できなくてもいい」ということ。あるいは、わたしたちは無数のことが「でき」て、でも特定のことは「できない」――でも、だからこそ互いを必要とし、そうして共に生きる世界が開かれるのだということ。こういった事柄に気づくことは、わたしたちをかくも深く侵している「できる」主義から脱出するための、確かな第一歩になるのではないかと思います。

わたしたちを孤立させ、無力化するこのイデオロギーから抜け出すとき、わたしは、そしてわたしたちは、自分のほうに力があることに気づくでしょう。そのときさっと、これまで意識の底に埋められていた、「したい」という気持ちが芽生えるのではないでしょうか。「できる」主義からの脱出を試みること。それは多様な仕方でわたしたちを無力化するイデオロギーに、それ以上に多様な仕方であらがい、その過程でわたしとわたしたち自身に力を与える実践なのです。

わたしがスナウラ・テイラーという名前を初めて耳にしたのは、テイラーの姉、アストラ・テイラーによる八人の哲学者たちへのインタビューから生まれたドキュメンタリー、「吟味《ぎんみ》された生(Examined Life)」を映画館で見たのが最初でした。彼女はスクリーン上で、ジュディス・バトラーと話をしながらサンフランシスコの街を散歩していました(実際、車椅子に乗った存在が「散歩する(take a walk)」

ということについての考察から、このシーンは始まります）。その名前に再び出会ったのは、彼女が動物の解放と障害の解放にかんする本を刊行するということを知ったときでした。本が出版されるやいなや購入して一気に読み終えると、この本を読むよろこびを他の人びととも共有したいという想いがどこからともなく湧いてきたのを憶えています。わたしがいま住んでいる韓国で出版することがまず決まり、その後に、日本でも出版できることになりました。

まずは、翻訳作業の中間段階で日本語の表現にかんして大切な助言をくれた、松本真里さんと星埜恵さんに感謝します。また、初めにわたしに韓国語での翻訳を提案してくれ、翻訳文を念密に読んでさまざまな重要な意見をくれた韓国語版の編集者、イム・セヒョンさん、過密なスケジュールを縫って韓国語版の翻訳文を全般的に手直ししてくれたコ・ビョンゴンさん、そしてわたし一人では判断しかねる英語表現、またその背景知識についてまでも丁寧に教示してくれたジャン・ハンギルさんに、深い感謝を捧げます。そして、山ほどの作業を通して一つの翻訳文を本のかたちへとつくり上げてくれた洛北出版の竹中尚史さんに、大きな感謝を捧げます。かれらの助けがなかったなら、いまここにある日本語への翻訳は決してありえませんでした。ありがとうございました。

最後に、生活を共にする友人と、日本に住む両親、そして二人の伴侶犬であるらんちゃんに、尽きない感謝を送ります。「ぎこちなく、そして不完全に、わたしたちは互いに互いの世話をみる」（370頁）――その変哲ない日常にこそ、かけがえのない力が宿っているということ。この「伴侶動物」という存在の意味を誰よりも正確に教えてくれたのは、これらのちぐはぐな動物たちにほかなりません。

二〇二〇年七月

今津有梨

ラ

ワ

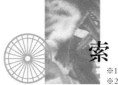

索　引 主な名前

※1　人間を含む動物たちを取り上げた。
※2　「訳者あとがき」のページは対象外とした。

ア

カ

サ

ま

や

ら

わ

た

さ

索　引 主な事項

※　「訳者あとがき」のページは対象外とした。

スナウラ・テイラー Sunaura Taylor

1982年生。画家であり作家、そして障害者運動と動物の権利運動の担い手。アメリカ合衆国のアリゾナ州ツーソンに生まれ、ジョージア州アセンスで、アンスクーリング（学校に通わず子ども主導で学習する教育）によって学びながら育つ。カリフォルニア大学バークレー校で、美術修士号を取得する。共著として、*Ecofeminism: Feminist intersections with other animals and the earth* (2014)［エコフェミニズム——他の動物たちや地球とのフェミニスト的な交差］、*Occupy!—Scenes from Occupied America* (2011)［オキュパイ！——占領下アメリカからの情景］などがあり、また様々な雑誌やウェブ媒体にも寄稿している。姉のアストラ・テイラーが監督したドキュメンタリー *Examined Life* (2008)［吟味された生］では、哲学者のジュディス・バトラーと対話し、同題の書物にも収められた。本書『荷を引く獣たち』は、2018年度のアメリカン・ブック・アワードを受賞した。

訳者 今津有梨 Yuri Imazu

一橋大学大学院言語社会研究科修士課程を、森崎和江の「非所有の所有——性と階級覚え書」についての研究によって修了する。その後、「動物」というテーマと出会うなかで、現在は、韓国の延世大学文化人類学科修士課程に在籍中。翻訳書として、高秉權（コ・ビョンゴン）『哲学者と下女——日々を生きていくマイノリティの哲学』（インパクト出版会、2017年）がある。

荷《に》を引《ひ》く獣《けもの》たち —— 動物《どうぶつ》の解放《かいほう》と障害者《しょうがいしゃ》の解放《かいほう》

2020年9月10日　初版 第1刷発行
2021年2月25日　初版 第2刷発行

四六判・総頁数444頁（全体448頁）

発行者　竹中尚史

本文組版・装幀
装画とイラスト　洛北出版

著者　スナウラ・テイラー
訳者　今津有梨

発行所　洛北出版

606-8267
京都市左京区北白川西町87-17
tel / fax　075-723-6305
info@rakuhoku-pub. jp
http://www. rakuhoku-pub. jp
郵便振替　00900-9-203939

印刷　シナノ書籍印刷

ISBN978-4-903127-30-9 C0036

排除型社会　後期近代における犯罪・雇用・差異

ジョック・ヤング 著　青木秀男・岸 政彦・伊藤泰郎・村澤真保呂 訳

四六判・並製・542頁　定価（本体2,800円＋税）

「包摂《ほうせつ》型社会」から「排除型社会」への移行にともない、排除は3つの次元で進行した。⑴労働市場からの排除。⑵人々のあいだの社会的排除。⑶犯罪予防における排除的活動——新たな形態のコミュニティや雇用、八百長《やおちょう》のない報酬配分を、どう実現するか。

レズビアン・アイデンティティーズ

堀江有里 著　四六判・並製・364頁　定価（本体2,400円＋税）

生きがたさへの、怒り——「わたしは、使い古された言葉〈アイデンティティ〉のなかに、その限界だけでなく、未完の可能性をみつけだしてみたい。とくに、わたし自身がこだわってきたレズビアン（たち）をめぐる〈アイデンティティーズ〉の可能性について、えがいてみたい。」——たった一度の、他に代えられない、渾身《こんしん》の一冊。

立身出世と下半身　男子学生の性的身体の管理の歴史

澁谷知美 著　四六判・上製・605頁　定価（本体2,600円＋税）

少年たちを管理した大人と、管理された少年たちの世界へ——。大人たちは、どのようにして少年たちの性を管理しようとしたのか？　大人たちは、少年ひいては男性の性や身体を、どのように見ていたのか？　この疑問を解明するため、過去の、教師や医師による発言、学校や軍隊、同窓会関連の書類、受験雑誌、性雑誌を調べ上げる。

不妊、当事者の経験　日本におけるその変化20年

竹田恵子 著　四六判・並製・592頁　定価（本体2,700円＋税）

不妊治療は、少しずつ現在のような普及に至った。昔と比べ、治療への敷居《しきい》は低くなった。とはいえ、治療を実際に始めるとなると、ほとんどの人は、戸惑《とまど》い、不安、迷い、焦《あせ》りなどの、重い感情を経験する。このような感情は、不妊治療が普及していったこの20年間で、どのように変化していったのだろうか。この20年の変化と、課題を問う。

飯場へ　暮らしと仕事を記録する

渡辺拓也 著　四六判・並製・506頁　定価（本体2,600円＋税）

職場の共同性をどんどん切りつめていく理不尽《りふじん》な圧迫を、私たちは、どのように押し返せばよいのだろうか。本書は、飯場《はんば》の一人ひとりの労働者が置かれた関係性に注目し、この問いに迫る。どういうルートで飯場に入るのか、どんな労働条件で仕事をするのか、どのような人たちと出会い、そして飯場を出て行くのかを、「僕」の飯場体験にもとづいて詳しく描き、考え抜いている。

2020年8月1日時点
在庫のある書籍

何も共有していない者たちの共同体

アルフォンソ・リンギス 著　野谷啓二 訳　田崎英明・堀田義太郎 解説

四六判・上製・284頁　定価（本体2,600円＋税）

私たちと何も共有するもののない――人種的つながりも、言語も、宗教も、経済的な利害関係もない――人びとの死が、私たちと関係しているのではないか？ すべての「クズ共《ども》」のために、出来事に身をさらし、その悦《よろこ》びと官能を謳《うた》いあげるリンギスの代表作。

汝の敵を愛せ

アルフォンソ・リンギス 著　中村裕子 訳　田崎英明 解説

四六判・上製・320頁　定価（本体2,600円＋税）

イースター島、日本、ジャワ、ブラジル……旅をすみかとする哲学者リンギスが、異邦《いほう》の土地で暮らすなかで出会った強烈な体験から、理性を出しぬき凌駕《りょうが》する、情動や熱情のありかを描きだす。自分を浪費することの（危険な）歓喜《かんき》へのガイドブック。

食人の形而上学　ポスト構造主義的人類学への道

エドゥアルド・ヴィヴェイロス・デ・カストロ 著　檜垣立哉・山崎吾郎 訳

四六判・並製・380頁　定価（本体2,800円＋税）

ブラジルから出現した、マイナー科学としての人類学。アマゾンの視点からみれば、動物もまた視点であり、死者もまた視点である。それゆえ、アンチ・ナルシスは、拒絶する――人間と自己の視点を固定し、他者の中に別の自己の姿をみるナルシス的な試みを。なされるべきは、小さな差異のナルシシズムではなく、多様体を増殖《ぞうしょく》させるアンチ・ナルシシズムである。

親密性

レオ・ベルサーニ ＋ アダム・フィリップス 著　檜垣達哉 ＋ 宮澤由歌 訳

四六判・上製・252頁　定価（本体2,400円＋税）

暴力とは異なる仕方で、ナルシシズムを肥大《ひだい》させるのでもない仕方で、他者とむすびつくことは可能なのか？　クィア研究の理論家ベルサーニと、心理療法士フィリップスによる、「他者への／世界への暴力」の廃棄をめぐる、論争の書。

シネキャピタル

廣瀬　純 著　四六判・上製・192頁　定価（本体1,800円＋税）

シネキャピタル、それは、普通のイメージ＝労働者たちの不払い労働にもとづく、新手《あらて》のカネ儲《もう》けの体制！ それは、どんなやり方で人々をタダ働きさせているのか？ それは、「金融／実体」経済の対立の彼方《かなた》にあるものなのか？　オビの推薦文＝蓮實重彥。

Rakuhoku Shuppan